ARBEITEN ZUR KIRCHLICHEN ZEITGESCHICHTE
REIHE B: DARSTELLUNGEN · BAND 3

ARBEITEN ZUR KIRCHLICHEN ZEITGESCHICHTE

Herausgegeben im Auftrag der Evangelischen Arbeitsgemeinschaft
für kirchliche Zeitgeschichte von
Georg Kretschmar und Klaus Scholder

REIHE B: DARSTELLUNGEN

Band 3

Heinz Brunotte

Bekenntnis und Kirchenverfassung

Aufsätze zur kirchlichen Zeitgeschichte

GÖTTINGEN · VANDENHOECK & RUPRECHT · 1977

# Bekenntnis
# und Kirchenverfassung

Aufsätze
zur kirchlichen Zeitgeschichte

von

Heinz Brunotte

GÖTTINGEN · VANDENHOECK & RUPRECHT · 1977

Redaktionelle Betreuung dieses Bandes:
Wolf-Dieter Hauschild und Carsten Nicolaisen

CIP-Kurztitelaufnahme der Deutschen Bibliothek

Brunotte, Heinz
[Sammlung]
Bekenntnis und Kirchenverfassung: Aufsätze zur
kirchl. Zeitgeschichte. – 1. Aufl. – Göttingen:
Vandenhoeck und Ruprecht, 1977.
(Arbeiten zur kirchlichen Zeitgeschichte:
Reihe B, Darst.; Bd. 3)
ISBN 3-525-55701-9

# Inhalt

# Vorwort

Die Geschichte der Kirche ist unbestritten immer auch eine Geschichte ihrer Institutionen und ihres Rechtes. Im besonderen Maße gilt dies aber für das letzte halbe Jahrhundert der Geschichte des evangelischen Kirchentums in Deutschland. Die Epoche, die wir die Zeit des Kirchenkampfes zu nennen pflegen, war auch bestimmt durch den Streit um die rechte Gestalt der Kirche. Nach 1945 setzte sich dieses Ringen in anderer Weise fort. D. Heinz Brunotte ist planend und gestaltend in diese Geschichte in besonderer Weise hineinverflochten. Die Entwürfe für die Grundordnung der Evangelischen Kirche in Deutschland von 1948 hat er maßgeblich mitbestimmt und an der Verfassung der Vereinigten Evangelisch-Lutherischen Kirche Deutschlands aus dem gleichen Jahr mitgearbeitet. Von 1949 bis 1965 war er Präsident der Kirchenkanzlei der Evangelischen Kirche in Deutschland und von 1949 bis 1963 Präsident des Lutherischen Kirchenamtes der Vereinigten Evangelisch-Lutherischen Kirche Deutschlands, eine Doppelfunktion, die er nicht als Verlegenheit übernommen hatte, sondern als Zeichen für die Zusammengehörigkeit von EKD und VELKD. Er gehört auch zu den Initiatoren und später Mitgliedern der 1955 vom Rat der EKD berufenen „Kommission für die Geschichte des Kirchenkampfes der nationalsozialistischen Zeit", der heutigen Evangelischen Arbeitsgemeinschaft für kirchliche Zeitgeschichte. Alle diese unterschiedlichen Verantwortungen und Aktivitäten werden zusammengehalten durch eine geprägte und prägende theologische Überzeugung. Dieser Dreiklang von lutherischer Theologie, Engagement für die Rechtsordnungen des deutschen Protestantismus insgesamt und präziser Beschreibung geschichtlicher Vorgänge verbindet auch die hier gesammelten Aufsätze aus den Jahren 1946 bis 1965, Arbeiten zur Geschichte der Auseinandersetzung zwischen nationalsozialistischem Staat und evangelischer Kirche 1933—1945, zur Verfassungsgeschichte nach 1945 — der Epoche, der heute das besondere Interesse zeitgeschichtlicher Forschung gilt — und zu den Voraussetzungen kirchenrechtlicher Regelungen in Glaube und Bekenntnis der Kirche.

Der Plan, diese bisher an nicht immer leicht erreichbaren Stellen vorliegende Aufsätze zu sammeln, entstand im Zusammenhang des 80. Geburtstages von Präsident i. R. D. Heinz Brunotte am 11. Juni 1976. Die Kirchenkanzlei der Evangelischen Kirche in Deutschland, das Lutherische Kirchenamt und die Evangelische Arbeitsgemeinschaft für kirchliche Zeitgeschichte wollten dem Jubilar aus diesem Anlaß danken eben dadurch, daß sie ihn selbst zu Wort kommen lassen. Diese Arbeiten sind Darstellungen von abgeschlossener Zeitgeschichte und selbst ein Stück Zeitgeschichte. Aber einige unter ihnen weisen auch in noch offene Zukunft, weil sie Aufgaben markieren, die noch nicht gelöst wurden oder die der Kirche bleibend gestellt sind.

Um diesen Aufsatzband hat sich besonders Oberkirchenrat Dr. Hauschild verdient gemacht, auch ihm sei an dieser Stelle gedankt. Die Register sind von der Geschäftsstelle der Evangelischen Arbeitsgemeinschaft für kirchliche Zeitgeschichte erstellt worden.

Vor allem aber gilt auch in diesem Vorwort unser Gruß und Dank dem Autor D. Heinz Brunotte.

Walter Hammer        Hugo Schnell
Präsident der Kirchenkanzlei    Präsident des Lutherischen
der        Kirchenamtes
Evangelischen Kirche in Deutschland    der
Vereinigten Evangelisch-Lutherischen
Kirche Deutschlands

Georg Kretschmar
Erster Vorsitzender der
Evangelischen Arbeitsgemeinschaft für
kirchliche Zeitgeschichte

# Abkürzungen

| | |
|---|---|
| ABL. EKD | Amtsblatt der Evangelischen Kirche in Deutschland |
| AGK | Arbeiten zur Geschichte des Kirchenkampfes |
| APU | Altpreußische Union |
| Art. | Artikel |
| BK | Bekennende Kirche |
| CA, Conf. Aug. | Confessio Augustana |
| D. | Doktor der Theologie (honoris causa) |
| DCSV | Deutsche Christliche Studentenvereinigung |
| DC | Deutsche Christen |
| DEK | Deutsche Evangelische Kirche |
| DEKK | Deutsche Evangelische Kirchenkanzlei |
| Dt., dt. | Deutsch, deutsch |
| DVO | Durchführungsverordnung |
| EKD | Evangelische Kirche in Deutschland |
| EKL | Evangelisches Kirchenlexikon |
| EKU | Evangelische Kirche der Union |
| ELKZ | Evangelisch-lutherische Kirchenzeitung |
| EOK | Evangelischer Oberkirchenrat Berlin |
| EvTh | Evangelische Theologie |
| Ges. Bl. DEK, GBlDEK | Gesetzblatt der Deutschen Evangelischen Kirche |
| GVBl. | Gesetz- und Verordnungsblatt |
| HJ | Hitlerjugend |
| Inf. Bl | Informationsblatt für die Gemeinden in den niederdeutschen Landeskirchen |
| Inf. Dienst | Informationsdienst der VELKD |
| KABl. | Kirchliches Amtsblatt |
| KdF | Kraft durch Freude |
| KJ | Kirchliches Jahrbuch |
| Kons. Ass. | Konsistorialassessor |
| Kons. Präs. | Konsistorialpräsident |
| KR | Kirchenrat, Konsistorialrat |
| LGR | Landgerichtsrat |
| LKA | Landeskirchenamt |
| LKR | Landeskirchenrat |
| LM | Lutherische Monatshefte |
| Luth., luth. | lutherisch |
| MLB | Martin-Luther-Bund |
| NS., ns. | Nationalsozialismus, nationalsozialistisch |
| OFinR | Oberfinanzrat |
| OKR | Oberkirchenrat, Oberkonsistorialrat |
| OLKR | Oberlandeskirchenrat |
| ORR | Oberregierungsrat |
| P | Pastor |
| Pf. | Pfennig |
| Pfr. | Pfarrer |

| | |
|---|---|
| Präs. | Präses, Präsident |
| Pr. GS | Preußische Gesetzsammlung |
| Prov. | Provinz |
| RA | Rechtsanwalt |
| ref. | reformiert |
| Reg. Präs. | Regierungspräsident |
| Rev. | Reverend |
| RGBl. | Reichsgesetzblatt |
| RKA | Reichskirchenausschuß |
| RKM | Reichskirchenminister/ministerium |
| ThExh | Theologische Existenz heute |
| ThLZ | Theologische Literatur-Zeitung |
| TRT | Taschelexikon Religion und Theologie |
| VELKD | Vereinigte Ev.-Luth. Kirche Deutschlands |
| VerwArch | Verwaltungsarchiv |
| Vizepräs. | Vizepräsident |
| V(K)L | Vorläufige (Kirchen)Leitung |
| VOuNBL. EKD | Verordnungs- und Nachrichtenblatt der EKD |
| W. A. | Weimarer Ausgabe |
| ZevKR | Zeitschrift für ev. Kirchenrecht |

# Der kirchenpolitische Kurs
## der Deutschen Evangelischen Kirchenkanzlei

### von 1937 bis 1945 *

*Vorbemerkung*

Die nachstehend veröffentlichte Arbeit ist im Mai 1945 von mir nieder-
geschrieben worden, nachdem die Amerikaner am 14. April 1945 in Stol-
berg/Südharz einmarschiert waren. Das alte Amtsgericht in Stolberg war
nach der endgültigen Ausbombung der Kirchenkanzlei in Berlin-Charlotten-
burg, Marchstr. 2, am 15. Februar 1944 die Ausweichstelle, in der der notwendige Dienstbetrieb während des letzten Kriegsjahres fortgesetzt werden
konnte. Da in den ersten Wochen der Besetzung ein Dienstverkehr mit den
Landeskirchen nicht stattfinden konnte, wurde die zur Verfügung stehende
Zeit zur Zusammenstellung einer Denkschrift verwandt, die unter dem noch
frischen Eindruck der eben vergangenen Ereignisse und unter Verwendung
der Akten der Kirchenkanzlei entstanden ist. Der Text dieser Denkschrift
wird hier unverändert abgedruckt. Doch wurden in einigen Fällen Erläuterungen hinzugefügt.

Die zeitliche Begrenzung auf die Jahre 1937 bis 1945 ergibt sich daraus,
daß die Kirchenkanzlei unter der Leitung des Präsidenten Dr. Werner erst
nach dem Rücktritt des Reichskirchenausschusses ein selbständiger Faktor in
der Kirchenpolitik geworden ist. Der Verfasser dieser Denkschrift wurde im
April 1936 durch Generalsuperintendent D. Zoellner in die Kirchenkanzlei
berufen und verblieb auf Veranlassung der Kirchenführerkonferenz bis zum
1. April 1946 darin.

### I. Der Übergang der Leitung der Deutschen Evangelischen Kirche
### vom Reichskirchenausschuß auf die Kirchenkanzlei

### Das Jahr 1937

Am 12. Februar 1937 trat der unter dem Vorsitz des Generalsuperintendenten D. Zoellner stehende Reichskirchenausschuß nach einer Tätigkeit von
gut sechzehn Monaten zurück. Durch die Erste Verordnung zur Durchführung

---

* Aus: Zur Geschichte des Kirchenkampfes. Gesammelte Aufsätze (I.), hg. v.
H. Brunotte/E. Wolf, AGK 15, Göttingen 1965, 92—145.

des Gesetzes zur Sicherung der DEK vom 3. Oktober 1935 (RGBl I S. 1221) war er gebildet worden. Er mußte zurücktreten, weil, wie in der Begründung des Rücktritts gesagt wurde, der Auftraggeber, Reichsminister Kerrl, die Durchführung des Auftrages unmöglich gemacht hatte. Die Gründe des Rücktritts waren kurz die folgenden: 1. Die durch Einsetzung der Landeskirchenausschüsse begonnene Neuordnung der Kirche konnte nicht fortgeführt werden, da in den entscheidenden DC-Landeskirchen (Thüringen, Mecklenburg) keine Ausschüsse gebildet wurden; der Minister wollte nicht mehr, weil er infolge der Gegenwirkung der Partei nicht mehr konnte. — 2. Der Reichsminister konnte den Widerstand einiger Reichsstatthalter gegen die kirchliche Neuordnung nicht überwinden; die Reichsgewalt konnte sich gegen die Ländergewalt nicht durchsetzen. — 3. Die im ganzen Reich seit 1936 zunehmende antichristliche Propaganda konnte trotz der Denkschriften der Bekennenden Kirche und des Reichskirchenausschusses vom Sommer 1936 nicht abgestellt werden. — 4. Die Berufung des in seiner Heimat Hannover unrühmlich bekannten, aus der Kirche ausgetretenen Dr. Muhs zum Staatssekretär im Reichskirchenministerium (November 1936) hatte zu einer heftigen Auseinandersetzung zwischen Reichsminister Kerrl und Generalsuperintendent D. Zoellner geführt. — 5. Die Nichtzulassung einer Teilnahme der deutschen evangelischen Kirchen an der Weltkirchenkonferenz in Oxford 1937 hatte D. Zoellner stark verstimmt. — 6. Die ausgearbeiteten Pläne der Verfassungskammer des RKA bezüglich der Neuordnung der Kirche von unten her, aus den kirchlichen Körperschaften, wurden vom Minister unbenutzt liegengelassen. — 7. Den letzten Anlaß zum Rücktritt gab der Fall Lübeck: Der RKA trat für die neun von Bischof Balzer amtsentsetzten Lübecker Pfarrer ein; als D. Zoellner selbst nach Lübeck zu einer Predigt fahren wollte, wurde er durch die Gestapo an der Abreise gehindert. — 8. Hinzu kamen zwei innere Gründe: a) Die in dieser Kampfsituation vom RKA versammelten Landeskirchenführer versagten die erbetene und für einen entscheidenden Widerstand notwendige „kirchliche Legitimation" des RKA. b) Die inneren Schwierigkeiten unter den acht Mitgliedern des RKA waren unüberwindlich: Pfarrer Wilm[1] intrigierte gegen D. Zoellner beim Ministerium; Landesbischof Diehl[2] versagte sich mehrmals einmütigen Beschlüssen wegen seiner Parteigebundenheit.

Der RKA trat entgegen der dringenden Bitte einiger Referenten der Kirchenkanzlei zurück, ohne die Frage der Nachfolge in der Kirchenleitung zu regeln. Damit war ein Vakuum entstanden, das ausgefüllt werden mußte.

Die Kirchenführer, soweit sie „auf dem Boden von Artikel 1 der Verfassung der DEK vom 11. 7. 1933" standen, waren am 12. Februar 1937 vom

---

[1] Pfarrer Wilm in Dolgelin (Neumark), Mitglied des Reichskirchenausschusses, später Superintendent in Greifswald.

[2] Landesbischof Diehl in Speyer, Leiter der Pfälzischen Landeskirche, Inhaber des Goldenen Parteiabzeichens, stand den kirchlichen Gemeinschaften nahe.

Reichskirchenausschuß zu einer Kirchenführerkonferenz in Berlin versammelt worden, um die Ankündigung des vollzogenen Rücktritts entgegenzunehmen. In dieser Kirchenführerkonferenz waren vertreten die Kirchenführer der „intakten" Landeskirchen und die Vorsitzenden der inzwischen eingesetzten Landeskirchenausschüsse. Nicht vertreten waren nur die DC-Kirchen Thüringen, Mecklenburg, Lübeck, Bremen, Anhalt und Oldenburg. Damit umfaßte die Kirchenführerkonferenz zwar den weitaus größten Teil der Landeskirchen, aber eben doch nicht alle. Die auf dem Boden von Art. 1 stehenden Landeskirchenführer nahmen aber für sich in Anspruch, die Kirche zu vertreten und ihr eine neue Leitung setzen zu können. Sie beriefen sich dabei auf Art. 7 Ziff. 4 der Kirchenverfassung der DEK vom 11. Juli 1933. Ihre Position war insofern schwach, als dort nur ein Vorschlagsrecht für die Bildung des Geistlichen Ministeriums gegeben war, nicht aber die Befugnis, ein solches zu ernennen. In dem gegebenen Notstand setzte man sich darüber hinweg und bestellte ein dem Geistlichen Ministerium nachgebildetes Gremium für die Leitung und Vertretung der DEK, bestehend aus den Herren Dr. Lilje (Vorsitzender), Landessuperintendent Henke (luth.), Superintendent Gramlow (uniert) und Pfarrer Langenohl (reformiert)[3].

Es erwies sich als ein entscheidender Fehler, daß die Kirchenführer in dieser Lage ein Gremium aus relativ unbekannten Persönlichkeiten[4] präsentiert hatten, anstatt die Bischöfe selbst an die Spitze zu berufen. Reichsminister Kerrl lehnte die Anerkennung des Gremiums Dr. Lilje in einem beleidigenden Briefe an den dienstältesten Landesbischof D. Marahrens ab („Ein gewisser Herr Lilje hat mir mitgeteilt...."). Am 2. und 3. April 1937 traten die Kirchenführer daher nochmals im Sitzungssaal der Kirchenkanzlei zusammen und bestellten ein zweites Gremium, bestehend aus Landesbischof D. Marahrens-Hannover (Vorsitzender), Landesbischof D. Wurm-Stuttgart (luth.), Präses Zimmermann-Berlin (uniert) und Landessuperintendent D. Dr. Hollweg-Aurich (ref.), vorsichtigerweise nicht mehr mit der Leitung und Vertretung der DEK, sondern mit der Aufgabe, „die Gesamtheit der auf dem Boden des Artikels 1 der Verfassung der Deutschen Evangelischen Kirche stehenden Landeskirchen in den gemeinsamen Aufgaben zusammenzufassen und insofern (!) die Vertretung der Deutschen Evangelischen Kirche wahrzunehmen".

---

[3] Der naheliegende Vorschlag, die 2. Vorläufige Leitung der Bekennenden Kirche als alleiniges Kirchenregiment der DEK anzuerkennen und herauszustellen, wurde im Kreise der amtierenden Kirchenführer nicht gemacht. Die lutherischen Landeskirchen hatten sich seit der Bekenntnissynode von Oeynhausen 1936 von der VKL getrennt und dem „Lutherrat" unterstellt. Die Landeskirchenausschüsse der übrigen Kirchen hatten ein positives Verhältnis zur BK nicht gewinnen können.

[4] Dr. Lilje war damals Generalsekretär des Luth. Weltbundes in Berlin; Landessuperintendent Henke Leiter der Evang.-luth. Landeskirche Schaumburg-Lippe; Sup. Gramlow Leiter eines Kirchenkreises in der Uckermark; Pfarrer Langenohl Gemeindepfarrer in Rheydt.

Zwei Tage nach dem Rücktritt des RKA hielt Reichsminister Kerrl vor den sämtlichen Vorsitzenden der Landes- und Provinzialkirchenausschüsse eine temperamentvolle Rede, die zu dem bekannten Offenen Brief des Generalsuperintendenten D. Dr. Dibelius führte, der wegen seiner Vorhaltungen in einen Prozeß gezogen wurde, in welchem er aber völlig freigesprochen wurde.

Am 15. Februar 1937 erschien der Erlaß des Führers und Reichskanzlers über die Einberufung einer verfassunggebenden Generalsynode der DEK (RGBl I S. 203). Hiernach sollte nunmehr die Kirche „in voller Freiheit nach eigener Bestimmung des Kirchenvolkes sich selbst die neue Verfassung und damit eine neue Ordnung geben". Der Reichskirchenminister wurde mit den vorbereitenden Maßnahmen zur Wahl der Generalsynode beauftragt. Dieser Führererlaß war ohne Mitwirkung des Kirchenministeriums zustande gekommen. Kerrl wurde im Flugzeug nach Berchtesgaden zitiert und fand ihn fertig vor. Adolf Hitler war über das Scheitern des Reichskirchenausschusses sehr ungehalten gewesen. Kerrl selbst war tief betroffen; er hatte es wohl doch eigentlich nicht auf die Spitze treiben wollen. Die Folge dieser Ereignisse war eine anhaltende Verärgerung des Ministers, der wie immer die Schuld an den Dingen auf andere Leute schob. Er zog sich für lange Monate ganz von den Geschäften zurück und verbrachte seine Zeit entweder auf seinem Gut in Mecklenburg oder in seiner Berliner Villa. Die Geschäfte des Ministeriums führte über ein Jahr lang Staatssekretär Dr. Muhs fast allein.

In der Deutschen Evangelischen Kirchenkanzlei hatte einige Tage nach dem Rücktritt des RKA Präsident Dr. Werner, den der RKA seit Oktober 1935 gänzlich kaltgestellt hatte, durch eine Hausverfügung die Leitung der DEK einstweilen selber übernommen[5]. Auch seine Legitimation war schwach, wie die der Kirchenführer. Es gelang ihm aber, die staatliche Anerkennung zu erreichen, die den Kirchenführern und ihrem Gremium versagt blieb. Diese Anerkennung kam durch die 13. Durchführungsverordnung zum Kirchensicherungsgesetz vom 20. März 1937 (RGBl I S. 333). Bis zur Generalsynode sollte der Leiter der Kirchenkanzlei „die Bearbeitung der laufenden Verwaltungsangelegenheiten der Deutschen Evangelischen Kirche" übernehmen. In den Landeskirchen wurden die im Amt befindlichen Kirchenregierungen anerkannt, aber ebenfalls „auf die Führung der laufenden Geschäfte beschränkt". Damit war der erste Schritt getan, den Leiter der obersten Verwaltungsbehörde der DEK zum Leiter der Kirche zu machen.

In den Tagen zwischen dem 12. Februar und 20. März 1937 bestanden innerhalb der Kirchenkanzlei verschiedene Auffassungen zwischen den einzelnen Referenten und dem Präsidenten. Ich vertrat die Auffassung, daß das Leitungsgremium der Kirchenführer mindestens ebenso legal sei wie der Leitungsanspruch des Präsidenten. Demgemäß wurden in der Kanzlei die Rund-

---

[5] Auffälligerweise machte der vom Reichskirchenminister im Oktober 1935 entmachtete Reichsbischof Ludwig Müller nicht einmal einen Versuch, die Geschäfte selbst wieder zu übernehmen.

schreiben des Gremiums D. Marahrens zunächst mit dem Briefkopf „Deutsche Evangelische Kirche, Der dienstälteste Landesbischof" hergestellt und versandt, was erhebliches Mißfallen beim Kirchenministerium und bei Präsident Dr. Werner erregte. Unklar blieb die Situation auch noch wochenlang nach dem Erlaß der 13. Durchführungsverordnung. Das Gremium D. Marahrens hielt seine Sitzungen sowie die Kirchenführerkonferenz vom 2. und 3. April im Dienstgebäude Marchstr. 2 ab. An diesen Sitzungen nahm ich, wie Präsident Dr. Werner wissen mußte, regelmäßig teil und führte das Protokoll. Ganz wollte sich Werner offenbar nicht auf die 13. Verordnung verlassen; es lag ihm wohl daran, den Zusammenhang mit den Landeskirchen nicht zu verlieren, und die Basis der DC-Kirchen war damals allzu schmal. Die Sitzungen wurden aber durch eine Angestellte der Kirchenkanzlei bespitzelt. Ihre Mitteilungen gingen an das Kirchenministerium. Eines Tages im Mai erging die Weisung des Staatssekretärs Dr. Muhs an den Präsidenten Dr. Werner, die Sitzungen des Gremiums Marahrens nicht mehr im Hause zu dulden. Werner teilte dies dem Landesbischof D. Marahrens mit. Seitdem wurden die Sitzungen in den Räumen des Lutherrates gehalten. Ich nahm weiterhin daran teil. Auch dies war dem Präsidenten bekannt. Als die Sitzungen in der Marchstraße verboten wurden, erließ Werner gleichzeitig eine Hausverfügung, nach welcher der Verkehr der Kirchenführer, insbesondere der lutherischen, mit der Kirchenkanzlei durch den Oberkonsistorialrat Brunotte gehen sollte. Ich behielt auch bis 1939 das Referat über den Lutherrat. Ganz verderben wollte Werner es auch nach dieser Seite hin nicht.

Das Gremium Marahrens arbeitete unter vielen Schwierigkeiten fort. Als Leitung der DEK hatte es sich nicht durchsetzen können ebensowenig wie die fortbestehende „Vorläufige Kirchenleitung" (VKL) der Bekennenden Kirche (Müller-Dahlem, Böhm, Albertz, Forck und Fricke). Nach dieser Seite hinüber war die Lage ungeklärt. Auch das Verhältnis des Kirchenführergremiums zum Lutherischen Rat blieb unklar. In der Kirchenführerkonferenz waren auch nichtlutherische Landeskirchen vertreten, vor allem auch sogenannte „Ausschußkirchen", während umgekehrt der Lutherrat Vertretungen der Bruderräte der lutherischen Kirchen mit DC-Kirchenregiment (Mecklenburg, Thüringen, Lübeck) unter sich hatte, die bei den Kirchenführern nicht zugelassen waren, da die Kirchenführerkonferenz ihre Stärke in der äußeren Legalität hatte und suchte. — Die Arbeit litt aber auch unter anderen Schwierigkeiten. Präses Zimmermann kam selten oder nie in die Sitzungen des Gremiums, in welchem er doch Altpreußen vertreten sollte. Die Teilnahme Altpreußens blieb eine halbe Sache. Der altpreußische Evangelische Oberkirchenrat stand zunehmend wieder unter der Leitung des Präsidenten Dr. Werner und hielt sich im Jahre 1937 durchweg für sich; erst im Jahre 1938 steuerte ihn Werner, nachdem das Kollegialprinzip des Oberkirchenrats durch die 17. Durchführungsverordnung gebrochen war, ganz einseitig in das Lager der DC-Kirchen hinüber. Als im Hochsommer 1937 der altpreußische Landeskirchenausschuß zurücktrat, fiel Altpreußen auf der Kirchenführerkonferenz vollständig aus. Damit verlor diese stark an äußerem Gewicht, um so mehr, als auch nach dem Verschwinden der Ausschüsse in Sachsen, Schleswig-Holstein und Nassau-Hessen drei größere Mittelkirchen aus der Kirchenführerkonferenz austraten. Diese bestand schließlich nur noch aus den lutherischen Landeskirchen Hannover, Bayern, Württemberg, Braunschweig, Schaumburg-Lippe, Hamburg, den unierten Kirchen Baden und Kurhessen-Waldeck, sowie den reformierten Landeskirchen Lippe und Hannover-reformiert. Damit war der äußere Rahmen für den Anspruch, die auf dem Boden des Artikels 1 der Kirchenverfassung stehenden Landeskirchen zu vertreten, sehr klein geworden. Aber die Arbeit ging auch innerlich nur lahm weiter. In langen Sitzungen wurden kaum einmal wirkliche Beschlüsse gefaßt. Eine Leitung und Vertretung der DEK konnte auf diese Weise kaum dargestellt werden.

Die „erste Aera Muhs" nahm unterdessen ihren Fortgang. Der Staatssekretär verfolgte eine naiv staatskirchliche Linie: Die Kirche müsse sich dem Staat anpassen; ihre Verwaltung werde am besten mehr oder weniger ganz vom Staat übernommen oder doch im Auftrage des Staates geführt; „geistliche Leitung" in einem ganz unverbindlichen Sinne könnten die Bischöfe nebenher treiben. Im Zusammenhang hiermit sollte die Kirche auch möglichst zentralisiert werden. Diese restlos unkirchlichen Gedanken verfolgte Muhs im Jahre 1937 ziemlich ungehindert, da sein Minister sich zornig von der Welt zurückgezogen hatte. Zunächst brachte Muhs die letzten Landeskirchenausschüsse zum Erliegen. In Altpreußen, Schleswig-Holstein und Nassau-Hessen wurde die Kirchenleitung in die Hände der juristischen Leiter der Verwaltungsbehörden gebracht. Diese waren meist willfährige Werkzeuge des Ministeriums: Präsident Dr. Werner für die DEK und für Altpreußen, Präsident Kipper für Nassau-Hessen. Präsident Dr. Kinder in Kiel war klüger und hielt sich das Ministerium meistens geschickt vom Leibe. Am willfährigsten wurde der neue Leiter des Landeskirchenamtes in Dresden, der ehemalige Gerichtsvollzieher und Goldene Parteigenosse Klotsche, der nicht einmal Jurist war. Anfang August 1937 wurde in Dresden ein Gewaltstreich inszeniert, um den trefflich arbeitenden Landeskirchenausschuß zu Fall zu bringen. Wie später durch die Indiskretion eines Mitgliedes des Landeskirchenamtes bekannt wurde, hat Muhs selber Klotsche aufgefordert, ein „fait accompli" zu schaffen; das werde der Minister dann anerkennen. Darauf setzte sich Klotsche in unwürdigen Szenen gewaltsam in den Besitz des Dienstgebäudes und hinderte den rechtmäßig im Amt befindlichen Landeskirchenausschuß an der Ausübung seiner Befugnisse, unter Drohung mit einem Revolver. Erst nachträglich wurde der Ausschuß, der sich weigerte, zurückzutreten, abberufen. Damit wurde die im Jahre 1936 vortrefflich geordnete Landeskirche Sachsen in ein inneres Chaos gestürzt, das viele Jahre anhalten sollte.

Werners Willfährigkeit gegenüber dem Staatssekretär kannte keine Grenzen. Wenn er nicht wußte, wie er entscheiden sollte, griff er zum Telefonhörer und ließ sich Weisungen geben. Hiervon war er auch in wichtigen innerkirchlichen Angelegenheiten durch dringendste Bitten der Referenten nicht abzubringen. Daneben war ihm durchaus bekannt, daß die Referenten der Kirchenkanzlei eigene Wege gingen und eigene Beziehungen zu den Referenten des Ministeriums unterhielten, die nicht im Sinne des Staatssekretärs waren. So konnten von der Kirchenkanzlei aus viele Fragen, Beschwerden und Pläne an den Ministerialdirigenten Stahn oder den Ministerialrat Dr. Ruppel herangebracht werden, die ihrerseits wieder dem Staatssekretär verdächtig waren und dem Minister näherstanden. Auch zum Minister Kerrl selber wurden persönliche Beziehungen aufgenommen, hauptsächlich durch den Oberkonsistorialrat Lic. Theodor Ellwein. Hierdurch konnte in Einzelfällen manches erreicht bzw. verhindert werden.

Im ersten Halbjahr 1937 bereiteten die kirchenpolitischen Gruppen weitgehend die Wahlen zur Generalsynode vor. Als es deutlich wurde, daß die Deutschen Christen bei einer solchen Wahl keineswegs mehr die unbestrittene Mehrheit haben würden, die sie 1933 erreicht hatten, als vielmehr der innere Zerfall der DC klar in die Erscheinung trat — es war die Zeit, in der die von Rehm geführte sog. „Reichsbewegung DC" völlig auseinanderlief und die Thüringer Nationalkirchler sich zwar geschlossen organisierten, aber doch nur eine kleine Gruppe darstellen konnten —, kam man in politischen Kreisen zu dem Ergebnis, daß eine freie Kirchenwahl nicht ratsam sein würde. Darum verbot die 16. Durchführungsverordnung vom 25. Juni 1937 (RGBl I S. 698) kurzerhand öffentliche Wahlveranstaltungen und die Verbreitung von Flugblättern „bis zur Veröffentlichung des Wahltermins"; ebenso wurde die Benutzung der Kirchen zu Wahlzwecken verboten. Damit war eine wirksame Wahlvorbereitung unterbunden; von der Wahl zur Generalsynode wurde es im zweiten Halbjahr 1937, obwohl ein „Führererlaß" vorlag, ziemlich still. Dieser Erlaß ist denn auch niemals durchgeführt worden.

Am 1. Juli 1937 erfolgte unvermutet die Verhaftung Martin Niemöllers, zunächst in Untersuchungshaft. Wenige Wochen später rollte der Prozeß gegen Dibelius ab, wegen seines Offenen Briefes an Kerrl im Februar des Jahres. Der Freispruch vor dem Sondergericht wirkte im Kirchenministerium wie eine Bombe. Es war wohl das letzte Mal, daß ein deutsches Gericht gegen einen Reichsminister entscheiden konnte.

Der Geschäftsgang der Kirchenkanzlei blieb im Sommer 1937 denkbar flau und gering. Die Landeskirchen zeigten eine deutliche Zurückhaltung gegen Präsident Werner. Eingaben an zentrale Stellen wurden vielfach nicht über die Kirchenkanzlei geleitet, sondern über den Lutherrat oder die Kirchenführerkonferenz, bis die Reichsministerien mehr und mehr auf Betreiben des Kirchenministeriums die Annahme solcher Eingaben verweigerten und die Landeskirchen dadurch zwangen, den „legalen" Weg zu beschreiten. Auf die

Dauer erwiesen sich die sachlichen Erfordernisse als stärker: man konnte nicht darauf verzichten, in den Fragen der äußeren Verwaltung mit der obersten kirchlichen Verwaltungsdienststelle zusammenzuarbeiten. Werner war auch so klug, diese Situation nicht zu überspannen. Er beschränkte sich in der Kirchenkanzlei wesentlich auf die Bearbeitung äußerer Fragen, auf die Weitergabe des Schriftverkehrs zu staatlichen und Parteidienststellen und auf die Weiterleitung und durchweg auch nachdrückliche Vertretung von Beschwerden aus den Landeskirchen. Kirchenpolitische und vollends geistliche Entscheidungen vermied er. Dies fiel ihm bei seinem völligen Mangel an eigener innerer Einstellung nicht einmal schwer.

Am 6. Juli 1937 kam es in Kassel zu einem neuen großen Versuch der innerkirchlichen Einigung. Die seit der Bekenntnissynode von Oeynhausen 1936 gespaltene Bekennende Kirche versuchte, die Gemeinsamkeit wiederherzustellen. Ebenso sollten die Kreise der sog. Mitte, die auf dem Boden des Artikels 1 der Verfassung standen, herangezogen werden. Für Kassel war ursprünglich eine Kirchenführerkonferenz unter dem Vorsitz von Landesbischof D. Marahrens vorgesehen. Noch einmal waren fast alle Landeskirchen, außer den sechs DC-Kirchen, vertreten, wenn nicht offiziell, so doch durch persönliche Verbindungsmänner. Sogar der sonst durch seine Krankheit behinderte Landesbischof Tügel aus Hamburg war persönlich erschienen, ebenso altpreußische Vertreter, diese aber inoffiziell. Daneben waren Vertreter der VKL und der Bruderräte anwesend. Es kam zur Bildung des sog. „Kasseler Gremiums", das sozusagen die evangelische Kirche in größerer Breite darstellen und vertreten sollte. In das Gremium wurden entsandt: Landesbischof D. Marahrens von der Kirchenführerkonferenz, Oberkirchenrat Breit vom Lutherrat und Pfarrer Müller-Dahlem von der VKL. Noch einmal wuchs die Hoffnung, es könnte zu einer einmütigen Vertretung der Kirche gegenüber der bloßen Verwaltung und gegenüber Staat und Partei kommen. Bezeichnend für die Verhältnisse in der Kirchenkanzlei war, daß ich an der Kirchenführerkonferenz in Kassel wie auch später an den Sitzungen des Kasseler Gremiums teilnehmen konnte. Auf diese Weise erhielt das Gremium Informationen über amtliche Dinge, die es auf andere Weise nicht erhalten konnte. Bei einer dieser Sitzungen in den Räumen des Lutherrates kam es zu einem Eindringen der Gestapo, das sich wesentlich gegen Dr. Böhm, den Vertreter von Müller-Dahlem, richtete, aber auch die übrigen Anwesenden in Mitleidenschaft zog, da jeder von ihnen wichtige Papiere bei sich hatte. Diese bezogen sich auf eine gemeinsame Erklärung zu den damals erschienenen Schriften Alfred Rosenbergs über die „Dunkelmänner" und die „Rompilger". Diese Erklärung war das wesentlichste Ergebnis der Arbeiten des Kasseler Gremiums. Sie wurde von einer großen Zahl führender Männer des kirchlichen Lebens aus allen Lagern unterschrieben und muß den staatlichen Stellen sehr unbequem gewesen sein. Es wurde der Versuch gemacht, einen Prozeß gegen die Hauptverfasser anzustrengen. Bei den Bischöfen Dr. Johnsen und D. Marahrens erschien eines Tages ein Untersuchungsrichter, nach dessen Vernehmungen aber nichts mehr von der Sache gehört wurde. — Sachlich kam es zu keiner wirklichen Annäherung zwischen den Gruppen der „bischöflichen" und der „bruderrätlichen" BK. Infolge eines Rundschreibens der VKL entstanden neue Verstimmungen, die nach einiger Zeit das Ende des Kasseler Gremiums herbeiführten. Aber auch innerhalb der Kirchenführerkonferenz und des Lutherrates kam man nicht zu praktischen Ergebnissen. Es wurden wohl Sitzungen gehalten, aber sichtbare Erfolge zeigten sich kaum. Aus der Vielzahl der Gremien entwickelte sich keine klare Führung. Selbst im engsten Kreise der lutherischen Landeskirchen kam man nicht weiter. Die vom Sekretariat des Rates der Evangelisch-Lutherischen Kirche Deutschlands erarbeiteten „Grundbestimmungen", die eine Art Verfassung der lutherischen Kirche innerhalb der Deutschen Evangelischen Kirche vorsahen, wurden zwar am 21. Oktober 1937 angenommen, blieben aber Stückwerk und wurden kaum wirklich praktiziert, so daß der Vorsitzende des Rates, Oberkirchenrat Breit, schließlich an der Möglichkeit gemeinsamer lutherischer Arbeit verzweifelte, von der Leitung des Lutherrates zurücktrat und nach Bayern zurückkehrte.

Gegen Ende des Jahres 1937 vollendete sich der Übergang der Kirchenleitung auf den Präsidenten Dr. Werner an zwei wichtigen Punkten. Einmal wurde ihm am 4. November 1937 der Vorsitz in der Finanzabteilung bei der Deutschen Evangelischen Kirchenkanzlei übertragen; stellvertretender Vorsitzender wurde der damalige Oberkonsistorialrat Dr. Fürle, der das Rechnungsamt der DEK wahrnahm. Der bisherige Vorsitzende, Oberkonsistorialrat Gustavus, wurde seines Postens enthoben; Muhs war mit seiner Amtsführung schon lange nicht zufrieden. Hatte doch die Finanzabteilung unter der Leitung von Gustavus nach ihrer Einrichtung am 14. November 1935 (GBlDEK S. 118) erklärt, daß die Mitglieder sich als Diener der Kirche fühlten und sich mit allen Kräften für die „Förderung eines besonnenen und echten kirchlichen Aufbaus einsetzen" würden. Den letzten Anstoß gab das Eintreten der Finanzabteilung unter Gustavus für die Wahrung des kirchlichen Grundbesitzes, die dem Kirchenministerium, das sich die allmähliche Rückführung des kirchlichen Grundbesitzes in andere Hände zum Ziel gesetzt hatte, unwillkommen war.

Den entscheidenden Schritt auf dem Wege zu einer Kirchenleitung des Präsidenten Werner bedeutete die am 10. Dezember 1937 (RGBl I S. 1346) erlassene 17. Durchführungsverordnung zum Kirchensicherungsgesetz. Diese sollte die 13. Verordnung ablösen, nachdem sich herausgestellt hatte, daß die Wahl zur Generalsynode überhaupt nicht kommen würde und daher die Kirchenleitungen nicht auf die Führung der laufenden Geschäfte beschränkt bleiben konnten. Die Wahl war zweifellos von politisch entscheidender Stelle abgesetzt worden. Man befürchtete, wie die Referenten der Kirchenkanzlei durch den Ministerialdirigenten Stahn erfuhren, daß eine etwaige Niederlage der DC im Auslande als ein Zeichen für den Rückgang des Nationalsozialismus im deutschen Volke angesehen werden könnte. Um der Sache aber nach außen hin eine Begründung zu geben, hielt Reichsminister Kerrl im Dezember 1937 zwei öffentliche Reden in Fulda und Hagen, über die auch in den Zeitungen berichtet wurde. In diesen warf er den kirchlichen Gruppen vor, es habe sich gezeigt, daß sie ihre Streitigkeiten im Wahlkampf fortzusetzen gedächten; damit hätten sie die Wahl selbst unmöglich gemacht. Die Schuld an der Nichtdurchführung der Wahl wurde also nach außen hin wieder auf die Kirche geschoben.

Die 17. Durchführungsverordnung wurde in einem Kommentar von Stahn in „Pfundtner-Neubert, Das neue deutsche Reichsrecht" dahin erläutert, daß auch sie nur eine Übergangsmaßnahme darstellen solle. Bis zur Neuregelung der kirchlichen Verhältnisse, von der aber nun überhaupt nicht mehr gesagt werden konnte, wie sie zustandekommen würde, wurden die im Amt befindlichen Kirchenleitungen vom Staate anerkannt. Damit wurde der jahrelang von der BK gegen die DC-Kirchenregierungen (Thüringen, Mecklenburg, Lübeck, Bremen, Anhalt, Oldenburg) geführte Kampf von Staats wegen zuungunsten der BK entschieden. Gegenüber dem Zeitpunkt des Rücktritts des Reichskirchenausschusses hatte sich inzwischen die Situation insofern weiter verschlechtert, als anstelle der Landeskirchenausschüsse, die wenigstens einen kirchlichen Aufbauwillen gehabt hatten, in mehreren Landeskirchen (Altpreußen, Schleswig-Holstein, Nassau-Hessen, Sachsen) die juristischen Leiter der Verwaltungsbehörden, die nach ihrer persönlichen Einstellung den DC zuneigten, die Kirchenleitung bekamen. Der einzige Landeskirchenausschuß, der bestehen blieb, war der in Kurhessen-Waldeck unter Leitung von Pfarrer D. Happich-Treysa; dessen Fortbestehen hatte der zuständige Gauleiter vom Kirchenministerium verlangt. Selbstverständlich wurden in den übrigen Landeskirchen die „intakten" Kirchenleitungen ebenfalls durch die 17. Verordnung staatlich bestätigt. Da sie aber kirchlich und staatskirchenrechtlich sowieso legal waren, kam die 17. Verordnung faktisch nur den DC zugute. Das lag auch wohl in der Absicht des Staatssekretärs Dr. Muhs, der seine staatskirchlichen Pläne mit Hilfe der DC und der Finanzabteilungen durchzusetzen hoffte.

Für die DEK verordnete § 1 der 17. Verordnung, daß „die Leitung der DEK" bei dem Leiter der Kirchenkanzlei liege. Dieser war befugt, nach Anhörung der Landeskirchen Verordnungen in äußeren Angelegenheiten zu erlassen. Die Fragen von Bekenntnis und Kultus waren von dieser Befugnis ausgeschlossen. — Die Landeskirchen waren damit in eine Bedeutungslosigkeit gedrängt, die weder ihrer geschichtlichen Stellung noch der Kirchenverfassung von 1933 entsprach. Sie brauchten beim Erlaß von Verordnungen nur „angehört" zu werden. Entscheiden konnte Präsident Werner auch gegen sämtliche Landeskirchen, rein nach dem „Führerprinzip". Außerdem blieb ungeklärt und daher immer wieder strittig, wie weit die „äußeren Angelegenheiten" gingen, in denen Verordnungen der DEK erlassen werden konnten. Eine stärkere Persönlichkeit, als Werner es war, hätte mit dieser Verordnung eine Zentralisierung der DEK durchführen können, wie sie selbst Jäger im Jahre 1934 nicht erreicht hatte. Werner vermied aber in den folgenden Jahren durchweg die Konflikte mit den Landeskirchen und beschränkte sich klugerweise auf die allernotwendigsten Angelegenheiten.

Die Kirchenführerkonferenz legte gegen die 17. Durchführungsverordnung einen ausführlichen Einspruch beim Reichskirchenministerium ein. Dieser Protest mußte sich aber auf eine grundsätzliche Stellungnahme beschränken. In der Praxis blieb den Landeskirchen in der folgenden Zeit gar nichts anderes übrig, als auf den Rechtsboden der 17. Verordnung zu treten, wenn nicht das ganze Rechtsleben auch der Landeskirchen hätte schwankend werden sollen. So konnte es kommen, daß dies „Provisorium" über sieben Jahre gedauert hat. Jedenfalls befand sich seit der 17. Durchführungsverordnung vom 10. Dezember 1937 die Leitung der DEK in den Händen eines Mannes, des Leiters der Kirchenkanzlei Dr. Werner. Nach dem Rücktritt des Reichskirchenausschusses ist es nicht wieder zur Einsetzung einer Kirchenleitung durch die Landeskirchen oder sonstige kirchliche Stellen gekommen. Die faktische Macht des Staatskirchenrechts und der politische Druck des Nationalsozialismus erwies sich als stärker als alle aus der Kirche selbst kommenden Versuche zu eigenen Rechtsformen. Weder die Vorläufige Kirchenleitung der Bruderräte noch das Gremium der Landeskirchenführer noch Organe wie der Lutherrat konnten sich innerhalb der ganzen evangelischen Kirche oder gegenüber Staat und Partei durchsetzen. Es zeigte sich deutlich, daß es in der evangelischen Kirche in Deutschland ein wirkliches Kirchenrecht ohne staatliche Anerkennung nicht geben konnte. Es blieb daher den Landeskirchen aller Schattierungen kaum etwas anderes übrig, als den von staatlicher Gewalt gezogenen Rahmen des kirchlichen Lebens hinzunehmen und darauf zu vertrauen, daß das wahre kirchliche Leben, das auf der Verkündigung des Wortes Gottes durch das Amt der Kirche und auf dem Wirken des Heiligen Geistes in den christlichen Gemeinden beruht, sich auch trotz der unvollkommenen Form des Verfassungslebens als kräftig erweisen würde.

## II. Die Kirchenkanzlei unter der Alleinherrschaft des Präsidenten Dr. Werner

### Die Jahre 1938 und 1939 bis zum Ausbruch des Krieges

Im März 1938 bestellte Präsident Dr. Werner den Oberkonsistorialrat Dr. Fürle, den bisherigen Leiter des Rechnungsamtes der DEK, zum Direktor der Kirchenkanzlei und ernannte ihn zu seinem ständigen Vertreter. Zu einem späteren Zeitpunkt erhielt Dr. Fürle für seine Person die Dienstbezeichnung „Vizepräsident". Die Nachricht von dieser Ernennung, die ich einer in Hannover tagenden Kirchenführerkonferenz überbrachte, löste zunächst große Beunruhigung aus, da man wußte, daß Dr. Fürle als intimer Freund von Werner galt, und da man von dieser Ernennung eine Verstärkung des Kurses Werner erwartete. Später erwies sich diese Befürchtung als unbegründet. Die Bestellung eines Vizepräsidenten für die Kirchenkanzlei, deren Räume Werner kaum je mehr betrat, führte immer mehr zu einer größeren Selbständigkeit der Kirchenkanzlei. Vizepräsident Dr. Fürle bemühte sich, besonders in den Kriegsjahren, um einen vernünftigen, sachlichen Kurs, der nicht in die Rechte der Landeskirchen eingriff, aber doch die Beziehungen zu ihnen pflegte. Mindestens seit dem Beginn des Krieges bahnte sich zwischen ihm und Werner eine zunehmende Entfremdung an, die schließlich dahin führte, daß Werner sich fast ganz von den Geschäften der Kirchenkanzlei zurückzog[6].

Zunächst ging jedoch im Jahre 1938 der Kurs Muhs uneingeschränkt weiter. Von weittragender Bedeutung war die Verordnung des Leiters der Kirchenkanzlei vom 5. März 1938 über die Vorlage landeskirchlicher Verordnungen. In dieser Verordnung wurde bestimmt, daß die Landeskirchen Verordnungen und allgemeine Verwaltungsanordnungen erst erlassen könnten, nachdem der Leiter der Kirchenkanzlei erklärt habe, daß er im Hinblick auf die Rechtseinheit in der DEK (Art. 2 Ziffer 4 der Kirchenverfassung von 1933) keine Bedenken zu erheben habe. Nur Verordnungen, die „lediglich" Bekenntnis und Kultus betrafen, waren hiervon ausgenommen. Da die Grenze zwischen den reinen Angelegenheiten von Bekenntnis und Kultus und den übrigen Sachen kaum zu ziehen war, bot die Verordnung vom 5. März 1938 dem Leiter der Kirchenkanzlei eine Handhabe, weitgehend auf die landeskirchliche Gesetzgebung Einfluß zu nehmen, zumal die Verordnung so ausgelegt wurde, daß sie nicht nur die bereits vorhandene, sondern auch eine erst zu erstrebende Rechtseinheit in der DEK umfasse. Die Landeskirchen haben sich gleichwohl überraschend schnell an die Vorlage ihrer Verordnungen gewöhnt. Einige lutherische Kirchen versuchten, gelegentlich ohne die Vorlage durchzukommen. Nachdem aber der Kirchenminister im Jahre 1939 erklärt hatte, daß er landeskirchliche Verordnungen, denen der Unbedenklichkeitsvermerk des Leiters der Kirchenkanzlei fehle, als nicht rechtswirksam ansehen und behandeln werde, wurden in Zukunft die landeskirchlichen Verordnungen von allen Landeskirchen vorgelegt, so daß die Prüfung der landeskirchlichen Gesetzgebung unter dem Gesichtspunkt der Rechtseinheit zu den Hauptarbeiten der Kirchenkanzlei gehörte. Es ist aber auch zu sagen, daß es hierbei selten zu Schwierigkeiten gekommen ist. Sachlich notwendige Verordnungen der Landeskirchen sind niemals behindert worden; über man-

---

[6] Präsident Dr. Werner hat einige Zeit nach seiner Einberufung als Offizier einen dem Verfasser zu Gesicht gekommenen Brief aus Rußland an das Kirchenministerium geschrieben, in welchem er in langen und ernsten Ausführungen ankündigte, er werde nach Beendigung des Krieges von seinem Amt in der DEK zurücktreten; er habe erkannt, daß er sich nicht zur Leitung der Kirche eigne.

che Einzelheiten fand in gegenseitigem Austausch eine fördernde Verständigung statt. Als Riegel ist die Verordnung vom 5. März 1938 eigentlich nur benutzt worden, um extreme Verordnungen deutschchristlicher Landeskirchen zu verhindern. Dies geschah wiederholt während des Krieges unter der Leitung des Vizepräsidenten Dr. Fürle, z. B. um Änderungen in der Verfassung der Landeskirchen Bremen, Anhalt und Thüringen, die auf eine Verstärkung des Führerprinzips und eine Auslieferung der Kirchenleitung an den Staat hinauskamen, zu unterbinden. Es muß an dieser Stelle ausdrücklich festgestellt werden, daß die von den Landeskirchen Thüringen, Anhalt, Mecklenburg, Sachsen und Lübeck im Anfang des Jahres 1939 erlassenen Gesetze über den Ausschluß der Juden aus der Kirchengemeinschaft ohne die Unbedenklichkeitserklärung des Leiters der Kirchenkanzlei ergangen, also im streng formalen Sinne niemals rechtsgültig gewesen sind.

Nachdem Staatssekretär Dr. Muhs die kirchliche Leitung weithin in die Hände einzelner Männer gebracht hatte (die sog. „Einmann-Kirchen" Altpreußen, Schleswig-Holstein, Nassau-Hessen und Sachsen), die ihm gefügig waren, ging er im Laufe des Jahres 1938 dazu über, die seit 1935 bei verschiedenen Landeskirchen und bei den altpreußischen Kirchenprovinzen bestehenden Finanzabteilungen zu Werkzeugen der Staatsaufsicht über die Kirchen auszubauen. Hierfür war bereits am 25. Juni 1937 in der 15. Durchführungsverordnung zum Kirchensicherungsgesetz (RGBl I S. 697) die rechtliche Grundlage gelegt worden. Diese Verordnung faßte die bisher im Preußischen Gesetz über die Vermögensverwaltung in den evangelischen Landeskirchen vom 11. März 1935 (Preuß. Gesetzsammlung S. 39) und den drei hierzu ergangenen Ausführungsverordnungen enthaltenen Bestimmungen zusammen. Neu war die grundsätzliche Ausdehnung des Systems der Finanzabteilungen auf alle Landeskirchen. Hierzu kam es aber nicht wegen der Schwäche des Reichskirchenministeriums gegenüber den Reichsstatthaltern und Gauleitern, die wie in Bayern, Württemberg, Thüringen, Mecklenburg und einigen anderen Landeskirchen die Staatsaufsicht über die kirchlichen Finanzen selbst ausüben und nicht den vom Kirchenministerium abhängigen Finanzabteilungen überlassen wollten. Das ganze System der Finanzabteilungen blieb daher ein Torso. Nur 10 deutsche evangelische Landeskirchen, darunter allerdings die große altpreußische Kirche, erhielten Finanzabteilungen; die 14 übrigen blieben ohne solche. — Neu war ferner die Bestimmung, daß Vorsitzende und Mitglieder der Finanzabteilungen nicht mehr Beamte der allgemeinen kirchlichen Verwaltung sein mußten. Damit war die Möglichkeit gegeben, die Kontrolle über die kirchlichen Gelder auch in die Hände von außenstehenden Persönlichkeiten zu legen, die mit der Kirchenleitung nichts zu tun hatten, dafür aber dem Ministerium unbedingt ergeben waren. Von dieser Möglichkeit wurde im Laufe des Jahres 1938 weitgehend Gebrauch gemacht. Schon im März bekamen die Finanzabteilungen einiger altpreußischer Konsistorien anstelle der Konsistorialpräsidenten außenstehende

Persönlichkeiten als Vorsitzende der Finanzabteilungen, in Berlin-Brandenburg den Geschäftsführer Erhard von Schmidt, in Königsberg den Regierungsvizepräsidenten Angermann, in Düsseldorf den aus der Kirche ausgetretenen Reichsamtsleiter Sohns. Diesen folgten am 18. Mai in Münster der Syndikus Stoppenbrink, Ende Juni in Breslau der Landgerichtsrat Dr. Bartholomeyczik und in Magdeburg der zwar zur kirchlichen Verwaltung gehörende, aber dem Ministerium besonders ergebene Oberkonsistorialrat Schultz, der auch über gute Beziehungen zur Partei und Gestapo verfügte. In einigen Landeskirchen kam es ebenfalls zu Umbesetzungen. Am 28. April wurde der Präsident des Landeskirchenamts Schnelle in Hannover des Vorsitzes in der Finanzabteilung enthoben; an seine Stelle trat der persönliche Freund von Muhs, Rechtsanwalt Dr. Cölle, der Anwalt der Deutschen Christen in dem verlorenen Prozeß gegen die Landeskirche vor dem Oberlandesgericht Celle im Jahre 1935. Am 30. Mai wurde auch das bisherige Mitglied der hannoverschen Finanzabteilung, Oberlandeskirchenrat Dr. Wagenmann, entlassen; an seine Stelle trat der später aus der Kirche austretende Regierungsrat Dr. Hoffmeister vom Braunschweigischen Ministerium, der in Braunschweig Vorsitzender der Finanzabteilung war und dort auf diesem Wege die Kirchenleitung völlig geknebelt hatte. Die Maßnahme in Hannover war eine eindeutige Kampfmaßnahme gegen Landesbischof D. Marahrens und eine Parteinahme für das in Hannover verschwindend kleine Häufchen der DC. Begründet wurde der Wechsel im Vorsitz damit, Präsident Schnelle hätte Gelder der Landeskirche nicht ordnungsmäßig verwandt, indem er auf Beschluß der Kirchenregierung einen jährlichen Zuschuß von 12 000 RM zu den Kosten des Lutherrates gezahlt hatte. Der Lutherrat sei eine „ungesetzliche" Einrichtung; Zahlungen an ihn seien verboten. Daß den Landeskirchen der Zusammenschluß bekenntnisverwandter Kirchen in der Kirchenverfassung von 1933 ausdrücklich garantiert war, störte das Ministerium ebensowenig wie die Tatsache, daß die deutschchristlichen Landeskirchen ungleich höhere Beträge an den „Bund für deutsches Christentum" zahlten, Beträge, die sie ungeniert in ihrem Haushaltsplan veröffentlichen konnten. So zahlte jahrelang Thüringen 66 000 RM (mehr als die Umlage an die Deutsche Evangelische Kirche!) an diesen Bund, und das kleine Lübeck 12 000 RM! — Hinter diesen Treibereien gegen Hannover stand außer dem Staatssekretär Dr. Muhs, der dem Landesbischof die Niederlage des DC-Kirchensenates von 1934 nicht vergessen konnte, der Ministerialrat Dr. Richter vom Kirchenministerium, der 1933 in Hannover weltlicher Vizepräsident im Landeskirchenamt gewesen und von Marahrens Ende 1934 aus dem Amte entfernt war. Minister Kerrl ließ sich im Sommer 1938 von dieser Clique sogar dazu treiben, einen persönlichen Brief an Landesbischof D. Marahrens zu schreiben, in welchem er Maßnahmen gegen Hannover androhte und den Landesbischof persönlich für die ausgegebenen 12 000 RM regreßpflichtig machen wollte.

Am 18. Mai erhielt auch die Badische Landeskirche in dem Bürgermeister Dr. Lang einen neuen Vorsitzenden der Finanzabteilung, der im Verein mit Oberkirchenrat Dr. Doerr der Badischen Kirchenleitung in unzähligen Einzelmaßnahmen das Leben unerträglich schwer machte. Hier und in Braunschweig wirkte sich das neue System der vom Staat bestellten und nur dem Staat ergebenen Vorsitzenden der Finanzabteilungen am furchtbarsten aus. Die Kirchenleitungen in Braunschweig und Karlsruhe waren fast völlig entrechtet. Notwendige Maßnahmen wurden durch Versagung der finanziellen Zustimmung endlos verzögert. Ganz offen und einseitig wurde die Partei der DC ergriffen. Bis hinein in Bekenntnis und Kultus gingen z. B. in Braunschweig die Eingriffe Hoffmeisters: Kollekten wurden ihrem Zweck vorenthalten, kirchliche Werke und Verbände zum Erliegen gebracht, ja Gottesdienste für DC-Minderheiten erzwungen. Auch in Hannover und anderswo gestaltete sich das Gegeneinander von Kirchenbehörde und Finanzabteilung äußerst schwierig. Beschwerden an das Kirchenministerium halfen in den meisten Fällen nichts. Erst in den Kriegsjahren gelang es ab und an, durch Verhandlungen mit dem Ministerium in Einzelheiten Recht zu bekommen. Muhs hatte mit den Finanzabteilungen eine wirksame Waffe gegen die bekenntnisgebundenen Landeskirchen in der Hand. Denn im Grunde gab es ja keine Maßnahme der Kirchenleitung, die nicht mit finanziellen Auswirkungen verbunden gewesen wäre und daher die Mitwirkung der Finanzabteilung erforderte.

Bei der DEK gelang es dem Präsidenten Dr. Werner, sich längere Zeit dieser Entwicklung dadurch zu entziehen, daß er dem Staatssekretär teils willfährig genug war, teils eine Willfährigkeit geschickt vortäuschte, hinter der er im Grunde doch machte, was er wollte. Selbst als am 3. Januar 1939 die Finanzabteilung bei der Deutschen Evangelischen Kirchenkanzlei, die bis dahin aus sachlich arbeitenden Mitgliedern bestanden hatte (Koch-Düsseldorf, Fischer-Dorp und Duske-Berlin, Kretzschmar-Dresden, Müller-Stuttgart und Meinzolt-München), zwei neue Mitglieder bekam, den Rechtsanwalt Dr. Cölle-Hannover und den Landgerichtsrat im Kirchenministerium Dr. Albrecht, wußte Präsident Dr. Werner die Finanzabteilung lange Zeit unschädlich zu halten. Er hatte eine bemerkenswerte Taktik darin, die Finanzabteilung nur selten zu versammeln und gegebenenfalls ihre Versammlungen so zu leiten, daß nichts dabei herauskam, was die Kirchenkanzlei und die Landeskirchen nicht hätten wünschen können. Dr. Cölle als Beauftragter von Muhs kam bei der DEK lange Zeit nicht zum Zuge. — Dagegen hatte Werner vom Sommer 1938 bis zum Sommer 1939 seine entschiedenste DC-Neigung. Mit den „Kirchenleitern" der DC-Kirchen hielt er im Sitzungssaal der Marchstraße regelmäßig Konferenzen ab, zu denen die Referenten der Kirchenkanzlei nicht ein einziges Mal zugelassen wurden; ebenso trat er in diesen Kirchenleiterkonferenzen als Vertreter Altpreußens auf, ohne daß der Evangelische Oberkirchenrat nur im mindesten gewußt hätte, was dort beraten und beschlossen wurde. Von dieser Arbeitsgemeinschaft wurde am 4. April 1939 die „Godesberger Erklärung" angenommen, die von den Kirchenleitern der Landeskirchen Altpreußen, Sachsen, Nassau-Hessen, Schleswig-Holstein, Thüringen, Mecklenburg, Pfalz, Anhalt, Oldenburg, Lübeck und Österreich unterschrieben war. Das Schwergewicht in den meisten Landeskirchenleitungen zugunsten der DC, die in Pfarrerschaft und Gemeinden schon fast nichts mehr bedeuteten, wurde krampfhaft festgehalten und trat nach außen unverhältnismäßig stark in Erscheinung. Der Leiter der Kirchenkanzlei segelte voll und ganz in diesem Kurs mit, da er vom Ministerium gewünscht wurde.

Da begann etwa im August 1938 ein langsamer Wandel in dem Kurs des Reichskirchenministeriums sichtbar zu werden. Reichsminister Kerrl schaltete sich wieder stärker in den Gang der Ereignisse ein. Gespräche mit Adolf Hitler und den übrigen Parteiführern während einer KdF-Fahrt[7] auf der Nordsee hatten ihn ermutigt, noch einmal den Versuch zu machen, der Kirche im Dritten Reiche eine Position zu schaffen. Persönliche Beziehungen zu dem Oberkonsistorialrat in der Kirchenkanzlei, Lic. Ellwein, der im Hause des Ministers mehrfach zu Trauungen und Taufen geholt wurde, hatten in Kerrl die Meinung bestärkt, daß es auf dem eingeschlagenen Wege nicht weitergehen würde. Er hatte sich in seiner freiwilligen Mußezeit auch stark mit religiöser und kirchenpolitischer Literatur abgemüht. Bei aller Sprunghaftigkeit des Herzkranken fehlte es Kerrl doch nicht an einem im Grunde guten Willen. Sein größter Fehler war seine Halbbildung, bei der er meinte, alles selbst und besser zu verstehen als andere Leute. Widerspruch und Bedenken konnte er nicht vertragen. Dabei war er wirklich viel belesen. Neuerdings hatte er sich mit Luther beschäftigt, dessen Lehre von den zwei Reichen, wie er sie sich zurechtgelegt hatte, ihm den Schlüssel zu einer Lösung des Religionsproblems im Dritten Reich zu bieten schien. Er hatte selber angefangen, ein umfängliches Buch über die Fragen der Religion und der Religionspolitik des Staates zu schreiben. Ellwein und andere Vertraute des Ministers bekamen lange Vorlesungen aus diesem Buche zu hören. Es war manches Gute daran, aber auch viel Abstruses und Unklares. Kerrl stellte die These auf, daß ohne das Christentum der Nationalsozialismus zugrunde gehen werde. Er bejahte den christlichen Glauben nicht nur für seine Person, wie er ja auch von seiner Jugend her über eine große Kenntnis an Bibelsprüchen ver-

---

[7] Die Führerschaft der NSDAP machte auf einem neu für die Organisation „Kraft durch Freude" in Dienst gestelltem Schiff eine Kreuzfahrt, bei der es in Gegenwart Adolf Hitlers zu interessanten Auseinandersetzungen zwischen Kerrl einerseits, Goebbels und Ley andererseits kam. Kerrl trat für das Christentum, wie er es verstand, ein und versuchte herauszuarbeiten, daß man seiner Rasse nach „erbadelig" und vor Gott trotzdem ein Sünder sein könne. Natürlich begegnete er völligem Unverständnis; Hitler, der mit funkelnden Augen im Hintergrund saß, äußerte sich nicht (nach einem Bericht von Kerrl an OKR Lic. Theodor Ellwein).

fügte, die er nur meistens falsch anbrachte, sondern er verlangte auch, daß der Staat sich positiv zur Kirche stelle. Im Sinne Luthers bemühte sich sein Buch dann um eine Abgrenzung der beiden Bereiche. Das Buch war im Grunde ein „Antirosenberg", was der Minister auch wußte. Er hoffte immer, daß der Führer sich durch sein Buch überzeugen lassen und ein Machtwort zur Partei sprechen würde. Dann würde alles in Ordnung kommen. Die immer wiederholte Enttäuschung, daß er, der alte Mitkämpfer, vom Führer kaum noch einmal empfangen wurde und daß er es nie erreichen konnte, Reichsleiter der Partei zu werden, um auch den religiösen Kurs der Partei bestimmen zu können, nagte an seinem Gemüt. Er konnte sich aber damals nicht gegen Goebbels, Ley und Rosenberg durchsetzen, ebensowenig wie später gegen Bormann und Himmler. Gingen dann seine Pläne wieder einmal schief, so schob er die Schuld im Zorn auf die Kirche. Eine klare Einsicht in die wirklichen Machtverhältnisse im Dritten Reich war dem Minister verschlossen.

Das erste, was dem Minister anhand seiner Lutherstudien und in Verfolg des Buches von Helmut Kittel „Religion als Geschichtsmacht" aufgegangen war, war die Einsicht in die Notwendigkeit einer geistlichen Leitung der Kirche. Im Verlauf einer Erholungsreise nach Mergentheim faßte der Minister nach einem Besuch von Oberkonsistorialrat Lic. Ellwein und Superintendent Bosse (Hannover) den Plan, noch einmal einen Versuch der Zusammenfassung und Reorganisation der Kirche von Staats wegen zu unterstützen. Die Bemühungen der Referenten der Kirchenkanzlei in zahlreichen Aussprachen mit den Referenten des Kirchenministeriums und mit dem Minister selbst gingen dahin, eine möglichst breite Basis anzubahnen, den Ausgleich mit der Bekennenden Kirche und den intakten Landeskirchen einzuleiten und dem Minister klarzumachen, daß ohne die BK ein Wiederaufbau der Kirche unmöglich sei, daß auch die „Staatsfeindlichkeit" der BK mit dem Tage aufhören dürfte, an dem die Kirchenfeindlichkeit des Staates und der Partei aufhören würde; es sei daher am dringendsten notwendig, den kirchen- und christentumsfeindlichen Kurs der offiziellen Stellen ehrlich zu beseitigen und auch von dieser Seite her zur Abgrenzung der Bereiche beizutragen. Der Minister traute sich zu, wenn es gelänge, die Kirche in sich wieder zusammenzuführen, das Korrelat beim Führer zu erreichen. Das war sehr wahrscheinlich schon damals eine Selbsttäuschung. Es mußte aber versucht werden, von der Kirche aus alles zu tun, um den Gegnern den Vorwand zu nehmen, die Kirche sei infolge ihrer inneren Gespaltenheit ein dauernder Unruheherd im Staatswesen. Aus diesem Grunde bemühten sich die Referenten der Kirchenkanzlei um ein Gelingen der Pläne Kerrls. Es war nicht ihre Schuld, daß der Minister sich auch hier wieder nicht raten ließ und einen Weg einschlug, der nicht zum Erfolg führen konnte.

Reichsminister Kerrl konnte sich nicht entschließen, einen wirklichen Ausgleich mit der Bekennenden Kirche zu versuchen. Persönliche Enttäuschungen ließen ihn über die Dinge der Vergangenheit nicht hinwegkommen. Stattdessen ließ er sich die Idee einreden, die kommende Kirchenreform solle auf dem Boden einer „breiten Mitte" unter starker Beteiligung der Laien und des „Kirchenvolkes" vor sich gehen. Männer wie der Literat Wilhelm Stapel und der Freiherr von Ledebur gewannen sein Vertrauen. Die Kreise um die westfälischen DC (Prof. Wentz) kamen hinzu. Herr von Ledebur machte sich anheischig, eine große Laienbewegung aufzuziehen, die das Programm Kerrls stützen sollte. Mit Hilfe dieser Laienbewegung hoffte man, die „Streitigkeiten" der Theologen überwinden zu können. Die kommende Synode sollte hauptsächlich eine „Laiensynode" werden.

Von seiten der Referenten der Kirchenkanzlei wurde vor derartigen Utopien gewarnt und darauf gedrängt, daß zunächst die Fühlung mit den bekenntnisbestimmten Landeskirchen aufgenommen würde. Das geschah auch, indem der Minister im Oktober 1938 mehrere Landeskirchenführer, z. B. auch die lutherischen Bischöfe, empfing. Daß er kurz vorher in einem eigenhändig unterschriebenen Briefe den Landesbischof von Hannover persönlich für die 12 000 RM hatte regreßpflichtig machen wollen, hatte Kerrl vergessen. Sein Vertrauen zu D. Marahrens wuchs schnell und blieb mit Unterbrechungen bis zu seinem Tode bestehen. Trotzdem gelang es nicht, den Reformwillen des Ministers in vernünftige Bahnen zu leiten. Es war die Zeit der sog. Tschechenkrise im Herbst 1938, als der Krieg dicht vor der Tür zu stehen schien. In dieser Zeit erschien die „Gebetsliturgie" der VKL, die bei Kerrl alles zerschlug, was etwa an Bereitschaft, es mit der Bekennenden Kirche zu versuchen, bestanden hatte. Hier schien ihm der Nachweis der „staatsverräterischen" Haltung der BK erbracht zu sein. Es erschien ihm unmöglich, die kirchlichen Kreise, die hinter dieser Liturgie standen, bei den staatlichen Stellen herauszustellen. Nur durch ein entschiedenes Abrücken hiervon meinte Kerrl der Gesamtkirche nützen zu können. In einer stundenlangen Verhandlung, aus der er die Herren nicht fortlassen wollte, wenn sie nicht unterschreiben würden, preßte er den vier Landesbischöfen Marahrens, Meiser, Kühlewein und Wurm eine Erklärung ab, mit der auch sie von den Autoren der Gebetsliturgie abrückten und sich von ihnen lossagten. Obwohl diese Erklärung zunächst wirklich unterschrieben wurde, zog sich Kerrl dann in seinem „Oktoberprogramm" doch völlig von den Bischöfen zurück, deren Sachverständige (Meinzolt, Mahrenholz, Weber usw.) bestellt, aber gar nicht mehr empfangen wurden. Der Minister war entschlossen, seinen Plan mit der kirchlichen „Mitte" allein durchzusetzen, in der Meinung, daß die „überwältigende Mehrheit des Kirchenvolkes" dahintertreten und die „eigensinnigen Theologen" ad absurdum führen würde.

Aus dieser Situation heraus kam es zur Berufung der sog. „Arbeitskreise". Der von Oberkonsistorialrat Lic. Ellwein geleiteten „Volkskirchlichen Arbeitsgemeinschaft" wurde die Herausgabe von drei Nummern eines gedruckten „Rundbriefes" (24. 11., 1. 12. und 14. 12. 1938) in Großauflage ermöglicht. In diesen wurde das „Programm" in seinen Grundzügen entwickelt, ein

Brief von Kerrl an die zehn Kirchenführer der Marahrensschen Konferenz veröffentlicht, die Gebetsliturgie der VKL kritisiert und anderes mehr. Gleichzeitig erschien in Nr. 24 des Gesetzblattes der DEK eine Mitteilung der Leiter der vier sog. „Einmannkirchen", in der die Bildung von drei „Arbeitskreisen" bekanntgegeben und die Bereitschaft ausgesprochen wurde, ihre Anregungen entgegenzunehmen.

Geschäftsführer der „Arbeitskreise" wurde der 1933 in den Ruhestand versetzte weltliche Vizepräsident des Evangelischen Oberkirchenrates, D. Hundt. Vorsitzender war der Landrat Frhr. von Wilmowsky. Die Mitglieder kamen alle aus der kirchlichen „Mitte". Zu nennen sind u. a. Pfarrer D. Bruhns-Leipzig, Pfarrer Dr. Grünagel-Aachen, Stud. Dir. Schomerus-Wittenberg, Professor Forsthoff-Königsberg, Vizepräsident Dr. Matthiessen-Kiel, Prof. Dr. med. Göring, Reg.Präs. Frhr. von Oeynhausen, Schriftsteller Wilhelm Stapel-Hamburg, Graf von der Schulenburg-Wolfsburg, Kaufmann Kühne-Lauban, Professor Lic. Helmut Kittel-Münster, im ganzen 21 Mitglieder.

Die Sitzungen begannen am 24. November 1938 und endigten am 24. Januar 1939. Erarbeitet wurde ein „Gesamtgutachten" über die Behandlung und Lösung der schwebenden Fragen, ferner der Vorschlag für eine Verordnung des Reichskirchenministers zur Vorbereitung einer verfassunggebenden Generalsynode, der Entwurf einer Geschäftsordnung dieser Synode, eine Notverordnung der Synode über den künftigen Aufbau der kirchlichen Verwaltung, ein Gutachten über eine zu erlassende Kirchenbeamtenordnung und Disziplinarordnung, eine Verordnung über die Versetzung der Geistlichen, eine Verordnung zur Sicherung der geistlichen Versorgung (Minderheitengesetz!), Leitsätze zum Aufbau einer synodalen Ordnung, Thesen über „Volkserziehung und Volksseelsorge" und über die „Bildung und Erziehung des deutschen evangelischen Pfarrerstandes"[8].

Ein großes und umfassendes Programm wurde angegriffen. Die Ergebnisse liegen in Ausarbeitungen vor, die die saubere gesetzestechnische Hand von D. Hundt, aber auch seinen ganzen kirchenrechtlichen Formalismus erkennen lassen. Das Hauptanliegen der „Arbeitskreise" war der Versuch einer Trennung (und Wiederverknüpfung) von kirchlicher Verwaltung und geistlicher Leitung. Der gemachte Versuch ist nicht uninteressant, verkennt aber offensichtlich das Wesen der Kirche völlig. Er wollte bezwecken, die kirchliche Verwaltung eng an den Staat anzuschließen, aber dafür auch auf ganz bestimmte nichtgeistliche Dinge zu beschränken. Nach der Weisung des Ministers Kerrl sollte je ein Katalog der geistlichen und der nichtgeistlichen Befugnisse aufgestellt werden, um zwischen der kirchlichen Verwaltung und der geistlichen Leitung klare Kompetenzabgrenzungen zu ermöglichen. Es ist im wesentlichen der Mitarbeit der Referenten der Kirchenkanzlei bei den Be-

---

8 Es ist beabsichtigt, die Entwürfe dieser „Arbeitskreise" in einer eigenen Monographie herauszugeben und zu besprechen. Die Tätigkeit der kirchlichen „Mitte" ist in der bisherigen Geschichtsschreibung des Kirchenkampfes kaum beachtet worden.

ratungen des ersten Arbeitskreises zu verdanken, daß man nicht zu einer bloßen Trennung von Verwaltung und geistlicher Leitung kam, sondern zu einer Aufteilung der Befugnisse und daneben wieder zu einer gegenseitigen engen Verknüpfung untereinander. Es ergab sich sehr bald, daß man die Befugnisse nicht einfach in „externa" und „interna" teilen konnte, sondern daß dazwischen die sog. „res mixtae" standen, an denen beide Organe, kirchliche Verwaltung und geistliche Leitung, beteiligt sein mußten. Ein kleiner Kreis von Referenten fand am Bußtag 1938 in den Sitzungsräumen des Französischen Domes die Lösung eines dreiteiligen Kataloges, der später von den Arbeitskreisen übernommen wurde. Dieser Katalog sollte die vom Minister eigentlich gewollte Zerreißung zwischen Verwaltung und geistlicher Leitung nach dem in den Kirchenkämpfen der letzten Jahre seitens der BK errungenen Grundsatz, daß man in der Kirche Äußeres und Inneres nicht trennen könne, verhindern[9].

---

[9] Die drei Kataloge der Befugnisse (nach dem Vorschlag der „Arbeitskreise") sahen wie folgt aus:

### I. Interna (geistliche Angelegenheiten)
1) Kirchliche Lehre und theologische Forschung
2) Verkündigung und Seelsorge
3) Bibel und Gesangbuch
4) religiöse Unterweisung
5) Gottesdienst, Agende, kirchliche Feiern, Kirchenmusik, kirchliche Kunst
6) Sakramente und geistliche Amtshandlungen
7) Einweihung von gottesdienstlichen Räumen
8) Vorbildung der Geistlichen, Prüfungen und Seminare
9) Ordination und Einführung von Geistlichen
10) Betreuung der Geistlichen
11) Bestellung von Bischöfen, Senioren usw.
12) Volkskirchliche Arbeit, Innere und Äußere Mission
13) Aufstellung von Plänen für Kollekten zu geistlichen Zwecken

### II. Externa (Verwaltungsangelegenheiten)
1) Allgemeine Finanzverwaltung
2) Festsetzung und Verteilung der Umlagen
3) Besoldung der Beamten und Angestellten der kirchlichen Verwaltung
4) Pfarrerbesoldung
5) Besoldung der sonstigen kirchlichen Amtsträger
6) Verwaltung der staatlichen Zuschüsse und sonstigen Staatsleistungen
7) Verwaltung der Stiftungen und des kircheneigenen Vermögens
8) Verwaltung des kirchlichen Grundbesitzes
9) Verwaltung der kirchlichen Gebäude, abgesehen von ihrer gottesdienstlichen Verwendung
10) Bauwesen
11) Kirchensteuerwesen
12) Aufsicht über die Vermögensverwaltung der Kirchengemeinden und sonstigen kirchlichen Verbände
13) Aufsicht über das Rechnungswesen der Kirchengemeinden und sonstigen kirchlichen Verbände

Am 24. Januar 1939 beendigten die „Arbeitskreise" ihre Tätigkeit und übergaben die Ergebnisse ihrer Arbeit dem Kirchenminister. Zur Feier dieses Ereignisses fand im Landwehrkasino ein gemeinsames Essen der Mitglieder mit den Referenten des Ministeriums und der Kirchenkanzlei statt. Bei dieser Gelegenheit unterrichtete mich Ministerialdirigent Stahn, daß in Kürze ein Vorstoß aus dem Ministerium gegen mich erfolgen würde. Ich sei unvorsichtig gewesen. Während der Dauer der „Arbeitskreise" hätte ich häufig abends telefonisch Marahrens in Hannover über den Stand der Dinge unterrichtet. Jeden Morgen habe die Gestapo dem Minister den Wortlaut unserer Gespräche auf den Tisch gelegt. Dabei hätte ich einmal den Minister einen „blutigen Dilettanten" genannt, was ihn begreiflicherweise geärgert habe. — Wenige Tage darauf wurde ich zu Präsident Dr. Werner bestellt, der mir ein von Kerrl unterzeichnetes kurzes Schreiben vorhielt, in dem etwa stand: „Verschiedene Vorkommnisse der letzten Zeit lassen es mir angezeigt erscheinen, daß der Oberkonsistorialrat Brunotte seine Ämter in der Kirchenkanzlei niederlegt und nach Hannover zurückkehrt; ich bitte mich von dem Veranlaßten zu unterrichten." Es handelte sich nicht nur um die von Stahn berichteten Vorfälle, sondern auch um eine Denunziation aus dem Herbst 1938, als ich in Kiel auf dem Deutschen Pfarrertag einen Vortrag über die kirchliche Lage gehalten hatte, über den eine anonyme Anzeige beim Ministerium eingelaufen war, zu der ich auf Weisung Kerrls durch Dr. Albrecht vernommen worden war. Präsident Werner benutzte jedoch die Gelegenheit nicht, um seinen einzigen der BK angehörenden Theologen loszuwerden. Es gab auch — die Kirchenbeamtenordnung vom 13. April 1939 war noch nicht erlassen! — gar keine rechtliche Möglichkeit, mich gegen meinen Willen nach Hannover zu versetzen. Dem Minister wurde in diesem Sinne geantwortet und dabei verlangt, daß die „verschiedenen Vorkommnisse" genauer präzisiert würden, damit ich dazu Stellung nehmen könne. Von der ganzen Sache

---

14) Statistik
15) Kirchenbuchsachen, Archive
16) Organisch verbundene Kirchenschulstellen
17) Friedhofsfragen.

III. Res mixtae (gemeinsame Angelegenheiten)
1) Haushaltsplan der Deutschen Evangelischen Kirche
2) Pfarrstellenbesetzung
3) Rechte und Organisation des Pfarrerstandes
4) Rechtsverhältnisse der kirchlichen Minderheiten, Verwendung der kirchlichen Gebäude
5) Personalien der allgemeinen kirchlichen Verwaltung
6) Verfassung der Deutschen Evangelischen Kirche und Richtlinien für die Verfassungen der Landeskirchen
7) Dienststrafrecht und Beamtenrecht
8) Kirchenzugehörigkeit und Kirchenaustritt
9) Feiertagsfragen.

ist nachher nichts mehr gehört worden. Die Post- und Telefonkontrolle wurde aber künftig zu einer ständigen, gelegentlich unterbrochenen, aber immer wieder aufgenommenen Einrichtung.

Inzwischen hatten sich die Kirchenführer, die auf dem Boden des Artikels 1 der Kirchenverfassung standen, mit dem Programm des Ministers und seiner „Arbeitskreise" befaßt. Die ersten Einwendungen wurden in einem Schreiben der zehn Landeskirchenführer (Hannover, Bayern, Württemberg, Baden, Braunschweig, Hamburg, Schaumburg-Lippe, Kurhessen-Waldeck, Lippe und Hannover-ref.) an den Kirchenminister vom 7. November 1938 gemacht. Hier wurde bereits betont, daß auch bei einer Neuordnung die geistliche und weltliche Verwaltung der Kirche in einer sich gegenseitig bestimmenden Art verbunden sein müsse, daß das staatliche Aufsichtsrecht so gestaltet werden müsse, daß der Kirche die Regelung ihrer Angelegenheiten selbst überlassen bleibe, und daß an dem Artikel 1 als der Bekenntnisgrundlage der Kirche festgehalten werden müsse. Auf dieses Schreiben antwortete Kerrl am 21. November 1938. Mit einer einmütigen Annahme seiner Ideen rechnete er hiernach schon nicht mehr. Er beabsichtige aber eine Regelung im Sinne seiner Vorschläge bei den Landeskirchen vorzunehmen, bei denen nach dem Rücktritt der Ausschüsse eine Lücke in der Betreuung der geistlichen Angelegenheiten entstanden sei.

Die Landeskirchenführer arbeiteten Gegenvorschläge zu einer Neuordnung der kirchlichen Verhältnisse aus, die dem Minister mit Schreiben vom 11. Januar 1939 überreicht wurden. In diesen Grundsätzen wurde die Einheit von geistlicher Leitung und kirchlicher Verwaltung stark hervorgehoben, ebenso die Notwendigkeit, die geistliche Leitung an das Bekenntnis der Kirche zu binden. Damit war die Scheidung von den DC, mindestens von den deutschchristlichen Kirchenleitungen, erneut betont und der Gedanke der „Toleranz", wie ihn Kerrl verstand, abgelehnt. Während es dem „Wittenberger Bund" und den anderen Kreisen der kirchlichen „Mitte" nicht gelang, die von ihnen erhoffte Laienbewegung zu organisieren, gelang es den Kirchenführern, eine überraschend große Zahl von Pfarrern hinter sich zu bringen. Der Bundesführer der deutschen evangelischen Pfarrervereine, Kirchenrat Klingler in Nürnberg, stellte die Vorschläge der Kirchenführer im gesamten Reichsbund der Pfarrervereine zur Abstimmung. Der Vorwurf der Zersplitterung der Pfarrerschaft wurde dadurch glänzend widerlegt. Am 24. April 1939 hatten von 15 081 evangelischen Geistlichen 10 693 (= 71 %) ihre Stimme abgegeben; 4398 (= 29 %) hatten nicht geantwortet. Von den abgegebenen Stimmen lauteten 10 081 auf Ja und 612 auf Nein. Damit hatten 67 % der gesamten Pfarrer mit Ja gestimmt, 4 % mit Nein. Die übrigen hatten sich gleichgültig verhalten. Eine solche Mehrheit war jedenfalls lange nicht für einen kirchlichen Vorschlag zustandegekommen. — Die Abstimmung wurde von der kirchlichen „Mitte" zunächst hintertrieben. Der Wittenberger Bund warnte durch Postwurfsendung alle deutschen Pfarrer vor der Teilnahme, konnte aber das Ergebnis nicht beeinflussen. Der Geschäftsführer der „Arbeitskreise", D. Hundt, war stark verärgert über den „Querschuß" des Pfarrervereins. Auch der Minister gab der Sache zunächst keine weitere Folge mehr. Eine einmütige Annahme aller Landeskirchen war ausgeschlossen; die „starke Mitte" und die „Laienbewegung" waren ausgeblieben; die Pfarrerschaft hatte sich anders gestellt; wahrscheinlich konnte auch Kerrl bei den Stellen von Staat und Partei keine Gegenliebe für seine Pläne erwecken. Kurzum: es blieb zunächst alles, wie es war. Eine Synode kam nicht zustande; geistliche Leitungen wurden nirgends eingesetzt.

Dabei hatte sich in einem Falle wie Sachsen gerade im Jahre 1938 gezeigt, wie dringend notwendig dort eine geistliche Leitung gewesen wäre. Nach dem Sturz des Landeskirchenausschusses hatten etwa 250 sächsische Geistliche zunächst die Anerkennung des Kirchenregiments Klotsche völlig verweigert. Von den 1100 sächsischen Geistlichen, die seinerzeit hinter dem Ausschuß gestanden hatten, war die größte Zahl zur kirchlichen „Mitte" gegangen, die in den äußeren Dingen mit dem Landeskirchenamt zusammenarbeitete, in den geistlichen Dingen ihm ebenfalls die Gefolgschaft versagte. Nur die zur BK rechnenden etwa 250 Pfarrer machten wenigstens den Versuch eines Widerstandes auf der ganzen Linie. Es gab monatelang große Schwierigkeiten: Suspendierungen, Absetzung von Superintendenten, Entlassung von jungen Hilfsgeistlichen, die sich von Klotsches Beauftragten nicht prüfen und ordinieren lassen wollten. Gemeinden hielten an ihren Geistlichen fest, Eingriffe der Gestapo setzten ein, Ausweisungen, Verpflichtungen junger Vikare durch Arbeitsämter und andere Schikanen mehr. Monatelang kamen die Abordnungen sächsischer Geistlicher und Gemeinden nach Berlin. In der Kirchenkanzlei wurden sie von mir empfangen und beraten. Es gelang, verschiedene Delegationen, die schließlich im Kirchenministerium gar nicht mehr vorgelassen wurden, in die Reichskanzlei zu Ministerialdirektor Kritzinger oder zu Frau Emmy Göring oder zu noch anderen Stellen zu leiten. Die verworrenen Zustände in Sachsen wurden allmählich auch bei politischen Stellen gesehen. Mehrfach wurde mit Klotsche direkt oder durch Vermittlung von Ministerialdirigent Stahn verhandelt. Klotsche beharrte unbelehrbar darauf, erst müßten die Betroffenen sein Kirchenregiment in aller Form anerkennen, dann sei er zu allem Entgegenkommen bereit. — Als nun die Landeskirchen im Jahre 1938 den Eid der Geistlichen auf den Führer einführten, der in fast allen Landeskirchen, z. B. auch in Bayern und Württemberg, ohne Schwierigkeiten geleistet wurde, da man in ihm einen rein staatlichen Huldigungseid sah, der wie jeder von Christen geleistete öffentliche Eid unter dem selbstverständlichen Vorzeichen stand, daß man in Gewissensdingen Gott mehr gehorchen müsse als den Menschen, versuchte Klotsche, den Eid mit einer Gehorsamsformel für sein Kirchenregiment zu verkoppeln. Dagegen allein (nicht gegen den Eid auf das Staatsoberhaupt an sich!) wandten sich die entschiedenen sächsischen Geistlichen. Sie wollten wohl dem Oberhaupt des Reiches den Eid leisten, aber nicht zugleich einem unkirchlichen Kirchenregiment. Deshalb lehnten rund 250 Pfarrer es ab, den Eid vor den Superintendenten, die meist DC waren, abzulegen, sondern legten ihn vor Vertrauensmännern aus der BK ab und schickten die Protokolle hierüber dem Landeskirchenamt ein. Klotsche machte hieraus wahrheitswidrig, die BK-Pfarrer hätten den Eid auf den Führer verweigert, und versuchte, sie politisch zu diffamieren. Das gelang ihm nicht, denn die Partei (Martin Bormann) erklärte schließlich, sie habe kein Interesse am Eid der Pfarrer auf den Führer. Aber Klotsche hatte bereits drei „Fälle" geschaffen: Pfarrer Fischer in Dresden, Pfarrer Helm in Zwickau und Pfarrer Schleinitz in Berbisdorf wurden wegen „Eidesverweigerung" sofort ohne Bezüge dienstentlassen und an der Ausübung ihres Amtes gehindert. Die drei waren wahllos herausgegriffen, denn 250 andere hatten das gleiche getan. Aber Klotsche wollte „ein Exempel statuieren", da er doch nicht gut 250 Pfarrer absetzen konnte. Über den anderen sollte das Damoklesschwert sichtbar werden. — Die Folge waren schwierige Verhandlungen, um die Sache wieder aus der Welt zu schaffen. Die Betroffenen wandten sich natürlich auch an die Kirchenkanzlei. Als Referent für Sachsen gab ich mir die erdenklichste Mühe zu helfen. Ich wurde hierin klar und offen von Vizepräsident Dr. Fürle unterstützt. Dieser ließ Klotsche und seine Referenten zweimal nach Berlin kommen und verhandelte mit mir zusammen im Sinne einer Aufhebung der unrechtmäßigen und unsinnigen Maßnahme. Auch Schriftstücke gingen hin und her. Ebenso wurde versucht, durch Referenten des Ministeriums Herrn Klotsche zur Mäßigung zu bringen. Es hielt sehr schwer, da dieser wirklich geglaubt hatte, auf diesem Wege die Anerkennung seines schwankenden Kirchenregiments erzwingen zu können. Schließlich mußte er aber doch nachgeben und die Maßnahme aufheben. Die drei Pfarrer wurden wieder in ihr Amt eingesetzt.

Im Jahre 1939 wurde der von Vizepräsident Dr. Fürle vertretene Kurs der Kirchenkanzlei ruhig und stetig fortgesetzt. Mit den Landeskirchen wurde sachlich auf den notwendigen Gebieten zusammengearbeitet. Mehrfach wurden Tagungen der landeskirchlichen Sachbearbeiter über die verschiedensten Sachgebiete im Sitzungssaal der Marchstraße gehalten, z. B. über die Fragen des Religionsunterrichtes und der Schule, Jugendarbeit, Schrifttums- und Pressewesen, Finanzfragen und anderes mehr. Diese Tagungen der Sachbearbeiter wurden von allen Landeskirchen beschickt, wobei natürlich die Meinungen der DC-Kirchen und der bekenntnismäßig gebundenen oft aufeinander platzten. Aber in vielen Dingen fand doch auch ein gegenseitiger Austausch von Erfahrungen und nicht selten ein Zusammengehen statt. Auf anderen Gebieten wurden gesamtkirchliche Regelungen dadurch vorbereitet, daß Ausschüsse aus Sachverständigen der Landeskirchen berufen wurden, die mit den Referenten der Kirchenkanzlei zusammen die betreffende Materie durcharbeiteten, ehe es zu einer Verordnung der Kirchenkanzlei kam. Dies Verfahren bewährte sich durchaus; niemals ist den Landeskirchen einfach eine

Verordnung aufgezwungen worden. So hat längere Zeit ein landeskirchlicher Ausschuß an der Frage der Vereinheitlichung der Pfarrbesoldung gearbeitet, der die Vorlagen des Oberkonsistorialrats Fischer-Dorp zu einem Entwurf gestaltete, der allerdings dann des Krieges wegen nicht weiter verfolgt werden konnte. Ähnliche Kommissionen tagten wochenlang über der Kirchenbeamtenordnung der DEK und über der Disziplinarordnung, ehe die beiden Ordnungen am 13. April 1939 im Gesetzblatt der DEK veröffentlicht wurden. Im April 1939 wurden auch noch einmal kirchliche Lehrpläne für den Religionsunterricht in den staatlichen Schulen beim Erziehungsministerium vorgelegt. Nach dem berüchtigten 10. November 1938 hatte der NS-Lehrerbund versucht, die Antijudenstimmung auszunutzen, um die Niederlegung des Religionsunterrichtes durch die Lehrer zu erzwingen. Das Ministerium Rust hatte vergeblich versucht, dem zu wehren, indem es bei jeder Niederlegung eines Lehrers eine Begründung verlangte und die Niederlegung ausdrücklich als unerwünscht bezeichnete. In diesem Zusammenhang versuchte Oberkonsistorialrat Lic. Ellwein mit Unterstützung des Ministerialrates Kohlbach noch einmal, staatliche Lehrpläne für die Erteilung des Religionsunterrichtes herauszubringen. Kohlbach hielt das für möglich. Die vom RKA 1937 gebilligten Lehrplanentwürfe wurden noch einmal überarbeitet. Diese Überarbeitung war leider eine weitere Konzession an die kirchenfeindliche Entwicklung der Schule. Die Lehrpläne von 1937 waren wesentlich besser als die von 1939. Aber die von 1939 wären immerhin überhaupt eine Ordnung gewesen, auf der der kirchliche Katechumenat hätte fortarbeiten können. Die Bearbeitung wurde in der Kirchenkanzlei von einem kleinen Kreise vorgenommen, in dem so verschiedene Männer wie der Württemberger Oberkirchenrat Sautter und der Thüringer Dr. Bauer saßen. Das vorgelegte Ergebnis wurde offiziell von der Kirchenkanzlei eingereicht. Zum Erlaß durch das Reichserziehungsministerium kam es nicht mehr.

Im August 1939 wurde unter der Leitung des sehr sachkundigen Dr. Friedrich Bartsch eine „Schrifttumsstelle der DEK" gegründet, die einen Katalog des evangelischen Schrifttums aufstellte, die Gemeinden durch Vorträge bediente und wirksame Arbeitsgemeinschaften mit den evangelischen Buchhändlern und den Bibelgesellschaften ins Leben rief.

Bei diesem durchweg verständigen Kurs der Kirchenkanzlei bedeutete es eine der willkürlichen Maßnahmen Werners, daß er am 1. Mai 1939 ganz plötzlich den Direktor des Eisenacher Predigerseminars, Lic. Dr. Hohlwein, zum geistlichen Oberkonsistorialrat in der Kirchenkanzlei berief. Dieser war längere Zeit beim Evangelischen Oberkirchenrat der altpreußischen Kirche beschäftigt gewesen; man hatte ihn aber dort nicht behalten wollen. Da Werner in der Kirchenkanzlei nach dem Präsidialprinzip allein entscheiden konnte, setzte er ihn einfach auf eine freie Stelle der Kirchenkanzlei. Dies war eine Konzession an die Konferenz der Landeskirchenleiter der DC, die einen theologischen Referenten der Nationalkirche in der Kirchenkanzlei verlangt hatten. Ein solcher war nicht vorhanden. Der Leiter des Kirchenstatistischen Amtes, Oberkonsistorialrat Dehmel, war wohl ursprünglich DC gewesen, konnte aber theologisch nicht mehr als solcher angesprochen werden. Der frühere Reichsjugendpfarrer Zahn, der noch als Oberkirchenrat beschäftigt wurde, war zwar sicherlich DC, hatte aber außer der Kalenderreform und einigen sonstigen Belanglosigkeiten überhaupt kein Referat in der Behörde, da er in einen anderen Beruf strebte. Ellwein gehörte zum Wittenberger Bund, ich selbst zur Bekennenden Kirche in Hannover. Was aus der Angelegenheit Hohlwein hätte werden können, kann nicht gesagt werden, da dieser niemals sein Amt in der Kirchenkanzlei ausgeübt hat. Alsbald nach seiner Anstellung wurde er zu einer achtwöchigen militärischen Übung einberufen, von der aus er in den Krieg ging. Einen Nationalkirchler als Referenten hat die Kirchenkanzlei also faktisch nicht gehabt.

Inzwischen ruhten die Bemühungen des Reichsministers Kerrl nicht, doch noch zu irgendeinem Ergebnis zu kommen. Sein Hauptanliegen war, eine kirchliche Erklärung zu bekommen, die den politischen und Parteistellen die Sorge zerstreuen sollte, die Kirche sei „reaktionär" und „staatsfeindlich" um jeden Preis. Von einer solchen Erklärung erhoffte der Minister eine Entspannung der Lage und eine Stärkung der in der Partei damals noch vorhandenen Kräfte, die den antichristlichen Kurs nicht billigten. Es ist bekannt, daß die Partei auf diesem Gebiete bis zuletzt niemals eine Einheit gewesen ist. Es ist zu einfach zu sagen, die Partei sei ihrem Wesen nach christentumsfeindlich gewesen. Selbstverständlich waren die stärkeren Kräfte entschieden und unbelehrbar antichristlich. Sie haben im Kriege die Entwicklung vorgetrieben, die immer mehr dazu führte, daß die Weltanschauung der Partei zur Religion erhoben wurde und die Partei in Lehre und Feiergestaltung immer mehr „Kirche" wurde. Aber diese Kreise waren in der Partei nicht allein vertreten, und es konnte im Jahre 1939 noch scheinen, als ob Adolf Hitler sich nicht festgelegt hätte. Mehrere Reden von ihm aus dieser Zeit versuchten, der Entwicklung zum Kultischen zu wehren. Jedenfalls hielt Minister Kerrl es damals noch für möglich, den Führer dafür zu gewinnen, den antichristlichen Kurs abzublasen und der Kirche die Freiheit zu geben, die sie zur Ausrichtung ihrer Verkündigung brauchte.

Der erste, völlig untaugliche Versuch auf dem Wege, durch eine kirchliche Erklärung dem Staat eine neue klare Linie vorzuzeichnen, wurde die sogenannte „Godesberger Erklärung", zu der sich die Vertreter der Thüringer Nationalkirche mit einigen Männern der kirchlichen „Mitte", des Wittenberger Bundes, zusammengefunden hatten, und die durch eine Erklärung der DC-Kirchenleiter vom 3. April 1939 (GBlDEK vom 6. 4. 1939) übernommen wurde. Unter dieser Erklärung der Kirchenleiter steht auch der Name des Präsidenten Dr. Werner, aber nicht in seiner Eigenschaft als Leiter der Kirchenkanzlei, sondern als Kirchenleiter von Altpreußen. Zehn weitere Kirchenleiter hatten mit unterschrieben. Die „Godesberger Erklärung" versuchte, die Abgrenzung zwischen nationalsozialistischer Weltanschauung und christlichem Glauben, um die sich Minister Kerrl in seinem Buche bemüht hatte, vorzunehmen. Was dabei herauskam, war aber theologisch unmöglich. Die ganze Godesberger Erklärung war eine politisch ausgerichtete Äußerung, die dem Nationalsozialismus innerkirchliche freie Hand ließ und nur das Interesse zeigte, Kampffronten gegen das Judentum und die „internationalen" Kirchen (Ökumene!) aufzurichten.

Das Merkwürdige, was sich nun ereignete, war, daß Kerrl selbst diese „Godesberger Erklärung" als ungeeignet ablehnte. Der Minister als Laie hatte ein besseres Gefühl für das Unmögliche dieser Sätze als die Theologen, die sie unterschrieben hatten. Kerrl bemühte sich persönlich um eine theologische Verbesserung durch Sätze, die nach seinem Verständnis in größter Kürze die Luthersche Lehre von dem Nebeneinander der beiden Reiche wiedergeben sollten. Ein anderer Kreis von Theologen arbeitete ihm die sog. „Fünf Grundsätze" aus, zu deren Formulierung der Minister selber erheblich beigetragen hatte. Um ihnen gerecht zu werden, muß man sie mit der „Godesberger Erklärung" vergleichen[10]. Bei aller Mißverständlichkeit einzelner Wendungen ist doch zu sagen, daß hier ein ernsthafterer Versuch gemacht wurde, den Stellen von Staat und Partei zu sagen, wie man nebeneinander auskommen könnte. Es ist immer betont worden, daß die „Fünf Grundsätze" nicht gedacht seien als eine theologische Äußerung, sondern als eine politisch-praktische. Man dürfe sie nicht als ein innerkirchliches „Bekenntnis" ansehen. Es ist allerdings von Anfang an dagegen eingewandt worden, daß auch praktisch-politisch gemeinte Sätze theologisch sauber sein müßten; und das seien diese fünf Grundsätze nicht. Erheblicher Kritik unterlag vor allem der Satz aus der ersten These, daß die nationalsozialistische Weltanschauung die völkisch-politische Lehre sei, die den deutschen Menschen bestimme und gestalte; sie sei als solche auch für den christlichen Deutschen verbindlich. Minister Kerrl wollte diese These verstanden wissen als Einschränkung der NS-Weltanschauung auf den eigentlich politischen Raum und als Abwehr gegen die Erhebung der Weltanschauung zur Religion. Das sollte durch die von ihm selbst formulierte 4. These verdeutlicht werden. Gleichwohl ist bei rückschauender Betrachtung der fünf Grundsätze zuzugeben, daß die erstrebte Herausarbeitung des Unterschieds der beiden Bereiche der Vernunft und des Glaubens im Sinne Luthers in der Kürze der Formulierung nicht gelungen ist.

Mitte Mai 1939 unterrichtete Minister Kerrl den Landesbischof D. Marahrens, daß eine einmütige Annahme dieser Grundsätze ihn in den Stand setzen würde, bei der Staatsführung entscheidende Schritte zur Neuordnung der Kirche zu unternehmen und eine grundsätzliche Änderung der Stellung einflußreicher Kreise zu Christentum und Kirche zu erreichen. Die von Marahrens berufene Kirchenführerkonferenz vom 31. Mai beschloß aber, die

---

[10] Abgedruckt KJ 60—71, 1933—1945, S. 293 und S. 299—301.

Sätze nur mit wesentlichen grundsätzlichen Abänderungen zu unterzeichnen. Das lehnte der Minister am 1. Juni ab. Daraufhin entschlossen sich Landesbischof D. Marahrens, Landesbischof Dr. Johnsen und der Vorsitzende des Landeskirchenausschusses in Kassel, D. Happich, ihre Unterschrift zu geben. Die übrigen Kirchenführer hielten sich zurück. — Am 23. Juni 1939 beschloß die Hannoversche Kirchenregierung in einem „Wort an die Landeskirche" die Zustimmung zu den fünf Grundsätzen. Diese und das „Wort" gingen mit einem Anschreiben des Superintendenten Bosse hinaus; das „Wort" war ausdrücklich nicht zur Verlesung im Gottesdienst bestimmt. Über die ganze Angelegenheit erhob sich ein lebhafter Schriftwechsel herüber und hinüber. Die hannoversche Bekenntnisgemeinschaft unter Pastor Duensing trat auf die Seite der Kirchenregierung. Von anderen Seiten erfolgten heftige Angriffe gegen Hannover und seinen Bischof. Ein anonymes Rundschreiben „Hannover gibt die Bekenntnisgrundlage preis" stellte wohl den schärfsten Angriff dar. Daneben wandte sich Pastor D. Asmussen am 19. Juli gegen Marahrens unter der Devise „eine Entscheidung für die Welt gegen die Bruderschaft". Hierauf antwortete Marahrens in seinem Wochenbrief vom 9. August 1939 (VI, 31). Die Landesbischöfe D. Meiser und D. Wurm rückten mit einem Rundschreiben vom 1. August von dem hannoverschen Schritt ab. Die Vorläufige Leitung der Bekennenden Kirche war am 30. Juni mit einem Schreiben an die Landesbruderräte vorausgegangen. Auch persönliche Schreiben zwischen Männern wie Dr. Martin Gauger vom Lutherrat, Pastor Duensing von der hannoverschen Bekenntnisgemeinschaft und Oberkirchenrat Pressel in Stuttgart konnten die Schärfe der Auseinandersetzung bei aller brüderlichen Verbundenheit nicht verbergen. Der Streit um die „Fünf Grundsätze" brachte bedauerlicherweise die BK in die Gefahr des völligen Zerreißens, ohne daß natürlich Minister Kerrl seine weitgespannten Hoffnungen auf der politischen Seite auch nur entfernt hätte verwirklicht sehen können. Rückschauend wird man sagen müssen: Die Kirchenführer hätten sich nur auf Grundsätze einlassen dürfen, die von ihnen allen hätten verantwortet werden können. Die „Grundsätze" Kerrls waren in sich zu unklar, um Mißdeutungen zu vermeiden. Die Deutung, die man ihnen in Hannover mit gutem Gewissen geben zu können glaubte, war nicht überzeugend für alle. Hannover meinte die Abgrenzung betont zu haben; die übrige BK sah vielmehr das Paktieren mit dem Nationalsozialismus darin. Der angerichtete Schaden war größer geworden als der erstrebte Nutzen. Trotzdem ist die Bruderschaft der Landeskirchenführerkonferenz auch unter dieser Differenz nicht zerbrochen. Aber man ging mit einer schweren Belastung in den kommenden Krieg und die Endauseinandersetzung mit dem Nationalsozialismus hinein.

Das einzige, was praktisch bei den Verhandlungen herausgekommen war, waren gewisse Erleichterungen, die Minister Kerrl den Landeskirchen, die die Grundsätze unterschrieben hatten, auf dem Gebiet der Finanzabteilungen verschaffte. Durch Ministerialerlaß vom 21. Juli 1939 — I 14430/39 —

wurde eine Regelung der Befugnisse der Finanzabteilungen vorgenommen. Diese Befugnisse wurden grundsätzlich zurückhaltender festgesetzt und im einzelnen substantiiert. Erleichterung wurde besonders in Hannover und Braunschweig spürbar. Man muß dies bei der Beurteilung der Handlungsweise des Landesbischofs D. Marahrens mit berücksichtigen; die süddeutschen Landeskirchen hatten es in diesem Punkte bedeutend leichter, da bei ihnen der unerträgliche Druck der Finanzabteilungen nicht vorhanden war. In Baden, das die Grundsätze nicht unterschrieben hatte, wurde der Ministerialerlaß nicht angewandt; dort dauerten die untragbaren Zustände hinsichtlich der Finanzkontrolle weiterhin an.

Trotz aller Fehlschläge hielt Minister Kerrl doch an seinem Plan fest, wenigstens den vier sog. „Einmannkirchen" (Altpreußen, Nassau-Hessen, Sachsen, Schleswig-Holstein) zu einer geistlichen Leitung zu verhelfen und zu einem Minderheitenrecht, das den BK-Minderheiten in diesen Landeskirchen ein erträgliches Leben ermöglicht hätte. Das einzige Ergebnis der „Arbeitskreise" wurde der Ministerialerlaß vom 24. August 1939 — I 15069/39 —, der an die juristischen Präsidenten der vier genannten Kirchen und an den Leiter der Kirchenkanzlei gerichtet war. Dieser Erlaß nannte sich bedeutsam „Ausführungsanweisung zur 17. Verordnung" und beanspruchte dadurch eine größere Geltung als ein gewöhnlicher Ministerialerlaß. In dem Erlaß wurde für die Kirchenkanzlei und die vier „Einmannkirchen" festgestellt, daß die den juristischen Behördenleitern zugebilligten Befugnisse nicht die geistlichen Befugnisse umfaßten, die der Erlaß sodann unter Ziffer a) bis n) genau nach dem Katalog der „Arbeitskreise" über die geistlichen Funktionen aufzählte. Es hieß wörtlich weiter: „Die Bearbeitung dieser Angelegenheiten soll künftig im Rahmen der bestehenden obersten kirchlichen Verwaltungsbehörden unter Leitung von Persönlichkeiten erfolgen, die in der Pfarrerschaft der Landeskirche das notwendige Vertrauen finden." Des weiteren wurde bestimmt, daß die sog. „res mixtae" (insbesondere die Berufung, Versetzung und Abberufung von Geistlichen) in Zukunft nicht ohne Beteiligung der geistlichen Vertrauensleute behandelt werden sollten. Auf eine gegenseitige verständnisvolle Zusammenarbeit zwischen den Behördenleitern und den Vertrauensleuten lege der Minister besonderen Wert.

Dieser Erlaß hätte in Friedenszeiten eine wesentliche Entspannung in den vier betroffenen Kirchen, aber auch in der DEK bringen können. Er kam insofern zu spät, als er ganz kurz vor dem Ausbruch des zweiten Weltkrieges erschien und seine Auswirkungen durch die Kriegsereignisse beeinflußt wurden.

### *III. Die Arbeit der Deutschen Evangelischen Kirchenkanzlei während des Krieges*

## Vom September 1939 bis zum April 1945

Den Ministerialerlaß vom 24. August 1939 gab Präsident Dr. Werner mit Rundschreiben vom 24. August 1939 — K. K. IV 2206/39 — den Landeskirchen bekannt. Beigefügt war der Entwurf einer Minderheitenverordnung („zur Regelung der geistlichen Versorgung"), der als Korrelat zu der Einrichtung geistlicher Vertrauensmänner gedacht war und in diesem Zusammenhang den DC-Kirchen besonders unbequem sein mußte. Präsident Dr. Werner wies in seinem Rundschreiben bereits auf die drohenden Tagesereignisse hin und lud die sämtlichen im Amt befindlichen Leitungen der Landeskirchen sowie die altpreußischen Konsistorialpräsidenten zu einer Zusammenkunft in der Kirchenkanzlei am 29. August 1939, vormittags 11 Uhr, ein. Der Reichskirchenminister habe sich bereit erklärt, auf dieser Tagung das Wort zu ergreifen.

Am 26. August hatten im ganzen Reich die Mobilmachungsmaßnahmen begonnen, Vizepräsident Dr. Fürle, Oberkonsistorialrat Ellwein, Oberkirchenrat Ranke und ich wurden einberufen und nahmen an der Zusammenkunft der Kirchenführer am 29. August nicht mehr teil. Die Frage der geistlichen Leitung in den vier „Einmannkirchen" und die Minderheitenverordnung wurden zunächst zurückgestellt. Angesichts der dringenden Aufgaben der Gesamtkirche für den Fall eines Krieges kam es hauptsächlich auf die Bestellung von Vertrauensmännern für die DEK an. Nach längerer Aussprache einigte man sich auf den Modus, daß die bekenntnisbestimmten Landeskirchen als ihren Vertrauensmann den Landesbischof D. Marahrens bestellten, die DC-Kirchen den Landesbischof Schultz von Mecklenburg; hinzu sollte noch der geistliche Vizepräsident der größten deutschen Landeskirche D. Hymmen-Berlin treten. Es ist zu betonen, daß die Landeskirchenführer nicht einen gemeinsamen Vertrauensrat bestellt haben, da es den bekenntnisgebundenen Kirchenführern grundsätzlich nicht möglich war, ein Gremium zu wählen, in dem ein Deutscher Christ saß. Es war aber allen Beteiligten klar, daß die einzeln bestellten Vertrauensmänner zu einem Gremium zusammentreten würden, das man in der außerordentlichen Lage der Kriegszeit dulden würde.

Demgemäß berief Präsident Dr. Werner am 31. August 1939 (Rundschreiben vom gleichen Tage — K. K. IV 2279/39 —, veröffentlicht im Gesetzblatt der DEK S. 97) die genannten drei Persönlichkeiten zu einem „Geistlichen Vertrauensrat der Deutschen Evangelischen Kirche". Dieser sollte nicht ein Geistliches Ministerium im Sinne der Verfassung von 1933 sein; er war nicht Kirchenregiment oder „geistliche Leitung" im Vollsinne des Wortes. Vielmehr sollte der Geistliche Vertrauensrat den nach der 17. Verordnung allein mit der Kirchenleitung beauftragten Präsidenten bei denjenigen Maßnahmen unterstützen, die angesichts des Krieges einen „geordneten und umfassenden Einsatz zu seelsorgerlichem Dienst am deutschen Volke zu fördern geeignet" seien. — Der Geistliche Vertrauensrat wurde am 30. August von Reichsminister Kerrl empfangen und begann seine Tätigkeit mit einem Wort an die Gemeinden zu Beginn des Krieges.

Der Geistliche Vertrauensrat trat in der Folge zu regelmäßigen Sitzungen zusammen, die etwa alle vierzehn Tage bis drei Wochen stattfanden und in denen alle Fragen der DEK besprochen und beraten wurden. Da eine Geschäftsordnung zunächst nicht vorhanden war, blieben die Sitzungen im ersten halben Jahr im Stadium einer gewissen Unverbindlichkeit. Präsident Werner entwickelte wieder einmal seine ganze Geschicklichkeit, den Geistlichen Vertrauensrat unschädlich zu halten, ihn mit Sitzungen zu beschäftigen, ohne sich jedoch an seine Beschlüsse zu binden. Er versuchte, die Vorteile der neuen Einrichtung zu genießen, ohne die darin enthaltene Bindung auf sich zu nehmen. Vielmehr regierte er mit Hilfe seines „Präsidialbüros" (die Oberkonsistorialräte Pettelkau und Kronenberg beim Evangelischen Oberkirchenrat) ziemlich selbstherrlich weiter. Es kam ihm zustatten, daß fast alle Referenten der Kirchenkanzlei im Wehrdienst standen, während die Referenten des Oberkirchenrats fast alle zu Hause waren. Unter dem Vorgeben einer „Vereinfachung der Verwaltung im Kriege" versuchte Werner nunmehr, die Kirchenkanzlei, die ihm mit ihren Selbständigkeitsanwandlungen immer unbequem gewesen war, ganz aufzuheben. Die Referate der Kirchenkanzlei wurden mit denen des Oberkirchenrats vereinigt; der geistliche Vizepräsident des Oberkirchenrats zeichnete eine Zeit lang auch für die Kirchenkanzlei, bis das von Bayern aus bemängelt wurde. Unter dem Einfluß von Kronenberg ging Werner immer mehr dazu über, die Landeskirchen wie altpreußische Kirchenprovinzen anzusehen. Auf dem Wege über die „Verpreußung" hoffte er, allmählich zu einer zentralisierten DEK zu kommen. Der Geistliche Vertrauensrat bemerkte hiervon zunächst nichts. Er hatte seine großen Schwierigkeiten bereits im Anfang zu spüren bekommen, als er versuchte, in Sachsen nach dem rechtskräftig ergangenen Ministerialerlaß vom 24. August geistliche Vertrauensmänner zu bestellen. Klotsche verhielt sich völlig ablehnend und konnte beim Reichsstatthalter Mutschmann erreichen, daß der Geistliche Vertrauensrat zur schleunigen Abreise aus Dresden gezwungen wurde. Das geschah im Zeichen des „Burgfriedens" im Kriege, und Kerrl konnte den Geistlichen Vertrauensrat in dieser Lage nicht schützen; er konnte auch seinerseits die von ihm angeordnete Einsetzung der Vertrauensmänner in Sachsen nicht durchsetzen. Die Reichsgewalt brach sich wieder einmal an den Landesfürsten. Infolgedessen kam es auch in den anderen Einmannkirchen nicht zu der geplanten Einrichtung der Vertrauensmänner. Der Erlaß vom 24. August blieb in den Landeskirchen unausgeführt. Nur für die DEK war es zu dem Geistlichen Vertrauensrat gekommen.

Um die Jahreswende kehrten Vizepräsident Dr. Fürle und ich aus besonderen Gründen aus dem Wehrdienst zurück, sehr zum Verdruß des Präsidenten. Es dauerte wochenlang, bis ich wieder im Besitz meines Referates war und bis die Selbständigkeit der Kirchenkanzlei unter ihrem eigenen Dirigenten Fürle sichergestellt war. Der frühere Zustand wurde wiederhergestellt. Danach gingen die Referenten daran, mit Hilfe des noch in Berlin militärisch tätigen Oberkonsistorialrats Lic. Ellwein, der den Minister jederzeit erreichen konnte, dem Geistlichen Vertrauensrat zu wirklich festen Befugnissen zu verhelfen. Der Minister übergab dem Präsidenten Werner einen von den Referenten der Kirchenkanzlei gefertigten Entwurf einer Verordnung über die Mitwirkung des Geistlichen Vertrauensrates, durch die die Alleinherrschaft Werners endlich gebrochen werden sollte. Der Geistliche Vertrauensrat sollte bestimmte Aufgaben selbst beschließen können. Außerdem sollte der Vertrauensrat um ein reformiertes Mitglied, den Professor Dr. Weber-Göttingen, der schon länger bei den Vorberatungen mitgewirkt hatte, erweitert werden. Den Verordnungsentwurf, den ihm der Minister sozusagen aufzwang, mußte Werner nach der 17. Verordnung den Landeskirchen zur Anhörung zuleiten (Rundschreiben vom 15. Februar 1940 — K. K. IV 385/40 —). Da natürlich eine einhellige Zustimmung nicht zustande kam, entzog sich Werner dem Erlaß einer Verordnung, die allein eine wirkliche Rechtsbasis abgegeben hätte, und brachte die Gedanken des Entwurfs in der Fassung, die sie in einem süddeutschen Gegenentwurf in Stuttgart am 23. Februar 1940 gewonnen hatten, in Form eines einfachen Erlasses heraus. Dieser Erlaß über die „Mitwirkung des Geistlichen Vertrauensrats bei der Leitung der Deutschen Evangelischen Kirche" erschien unter dem 28. März 1940 im Gesetzblatt der DEK (S. 13). Es war immerhin ein Schritt über die Alleinherrschaft des juristischen Präsidenten hinaus. Werner beschränkte seine Funktionen selbst. Für die Wahrnehmung gemeinsamer Aufgaben und die Vertretung der Belange der DEK gemäß Art. 4 Ziffer 1 bis 3 der Verfassung von 1933 konnte nun der Geistliche Vertrauensrat „Grundsätze aufstellen und Einzelweisungen erteilen, die für die Deutsche Evangelische Kirchenkanzlei verbindlich" waren. Verordnungen konnte der Präsident nur noch „im Einverständnis mit dem Geistlichen Vertrauensrat" erlassen. Ebenso waren alle Personalmaßnahmen an die Mitwirkung des Vertrauensrates gebunden. Auch die Unbedenklichkeitserklärung landeskirchlicher Verordnungen nach der Verordnung vom 5. März 1938 konnte nur noch im Einvernehmen mit dem Vertrauensrat erfolgen. Der Vertreter des reformierten Bekenntnisses wurde künftig zu den Sitzungen regelmäßig zugezogen. Eine Geschäftsordnung regelte das einzelne. Der Geistliche Vertrauensrat bekam innerhalb der Kirchenkanzlei eine eigene Geschäftsstelle, deren Leiter Vizepräsident D. Hundt wurde und die im einzelnen von Frau Oberkirchenrätin Dr. Schwarzhaupt geführt wurde. — Mit dieser Regelung ließ sich arbeiten. Es entwickelte sich immer mehr so, daß nichts wesentliches in der Kirchenkanzlei ohne den Geistlichen Vertrauensrat geschehen konnte. Der Vertrauensrat arbeitete sich je länger je mehr so ein, daß zwischen den vier Mitgliedern ein wirkliches Vertrauensverhältnis entstand. Landesbischof Schultz, der als Deutscher Christ zunächst mißtrauisch angesehen wurde, zeigte sehr bald, daß er in den Fragen der Beurteilung des Verhältnisses der Kirche zu Staat und Partei in keiner Weise von den anderen Mitgliedern abwich. Ja in vielen Fällen war er der radikalste von allen, der seine Meinung in den Sitzungen oft drastisch äußerte. Er gehörte zu den DC, die durch schwere Enttäuschungen bezüglich des Nationalsozialismus hindurchgegangen waren. Kirchlich notwendige Entschließungen sind jedenfalls durch Landesbischof Schultz nicht behindert worden.

Im Laufe des Jahres 1940 setzte Werner seine Taktik fort, den Geistlichen Vertrauensrat auf alle Weise zu lähmen. Immer wieder wurden notwendige Verfügungen, die manchmal in wochenlanger Arbeit mühsam zustandegekommen waren, nicht erlassen. So wurde z. B. die Minderheitenschutzverordnung, für die schon die Arbeitskreise eine erste Fassung vorgelegt hatten und die schon am 24. August 1939 den Landeskirchen zur Anhörung zugesandt worden war, im Laufe des Jahres 1940 nochmals durchgearbeitet und mit landeskirchlichen Sachbearbeitern besprochen. Selbstverständlich mußte die Minderheitenverordnung „paritätisch" erlassen werden, d. h. sie wäre sowohl den BK-Minderheiten in den DC-Kirchen wie umgekehrt zugute gekommen. Die BK-Minderheiten der im Lutherrat vertretenen Landeskirchen von Sachsen, Mecklenburg, Thüringen und Lübeck baten, um ihretwillen zuzustimmen. Denn es lag auf der Hand, daß weit größere Zahlen von Pfarrern und Gemeinden, die der BK angehörten, begünstigt wurden als umgekehrt. Gemeinden mit erheblichen DC-Minderheiten gab es kaum noch, und diese kamen auf andere Weise (Druck des Ministeriums oder der Finanzabteilungen) auch so zu ihrem Recht. So war man sich weithin aus praktischen Erwägungen einig, einem Minderheitenrecht zuzustimmen. Der Geistliche Vertrauensrat hatte eine Fassung angenommen, nach der sowohl Minderheitengruppen in den Gemeinden bei einer bestimmten Größe Anspruch auf gottesdienstliche Räume bekommen haben würden, wie auch Pfarrer in den Stand gesetzt worden wären, sich einer anderen geistlichen Leitung zu unterstellen. Präsident Dr. Werner wollte aber, sichtlich unter dem Druck der DC-Kirchen, seine Zustimmung nicht geben. Da sich auch die Finanzabteilung der DEK, die das an sich gar nichts anging, dagegen ausgesprochen hatte, wurde die Minderheitenordnung nicht erlassen. — Ebenso ging es im Sommer 1940 mit dem Entwurf einer Verordnung betreffend Versetzung von Geistlichen (einschließlich der Zurruhesetzung und Versetzung in den Wartestand). Immer wieder hatten einzelne Landeskirchen entweder Verordnungen gemacht, die den Pfarrerstand wehrlos dem Belieben der Behörde aussetzten, oder sie handhaben die Verwaltungspraxis entsprechend. Der Geistliche Vertrauensrat nahm einen von den Referenten der Kirchenkanzlei erarbeiteten Entwurf an, nach welchem bestimmte Richtlinien zum Schutz der Pfarrer erlassen, ein bestimmtes Verfahren vorgeschrieben und vor allem eine Berufungsinstanz geschaffen werden sollte. Auch dieser Verordnungsentwurf wurde von Werner unterbunden.

Ebenfalls in den Sommer 1940 fiel das erste Auftreten von Fällen der „Tötung lebensunwerten Lebens". Nach den ersten Anzeichen, daß Menschen aus Anstalten der Inneren Mission mit z. T. unbekanntem Ziel fortgebracht wurden und daß häufig kurz danach rätselhafte Todesnachrichten an die Angehörigen gelangten, ließ sich der Geistliche Vertrauensrat von den Herren der Inneren Mission in mehreren Sitzungen eingehend Bericht erstatten. Mehrfach wurde mit Pastor D. von Bodelschwingh verhandelt. Das vorgelegte Material stammte von Pastor Braune-Lobetal. Sobald feststand, daß man sich nicht täuschte, wurde beschlossen, eine Denkschrift an staatliche Stellen einzureichen und alles zu tun, um die entsetzliche Maßnahme zum Einhalt zu bringen. Über den Sitzungen des Vertrauensrates lag das ganze Grauen dieser ersten Anzeichen von Massenmord, zumal Pastor Braune aus Besprechungen im Reichsinnenministerium berichtete, daß alle, die von den Dingen wüßten, mit dem Tode bedroht seien. Die Denkschrift wurde sodann von Pastor Braune zusammengestellt und vom Leiter der Kirchenkanzlei und dem Geistlichen Vertrauensrat bei der Reichskanzlei eingereicht. Ich habe die Anfertigung der geheimen Reinschrift überwacht und die Eingabe dem Ministerialdirektor Dr. Kritzinger in der Reichskanzlei persönlich überbracht[11]. Eine Antwort hat der Geistliche Vertrauensrat auf die Denkschrift nicht be-

---

[11] Pastor Braune ist in dieser Sache bei seinem Bericht in der Zeitschrift „Die Innere Mission", 37. Jg. 1947, Heft 5/6 (S. 13—34), ein Gedächtnisfehler unterlaufen, den er mir gegenüber während der Eisenacher Kirchenversammlung 1948 zugegeben hat. Er schreibt an der zitierten Stelle: „Ich wußte, daß die damalige offizielle Kirchenleitung, die auch durch mich informiert wurde, sich kaum zu einem energischen Einspruch gegen solche Maßnahmen des Staates bereit finden würde, war also darauf gerüstet, diesen Kampf wesentlich allein führen zu müssen ... Die Denkschrift übergab ich direkt in der Reichskanzlei dem zuständigen Ministerialdirektor, der sie auf meine Bitte unmittelbar dem damaligen Reichsminister Lammers weitergab ..."
An dieser Darstellung sind drei Punkte unzutreffend. Einmal hat P. Braune den Kampf nicht allein zu führen gehabt. Ihm standen die Männer des Centralausschusses der Inneren Mission, Präsident Konstantin Frick, vor allem aber Pastor Fritz von Bodelschwingh zur Seite; seine ersten Hinweise hat Braune zudem von Pastor Dicke erhalten, damals in den Kückenmühler Anstalten bei Stettin, jetzt im Annastift in Hannover, der auch an einer Sitzung mit dem Geistlichen Vertrauensrat teilgenommen hat. — Zum zweiten hat sich die „damalige offizielle Kirchenleitung" zu einem Einspruch bereit gefunden und noch 1941 in einer weiteren Eingabe versucht, wenigstens die Anstalten der Inneren Mission vor dem Zwang der Abgabe von Pfleglingen zu schützen. — Und schließlich ist die Eingabe nach meiner bestimmten Erinnerung (Niederschrift von 1945!) von mir selbst an Min. Dir. Kritzinger überbracht worden; einen solchen Besuch vergißt man nicht. Dabei kann ohne weiteres vorausgesetzt werden, daß auch P. Braune vorher oder nachher zur Besprechung seiner Denkschrift bei Kritzinger gewesen ist.

kommen. Dagegen wurde Pastor Braune plötzlich verhaftet und längere Wochen in Schutzhaft gehalten, ehe er ebenso unvermittelt wieder freigelassen wurde. Über den zunächst erfolgreichen Widerstand Bethels gegen die Fortnahme der unglücklichen Kranken berichtete Pastor D. von Bodelschwingh in einer späteren Sitzung eingehend. In dieser Angelegenheit hat die offizielle Kirche jedenfalls nicht versagt, sondern ihre Stimme erhoben, als die ersten Anzeichen des ruchlosen Planes erkennbar wurden.

Im Sommer 1940 tauchten Schwierigkeiten in der Versendung christlicher Schriften an die Wehrmacht auf. Einschränkungsversuche hinsichtlich der Herstellung und Verbreitung christlicher Bücher waren schon allgemein seit 1939 zu beobachten. Die Anordnung Nr. 133 der Reichsschrifttumskammer vom 31. März 1939 führte den Grundsatz ein, daß nur noch Einzelpersonen als Verleger und Buchhändler tätig sein dürften. Das war ein schwerer Schlag gegen das christliche Schrifttum, das überwiegend von kirchlichen Werken und Verbänden getragen war. Die gleiche Anordnung verfügte weiter, daß Buchhändler, die christliches Schrifttum verlegten oder verkauften, allgemeines Schrifttum nicht verlegen oder verkaufen durften, und umgekehrt. Damit sollte der christliche Buchhandel von dem allgemeinen abgeschnürt und zum Erliegen gebracht werden. Nur mit Mühe wurde durch Eingaben und Verhandlungen der Kirchenkanzlei erreicht, daß die Anordnung Nr. 133 für die Dauer des Krieges ausgesetzt wurde. — Am 17. Juli 1940 erschien eine Verordnung des Ministerrats für die Reichsverteidigung über die Zugehörigkeit zur Reichsschrifttumskammer. Danach waren die Drucker verpflichtet, bei jedem Druckerzeugnis festzustellen, ob Verfasser oder Verleger Mitglied der Kammer waren. Den Geistlichen wurde die Mitgliedschaft bzw. der Befreiungsschein durchweg versagt. Ausnahmen von dieser Verordnung waren nur für Kirchenbehörden zugelassen: Kirchengemeinden und kirchliche Verbände konnten hiernach nicht einmal die einfachsten Programme oder Berichte drucken lassen. — Den größten Schlag gegen das christliche Schrifttum bedeutete aber die Anordnung Nr. 145 der Reichsschrifttumskammer vom 26. Oktober 1940 über den Vertrieb von Schrifttum. Hiernach durfte Schrifttum aller Art nur in gewerblichen Räumen verkauft und ausgestellt werden. Damit wurde schlagartig die ganze volksmissionarische Schriftenarbeit der Kirche lahmgelegt. In den Vorhallen der Kirchen durften keine „Schriftenkästen" mehr stehen, bei Vorträgen oder an den Kirchenausgängen durfte kein Blatt mehr verteilt werden, Pfarrer durften keinerlei christliche Bücher mehr an Konfirmanden usw. ausgeben, ja nicht einmal mehr Bibeln verteilen. Für alle diese Arbeiten mußten sie sich einen Gewerbetreibenden suchen. Dies brauchte nicht ein Buchhändler zu sein. Ein Bäcker oder Gemüsehändler durfte Bibeln verkaufen; ein Pfarrer durfte es nicht mehr. Die ganze Arbeit der Bibelgesellschaften kam ins Wanken. Die „Schrifttumsstelle der Deutschen Evangelischen Kirche" versuchte, durch Verhandlungen Milderungen zu erreichen. Doch war das im großen und ganzen ergebnislos. Wegen des

Bibelvertriebs, der seit Jahrzehnten durch die Bibelgesellschaften und Pfarr-
ämter gegangen war, mußten ganz neue Wege gesucht werden. Die Kirchenkanzlei tat dies in engstem Einvernehmen mit dem Ausschuß der Bibelgesellschaften und vor allem mit der Privilegierten Württembergischen Bibelanstalt in Stuttgart. Ehe aber alle diese im Kriege doppelt schwierigen Orga-
nisationswandlungen durchgeführt werden konnten, erlag das christliche
Schrifttum den einschneidenden Papiermaßnahmen der Reichsschrifttumskammer. Für kirchliches Schrifttum wurde schon in einem Zeitpunkt, als andere Verlage noch Papier erhielten, nichts mehr bewilligt. Die Stuttgarter
Bibelgesellschaft bekam seit Mai 1941 nur noch ganz geringe Papiermengen
für den Export; für das deutsche Inland wurde nicht ein Gramm Papier
mehr zugelassen.

Ganz besonders war den leitenden Stellen die Versendung christlicher
Schriften ins Feld unbequem. Sie wurde mit allen verfügbaren Mitteln ge-
drosselt. Zu Beginn des Krieges war eine Vereinbarung zwischen der Kirchenkanzlei, dem Evangelischen Presseverband für Deutschland, dem Oberkommando des Heeres (Abt. Seelsorge) und dem Feldbischof zustandegekommen, nach der eine gemeinsame Versendung von größeren Schriftenpaketen
an die Wehrmachtpfarrer durchgeführt werden sollte. Dr. Bartsch von der
Schrifttumsstelle, Feldgeneralvikar Münchmeyer und Professor D. Hinderer
suchten die zu versendenden Schriften aus. Der Presseverband übernahm die
technische Versendung, das Oberkommando gab die Anschriften der Wehr-
machtgeistlichen heraus, und die Kirchenkanzlei übernahm die Finanzierung.
In den Jahren 1940 und 1941 konnten vierteljährlich große Sendungen hin-
ausgegeben werden. Viele Zehntausende von Reichsmark wurden aufgewandt. Man nahm es in Kauf, daß das Propagandaministerium immer wieder
einzelne Schriften für „ungeeignet" erklärte, andere überhaupt gar nicht
erst zum Versand zuließ und wiederholt darauf drängte, daß auch das
deutschchristliche Schrifttum mit versandt werden müßte. Im großen und
ganzen ist zu sagen, daß nur wertvolles christliches Schrifttum versandt worden ist. Stillschweigend wurde in großen Mengen Schrifttum mit hinausge-
schickt, das vom Propagandaministerium nicht zugelassen war. Ähnlich arbeiteten in den Landeskirchen und Kirchenprovinzen die Ämter für Ge-
meindedienst oder die Innere Mission. Die Danksagungen aus dem Felde
häuften sich zu hunderten und tausenden. — Diese Arbeit empfand die
Partei je länger je mehr als kirchliche „Propaganda", die die eigene Propaganda unwirksam mache. Die Wehrmachtdienststellen, die zunächst und vielfach auch später den Kirchen freundlich gegenüberstanden, gerieten immer
mehr unter den Einfluß der Partei. So kam es, daß schon zu Beginn des
Krieges den Pfarrern verboten wurde, die Anschriften der eingerückten Soldaten ihrer Gemeinde zu sammeln, um mit ihnen im Schriftwechsel zu bleiben. Als das nichts half — die Listen wurden von getreuen Gemeindegliedern fortgeführt! — erschien am 12. Juli 1940 — I 21581/40 — ein ge-

meinsamer Erlaß des Kirchenministeriums und des Oberkommandos, in welchem den Zivilgeistlichen überhaupt verboten wurde, Schriften aller Art an Angehörige der Wehrmacht zu senden. Nur Einzelbriefe waren erlaubt, keine Vervielfältigungen. Schriften sollten nur noch an die Wehrmachtpfarrer gehen, und zwar nur genehmigte Schriften. Auch dieser Erlaß war ein deutliches Zeichen für den im Kriege immer stärker zunehmenden Kampf gegen Kirche und Christentum. Erzeugnisse der Partei und deutschgläubige Schriften aus dem der SS gehörenden „Nordlandverlag" erschienen noch in den späteren Jahren in Auflagen von hunderttausenden und wurden auch durch die Ortsgruppen der NSDAP ins Feld versandt.

Wie grotesk die Situation der christlichen Kirchen schon 1940 geworden war, zeigte am deutlichsten der Vorfall vom 12. September 1940. Reichsminister Dr. Goebbels hatte den Präsidenten Werner und einige Landesbischöfe, sowie andere Vertreter der evangelischen, katholischen und der Freikirchen zu einer Besprechung über Fragen des Schrifttums eingeladen. Da nichts Angenehmes zu erwarten war, ließen sich die leitenden Kirchenmänner durch ihre Referenten vertreten. Für die Kirchenkanzlei und den Geistlichen Vertrauensrat nahm ich an der Versammlung teil, bei der auch Vertreter des Propagandaministeriums, des Kirchenministeriums, des Oberkommandos der Wehrmacht und der Geheimen Staatspolizei zugegen waren. Da auch von katholischer Seite nur Beauftragte erschienen waren, wurde die Versammlung nicht von Goebbels, sondern von Staatssekretär Gutterer geleitet. Dieser warf den versammelten Kirchenvertretern in einer längeren Rede, in der er Auszüge aus christlichen Schriften verlas und schärfstens kritisierte, vor, die christlichen Kirchen schwächten die Wehrkraft. Während die Geistlichkeit in den feindlichen Ländern zu ihrem Volke stände — es wurden Aufrufe des Erzbischofs von Canterbury, des Kardinals Verdier und des polnischen Erzbischofs Hlond als Musterbeispiele verlesen! —, förderten die christlichen Kirchen in Deutschland und ihre offiziellen Leitungen nicht die großen Ziele der Staatsführung und trügen nicht zur seelischen Stärkung des deutschen Volkes bei. Die Kirchen wurden aufgefordert, sich an den ausländischen Kirchen ein Beispiel zu nehmen und ihre Haltung zum Staat zu ändern, so lange es noch Zeit sei. Nach dem Kriege würden keine Loyalitätserklärungen mehr angenommen. — Entgegen dem Wortlaut der Einladung fand eine Aussprache nicht statt. Gutterer verließ nach Schluß seiner Rede den Saal. Ich begab mich sofort im Saale an das obere Ende des Tisches und legte bei den noch anwesenden Vertretern des Propagandaministeriums, Kirchenministeriums und der Gestapo Einspruch gegen diese Art der Behandlung ein. Ich wurde auf spätere Besprechungen mit Gutterer verwiesen, die aber nie zustande kamen. Der Geistliche Vertrauensrat nahm in einer eingehenden Denkschrift zu den Fragen der Schriftenversendung ins Feld Stellung, wies die erhobenen Vorwürfe zurück und versuchte, den Unterschied zwischen innerer Stärkung durch Seelsorge und durch Propaganda herauszuarbeiten.

Diese Denkschrift ging an alle höchsten politischen Stellen, darunter an den Führer selbst. Eine Antwort ist von keiner Seite erteilt worden.

Innerkirchlich kam es an der Wende des Jahres 1940/41 noch einmal zu einem Versuch der Neuordnung, und zwar unter der Förderung des Reichskirchenministers Kerrl. Er selbst konnte allerdings nicht mehr in die Erscheinung treten, da er, wie er vertraulich den Referenten der Kirchenkanzlei mitteilen ließ, schon 1940 aus dem Führerhauptquartier von höchster Stelle die Weisung erhalten hatte, alle Organisationsfragen auf kirchlichem Gebiete bis nach dem Kriege zurückzustellen. Es sei alles zu vermeiden, was zu einer Stärkung und zu einem Zusammenschluß der evangelischen Kirche führen könne. Der „status quo" sei zu erhalten. Trotzdem war Kerrl damit einverstanden, daß sein Ministerialdirigent Stahn noch einmal einen Versuch unternehme, zu einer festeren Neuordnung der DEK durch Vereinbarung unter den kirchlichen Gruppen zu kommen. Stahn rief einen persönlich von ihm bestimmten Kreis am 3. Dezember 1940 in Wien zusammen. Außer ihm selbst nahmen teil: Meinzolt-München und Mahrenholz-Hannover für die bekenntnisbestimmten Landeskirchen, Kretzschmar-Dresden und Schmidt zur Nedden-Schwerin für die DC-Kirchen, Fischer-Dorp-Berlin und Koch-Düsseldorf für die altpreußische Union, Professor Otto Weber-Göttingen für die reformierten Landeskirchen und ich für die Kirchenkanzlei. Meine Teilnahme war dem Präsidenten Werner bekannt. — Die in Wien begonnenen Besprechungen wurden Anfang 1941 in Berlin fortgesetzt. Das Ergebnis waren die sog. „Wiener Entwürfe", drei mit A, B und C bezeichnete Ausarbeitungen, die von den Beteiligten einmütig angenommen waren. Sie wurden im März 1941 den Landeskirchen zur Kenntnis gebracht.

Der Entwurf A sah eine Verordnung des Leiters der Kirchenkanzlei über die „Regelung der innerkirchlichen Zuständigkeiten in der Deutschen Evangelischen Kirche" vor. Der Leiter der Deutschen Evangelischen Kirchenkanzlei wurde auf die Wahrnehmung der äußeren Angelegenheiten beschränkt. Diese wurden in einem gegenüber den „Arbeitskreisen" neu aufgestellten Katalog einzeln aufgeführt. In diesen Angelegenheiten sollte der Leiter der Kirchenkanzlei wie bisher Verordnungen erlassen können, für die er aber durch § 5 der Verordnung an die geordnete Mitwirkung des Geistlichen Vertrauensrates gebunden wurde. In den übrigen Angelegenheiten, die nicht katalogmäßig aufgeführt wurden, sollte der Geistliche Vertrauensrat „für die Deutsche Evangelische Kirche sprechen", jedoch nicht die Kirchenleitung im Sinne der Gesetzgebung ausüben. Der Vertrauensrat sollte aus 4 von den Landeskirchen bestellten Mitgliedern bestehen. Die Landeskirchen sollten bestimmen können, welchem Mitglied sie sich besonders zuordnen wollten. Es gab ein lutherisches, ein reformiertes, ein uniertes (altpreußisches) und ein deutschchristliches Mitglied des Geistlichen Vertrauensrates. Es war daran gedacht, daß sich die lutherischen Landeskirchen um den Landesbischof D. Marahrens sammeln sollten, die reformierten um Professor Dr. Weber, die unierten um den

Geistlichen Vizepräsidenten D. Hymmen und die DC-Kirchen um Landesbischof Schultz. Für jede Gruppe von Landeskirchen sollte ein „Konvent"
gebildet werden, der die gesetzgebende Gewalt in den geistlichen Angelegenheiten auszuüben hätte. Vorsitzender des jeweiligen Konventes wäre das entsprechende Mitglied des Geistlichen Vertrauensrates gewesen. Die Konvents-
mitglieder wären von den Landeskirchenkonferenzen zu wählen gewesen.
Sie sollten für den Bereich der ihnen angeschlossenen Landeskirchen nach
Anhörung des Leiters der Kirchenkanzlei Verordnungen in geistlichen Angelegenheiten erlassen können. Die Hoffnung der Referenten der Kirchenkanzlei war dabei, daß sich die drei bekenntnismäßig gebundenen Konvente in
zahlreichen Angelegenheiten zusammengefunden hätten und daß der DC-
Konvent durch die in dem Verordnungsentwurf C vorgesehene Minder-
heitenversorgung der Pfarrer stark ausgehöhlt worden wäre.

Der Entwurf C betraf die „Sicherung der geistlichen Betreuung der Pfarrer". Er bildete das notwendige Korrelat zu dem Entwurf A mit der Ordnung der Landeskirchen in Konvente. Hatten die Landeskirchenleitungen
nach A das Recht, ihre Landeskirchen einem Konvent anzuschließen, so
mußten die kirchenpolitisch dissentierenden Pfarrer in diesen Kirchen das
Recht bekommen, sich geistlich von einer anderen Stelle betreuen zu lassen.
Dies sollte entweder ein in der Landeskirche besonders zu schaffendes Organ
oder eine entsprechende Einzelpersönlichkeit sein, oder aber die geistliche Betreuung der dissentierenden Pfarrer sollte dem von ihnen gewünschten Konvent der DEK übertragen werden. In § 3 war die Reichweite dieser geistlichen Betreuung abgesteckt. Sie betraf die theologischen Prüfungen, die Erteilung der licentia concionandi, Ordination, Amtseinführung, geistliche
Kandidatenbetreuung, Aufsicht über die Lehrverkündigung der Pfarrer, Vi-
sitation, gegebenenfalls die Bestellung geistlicher Aufsichtspersonen. Alle diese
Dinge sollten sich im Rahmen des landeskirchlichen Rechts abspielen. Auf-
tretende Schwierigkeiten sollte der Geistliche Vertrauensrat der DEK be-
heben. — Hier wurde also der Versuch gemacht, den bedrängten BK-Pfar-
rern in den DC-Landeskirchen die Möglichkeit zu geben, sich offiziell einer
anderen geistlichen Leitung zu unterstellen, während umgekehrt für manche
Landeskirchen ein Vorteil darin gesehen wurde, wenn sie nicht gezwungen
würden, die wenigen bei ihnen noch vorhandenen DC-Geistlichen weiter zu
betreuen.

Der Entwurf B enthielt in neuer Fassung die schon mehrfach zur Beratung
gekommene sog. Minderheitenverordnung zur „Sicherung der geistlichen Versorgung in den Gemeinden". Hier wurde zu regeln gesucht, in welcher Weise
den Minderheitengruppen in den Gemeinden die Benutzung kirchlicher
Räume gewährt werden könnte.

Die „Wiener Entwürfe" hatten ein bezeichnendes Schicksal. Durch eine Indiskretion aus dem Kreise der 8 Verfasser kam der ganze Plan in einer von
dem Wiener Kreis zuletzt verworfenen, unzutreffenden Fassung an die kirch-

liche Öffentlichkeit. Der Kreis der Westfälischen DC (Professor Wentz) zerpflückte in böswilliger Weise den Entwurf und kämpfte mit allen Mitteln kirchenpolitischer Intrige für die zentralistische und unionisierte DEK unter dem Führerprinzip. Der altpreußische Oberkirchenrat verwarf die Entwürfe, weil er besonders von dem Entwurf C fürchtete, daß ein großer Teil der altpreußischen Pfarrer von der Möglichkeit Gebrauch machen würde, sich einer anderen geistlichen Leitung zu unterstellen. Ebenso kamen die DC-Kirchen auf ihrer Kirchenleiterkonferenz trotz des Eintretens von Kretzschmar, Schultz und Schmidt zur Nedden dahinter, daß sich die Neuregelung überall zugunsten der BK und zuungunsten der DC auswirken müsse, und lehnten ebenfalls ab. Schließlich lehnte auch die Landeskirchenführerkonferenz von D. Marahrens ab, und zwar, weil unter den Konventen auch ein DC-Konvent enthalten war, dem man grundsätzlich nicht zustimmen konnte, obwohl man einsah, daß zur Zeit das Fortbestehen von DC-Kirchenleitungen nicht aus der Welt geschafft werden konnte. Auch bei den Landeskirchenführern traten mehrere für die Entwürfe ein, so z. B. die Herren Meinzolt, Friedrich, Fleisch. — Das Endergebnis war also eine einmütige Ablehnung der beteiligten Kreise, allerdings bei jeder Gruppe mit anderen Motiven. Die „Wiener Entwürfe" fielen demgemäß dahin. Es war der letzte Versuch, während des Krieges zu einer Neuregelung zu kommen, mit der man hätte einigermaßen leben können, bis es möglich gewesen wäre, nach dem Kriege das kirchliche Leben von Grund auf neu zu ordnen. Den Vorteil von der Ablehnung der Entwürfe hatten praktisch die DC und der Präsident Dr. Werner, dessen Alleinherrschaft damit tatsächlich zu Recht fortbestand.

Kurze Zeit darauf wurde Präsident Dr. Werner zur Wehrmacht einberufen. Von diesem Tage an kümmerte er sich nicht mehr um seine beiden Behörden; selbst wenn ihn sein Urlaub einmal nach Berlin führte, ließ er sich nicht sehen. Er wurde damit von selbst der Kirchenkanzlei völlig fremd. Die stellvertretende Leitung der Kirchenkanzlei im Sinne der 17. Verordnung wurde nun von Reichsminister Kerrl aufgrund der 18. Durchführungsverordnung vom 3. Juni 1938 (RGBl I S. 618) dem Vizepräsidenten Dr. Fürle übertragen. Dieser wurde allerdings kurz darauf ebenfalls einberufen, behielt aber die Leitungsgeschäfte bei, da er bis zum Herbst 1944 bei einer militärischen Dienststelle in Berlin tätig war, bei der er in wichtigeren Angelegenheiten zu erreichen war. Die Zusammenarbeit mit dem Geistlichen Vertrauensrat wurde eine wesentlich bessere. In allen wichtigen Fragen bestand zwischen dem Stellvertretenden Leiter der Kirchenkanzlei und dem Vertrauensrat eine einmütige Auffassung.

Im Mai und Juni 1941 kam es zu dem völligen Erliegen des kirchlichen Pressewesens. Sämtliche kirchlichen Sonntags- und Gemeindeblätter mußten ihr Erscheinen einstellen. Als Grund wurde der Papiermangel angegeben. Es war aber so, daß in jenem Zeitpunkt das allgemeine deutsche Pressewesen erst um 30 % gekürzt wurde, die kirchliche Gemeindepresse dagegen um

99,2 %. Nur wenige theologische oder allgemeinkirchliche Zeitschriften blieben übrig. Auch diese wurden in den nächsten Jahren immer mehr zusammengelegt und im Umfang beschränkt. Noch am 31. Dezember 1944 wurde das Deutsche Pfarrerblatt (zuletzt mit dem Sammeltitel „Pfarramt und Theologie") eingestellt, so daß als letztes evangelisches Blatt das von Professor D. Hinderer geschickt gerettete „Evangelische Deutschland" übrig blieb. — Gegen die Abdrosselung der kirchlichen Presse versuchten im Sommer 1941 die Kirchenkanzlei und der Geistliche Vertrauensrat mit allen Mitteln vorzugehen. Ein Besuch von Landesbischof D. Marahrens mit dem katholischen Bischof von Osnabrück bei Goebbels war eingeleitet, kam aber nicht zustande. Eingaben wurden kurz abschlägig beschieden; mündliche Verhandlungen der Referenten im Propagandaministerium stießen auf eiskalte Ablehnung.

Mit dem 13. September 1941 tauchte für die ganze DEK eine neue Situation am Horizont auf. An diesem Tage erließ der Reichsstatthalter in Posen eine Verordnung über die Religionsgesellschaften im Warthegau, die zum ersten Mal den Versuch deutlich erkennen ließ, die Kirchen ihres öffentlichrechtlichen Charakters zu entkleiden und in das Vereinsrecht zu pressen. Dieser Verordnung lagen Grundlinien des „Braunen Hauses" in München (Ministerialrat Dr. Krüger) zugrunde. Der Warthegau als „rechtsfreier Raum" war als Versuchsgau für das neue Staatskirchenrecht ausersehen. Es war klar ersichtlich, daß hier erprobt werden sollte, was man nach dem Kriege der ganzen DEK zugedacht hatte.

Die Schwierigkeit der Warthegau-Verordnung lag darin, daß die Kirchen zwar ihren öffentlich-rechtlichen Charakter verlieren sollten, daß aber keineswegs das allgemeine deutsche Vereinsrecht an die Stelle trat, sondern ein raffiniert ausgeklügeltes Ausnahmerecht. Der Statthalter nahm wesentlich mehr Rechte der Kontrolle und der Eingriffsmöglichkeiten für sich in Anspruch, als einem Verein gegenüber an sich bestanden hätte. Innerkirchlich war die Schwierigkeit unüberwindlich, das Wesen der Kirche als einer auf der Taufe beruhenden Gemeinschaft mit der so gestalteten Vereinsform zur Deckung zu bringen. — Anerkannt wurden im Warthegau 4 Kirchen, die römisch-katholische Kirche, die sich aber auch nur auf die Deutschen erstrecken sollte, die „Posener" und die „Litzmannstädter Evangelische Kirche deutscher Nation im Warthegau" und endlich die kleine lutherische Freikirche im Warthegau-West. Aus taktischen Gründen, nämlich um die Kirche noch mehr zu schwächen, hatte der Reichsstatthalter die evangelische Kirche in die beiden genannten Teile gespalten, obwohl diese Spaltung von beiden Teilkirchen nicht gewünscht wurde. — Nach außen hin sollte die Kirche ein Verein mit einem vom Staat zu bestätigenden Vorstand sein. Der Vorstand konnte jederzeit durch Entziehung des Plazets lahmgelegt werden. Mitglieder des Vereins konnten nur Menschen über 18 Jahre sein. Hier gab es die unlösbare Schwierigkeit mit der christlichen Taufe und der innerkirchlichen Gliedschaft aller Getauften. Eigentumsträger an allem kirchlichen Vermögen sollte

nur die Gesamtkirche sein. Die Gemeinden waren überhaupt keine Rechts-
körperschaften mehr, sondern nur noch „Pfarrbezirke" der Gesamtkirche,
auch dies eine mit der Lehre von der Kirche nicht vereinbare Sache. Alle amtlich klingenden Begriffe wie Amt, Gemeinde, Behörde, Steuer, u. a. mußten
vermieden werden. Die Gemeindekirchenräte sollten „Kirchenkollegium" heißen; der Begriff „Konsistorium" war verboten. Finanziell sollte dieses Kirchenwesen durch eine Beitragsordnung unterhalten werden, die aber wesentlich schlechter war als die in Österreich eingeführte. Der ganze Versuch trug
die Zeichen der offenkundigen Abdrosselung des kirchlichen Lebens offen an
der Stirn.

Es wurde nun durch Jahre hin die Aufgabe des Posener Konsistoriums und
der Berliner kirchlichen Stellen, über diese Verordnung mit den staatlichen
Stellen zu verhandeln. Die Verhandlungen wurden in Posen unter der Leitung des Oberkonsistorialrats Nehring und unter der geistlichen Autorität
des Generalsuperintendenten D. Blau mit großer Umsicht und Zähigkeit geführt. Nehring kam häufig nach Berlin, wie auch die Referenten des Oberkirchenrats und der Kirchenkanzlei, Oberkonsistorialrat Dr. Benn und ich,
mehrfach in Posen und Litzmannstadt (Lodz) waren. Es wurde nicht nur
taktisch außerordentlich viel Geschick aufgewandt, sondern vor allem die
grundsätzliche Frage nach dem Wesen der Kirche und den für sie möglichen
äußeren Formen tiefgehend geklärt. Die Punkte, an denen man unter gar
keinen Umständen nachgeben konnte, ergaben sich damit von selbst. Auf
Verlangen wurde dem Statthalter nach monatelangen Besprechungen ein Entwurf einer Satzung vorgelegt, der alle bedenklichen Punkte ausmerzte, daher
aber keine Aussicht auf Annahme durch den Staat haben konnte. Ebenso
wurde der Versuch gemacht, innerhalb der Vereinssatzung eine echte innerkirchliche Ordnung (Kirchenverfassung) aufzubauen.

Die Reichsstatthalterei versuchte immer wieder, durch Verhandlungen
die Kirchen, die sich untereinander, auch mit der katholischen, laufend ver-
ständigten, dahin zu bringen, daß sie der vorgezeichneten Lösung zustimm-
ten. Es war offenkundig, daß die Parteileitung in München ein Interesse daran hatte, dem Führer eines Tages sagen zu können: die Kirchen sind auf den
Boden der neuen Pläne getreten, und der Versuch hat ein positives Ergebnis
gehabt. Seitdem diese Tendenz deutlich geworden war, hatten die kirchlichen
Stellen sowohl in Posen und Lodz wie in Berlin verhandlungstaktisch
eigentlich die Oberhand. Sie brauchten nur darauf hinzuarbeiten, daß es zu
keiner Einigung kam. Dagegen wandte der Statthalter wieder alle zu Gebote
stehenden Druckmittel an, um den Widerstand der Kirche zum Erliegen zu
bringen. Durch einfache Verwaltungsanordnungen wurde die Kirche im Warthegau buchstäblich auf den Kirchenraum und auf die Sonntagvormittagszeit
beschränkt: nur Pfarrer durften Seelsorge treiben; kirchliche Laienkräfte
durften keinen Unterricht geben; Gottesdienste in privaten Räumen wurden
verboten. Das alles in den weitläufigen Verhältnissen des Warthegaus, unter

volksdeutschen Menschen, die von früher her ein blühendes kirchliches Leben mit starker Laientätigkeit gewohnt waren! Die Beitragsordnung wurde an die Annahme der Satzung geknüpft, d. h. es konnten keinerlei Beiträge gehoben werden, so lange die Verhandlungen fortgingen. Da jede einzelne Kollekte der Genehmigung der Regierungspräsidenten bedurfte, mußte die Warthegaukirche seit Jahren auf die Einsammmlung von Sonntagskollekten verzichten. Sie lebte finanziell nur von dem, was die Gemeindeglieder den Pastoren heimlich brachten. Die Pfarrergehälter wurden allerdings insgesamt von der altpreußischen Heimatkirche getragen; das war das finanzielle Rückgrat. Es bedeutete daher einen äußerst kritischen Schlag, als der Reichsstatthalter im Jahre 1942 die Überweisung von Geldbeträgen aus dem Altreich verbot. Wäre er damit durchgekommen, so wäre die Warthegaukirche zum Erliegen gekommen. Merkwürdigerweise hatte aber in diesem Falle der Einspruch des Evangelischen Oberkirchenrats beim Führer selbst Erfolg; dieser befahl in einer undurchsichtigen Anwandlung, daß die Gelder weitergezahlt werden dürften.

Die Dinge zogen sich im Warthegau bis in den Herbst des Jahres 1944 hin. Der Druck der Partei auf die kirchlichen Laien wurde unglaublich verstärkt. Die Kirche arbeitete unter unerhört schweren Verhältnissen. Aber sie arbeitete doch fort. Gottes Wort war nicht gebunden. Als die Dinge wirklich unerträglich wurden, legte das Posener Konsistorium dem Reichsinnenministerium und der Reichskanzlei eine ausführliche Denkschrift vor, die nach eingehender Schilderung der Verhältnisse einen ernsten Appell an die Staatsführung richtete, auf diesem Wege nicht weiter zu gehen. Der Geistliche Vertrauensrat unterstützte diesen Appell mit einer eigenen Eingabe vom 11. September 1944 auf das wärmste. Es ist überhaupt zu sagen, daß die Zusammenarbeit zwischen Posen und Litzmannstadt einerseits und der Kirchenkanzlei andererseits außerordentlich eng und gut war. Oberkonsistorialrat Nehring ließ kaum ein Schriftstück herausgehen, das nicht in Berlin vorbesprochen war. Wenn er zur Kirchenführerkonferenz oder zu Landesbischof D. Wurm fuhr, kam er stets in Berlin oder später in Stolberg vorbei. Der Geistliche Vertrauensrat war sich völlig darüber klar, daß im Warthegau nur das Vorspiel für die weitere Entwicklung der kirchlichen Stellung zum Staat gespielt wurde, und daß die dortigen Ereignisse eine präjudizielle Wirkung für die ganze DEK haben würden.

Im Herbst 1941 wurden die Verhältnisse in Bremen reif zum Eingreifen. Der dortige DC-„Landesbischof“ Lic. Weidemann hatte sich zu seiner innerkirchlichen Mißwirtschaft noch durch seinen Eheprozeß derart in persönliche Schwierigkeiten gebracht, daß Reichsminister Kerrl ihn nicht mehr zu stützen gedachte, obwohl sich Muhs für ihn einsetzte. Im Oktober 1941 setzte das Kirchenministerium in Bremen eine Finanzabteilung ein, die aus den Herren bestand, die in Bremen führend in der Opposition gegen Weidemann standen. Praktisch wurde damit die Kirchenleitung in die Hände dieser Männer gelegt. Das System der Finanzabteilungen sollte sich in diesem einen Falle einmal gegen die DC und für die BK auswirken. Gleichzeitig war mit dem Ministerium vereinbart, daß Vizepräsident Dr. Fürle nach § 29 der Disziplinarordnung der DEK vom 13. April 1939 das Disziplinarverfahren gegen Weidemann eröffnete und ihn vom Amt suspendierte. Weidemann wehrte sich heftig gegen beide Maßnahmen, unterstützt von Rechtsanwalt Dr. Cölle-Hannover und unter Ausnutzung von allerlei politischen Freundschaften. Gegen die rechtliche Seite der Disziplinarverfügung wurde mit allen Mitteln Sturm gelaufen; Dr. Fürle wurde bestürmt und bedroht, sie wieder aufzuheben. Er gab aber nicht nach, auch nicht, als die Verhältnisse sich im Kirchenministerium geändert hatten. Dies trat ganz unerwartet ein, als Reichsminister Kerrl am 14. Dezember 1941 auf einer Reise in Paris plötzlich starb. Mit der Wahrnehmung der Geschäfte wurde Staatssekretär Dr. Muhs beauftragt. Es war von Anfang an deutlich, daß es einen neuen Kirchenminister nicht mehr geben würde. Muhs besaß die Geschmacklosigkeit, drei Tage nach der Beerdigung Kerrls die von diesem in Bremen gebildete Finanzabteilung der Herren Edzard, Donandt und Ahlers abzuberufen und seinen und Weidemanns intimen Freund Dr. Cölle-Hannover mit der Finanzabteilung in Bremen zu beauftragen. Auf Dr. Fürle wurde nun sowohl von Cölle wie von Muhs ein schwerer Druck ausgeübt, die Suspendierung Weidemanns durch Aufhebung des Disziplinarbeschlusses rückgängig zu machen. Das Kirchenministerium erklärte offen, daß es die Anwendbarkeit der Disziplinarordnung auf Kirchenführer nicht als gegeben ansehe. Trotzdem hielt Dr. Fürle bis zuletzt seine Maßnahme aufrecht, vom Geistlichen Vertrauensrat, einschließlich des Landesbischofs Schultz, wirksam unterstützt. Das trübe Kapitel Bremen erledigte sich dann 1944 dadurch, daß Weidemann wegen des in seinem Ehescheidungsprozeß geleisteten Meineids zu 2½ Jahren Zuchthaus verurteilt wurde und damit auch für Muhs und Cölle ein toter Mann sein mußte.

Im Anfang des Jahres 1942 spitzte sich die kirchliche Lage erneut zu. Auch die offiziellen Organe der Kirchenleitung wurden in Situationen gebracht, die die ganze Bedrohtheit der Kirche in Deutschland schlagartig beleuchteten. Zunächst wurde Landesbischof Schultz von seinem Reichsstatthalter Hildebrandt aus der Partei entfernt, weil er den damals in vielen Abschriften umlaufenden sog. „Moeldersbrief", in welchem sich der berühmte Fliegeroffizier als streng katholischen Christen bekannte, verbreitet hatte. In diesem Falle entschied allerdings das oberste Parteigericht in München zugunsten von Schultz, dem daher auch seitens der Gestapo nichts ernstliches widerfuhr. — Der nächste bezeichnende Eingriff auch bei der offiziellen Kirche war die Angelegenheit des sog. „Bormann-Briefes". Im Juni 1941 hatte Martin Bormann, der Leiter der Parteikanzlei, auf die Anfrage eines halbwegs kirchenfreundlichen Gauleiters diesem seine Stellungnahme zur Kirchenfrage in einem seitenlangen Schreiben auseinandergesetzt. In einer bei Bormann häufi-

gen Autoreneitelkeit hatte er dies Schreiben allen Gauleitern geheim zugesandt. Einer der Gauleiter (Erich Koch in Königsberg) hatte es von einem
ihm bekannten Pfarrer abschreiben lassen, und nun ging dies sehr offene und
symptomatische Schreiben nach dem Schneeballsystem durch ganz Deutschland. Bormann ließ unverhüllt erkennen, daß die nationalsozialistische Politik nicht nur kirchen- sondern auch christentumsfeindlich sei. Man müsse die
Kirche durch Förderung aller destruktiven Möglichkeiten zum Absterben
bringen. Es sei der Fehler der mittelalterlichen deutschen Kaiser gewesen,
immer in der Kirche Ordnung schaffen zu wollen. Die grundsätzlichen Gegen-
sätze wurden naiv, aber anschaulich hervorgehoben. Man konnte sich nur
noch über das Maß an geschichtlicher und allgemeiner Unbildung und an poli-
tischem Unverstand wundern, das in diesem Schreiben zum Ausdruck kam.

Der Geistliche Vertrauensrat wählte den Weg, eine Abschrift des ihm ano-
nym zugegangenen Schreibens an die Reichskanzlei zu schicken und die Anfrage zu stellen, ob dieses Schreiben echt und als amtlich anzusehen sei. Man
sei in Versuchung, darin eine „Feindpropaganda" zu sehen, wie ja vor kur-
zem die sog. „31 Sätze der Nationalkirche" offiziell für ein Erzeugnis der
Feindpropaganda erklärt worden seien. Man bäte um ausdrückliche Bestätigung, daß es so sei. — Im Kirchenministerium war man entsetzt über diese
offen zur Schau getragene Ironie des Geistlichen Vertrauensrates und befürchtete nichts Gutes. In der Tat erschien die Gestapo im Dienstgebäude und
zog den Referenten der Kirchenkanzlei für diese Fragen, Oberkonsistorialrat
Dr. Wieneke, in mehrfache Vernehmungen und Haussuchungen. Es kam aber
bei der ganzen Geschichte nichts heraus, da die eigentliche Quelle der Indiskretion, um die es der Gestapo eigentlich ging, nicht gefunden wurde. Eine
Antwort der Reichskanzlei an den Vertrauensrat ist natürlich nie erfolgt.

Inzwischen verschärfte sich zunehmend das Verhältnis der Kirchenkanzlei
und ihres Leiters zum Reichskirchenministerium. Beschwerden aus den Landeskirchen, die über das Ministerium an andere Stellen des Staates oder der
Partei eingereicht wurden, blieben z. T. im Kirchenministerium liegen, da
dieses entweder nicht wagte oder nicht wünschte, sie weiterzuleiten. Die
Kirchenkanzlei und der Geistliche Vertrauensrat gingen infolgedessen dazu
über, ihre Eingaben und Beschwerden unmittelbar an die anderen Ministerien zu schicken, obwohl schon früher einmal angeordnet worden war, daß
kirchliche Schreiben an zentrale Stellen durch das Kirchenministerium zu
gehen hätten. Der Geistliche Vertrauensrat hat sich nie an diese Vorschrift
gebunden gefühlt; der Kirchenkanzlei wurde ihre Umgehung von Muhs sehr
verübelt. Er bemühte sich darum, zu erreichen, daß andere zentrale Stellen
unmittelbare Eingaben nicht annähmen. Doch war dies Ziel nicht zu erreichen. Es gab eine Reihe von Dienststellen, die gern unmittelbar mit der
Kirche verkehrten. Hierzu gehörten z. B. die Wehrmachtdienststellen, aber
auch die Reichsjugendführung, zu deren Referenten ich Zutritt hatte, und vor
allem die Gestapo, bei der die Verachtung des Kirchenministeriums gelegent-

lich offen zutage trat, während in anderen Ministerien mehr ein mitleidiges Lächeln üblich war.

Im Juli 1942 kam es zwischen Vizepräsident Dr. Fürle und dem Staatssekretär Dr. Muhs zu einem offenen persönlichen Streit, der ungewöhnliche Formen annahm. Das Kirchenministerium hatte im Mai 1942 angeordnet, daß die Kirchenglocken auch bei Bestattungen aus der Kirche Ausgetretener geläutet werden müßten. Hiergegen hatten sich die Kirchenkanzlei und der Oberkirchenrat mit ausführlichen Vorstellungen gewandt. Da Friedhofssachen sonst vom Reichsinnenministerium zu bearbeiten waren und das Kirchenministerium nähere Ausführungsbestimmungen dieses Ministeriums in Aussicht gestellt hatte, begab ich mich in das Reichsinnenministerium und fand einen Referenten vor, der mir eröffnete, die Idee sei von Dr. Muhs persönlich, im Innenministerium habe man kein Interesse an der Sache; er selber könne nicht verstehen, warum ein aus der Kirche ausgetretener Gottgläubiger sich ausgerechnet von der Kirche noch wolle zu Grabe läuten lassen. Es wurde vereinbart, daß die Kirchenkanzlei ihre Gesichtspunkte dem Innenministerium schriftlich vortragen solle. Das geschah mit Schreiben vom 11. Juni 1942 — K. K. III 572/42 —. Der Entwurf des Schreibens stammte von mir; Vizepräsident Dr. Fürle hatte ihn aber in voller Übereinstimmung mit dem Inhalt gezeichnet. Die Folge war, daß Fürle zu Muhs bestellt wurde, der ihn anbrüllte, wie er dazu käme, sich über das Kirchenministerium an das Innenministerium zu wenden; in der Sache sehe man deutlich die volksfremde und staatsfeindliche Einstellung der Kirchenkanzlei, die ihm schon lange aufgefallen sei; Fürle sei ein Saboteur am deutschen Volke; er werde daraus die Folgerungen ziehen und ihm zunächst den Vorsitz in der Finanzabteilung nehmen; wenn es dann nicht besser würde, wolle er ihn auch als stellvertretenden Leiter der Kirchenkanzlei beseitigen. Vizepräsident Dr. Fürle, als Hauptmann bei der Wehrmacht, fühlte sich dem Staatssekretär gegenüber keineswegs schwach, sondern erwiderte ihm derartig offen und scharf, daß Muhs sich später beim Geistlichen Vertrauensrat beklagte, Fürle habe ihn „brüskiert“. Fürle verbat sich derartige Beleidigungen, die er gegebenenfalls durch ein Ehrengericht abzuwehren genötigt sein würde; er vertrat in der Sache hartnäckig den Standpunkt der Kirche zu dem Glockenläuteerlaß, dessen Verantwortung er voll übernahm. Man schied im Unfrieden. Dr. Fürle unterrichtete mich sofort unter dem frischen Eindruck und später in einer Sitzung auch den Geistlichen Vertrauensrat von dem Vorgefallenen.

Entgegen meinen Erwartungen nahm Muhs den Wechsel im Vorsitz der Finanzabteilung bei der Kirchenkanzlei tatsächlich am 21. August 1942 vor. Dr. Cölle wurde in Wahrnehmung der Befugnisse der bei der Wehrmacht stehenden Herren Werner und Fürle (so war die fadenscheinige Begründung!) mit der Führung der Geschäfte der Finanzabteilung beauftragt. Damit gerieten nun auch die Finanzen der DEK unter die Kontrolle des Dr. Cölle und damit des Kirchenministeriums. Denn Cölle war im Ministerium ständiger Gast. Mit dem Landgerichtsrat Haugg, dem Referenten des Staatssekretärs, verband ihn eine innige Freundschaft. Alles wurde dort besprochen. Einzelheiten aus der Kirchenkanzlei, deren Akten Dr. Cölle offen standen, wurden ins Ministerium getragen. Eine sachliche kirchliche Arbeit wurde jetzt unendlich erschwert. Unbekümmert trieb Dr. Cölle Kirchenpolitik im Sinne der DC, zu deren Kirchenleiterkonferenz er sich als Vertreter von Hannover (!) hielt. Dinge, die ihn gar nichts angingen, wurden mit ihm verhandelt. Hierfür legten Haugg und er den § 3 der 15. Durchführungsverordnung so weit wie möglich aus, als habe die Finanzabteilung das Recht, die kirchliche Verwaltung allgemein zu beaufsichtigen. Je länger je mehr betrug sich Dr. Cölle als Staatskommissar. Dabei war er so klug, langsam und schrittweise vorzugehen und möglichst wenig Geräusch zu machen. Er fing damit an, die Finanzabteilung wie in Hannover als eine zweite Behörde neben die Kirchenkanzlei zu stellen, eine eigene Registratur anzulegen, eine eigene Referentin, Fräulein Dr. Redecker, anzustellen und dergleichen mehr. Mit diesen Dingen ging zunächst der Winter 1942/43 hin.

Zu den bisherigen Arbeitsgebieten der Kirchenkanzlei kamen jetzt weitere kritische Sachfragen hinzu. Die Lage des Religionsunterrichts in den Schulen wie der kirchlichen Unterweisung überhaupt wurde immer schwieriger. In zunehmendem Maße wurden die Schulräume dem kirchlichen Unterricht entzogen, und das mitten im Kriege, in dem die Raumnot ohnehin groß war. Die Gestapo, bei der die Referenten verschiedentlich verhandelten, stand auf dem Standpunkt, daß gerade jetzt der richtige Zeitpunkt sei, um die grundsätzliche Trennung von Kirche und Staat überall durchzuführen. Nur mit Mühe konnte als Ausnahme erreicht werden, daß Schulräume gewährt werden durften, wenn die nächste Kirche mehr als 5 km entfernt läge. — Am schlimmsten war die Lage auf diesem Gebiete in Sachsen. Dort gab es seit 1938 so gut wie keinen Religionsunterricht mehr in den Schulen. Auf Betreiben des Reichsstatthalters Mutschmann ordnete Klotsche an, daß der Konfirmandenunterricht nur ein halbes Jahr dauern dürfe. Auch freiwilliger Unterricht vorher war verboten. Daneben sollte es noch die Möglichkeit einer „religiösen Unterweisung" geben. Diese durfte aber erst mit dem vollendeten 12. Lebensjahre beginnen; sie mußte völlig freiwillig sein, und es durfte nicht dafür geworben werden. Es konnte also vorkommen, daß Kinder, die nie eine Stunde religiöser Unterweisung gehabt hatten, sich ein halbes Jahr vor der Konfirmation zum Unterricht meldeten und dann konfirmiert werden mußten. Diese Regelung war noch schlechter als die im Warthegau, wo die Kirche doch die 10- bis 18jährigen Kinder unterrichten durfte. Alle Bemühungen des Geistlichen Vertrauensrates, das Landeskirchenamt in Dresden zu einer anderen Haltung zu bewegen, scheiterten an der Willfährigkeit des Herrn Klotsche, der die Geschäfte des NS-Staates innerhalb der Kirche selbst besorgte. Noch am 28. April 1944 wurde in dieser Sache eine dringliche Eingabe an das Reichsinnenministerium gerichtet. Diese wanderte von da zum „Braunen Haus" in München und von da zur Gestapo, wie ich vertraulich von Dr. Cölle erfuhr. Geschehen ist in der Sache bis zum Kriegsende nichts. — Andere Eingaben betrafen das Schulgebet und den Religionsunterricht in den Heimschulen.

Ähnlich schwierig wurde die Jugendarbeit der Kirche. Längst waren die Sonntage überall mit HJ-Dienst belegt, so daß selbst die Konfirmanden kaum in die Kirche kommen konnten. Die Schikanen gingen aber auch weiter. Durch Dienstansetzung an allen möglichen Wochentagen wurde den Pfarrern, die durch Kriegsvertretungen überlastet waren, besonders wenn sie mehrere Gemeinden hatten, der Unterricht fast zur Unmöglichkeit gemacht. Nur in einem Punkte gelang es, zu einem annehmbaren Verhältnis zwischen Kirche und HJ zu kommen. Das war der Konfirmandenunterricht in den Lagern der Kinderlandverschickung, in die die Kinder aus luftgefährdeten Gebieten gebracht wurden. Hier gab die Reichsjugendführung eine klare Anweisung heraus, nach der die Kinder für den Konfirmandenunterricht und für den Gottesdienst freizugeben seien. Ich konnte jeden Fall einer Umgehung dieses Befehls persönlich bei dem Referenten in der Reichsjugendführung melden, und fast stets wurde Abhilfe geschaffen. Es kam aber auch vor, daß der Referent der Reichsjugendführung sagen mußte: hier treibt ein Gaubeauftragter des NS-Lehrerbundes Sabotage an meinem Befehl; dagegen ist nichts zu machen. Im allgemeinen konnte die kirchliche Betreuung, wo kirchliche Einsatzkräfte und Räume zur Verfügung gestellt werden konnten, durchgeführt werden. Die Kräfte der Kirche reichten allerdings auch lange nicht überall aus, besonders nicht in den Diasporagebieten von Österreich und Sudetenland. Dort hat übrigens die katholische Kirche mehrfach kirchliche Räume zur Verfügung gestellt.

Ein sehr heikles Kapitel wurde 1942/43 die Organisationsform der kirchlichen Werke und Verbände, vor allem der Männer-, Frauen- und Jugendarbeit. Das Kirchenministerium hatte bereits 1938 einmal der Kirchenkanzlei mitgeteilt, der Staat würde auf die Dauer der Kirche „nur eine Organisationsform" zubilligen können. Gemeint war die der Kirchengemeinde, unter Ausschluß der Vereinsformen. Gegen Vereine war die Partei besonders stark seit der Einnahme Österreichs eingestellt. Die kirchlichen Vereine wurden zunehmend mehr eingeengt. Vielfach mußte die Kirchenkanzlei in Einzelfällen helfen. Jetzt kam es immer mehr auf die Frage hinaus, ob die großen Verbände überhaupt bestehen bleiben sollten. An verschiedenen Orten löste die Gestapo einfach von sich aus die Verbände auf und beschlagnahmte ihr Vermögen. Infolgedessen drängten die Zentralstellen der Verbände stärker an die Kirche heran. Die Kirchenkanzlei stand in dauernden Verhandlungen mit dem Männerwerk (Superintendent Loheyde und Hauptgeschäftsführer Hülser), der Reichsfrauenhilfe (D. Brandt) und dem Burckhardthaus (Lic. Herntrich). Es wurden bereits eingehende Vorschläge einer „Eingliederung der Verbände" beraten, nicht um diese Arbeit kirchenamtlich zu erfassen, sondern um den Verbänden überhaupt das Weiterarbeiten zu ermöglichen. Dabei mußte eine Form erwogen werden, die nach außen wie eine „Verkirchlichung" aussah, aber doch im Innern den Verbänden alle Freiheit zur Arbeit ließ. Und das in einer kirchenpolitischen Lage, in der mindestens die Frauen- und Jugendarbeit im Lager der BK stand, große Vorurteile gegen die offizielle Kirche bestanden und die kirchliche Verwaltung sich zwischen dem Kirchenministerium und der Finanzabteilung hindurchwinden mußte. Gleichwohl wäre es zu verschiedenen Vereinbarungen gekommen, wenn der Krieg noch ein Jahr gedauert hätte; oder die Verbände wären tatsächlich von Staats wegen aufgelöst worden. — Diese Verhandlungen führten zu einem wachsenden Vertrauensverhältnis zwischen den Verbänden und den Referenten der Kirchenkanzlei. Sowohl Frau Oberkirchenrätin Dr. Schwarzhaupt wie ich wurden regelmäßig zu den Sitzungen des Ausschusses der „Frauenarbeit in Kirche und Gemeinde" geladen und konnten auch gelegentlich Vorträge in der Bibelschule in Potsdam halten. Ebenso bestand eine nahe Verbindung der beiden Genannten zum Burckhardthaus, sowie von mir zum Männerwerk. Frau Dr. Schwarzhaupt konnte infolge guter Beziehungen zu einem Referenten im Reichsarbeitsministerium in vielen Fällen die Freistellung von Gemeindehelferinnen und Pfarrfrauen vom totalen Arbeitseinsatz bewirken. Eine große Zahl von Kräften wurde hierdurch der kirchlichen Arbeit erhalten.

Schwierigkeiten besonderer Art traten seit dem 27. Oktober 1941 mit den kirchlichen Feiertagen auf. Durch eine Reichsverordnung waren Himmelfahrt, Fronleichnam, Reformationsfest und Bußtag auf den nachfolgenden (beim Bußtag auf den vorhergehenden) Sonntag verlegt worden. Der Geistliche Vertrauensrat machte sofort geltend, daß der Staat gar nicht befugt sei, kirchliche Feiertage zu „verlegen". Er könne ihnen höchstens unter dem Gesichtspunkt der Arbeit im Kriege den staatlichen Feiertagsschutz entziehen. Wenn aber die Kirche dann auch ohne solchen Schutz ihre Gottesdienste für solche, die nicht zu arbeiten brauchten, halten wolle, so sei ihr das nicht zu verwehren. Trotz wiederholter Eingaben und mündlicher Verhandlungen wurde keine Änderung erzielt, einfach deswegen, weil man sonst die Verordnung des Reichsverteidigungsrates hätte ändern müssen. Die Zwischenfälle häuften sich und mußten immer wieder bereinigt werden. Zuständig für Feiertagsfragen war damals die Geheime Staatspolizei! An diese Verhandlungen denke ich besonders widerwillig zurück. Was uns da an eiskalter Ablehnung und brutalem Unverständnis begegnete, war unüberbietbar. — Nur in einem Falle konnte die Kirchenkanzlei einen Erfolg erzielen. Das war die Feier des Karfreitags im Warthegau. Dort hatte der Statthalter am Gründonnerstag 1942 angeordnet, daß am Karfreitag nur abends nach 19 Uhr Gottesdienste sein dürften. Das Konsistorium hatte sich außerstande erklärt, diese Anordnung durchzugeben. Am Karfreitag war es an verschiedenen Orten zur offenen Auflehnung der Bevölkerung gekommen, die einfach am Vormittag ihren Pfarrer in die Kirche holte. Auch in der Stadt Posen selbst hatte man die Gottesdienste gehalten. Diese Vorfälle mußten für 1943 nach Möglichkeit verhindert werden. Endlose Verhandlungen mit der Gestapo in Berlin, Meinekestr. 10, wurden geführt, wobei die Dinge zum Teil sich sehr zuspitzten, als die Referenten der Kirchenkanzlei erklärten, die Kirchenleitung würde in keinem Falle eine Anordnung an die Gemeinden weitergeben, die die Karfreitagsgottesdienste am Vormittag verbieten würde; man würde ja dann sehen, ob die Staatsautorität in diesem Jahre weiter reiche als im vorigen. Da auch die Reichsstatthalter, besonders der in Danzig, den Bogen nicht überspannen wollten, gab die Geheime Staatspolizei knurrend nach, — der einzige Fall, der mir vorgekommen ist.

Inzwischen verschärfte sich der Konflikt der Kirchenkanzlei und des Geistlichen Vertrauensrates mit der Finanzabteilung und dem Staatssekretär immer mehr. Dr. Cölle drang in seinem Machtstreben immer weiter vor. Am 3. April 1943 enthob Muhs die Herren Werner und Fürle für dauernd von ihren Posten in der Finanzabteilung und gab den Vorsitz endgültig an Dr. Cölle. Das Ziel war erreicht. Die Folge war unter anderem auch eine skandalöse Regelung der Bezüge von Dr. Cölle, dem der Minister, was ihm gar nicht zustand, ein Beamtengehalt in Gruppe B 3 a festsetzte (Stufe unter dem Staatssekretär, Gehalt der Oberpräsidenten, des Berliner Stadtpräsidenten oder des Präsidenten des Reichsgerichts). Zu diesem Grundgehalt von 24 000 RM kamen entsprechendes Wohnungsgeld, Dienstaufwandsentschädigungen bei der DEK, in Hannover und Bremen, Ersatz für eine Wohnung in Berlin in Höhe von monatlich 246 RM und eine Netzkarte 1. Klasse für ganz Deutschland. Die Finanzen der DEK, deren Verwaltung unter Gustavus und Werner früher keinen Pfennig gekostet hatten, wurden nunmehr einem völlig kirchenfremden Mann übergeben.

Am 5. Mai 1943 suchte der Geistliche Vertrauensrat den Staatssekretär auf, um ihm geschlossen zu erklären, daß diese Entwicklung der Finanzabteilungen bei der DEK wie bei den Landeskirchen unmöglich so weitergehen könne. Besonders wandte man sich gegen das Muhssche Prinzip, den Vorsitz der Finanzabteilungen in die Hände von Männern zu legen, die der kirchlichen Verwaltung nicht angehörten und die man deswegen nur als Staatskommissare in der Kirche ansehen könne. Muhs versuchte, sich herauszureden, und lehnte eine Änderung ab. Auf den Besuch folgten ausführliche Eingaben des Vertrauensrates vom 18. Mai und vom 9. Juli 1943[12]. In dieser Frage bestand zwischen dem Geistlichen Vertrauensrat und dem Vizepräsidenten Dr. Fürle absolute Einmütigkeit. Der Vertrauensrat mußte in der Hauptsache deswegen federführend werden, weil sich Muhs weigerte, Fürle noch einmal zu empfangen. Alle ergangenen Schreiben sind aber in gemeinsamen Sitzungen auf-

---

[12] Näheres über die Finanzabteilungen bei HEINZ BRUNOTTE, Die Entwicklung der staatlichen Finanzaufsicht über die DEK von 1935 bis 1945. In: ZevKR 3, 1954, S. 29 ff. (s. unten S. 55 ff.).

einander abgestimmt worden. Dieser Papierkrieg zog sich weit in das Jahr
1944 hinein. Ein weiterer Besuch des Vertrauensrates bei Muhs folgte am
9. Januar 1945. Aber alles war ergebnislos. Muhs ließ von dem einmal eingeschlagenen Kurs nicht wieder ab. Der Geistliche Vertrauensrat war andererseits nicht zu dem Schritt zu bringen, den ich vorschlug: die Sache an die
Reichskanzlei zu geben. Dies hätte wahrscheinlich Erfolg gehabt, denn es war
bekannt, daß der Chef der Reichskanzlei, Reichsminister Lammers, einmal
auf eine unmittelbare Beschwerde des Landesbischofs von Hannover gegen
die dortige Finanzabteilung eingegriffen und den Staatssekretär veranlaßt
hatte, die Sache in Ordnung zu bringen. Es sollte während des Krieges keine
kirchliche Unruhe geben, die nach oben dringen könnte. Soweit schien es
Adolf Hitler mit dem „Status quo" im Kriege ernst zu sein. — Auf eine
mündliche Drohung meinerseits mit der Reichskanzlei lenkte Landgerichtsrat
Haugg in einem Einzelfalle sofort ein. Aber zu der öfter erwogenen Eingabe
des Geistlichen Vertrauensrates kam es doch nicht. — Im Hause der Kirchenkanzlei wurden die Verhältnisse mit Dr. Cölle immer unerquicklicher. In unzähligen Kleinigkeiten mußte man seine Einmischung abwehren. Er wollte
bei der Unbedenklichkeitserklärung der landeskirchlichen Verordnungen mit-
wirken; er beanspruchte eigene Disziplinargewalt über die ihm zur Verfügung stehenden Bürokräfte und anderes mehr. Dr. Fürle verwehrte ihm diese
Dinge und teilte seine Stellungnahme in mehrfachen Rundschreiben den Landeskirchen mit.

Im Hochsommer 1943 setzten die schweren Bombenangriffe auf Berlin ein.
Am 22. November 1943 wurde die Kirchenkanzlei in der Marchstraße zum
ersten Mal durch nahe Sprengbomben schwer beschädigt. Sämtliche Zimmer
des Vorderhauses wurden unbenutzbar. Die Gefolgschaft richtete sich in
14tägiger eigener Arbeit im Sitzungssaal ein. An den langen Tischen bekam
jeder einen bescheidenen Arbeitsplatz: Referenten, Büro, Bücherei, Kasse und
Registratur. Der Sitzungssaal war aber noch heizbar, so daß die Arbeit unter
den allgemeinen Erschwerungen der Berliner Verhältnisse weitergehen konnte. Am 29. Januar 1944 fielen wieder schwere Sprengbomben in der Nähe
des Dienstgebäudes. Die Fenster des Sitzungssaales flogen heraus und mußten
mit Brettern und Pappe ersetzt werden. Im dritten Stock war ein Brand ge-
löscht worden, der die gesamten Papiervorräte vernichtet hatte. Im Saal
mußte nun den ganzen Tag bei künstlichem Licht gearbeitet werden. Es war
ein schweres Arbeiten. Die Verkehrswege waren alle paar Tage durch weitere
Angriffe unterbrochen, die Gefolgschaft konnte nur stundenweise zusammen-
kommen; manche hatten schon alles verloren. Am 15. Februar 1944 erhielt
der Seitenflügel, in dem der Sitzungssaal lag, einen Volltreffer, so daß nur
ein Häufchen Steine übrig blieb, unter dem die ganze Registratur verschüttet
lag. Nur die Bücherei im Keller war erhalten, sowie ein Teil der Möbel im
Vorderhaus, wo aber alles offen stand. In dieser Lage beschloß der Dirigent
der Kirchenkanzlei, Oberkonsistorialrat Dr. Gisevius (Dr. Fürle war seit

Herbst 1943 in Breslau militärisch tätig), die Kirchenkanzlei in die vorgesehene Ausweichstelle nach Stolberg/Harz zu verlegen.

Am 10. März 1944 wurde der Dienstbetrieb mit einer verkleinerten Gefolgschaft in den Räumen des Amtsgerichts in Stolberg/Harz eröffnet. Als Referenten waren nur noch verfügbar der Oberkonsistorialrat Brunotte und die Juristin Oberkirchenrätin Dr. Schwarzhaupt. Der Dirigent Dr. Gisevius erkrankte im Mai 1944 und konnte seine Tätigkeit in Stolberg nicht wieder aufnehmen. Oberkonsistorialrat Dehmel übernahm seine frühere Pfarrstelle in Seidenberg-O/L. wieder und erschien nur jeweils für kurze Zeit in Stolberg zur Versehung seines kirchenstatistischen Referates. Einzelne Referate wurden noch von den in Stolberg anwesenden Mitgliedern des Evangelischen Oberkirchenrats übernommen. — Die Finanzabteilung siedelte ebenfalls nach Stolberg über. Dr. Cölle war durchschnittlich alle 14 Tage eine halbe Woche dort. In den engen Verhältnissen wurde das Neben- und Gegeneinander immer unerfreulicher. — Der Geistliche Vertrauensrat hielt auch 1944 seine Sitzungen, fast regelmäßig alle drei Wochen, ab. Zuletzt waren die Sitzungen nur noch unter Strapazen und Gefahren zu erreichen. Sie fanden statt in dem Mutterhaus des Landpflegeverbandes in Sangerhausen, das verkehrstechnisch günstig lag. Von Zeit zu Zeit fand auch eine Sitzung in Berlin oder in Potsdam statt. Das Mitglied des Vertrauensrates D. Hymmen war dauernd in Stolberg anwesend, so daß eine Zusammenarbeit mit der Kirchenkanzlei gewährleistet war. Dr. Fürle war in Breslau reichlich weit abseits. Wichtige Sachen wurden ihm mit der Post zugesandt. Einmal suchte ich ihn in seinem Urlaub in Krummhübel auf. Im November 1944 fand eine Sitzung in Breslau statt.

Der Kampf gegen die Finanzabteilung ging weiter. Die dauernden Widerstände brachten den Staatssekretär Muhs derart gegen Dr. Fürle auf, daß er schon im Sommer 1944 seine Amtsenthebung als stellvertretender Leiter der Kirchenkanzlei erwog. Der Geistliche Vertrauensrat ließ aber den Staatssekretär wissen, daß er einen Wechsel in der Leitung der Kirchenkanzlei nicht mitmachen würde. Es war zu befürchten, daß die Leitung in diesem Falle an Dr. Cölle oder an eine seiner Kreaturen kommen würde. Daraufhin ging der Staatssekretär in seinen Erwägungen so weit, eine Umbildung des Geistlichen Vertrauensrates zu planen. Mit Dr. Cölle wurde vereinbart, den Vertrauensrat um eine Reihe von Persönlichkeiten zu erweitern. Darunter sollten dann Leute wie Professor Wentz sein, deren Anwesenheit in den Sitzungen eine vertrauensvolle und offene Aussprache unmöglich gemacht haben würde. Der Geistliche Vertrauensrat widersetzte sich einmütig diesen Plänen mit dem Hinweis, daß er kein kirchenpolitisches Gremium der Gruppen sei, sondern daß die Kirchenführer ihre Vertrauensmänner abgeordnet hätten. Im Dezember 1944 erwog Muhs sogar, für Dr. Werner bei der Wehrmacht einen längeren Arbeitsurlaub zu erwirken, um an die Stelle von Dr. Fürle wieder den gefügigeren Werner zu bekommen; für diese Vergünstigung sollte dem Präsi-

denten Werner die Verpflichtung auferlegt werden, den Vertrauensrat umzu-
bilden und dessen Aktivität zu beschneiden.

Zu allen diesen Dingen kam es nicht mehr. Der politisch-militärische Ver-
fall schritt unaufhaltsam vorwärts. Nur das eine gelang Dr. Cölle noch: Er
erreichte es, daß Staatssekretär Dr. Muhs am 22. Februar 1945 den unbe-
quemen Dr. Fürle seiner Funktion als stellvertretender Leiter der Kirchenkanzlei enthob und die Leitung dieser Behörde dem Präsidenten des Kieler
Landeskirchenamtes Dr. Bührke übertrug. Bührke war um seine Einwilligung
nicht gefragt worden. Er kam einmal nach Wittenberg zu Muhs und von da
nach Stolberg. Obwohl er keine große Neigung verspürte, die schwierige Aufgabe in der Kirchenkanzlei zu übernehmen, glaubte er sich doch der Sache
nicht entziehen zu sollen, auch um Schlimmeres zu verhüten. Inzwischen kam
aber der politische Zusammenbruch, nach welchem Bührke seine Mission als
erledigt ansah. Der Geistliche Vertrauensrat hielt an Fürle fest und lehnte
bei aller Hochschätzung Bührkes eine Zusammenarbeit mit ihm ab. So endete
die Leitung der DEK in völliger Auflösung.

Am 14. April 1945 marschierten amerikanische Truppen nach kurzer Be-
schießung in Stolberg ein. Der 15. April war ein Sonntag. Am 16. April übernahm ich als ältester ortsanwesender Sachbearbeiter die Leitung der Kirchenkanzlei und ersuchte als erstes den zufällig in Stolberg anwesenden Dr. Cölle,
sich sofort seiner Funktionen zu enthalten und die Diensträume nicht mehr
zu betreten. Als Finanzreferent der Kirchenkanzlei wurde Oberkonsistorialrat Dr. Steckelmann vom Evangelischen Oberkirchenrat bestellt. Dr. Cölle
wanderte einige Tage darauf von Stolberg zu seiner Familie in die Nähe von
Gotha. Damit hatte das Institut der Finanzabteilung bei der Deutschen
Evangelischen Kirchenkanzlei sein Ende erreicht. — Am 27. April 1945 richtete ich ein Schreiben an das Hauptquartier Eisenhower in Frankfurt/Main,
in welchem ich den Sachverhalt bezüglich der DEK kurz darlegte und mit-
teilte, daß als letztes Überbleibsel der DEK noch die Verwaltungsdienststelle
in Stolberg vorhanden sei, die sich einer kommenden Leitung der DEK zur
Verfügung halte. Es wurde gebeten, den Kirchenführern möglichst bald eine
Zusammenkunft zur Wahl einer neuen Kirchenleitung zu ermöglichen. —
Auf dieses Schreiben erschien alsbald ein Offizier der Militärregierung in
Sangerhausen, der sich mündlich eingehend orientierte. Am 18. Juni kam der
amerikanische Chaplain Colonel der IX. Armee, Rev. Elson[13], damals in
Leipzig, der die erste offizielle Antwort auf das Schreiben vom 27. April 1945
brachte, wobei hervorgehoben wurde, daß dies Schreiben schon 14 Tage vor
dem Ende des Krieges und des Dritten Reiches ergangen sei. Eine Kirchenführerkonferenz wurde in Aussicht gestellt, sobald das technisch möglich sein
würde.

---

13 Rev. Elson gehörte der Presbyterian Church an und war in Princeton tätig;
später wurde er Chaplain bei Präsident Eisenhower.

In den letzten Maitagen 1945 konnte ich mit amerikanischer Unterstützung eine 500 km lange Rundreise im Auto nach Minden, Loccum, Hannover, Braunschweig und Magdeburg machen und dabei die erste Fühlung nach dem Umbruch mit den dortigen Landeskirchen aufnehmen. Mit Landesbischof D. Marahrens wurde Klarheit darüber geschaffen, daß der Geistliche Vertrauensrat als automatisch erloschen anzusehen sei, und daß es auch eine nur provisorische Leitung der DEK zur Zeit nicht gebe; es müsse alles einer Kirchenkonferenz überlassen werden. Dem trat nach meiner Rückkehr auch D. Hymmen schweren Herzens bei.

Inzwischen verdichteten sich die Gerüchte, daß die Provinz Sachsen russisch besetzt werden würde. In der Erwägung, daß das kirchliche Schwergewicht auf jeden Fall im Westen liegen würde, da schon die Mehrzahl der Landeskirchen im Westen lag und Altpreußen seine alte Bedeutung angesichts des Verlustes großer Provinzen im Osten nicht wieder erreichen würde, wurde nunmehr die Übersiedlung der Kirchenkanzlei an einen Ort geplant, an welchem ihr eine größere Handlungsfreiheit und eine größere Nähe zum Verkehr gewährleistet sein würde. Als ein solcher Ort wurde Göttingen ins Auge gefaßt. Günstig war hier, daß das reformierte Mitglied des Geistlichen Vertrauensrates, Professor D. Weber, in Göttingen wohnte und der Kirchenkanzlei behilflich sein würde, unterzukommen. Die amerikanische Militärregierung stimmte der Übersiedlung zu, verschaffte der Kirchenkanzlei einen Eisenbahnwaggon zum Transport der Büromöbel, Akten, Kasse, Bücher usw. sowie einen Lastwagen und einen Personenwagen für die Gefolgschaft und deren Gepäck.

Am 19. Juni 1945 wurde der Umzug nach Göttingen bewerkstelligt. Große Mengen an Möbeln und Büromaterial gingen mit. In den Räumen Baurat-Gerber-Str. 7 wurde das Büro der Kirchenkanzlei neu aufgemacht. Als Referenten waren noch vorhanden: Brunotte, Schwarzhaupt, Steckelmann; außerdem 7 Bürokräfte. Bald konnte den Landeskirchen von der Übersiedlung Nachricht gegeben werden. Göttingen lag ungleich günstiger als Stolberg. An Landesbischof D. Wurm ging die Meldung, daß die Kanzlei der neu zu bildenden Kirchenleitung der DEK zur Verfügung stehe. Darauf wurden ich und der Finanzreferent Oberkonsistorialrat Dr. Steckelmann zur Kirchenkonferenz nach Treysa eingeladen. In Treysa wurde die Umwandlung der alten „Deutschen Evangelischen Kirche" in die „Evangelische Kirche in Deutschland" beschlossen. Die Leitung der Kanzlei wurde dem Pastor Asmussen D. D. übertragen. Die bisherige Kirchenkanzlei in Göttingen wurde in eine „Nebenstelle Göttingen" der Kanzlei der Evangelischen Kirche in Deutschland umgewandelt. Als solche blieb sie mit Abwicklungsarbeiten mancher Art beschäftigt und wurde mit dem 31. März 1946 gänzlich aufgehoben. Die oberste Verwaltungsbehörde der EKD war nunmehr die Kirchenkanzlei der Evangelischen Kirche in Deutschland in Schwäbisch-Gmünd, die im Herbst 1949 nach Hannover-Herrenhausen verlegt wurde.

# Die Entwicklung der staatlichen Finanzaufsicht über die Deutsche Evangelische Kirche von 1935—1945[*]

Eine gewisse staatliche Finanzaufsicht über die evangelischen Landeskirchen und ihre Organe hat es in Deutschland immer gegeben. Vor 1918 war sie durch die enge Verbindung von Staat und Kirche bedingt; nach 1918 wurde sie gelegentlich von staatlicher Seite damit begründet, daß der Staat Dotationen zur Pfarrbesoldung und zu kirchenregimentlichen Zwecken gebe, sowie den Kirchen das Kirchensteuerprivileg gewähre. Die Finanzaufsicht war in den einzelnen deutschen ev. Landeskirchen nach 1918 in verschiedener Weise geregelt, für Preußen in dem „Staatsgesetz betr. die Kirchenverfassungen der ev. Landeskirchen" vom 8. 4. 1924 (Pr. GS S. 221), vor allem in den Artikeln 2 sowie 5—13; ferner in dem „Vertrag des Freistaates Preußen mit den ev. Landeskirchen" vom 11. 5. 1931 (Pr. GS S. 107), Art. 2 und 5. Zur Ausübung der staatlichen Finanzaufsicht gehörte hiernach die Vorlage von kirchlichen Gesetzen und Verordnungen in vermögensrechtlichen Angelegenheiten sowie die Genehmigung von bestimmten | Beschlüssen kirchlicher Organe, z. B. der kirchlichen Umlagebeschlüsse. Im übrigen hatten die Kirchen völlige Freiheit in der Aufstellung ihrer Haushaltspläne und der Verwaltung ihres Vermögens und ihrer Einkünfte.

Dieser Grundsatz blieb auch nach 1933 erhalten. Die für die deutschen ev. Kirchen erlassenen Staatsgesetze bzw. die mit ihnen geschlossenen Staatsverträge blieben in Kraft. Auch die im Jahre 1935 erfolgte Einrichtung von Finanzabteilungen, zunächst bei den preußischen Landeskirchen, änderte an der *grundsätzlichen* Lage nichts. Wieweit durch diese Einrichtung *praktisch* die staatliche Finanzaufsicht verschärft und mancherorts in eine drückende Finanzkontrolle oder gar in eine fast unverhüllte Übernahme der kirchlichen Finanzhoheit durch staatliche Beauftragte verwandelt wurde, wird sich im Lauf unserer Darstellung erweisen.

## I. Das Preußische Gesetz über die Vermögensverwaltung vom 11. 3. 1935

Im Verlauf des sogenannten Kirchenkampfes der Jahre 1933—1935 war es auf dem Gebiete der kirchlichen Finanzwirtschaft zu erheblichen Störungen und Mißständen, besonders im Gebiet der altpreußischen Landeskirche

[*] Aus: Zeitschrift für evangelisches Kirchenrecht 3, 1953/54, S. 29—55.

gekommen. In zahlreichen Gemeinden, vor allem im Rheinland und in West-falen, waren die kirchlichen Gemeindekörperschaften durch den Gegensatz der Deutschen Christen und der Bekennenden Kirche handlungsunfähig ge-worden, so daß die rechtliche und finanzielle Vertretung vieler Kirchenge-meinden zweifelhaft wurde. Ebenso führte der Widerstand der Bekennenden Kirche gegen das Kirchenregiment Müller-Jaeger weitgehend dahin, daß die Abführung von Kollekten und Umlagen an die Kirchenbehörden eingestellt wurde und diese von den Gemeinden der Bekennenden Kirche aufgebrachten Mittel sich auf von den Kirchenbehörden nicht kontrollierten Sonderkonten häuften. Endlich war in einer Reihe von Behörden, die die Deutschen Chri-sten besetzt hatten, eine finanzielle Mißwirtschaft eingerissen, indem unver-hältnismäßig hohe Beträge zu Repräsentationszwecken (Autos, Empfänge im „Kaiserhof" u. a.) und für deutschchristliche Propaganda ausgegeben wur-den. Die aus verschiedenen Ursachen sich ergebende Zerrüttung des finanziel-len Ordnungsgefüges veranlaßte den Präsidenten des Evangelischen Ober-kirchenrats Dr. Werner zu dem Versuch, durch die Bildung von *innerkirch-lichen* Finanzabteilungen beim Evangelischen Oberkirchenrat und den Kon-sistorien[1] dieser Lage Herr zu werden, indem unab|hängig von der Lösung des Problems der Kirchenleitung zunächst die ordnungsmäßige Finanzver-waltung der altpreußischen Kirche wieder hergestellt werden sollte. Dieser Versuch führte aber nicht zum Ziel, da die von Dr. Werner bestellten Fi-nanzabteilungen nicht genügend Autorität besaßen, um sich durchzusetzen.

Da erließ am 11. 3. 1935 mit Zustimmung der Reichsregierung das Preu-ßische Staatsministerium das „Gesetz über die Vermögensverwaltung in den evangelischen Landeskirchen" (Pr. GS S. 39), zu dem drei Durchführungs-verordnungen vom 11. 4. 1935 (Pr. GS S. 57), vom 25. 7. 1935 (Pr. GS S. 108) und vom 23. 3. 1936 (Pr. GS S. 82) erlassen worden sind. Bei dem Evangelischen Oberkirchenrat in Berlin, den ihm unterstehenden Konsisto-rien sowie den Landeskirchenämtern bzw. -räten in Hannover, Kiel, Kassel, Aurich und Wiesbaden wurde je eine Finanzabteilung gebildet (vgl. GBl DEK 1935 S. 44—45). Die Finanzabteilungen waren deutlich als *kirchliche* Organe gekennzeichnet, eben als „Abteilungen" der bestehenden Kirchenbe-hörden, und hatten demgemäß innerkirchliche Aufgaben zu erfüllen. Zu ihren Aufgaben gehörte nach § 2 des Gesetzes die Festsetzung des Haushalts-plans und der Umlage, die Überwachung der Verwendung der Haushalts-mittel, die *kirchliche* Finanzaufsicht über Kirchengemeinden und kirchliche Verbände, der Erlaß von rechtsverbindlichen Anordnungen im Rahmen die-ser Befugnisse und die Zustimmung zu Maßnahmen der Kirchenleitung, die mit finanziellen Auswirkungen verbunden waren. Über diese innerkirchlichen Aufgaben hinaus waren die Finanzabteilungen nach § 3 des Gesetzes „der Staatsregierung für ordnungsgemäße Verwendung der für evangelisch-kirch-

---

[1] Erlaß vom 3. 2. 1935 (GBlDEK S. 9).

liche Zwecke gewährten Staatszuschüsse verantwortlich". Organe der *staatlichen* Finanzaufsicht über die Kirchen waren sie also nicht. Dem entsprach die Bestimmung des § 1 I, nach der die Finanzabteilungen „aus Beamten der allgemeinen kirchlichen Verwaltung" bestehen mußten.

Das preuß. Gesetz über die Vermögensverwaltung vom 11. 3. 1935 war auf jeden Fall ein Eingriff des Staates in die kirchliche Finanzwirtschaft, wie er in anderen deutschen Ländern, z. B. Bayern, Württemberg, Thüringen, Mecklenburg u. a. niemals erfolgt ist und wie er auch gegenüber der katholischen Kirche nicht vorgekommen ist. Der Grund zu diesem Eingriff lag, wie § 2 der 1. DVO vom 11. 4. 1935 noch deutlich erkennen läßt, in den Wirren des Kirchenkampfes 1933—1935. Angesichts der Tatsache, daß die Kirchen Körperschaften des öffentlichen Rechtes waren, daß der Staat Zuschüsse zur Pfarrbesoldung und eine Dotation zu kirchenregimentlichen Zwecken gab und daß er an der Verwendung der nach staatlichem Recht erhobenen | Kirchensteuern ein berechtigtes Interesse hatte, konnte der Staat in der Tat im Jahre 1935 der Zerrüttung des kirchlichen Finanzwesens kaum noch länger zusehen. Er mußte sich verpflichtet fühlen, „den im Rechtsverkehr mit den Kirchen stehenden öffentlichen Kreditinstituten und anderen öffentlichen Stellen die erforderliche Rechts- und Finanzsicherheit zu schaffen"[2]. Wollte oder konnte dieser Staat die Hand zu einer *echten* Befriedung des kirchlichen Lebens und zur Bildung von neuen Kirchenleitungen mit innerkirchlicher Autorität nicht bieten, so konnte er zunächst nur das Sondergebiet der kirchlichen Finanzwirtschaft zu ordnen suchen. Insofern konnte das Gesetz vom 11. 3. 1935 positiv bewertet werden, wie das auch Werner Weber in seinem „Staatskirchenrecht" tat[3]. Der Staat ermöglichte hiernach in einem Zeitpunkt, in dem die Kirche offensichtlich aus eigener Kraft nicht zu einer neuen äußeren Ordnung kommen konnte, wenigstens eine ordnungsmäßige Erfüllung der sachlichen Aufgaben der Finanzverwaltung. „Der Staat ließ damit der Kirche eine echte Hilfe zuteil werden, bei deren Gewährung er sich überdies auf ein so geringes Maß spezifisch staatlicher Einwirkungen beschränkte, wie es gerade noch bei der dem Staat obliegenden Sorge für den ordnungsmäßigen Bestand der von ihm privilegierten öffentlichen Verbände zu verantworten war . . . Von Staatskirchentum in irgendeinem Sinne kann bei diesen — übrigens nur vorübergehend gebildeten — Finanzabteilungen ernsthaft nicht die Rede sein."[4]

Ob allerdings dieser Eingriff des preuß. Staates in die kirchliche Finanzwirtschaft vom 11. 3. 1935 nur positiv zu bewerten ist, muß entgegen den vorstehend zitierten Sätzen doch bezweifelt werden. Selbst wenn zugegeben würde, daß in den Wirren des Jahres 1935 eine staatliche Rechtshilfe kaum

---

[2] Ministerialdirigent Stahn in seiner Einführung zur 15. DVO (Hans Pfundtner/Reinhard Neubert, Das neue Deutsche Reichsrecht I d 4, S. 66).
[3] Werner Weber, Staatskirchenrecht, Bd. I, Berlin 1936, S. 3.
[4] Ebd., S. 4.

entbehrt werden konnte, da die Vorläufige Leitung der Bekennenden Kirche sich faktisch nicht allgemein durchsetzte, hat doch die spätere Entwicklung deutlich gezeigt, daß sich die staatliche Einwirkung keineswegs auf ein so geringes Maß beschränkte, wie W. Weber 1936 meinte. Zunächst muß darauf hingewiesen werden, daß die Finanzabteilungen durchaus keine „vorübergehende" Einrichtung geblieben sind, wie neben W. Weber auch Stahn in seiner „Einführung" annahm. Sie haben immerhin 10 Jahre bestanden, und zwar lange Zeit, nachdem der unmittelbare Anlaß der Rechtsunsicherheit des Jahres 1935 beseitigt war. Als längst wieder | eine *faktisch* von allen kirchlichen Gruppen hingenommene kirchliche Verwaltung bestand, also etwa seit 1938 und 1939, wurden die vom Staat eingesetzten Finanzabteilungen fortgeführt. Ja, sie wurden über den preußischen Bereich ausgedehnt: Ende 1935 wurde die Finanzabteilung bei der Deutschen Evangelischen Kirchenkanzlei (DEKK) eingerichtet; ferner erhielten die Landeskirchen Sachsen, Braunschweig, Nassau-Hessen und Baden eine Finanzabteilung. Ihnen folgte im Jahre 1941 aus besonderen Gründen eine Finanzabteilung in Bremen. Es bestanden hiernach Finanzabteilungen bei der Deutschen Evangelischen Kirche selbst und in 10 deutschen ev. Landeskirchen (Altpreußen mit sämtlichen Konsistorien — außer Danzig, Stolberg und Roßla —, Sachsen, Hannoverluth., Hannover-ref., Schleswig-Holstein, Kurhessen-Waldeck, Nassau-Hessen, Braunschweig, Baden und Bremen). In den übrigen 14 Landeskirchen (einschl. Österreich und Sudetenland) sind keine Finanzabteilungen eingerichtet worden, z. T. wegen des Widerspruchs der zuständigen Gauleiter oder Landesregierungen (z. B. Bayern), gegen die das Kirchenministerium nicht aufzutreten wagte.

Die Gefahr des preuß. Eingriffs vom 11. 3. 1935 lag also einmal in der zeitlichen und räumlichen Ausdehnung der neuen Einrichtung über den unmittelbaren ersten Anlaß hinaus: die Finanzabteilungen blieben bestehen, als der Anlaß für ihre Einrichtung längst hinfällig geworden war; ja, sie wurden auf zahlreiche außerpreußische Landeskirchen ausgedehnt. Als positive Rechtshilfe des Staates können aber auch die inhaltlichen Bestimmungen der neuen Regelung nicht durchweg angesehen werden. Es bedeutete eine ständige Versuchung zum mindestens indirekten Staatseingriff in die Finanzangelegenheiten der Kirche, daß der *Staat* die Vorsitzenden und Mitglieder der Finanzabteilungen nach völlig eigenem Gutdünken bestimmte, ohne auch nur der betroffenen Kirchenleitung vorher eine Mitteilung machen zu müssen. Selbst unter der Voraussetzung des preuß. Gesetzes vom 11. 3. 1935, daß die Finanzabteilungen aus Beamten der allgemeinen kirchlichen Verwaltung zu bestehen hatten, war ein staatlicher Druck auf dem Wege der Personalmaßnahmen möglich und ist ausgeübt worden. So wurde z. B. bei der Bildung der Finanzabteilung beim Evangelisch-lutherischen Landeskirchenamt in Hannover (2. DVO vom 25. 7. 1935) offenbar aus kirchenpolitischen Gründen nicht ein Mitglied der Kirchenbehörde in Hannover zum Vorsitzenden der Finanzabteilung bestellt, sondern ein Beamter der allgemeinen kirchlichen Verwaltung aus einer fremden Landeskirche, nämlich aus Kiel. Ebenso spielte ein staatlicher Druck mit bei der Abberufung des ersten | Vorsitzenden der Finanzabteilung bei der DEKK, Oberkonsistorialrat Gustavus, der sich im Jahre 1937 durch sein sachliches Eintreten für die Wahrung des kirchlichen Grundbesitzes im Kirchenministerium mißliebig gemacht hatte. In welchem Maße diese Möglichkeit personeller Umbesetzungen staatlicherseits zu einem Druck auf die kirchlichen Finanzen ausgenutzt worden ist, zeigt die spätere Entwicklung der Finanzabteilungen. Man setzte in zunehmendem Maße willfährige Männer ein, die sich z. T. an schriftliche und sogar mündliche Weisungen aus dem Kirchenministerium gebunden fühlten.

Eine für die kirchliche Finanzfreiheit gefährliche Bindung lag auch darin, daß die Finanzabteilungen nach § 2 I der 2. DVO bei dem Erlaß von rechtsverbindlichen Anordnungen „allgemeiner Art" an die inhaltliche Zustimmung des Ministers gebunden waren. Schon nach der preußischen Regelung von 1935 zeigten sich also die Ansätze dafür, daß die Finanzabteilungen zu Organen einer staatlichen Finanzkontrolle über die Kirchen gemacht werden konnten.

Dem konnte auch nicht dadurch gewehrt werden, daß z. B. die Finanzabteilung bei der DEKK alsbald nach ihrer Einrichtung eine Bekanntmachung vom 14. 11. 1935 (GBl. DEK S. 118) erließ, in der sie ihre Aufgabe als eine rein *kirchliche* verstand. In dieser Bekanntmachung hieß es:

„Wir sind uns bewußt, als Beamte der kirchlichen Verwaltung Diener der durch die Verfassung vom 11. Juli 1933 geschaffenen Deutschen Evangelischen Kirche zu sein. In diesem Geiste verbürgen wir uns für eine rechtliche und geordnete Haushaltsführung der Deutschen Evangelischen Kirche. Wir werden uns mit allen Kräften für die Sicherung und Festigung des kirchlichen Finanzwesens und für die finanzielle Förderung eines besonnenen und echten kirchlichen Aufbaus einsetzen. Zur Erfüllung dieser Aufgaben bitten wir um die vertrauensvolle Mitarbeit der Landeskirchen und aller ihrer Glieder."

Durch die personellen Umbesetzungen der nächsten Zeit ging eine derartige Auffassung von den Aufgaben der Finanzabteilung in den allermeisten Landeskirchen und Konsistorialbezirken sehr schnell verloren. Eine große Zahl der Vorsitzenden der Finanzabteilungen fühlte sich alsbald in erster Linie als Beauftragte des Staates und nur in zweiter Linie oder gar nicht als Männer der Kirche.

## II. Die 15. Durchführungsverordnung vom 25. 6. 1937

Diese bereits mit dem preuß. Gesetz über die Vermögensverwaltung in den ev. Landeskirchen vom 11. 3. 1935 angebahnte Entwicklung machte in den Jahren 1937 und 1938 erhebliche Fortschritte. Nach dem Rücktritt des Reichskirchenausschusses am 12. 2. 1937 zog sich | Reichsminister Kerrl in der

Verärgerung über das Scheitern seiner Bemühungen zur Befriedung der ev. Kirche monatelang fast völlig von den Geschäften seines Ministeriums zurück. Die Folge war ein Übergewicht des Staatssekretärs Dr. Muhs, zu dessen kirchenpolitischen Anschauungen es gehörte, daß die Kirche durch verstärkte Einflußnahme auf ihre Finanzverwaltung indirekt zu leiten sei. Diese Leitung wurde ziemlich unverhüllt im Sinne einer Förderung und Begünstigung der kirchlich längst bedeutungslos gewordenen Gruppe der Deutschen Christen ausgeübt.

Bereits am 25. 6. 1937 wurden das bisherige Preuß. Gesetz von 1935 und die einzelnen auf die Bildung von Finanzabteilungen bezüglichen Durchführungsverordnungen zum Kirchensicherungsgesetz vom 24. 9. 1935 (RGBl. I S. 1178) zu einer *reichsrechtlichen* Regelung in der „15. VO zur Durchführung des Gesetzes zur Sicherung der DEK" (RGBl. I S. 697) zusammengefaßt. Die 15. DVO war seitdem die Rechtsgrundlage für alle bestehenden und später gebildeten Finanzabteilungen. Sie faßt im wesentlichen die Bestimmungen des preuß. Gesetzes vom 11. 3. 1935 mit denen der 1. DVO zu diesem Gesetz vom 11. 4. 1935 zu einer Verordnung zusammen. Die wichtigste Änderung der 15. DVO gegenüber dem bisherigen Recht ist der Wegfall der Bestimmung, daß die Finanzabteilungen aus Beamten der allgemeinen kirchlichen Verwaltung bestehen mußten. Es konnten nunmehr auch andere Personen, die mit der Kirchenleitung und -verwaltung nichts zu tun hatten, vom Kirchenminister zu Vorsitzenden oder Mitgliedern der Finanzabteilungen berufen werden, ohne daß die betroffenen Kirchenbehörden eine Einspruchsmöglichkeit hiergegen hatten. Es liegt auf der Hand, daß durch die Handhabung dieser Bestimmung ein ungeheurer staatlicher Druck auf diejenigen Kirchenleitungen ausgeübt werden konnte, die sich den finanziellen oder verwaltungsmäßigen Wünschen des Kirchenministeriums nicht gefügig zeigten oder deren kirchenpolitische Gesamthaltung den Anschauungen des Ministeriums nicht entsprach. Tatsächlich ist sowohl unter der ersten Ära Muhs (1937—1938) wie unter der zweiten (1942—1945), die nach dem Tode des Reichsministers Kerrl begann, ein umfassender Gebrauch von dieser Möglichkeit gemacht worden, Landeskirchen durch Übertragung der Finanzbefugnisse an außenstehende, dem Kirchenministerium ergebene Persönlichkeiten zu lähmen und in ihrer kirchlichen Selbständigkeit zu behindern.

Nach § 1 I der DVO bestand offenbar die Absicht, das System der Finanzabteilungen auf alle deutschen Landeskirchen auszudehnen. Das gelang jedoch aus allgemein politischen Gründen keineswegs. | Nach Erlaß der 15. DVO sind lediglich noch Finanzabteilungen in Nassau-Hessen, Baden und Bremen neu gebildet worden. Die übrigen 14 Landeskirchen blieben ohne eine solche. Das ganze System blieb damit ein Torso, so daß schon damit die vom Kirchenministerium gelegentlich vorgetragene Begründung widerlegt wurde: der Staat bedürfe dieser Organe zur Ausübung der ihm zu allen Zeiten zukommenden Finanz*aufsicht* über die Kirchen. In 14 deutschen ev. Landeskirchen übte der Staat seine herkömmlichen Aufsichtsbefugnisse ohne Finanzabteilungen aus. Es hat auch niemand daran gedacht, diese Aufsichtsrechte etwa bei der katholischen Kirche in der Form von Finanzabteilungen auszuüben.

Was die Finanzabteilungen ihrem Wesen nach eigentlich waren, wurde durch die 15. DVO nicht geklärt. Nach dem Wortlaut von § 1 I („Abteilungen bei den Verwaltungsbehörden der deutschen ev. Landeskirchen") bleibt es am wahrscheinlichsten, in ihnen kirchliche Organe oder Teile von solchen zu sehen. Darauf deutet auch § 5 III hin, in welchem bestimmt wird, daß in dem Siegel der Finanzabteilung die *Kirchenbehörde* mit dem Zusatz „Finanzabteilung" genannt wird. Es ist später verschiedentlich von seiten der Finanzabteilungen versucht worden, die Finanzabteilungen als „staatliche" Organe auszugeben, etwa als nachgeordnete Dienststellen des Reichskirchenministeriums zur Ausübung der Staatsaufsicht über die Kirchen, so wie die Reichspropagandaämter in den Gauen nachgeordnete Dienststellen des Reichspropagandaministeriums waren. Hand in Hand hiermit ging das vom Kirchenministerium geförderte Bestreben mancher Finanzabteilungen, die Befugnisse über den in der 15. DVO festgelegten finanziellen Bereich auszudehnen und dem § 3 I eine extensive Auslegung zu geben. Diese Vorschrift lautet: „Der Finanzabteilung liegt es ob, dafür Sorge zu tragen, daß *eine den öffentlichen Belangen entsprechende ordnungsmäßige Verwaltung* gewährleistet bleibt, daß größte Sparsamkeit beobachtet wird und daß die staatlichen und kirchlichen Bestimmungen von allen Beteiligten eingehalten werden." Jeder unbefangene Leser wird die gesperrt gedruckte Stelle im Zusammenhange des ganzen Satzes und der §§ 2—4 dahin verstehen, daß hier von einer ordnungsmäßigen Verwaltung der Finanzen die Rede sein sollte. Der spätere Vorsitzende der Finanzabteilung bei der DEKK, Dr. Cölle, legte den § 3 aber so aus, als sei hier von einer ordnungsmäßigen Verwaltung *der Kirche* die Rede, und versuchte unter stillschweigender Billigung durch das Reichskirchenministerium, aus dieser Vorschrift eine kirchenpolitische und politische Kontrolle über die gesamte Kirchenleitung und -verwaltung herzuleiten. | In einigen Landeskirchen, z. B. in Hannover, Braunschweig und Baden entwickelten sich die Finanzabteilungen zu einem deutschchristlichen Gegenkirchenregiment gegen die legitime Kirchenleitung.

Was die Finanzabteilungen ihrem Wesen nach wirklich waren, blieb trotz aller Bemühungen von kirchlicher Seite (Schriftwechsel des Leiters der DEKK und des Geistlichen Vertrauensrats mit dem Kirchenministerium 1943—45) ungeklärt. Eine innere Logik war in dem gesamten System nicht enthalten. Entweder waren die Finanzabteilungen *kirchliche* Organe; dann hätte man ihnen keine kirchenfremden Vorsitzenden geben und sie nicht mit der finanziellen und politischen Kontrolle der Kirchenleitungen beauftragen dürfen. Oder sie waren *staatliche* Aufsichtsorgane; dann hätte man sie zum mindesten aus staatlichen Mitteln bezahlen und ihnen keine innerkirchlichen Aufgaben übertragen dürfen. Durch die fortdauernde Unklarheit über das Wesen der Finanzabteilungen mußte der Eindruck entstehen, als sei diese Unklarheit beabsichtigt, um je nach Bedarf die Vorteile der einen oder der anderen Möglichkeit ausnützen zu können.

### III. Die praktische Entwicklung der Jahre 1937—38

Nachdem außer der 15. DVO vom 25. 6. 1937 auch die 17. DVO vom 10. 12. 1937 über die staatliche Anerkennung der im Amt befindlichen Kirchenleitungen erlassen war, begann im ersten Halbjahr 1938 unter dem Einfluß des Staatssekretärs Dr. Muhs die Übertragung des Vorsitzes einer ganzen Reihe von Finanzabteilungen an Personen, die nicht zur kirchlichen Verwaltung gehörten und daher besonders geeignet erschienen, als Beauftragte des Ministeriums den jeweiligen Kirchenleitungen gegenüberzutreten. Einige von diesen neu ernannten Personen gehörten nicht einmal der Kirche an, sondern waren bereits früher aus ihr ausgetreten. Es trat nunmehr weithin der groteske Zustand ein, daß die von den Kirchen selbst bestellten Kirchenleitungen nicht mehr über die Gelder der Kirche verfügen konnten. Denn jede Maßnahme der Kirchenleitung mit finanziellen Auswirkungen bedurfte der Zustimmung der Finanzabteilung, die allein den Haushaltsplan festsetzte und alle ihr nicht genehmen Ausgaben ohne Angabe von Gründen verweigern konnte. Da die Vorsitzenden der Finanzabteilungen jetzt vielfach kirchenfremde Persönlichkeiten waren, die z. T. ihre Aufgabe darin sahen, nicht nur aus finanziellen, sondern aus kirchen- und staatspolitischen Gründen zu handeln, wirkte sich das System der Finanzabteilungen je länger je mehr als ein verstecktes Staatskommissariat über die betroffenen ev. Landeskirchen aus. Die Kirchen hatten die *Nachteile* des früheren | Staatskirchentums, eine so gut wie alle Angelegenheiten umfassende Kontrolle durch staatliche Beauftragte, zu tragen, ohne zugleich die *Vorteile* des Staatskirchentums, nämlich Fürsorge und wohlwollende Förderung, zu genießen.

Den von ihm öfter ausgesprochenen Grundsatz: Die Finanzabteilungen müßten nach und nach überall in die Hände von kirchenfremden Persönlichkeiten gelegt werden, hat Staatssekretär Dr. Muhs im Jahre 1938 weitgehend verwirklicht. Wie aus der Aufstellung am Ende dieses Aufsatzes hervorgeht, erhielten folgende Finanzabteilungen einen neuen Vorsitzenden:

In *Hannover-luth.* wurde am 28. 4. 1938 der Präsident des Landeskirchenamtes Schnelle seines Vorsitzes bei der Finanzabteilung enthoben und der Rechtsanwalt Dr. Cölle, der in den vergangenen Jahren die kirchenpolitischen Prozesse der Deutschen Christen gegen das Kirchenregiment des Landesbischofs D. Marahrens geführt (und verloren) hatte, mit dem Vorsitz beauftragt. Anstelle des bisherigen Mitglieds Landeskirchenrat Dr. Wagenmann wurde am 30. 5. 1938 der Oberregierungsrat Hoffmeister vom Braunschweigischen Staatsministerium zum Mitglied der Finanzabteilung in Hannover berufen; letzterer war aus der Kirche ausgetreten. Als Grund für diese Maßnahme wurde angegeben, die hannoversche Finanzabteilung unter Schnelle habe an den sogenannten Lutherrat in Berlin, den Zusammenschluß der lutherischen Landeskirchen, jährlich 12 000 RM gezahlt; der Lutherrat sei eine illegale Organisation, für die Kirchenmittel nicht gegeben werden dürften. Dieser Grund war völlig fadenscheinig. Denn der Lutherrat als kirchenpolitischer Zusammenschluß lutherischer Landeskirchen nahm kirchenregimentliche Befugnisse nicht in Anspruch; er blieb stets von seiten der Geheimen Staatspolizei unbehindert bestehen. Auf der anderen Seite duldete das Kirchenministerium, daß die deutsch-christlichen Landeskirchen für ihren kirchenpolitischen Zusammenschluß weit höhere Summen aus landeskirchlichen Mitteln zahlten. So hat z. B. Thüringen jahrelang 66 000 RM an den Bund für Deutsches Christentum gezahlt. Entsprechende Summen zahlten Mecklenburg, Lübeck, Anhalt u. a. Jedenfalls wurden die Verhältnisse zwischen der Kirchenleitung und der Finanzabteilung in Hannover unter dem Vorsitz von Dr. Cölle äußerst gespannt, zeitweise unerträglich. Die Kette von Mißhelligkeiten, Schikanen und damit verbundenen Schwierigkeiten und Verzögerungen in der kirchlichen Verwaltung riß nicht ab. Dr. Cölle sah es als seine besondere Aufgabe an, die Deutschen Christen auf jede Weise zu fördern.

In *Braunschweig* erfolgte die Umbildung am 30. 5. 1938. Es wur|den die beiden gleichen Männer wie in Hannover eingesetzt, nur in umgekehrter Reihenfolge: den Vorsitz bekam der Oberregierungsrat im Braunschweigischen Staatsministerium Hoffmeister; Dr. Cölle wurde Mitglied. Der bisherige Vorsitzende, Oberkirchenrat Dr. Lambrecht, wurde abberufen. Die Verhältnisse in Braunschweig wurden sehr bald noch schwieriger als in Hannover. Die Finanzabteilung setzte in fast $2/3$ der Kirchengemeinden Bevollmächtigte der Finanzabteilung ein und nahm damit den kirchlichen Gemeindekörperschaften die Verfügung über die Mittel der Kirchengemeinden. Die Bevollmächtigten, von denen ein erheblicher Teil aus der Kirche ausgetreten war, schalteten nach Gutdünken mit den kirchlichen Geldern und veräußerten vielfach Kirchenland für nichtkirchliche Zwecke[5]. In den späteren Jahren ging der nachfolgende Vorsitzende der Finanzabteilung Westermann allmählich dazu über, die Bevollmächtigten in den Gemeinden wieder abzubauen. Im Landeskirchenamt selbst verdrängte Oberregierungsrat Hoffmeister zeitweise fast die gesamte kirchliche Verwaltung, indem er alles Erreichbare an die Finanzabteilung heranzog. Die Kirchenbehörde war zeitweise nicht einmal Herr über ihre Eingänge und Akten. Landesbischof Dr. Johnsen

---

[5] Vgl. die vom Landeskirchenamt in Wolfenbüttel als amtliche Drucksache herausgegebenen Beiträge zur Tätigkeit der vormaligen Finanzabteilung beim Landeskirchenamt in Wolfenbüttel vom 2. 6. 1936 bis zum Schluß des Dritten Reiches (1949).

wich den zermürbenden Streitigkeiten durch freiwillige Meldung zur Wehrmacht aus. Sein Vertreter Oberlandeskirchenrat Röpke führte den Kampf, der mit immer neuen Einzelheiten die Akten der DEKK zu füllen begann, jahrelang weiter. Auch in Braunschweig wurden die wenigen Deutschen Christen in jeder Weise bevorzugt.

In *Baden* wurde eine Finanzabteilung am 18. 5. 1938 erstmalig gebildet. Den Vorsitz bekam Bürgermeister Dr. Lang; Mitglied wurde Oberkirchenrat Doerr, der zwar zum Oberkirchenrat in Karlsruhe gehörte, aber mit der badischen Kirchenleitung kirchenpolitisch nicht übereinstimmte. Nächst der Braunschweigischen Landeskirche wurden die Verhältnisse in Baden am unerfreulichsten. Es gab kaum ein Gebiet, auf dem nicht ein ständiger Kompetenzkonflikt zwischen Kirchenleitung und Finanzabteilung getobt hätte. Wie sehr in Baden die Finanzabteilung ihre Aufgabe als die einer deutschchristlichen Gegenregierung auffaßte, geht z. B. daraus hervor, daß im Herbst 1938 die Finanzabteilung eine Kundgebung an die Kirchengemeinden zur Befreiung des Sudetenlandes (GVBl. S. 108) und am 20. 4. 1939 einen Aufruf zum 50. Geburtstage des Führers (GVBl. S. 39) erließ. Die Ver|hältnisse in Baden wurden noch unerträglicher, als nach Rücktritt des Bürgermeisters Lang das Kirchenministerium am 25. 2. 1943 einen Obstkonservenfabrikanten, Dr. med. Engelhardt, zum Vorsitzenden der Finanzabteilung bestellte, der aus der Kirche ausgetreten und zweimal geschieden war. Diese Bestellung wurde vom Oberkirchenrat mit Recht als beabsichtigte Brüskierung der Kirche empfunden.

Ähnliche Umbesetzungen brachte das Jahr 1938 für einige größere altpreußische Konsistorien. Im März 1938 erhielten den Vorsitz in der Finanzabteilung beim Konsistorium *Berlin* anstelle des Oberkonsistorialrats Rapmund der Geschäftsführer Erhard von Schmidt; beim Konsistorium *Königsberg* anstelle des Konsistorialpräsidenten Dr. Tröger der Regierungsvizepräsident Angermann; beim Konsistorium *Düsseldorf* anstelle des Oberkonsistorialrats Dr. Jung der aus der Kirche ausgetretene Reichsamtsleiter Sohns. Es folgten am 18. 5. 1938 beim Konsistorium *Münster* anstelle des Konsistorialpräsidenten Dr. Thümmel der Syndikus Stoppenbrink und am 29. 6. 1938 beim Konsistorium *Breslau* anstelle des Oberkonsistorialrats Dr. Fürle der Landgerichtsrat Dr. Bartholomeyczik. Beim Konsistorium *Magdeburg* war schon am 30. 6. 1937 ein Wechsel eingetreten, indem der Konsistorialpräsident Fretzdorff durch den dem Kirchenministerium genehmeren Oberkonsistorialrat Schultz ersetzt wurde. Nur in *Stettin* blieb der Vorsitz in der Finanzabteilung seit dem 23. 3. 1936 bei dem Konsistorialpräsidenten Dr. Wahn. Dies hatte offensichtlich Gründe persönlicher Art[5a].

Die für Berlin, Königsberg, Düsseldorf, Münster und Breslau bestellten

---

[5a] Dr. Wahn war der Schwiegervater des Ministerialdirigenten Stahn im Kirchenministerium.

Vorsitzenden der Finanzabteilung standen der Kirche mehr oder weniger fremd gegenüber. Zu erheblichen Schwierigkeiten kam es aber nur in Breslau, da die Neuernannten im allgemeinen kein großes Interesse an ihrem Auftrage zeigten. Sie schieden im Laufe der Zeit infolge ihrer Einberufung zur Wehrmacht wieder aus. Praktisch führten seit 1939 in den altpreußischen Kirchenprovinzen die Konsistorialpräsidenten, die zu ständigen Vertretern der Vorsitzenden bestellt waren, wieder den Vorsitz in den Finanzabteilungen.

Die Bestellung kirchenfremder Persönlichkeiten hatte im übrigen nur zur Folge, daß für sie von seiten der Finanzabteilungen, die zur sparsamen Bewirtschaftung der kirchlichen Finanzen eingesetzt waren, ansehnliche Aufwandsentschädigungen gezahlt werden mußten, während die Beamten der allgemeinen kirchlichen Verwaltung diese Arbeit bisher ohne Entschädigung geleistet hatten.

In das Jahr 1938 fällt auch das Bemühen des Kirchenministeriums, die finanziellen Befugnisse der Finanzabteilungen gegenüber der Kir|chenleitung möglichst weit auszulegen. Hierzu sei verwiesen auf den Erlaß des Staatssekretärs Dr. Muhs vom 1. 7. 1938 — I 16049/38 — (GBl DEK S. 76), durch den die gesamte Verwaltung *aller* finanziellen Angelegenheiten *allein* der Finanzabteilung zugesprochen wurde, obwohl die 15. DVO zwischen Leitung der Vermögensverwaltung, Aufsichtsführung, Überwachung der Verwendung von Haushaltmitteln und Zustimmung zu Maßnahmen der Kirchenleitung jeweilig unterschied. — Wie sehr die Finanzabteilungen vom Kirchenministerium zu *kirchenpolitischen* Zwecken benutzt wurden, ergibt sich aus dem Erlaß des Staatssekretärs vom 3. 9. 1938 — I 15008/38 — über die „kirchliche Versorgung von Minderheiten oder besonderen kirchlichen Gruppen in den Räumen der Kirchengemeinden". Hier wurde festgesetzt, daß die Finanzabteilungen sich der Zuweisung kirchlicher Räume an Minderheiten (versteht sich: an die Deutschen Christen!) annehmen müßten, da durch die Streitigkeiten um kirchliche Räume „regelmäßig vermögensrechtliche Interessen der Kirche berührt werden". Grundsätzlich wird zwar zugegeben, daß die Form einer Minderheitenversorgung Sache der Kirchenbehörden sei. Praktisch werden aber die Finanzabteilungen ermächtigt, „auch ohne eine vorausgehende Regelung der Kirchenbehörde selbst zu handeln". Empfohlen wird die Maßnahme, einen Bevollmächtigten der Finanzabteilung einzusetzen „nur mit dem Auftrag, die Benutzung aller oder einzelner kirchlicher Gebäude zu regeln". Nach diesem Erlaß sind besonders in Hannover und Braunschweig die Kirchengemeinden zugunsten verschwindend kleiner deutschchristlicher Minderheiten entrechtet (z. B. in Aurich, Leer, Harzburg, Blankenburg u. a.) und die Kirchenleitungen durch Anordnungen der Finanzabteilungen übergangen worden.

Es gelang den Landeskirchen im allgemeinen nur, das kirchliche Kollektenwesen als eine Angelegenheit des Kultus dem Zugriff der Finanzabteilun-

gen zu entziehen. Völlig freie Verfügung über die Kirchensammlungen in
den Gottesdiensten hatten die Kirchenbehörden aber auch hier nicht. Ein Erlaß des Kirchenministeriums vom 9. 7. 1938 — I 14425/38 — betr. Kollektenwesen stellt fest, daß die Ausschreibung der Kollekten Sache der Kirchenbehörden sei. Diese müssen aber den Kollektenplan vor der Bekanntgabe der
Finanzabteilung vorlegen, die „darüber zu wachen hat, daß keine Kollekten
ausgeschrieben werden, die vom Staate nicht anerkannten Organisationen
(wie z. B. dem Lutherrat) zugute kommen sollen und daher unzuläs-
sig sind". Ferner wird den Finanzabteilungen „die Überwachung der Abfüh-
rung der gesammelten Kollekten" zugebilligt. In Braunschweig ging die
Finanzabteilung über den Ministererlaß vom | 9. 7. 1938 noch weit hinaus.
Hier wurden bestimmte Kollekten aus kirchenpolitischen Gründen jahrelang
von der Finanzabteilung nicht an die vorgesehenen Stellen abgeführt, sondern zurückgehalten.

## VI. Die rückläufige Entwicklung der Jahre 1938—41

Mit dem Hochsommer des Jahres 1938 begann eine immer stärker hervor-
tretende kirchenpolitische Tätigkeit des Reichsministers Kerrl, die bis zu seinem am 14. 12. 1941 erfolgten Tode anhielt und mit einer fast völligen Ausschaltung des Staatssekretärs Dr. Muhs aus der kirchenpolitischen Arbeit
verbunden war. Durch eingehende Studien war Reichsminister Kerrl allmählich zu der Überzeugung gekommen, daß eine Kirche nicht nur verwaltet
werden könne, sondern der geistlichen Leitung bedürfe. Sein Bemühen ging
dahin, zunächst grundsätzlich zu klären, in welchem Verhältnis die geistliche Leitung und die äußere Verwaltung zueinander stehen müßten. Diese
theoretische Vorarbeit sollten die im Oktober 1938 von ihm berufenen, unter
der Leitung des Vizepräsidenten D. Hundt stehenden sogenannten „Arbeitskreise" leisten. Diese legten in der Tat am 24. 1. 1939 dem Minister Entwürfe für eine Aufteilung der Befugnisse zwischen geistlicher Leitung und
äußerer Verwaltung, und für eine organische Zuordnung beider Instanzen
vor. Die Entwürfe blieben unausgeführt, führten aber ideell zu dem wenige
Tage vor Ausbruch des Krieges vom Kirchenminister herausgegebenen Erlaß
vom 24. 8. 1939 — I 15069/39 —, der als „Ausführungsanweisung" zur
17. DVO gedacht war. Hier wurde festgesetzt, daß in den vier Landeskirchen Altpreußen, Sachsen, Schleswig-Holstein und Nassau-Hessen, in denen
lediglich ein juristischer Präsident die Kirchenverwaltung führte, bestimmte
geistliche Aufgaben nicht mehr von diesem wahrgenommen werden sollten,
sondern von Persönlichkeiten, „die in der Pfarrerschaft der Landeskirche das
notwendige Vertrauen finden". Wegen des Krieges und auch infolge politi-
scher Widerstände, z. B. in Sachsen und Nassau-Hessen, kam es nicht zur Bestellung dieser geistlichen Vertrauensleute in den Landeskirchen. Nur für die

DEK selber wurde am 31. 8. 1939 (GBl. DEK S. 97) ein „Geistlicher Vertrauensrat" gebildet, der dem juristischen Leiter der DEKK zur Seite trat.

Es ist von Reichsminister Kerrl mehrfach gegenüber dem Geistlichen Vertrauensrat der DEK und gegenüber einem Sachbearbeiter der Kirchenkanzlei ausgesprochen worden, daß er die Absicht hatte, die Finanzabteilungen, wie sie sich 1938 entwickelt hatten, abzubauen, wenn es gelingen würde, innerhalb der Kirchenleitungen eine geordnete Abgrenzung der geistlichen Leitung und der äußeren Verwaltung | überall durchzuführen. Diese Arbeit blieb jedoch während des Krieges völlig liegen, da Reichsminister Kerrl schon im Jahre 1940 aus dem „Führerhauptquartier" die Weisung bekam, an dem Status quo der ev. Kirche während des Krieges nichts zu ändern. Aus diesem Grunde wurde auch der von ihm beabsichtigte Abbau der Finanzabteilungen nicht weiter gefördert.

Dagegen setzten im Jahre 1939 die Bemühungen des Ministers ein, die Übergriffe verschiedener Finanzabteilungen im einzelnen praktisch einzuschränken und feste Richtlinien für ihre Tätigkeit zu erlassen. Klagen aus mehreren Landeskirchen über Einzelfälle wurden verschiedentlich zugunsten der Kirchenleitung gegen die Finanzabteilung entschieden. Eine Gesamtregelung der Befugnisse der Finanzabteilungen wurde durch Ministerialerlaß vom 21. 7. 1939 — I 14430/39 — vorgenommen. Entgegen dem summarischen Erlaß des Staatssekretärs vom 1. 7. 1938 wurden die Befugnisse der Finanzabteilungen grundsätzlich zurückhaltender festgesetzt und im einzelnen substantiiert. Merkwürdigerweise wurde diese Regelung aber wieder mit einer kirchenpolitischen Aktion des Ministers verbunden. Dieser hatte sich bemüht, Grundsätze für das Verhältnis von Kirche und Staat aufzustellen, die zu einer Klärung und Bereinigung vorhandener Mißverständnisse zwischen Staat, Partei und Kirche führen sollten. Nach dem Fehlschlag der sogenannten „Godesberger Erklärung" der deutschchristlichen Landeskirchen (GBl DEK 1939 S. 19) hatte der Reichsminister sich „5 Grundsätze" eines anderen Theologenkreises zu eigen gemacht, über die er mit verschiedenen Landeskirchenführern verhandelt hatte. Diejenigen Landeskirchen nun, die sich auf dem Boden dieser „5 Grundsätze" stellten, bekamen Erleichterungen auf dem Gebiete der Finanzabteilungen durch Anwendung des Erlasses vom 21. 7. 1939. Auf Baden, das sich nicht zu den „5 Grundsätzen" bekannt hatte, wurde der neue Erlaß nicht angewandt.

Wesentlich infolge dieses Erlasses, aber auch infolge einer gemäßigten praktischen Handhabung des Kirchenministeriums, blieben die Verhältnisse hinsichtlich der Finanzabteilungen in den ersten beiden Kriegsjahren einigermaßen erträglich. Wiederholt wurden Sachbearbeiter des Kirchenministeriums beauftragt, vermittelnd in Hannover, Wolfenbüttel und Karlsruhe einzugreifen, so daß die Ansprüche der dortigen Finanzabteilungen von selbst etwas vorsichtiger erhoben wurden.

Die Bildung einer Finanzabteilung in Bremen am 8. 10. 1941 erfolgte in Fühlungnahme mit der DEK, weil eine disziplinarrechtliche Ausschaltung des kirchenpolitisch und durch seine persönlichen Af|fären stark belasteten deutschchristlichen Landesbischofs Lic. Dr. Weidemann wegen politischer Widerstände in Bremen keinen wirklichen Erfolg versprach. Mit den Aufgaben einer Finanzabteilung beauftragte Reichsminister Kerrl in diesem Falle drei führende Gegner Weidemanns, Dr. Apelt, Edzard und Meyer.

Die Hoffnung auf eine vielleicht noch während des Krieges mögliche Aufhebung der vom Staat gebildeten und beeinflußten Finanzabteilungen sank mit dem am 14. 12. 1941 erfolgten plötzlichen Tode des Reichsministers Kerrl dahin[5b]. Mit der Führung der Geschäfte wurde Staatssekretär Dr. Muhs beauftragt.

### V. Neue Verschärfung der Lage 1942–45 und Abschluß

Die Übernahme der Geschäfte des Reichskirchenministeriums durch Staatssekretär Dr. Muhs bedeutete hinsichtlich der kirchenpolitischen Linie und hinsichtlich der Finanzabteilungen ein sofortiges Wiedereinlenken in den Kurs der Jahre 1937—38. Der alte Gedanke, die Kirche indirekt durch die staatliche Kontrolle ihrer Finanzen zu leiten, tauchte unverändert wieder auf, obwohl bekannt wurde, daß die Parteikanzlei, die im Warthegau auf eine völlige Privatisierung der Stellung der Kirche und eine restlose Trennung von Kirche und Staat hinarbeitete, eine so enge Bindung der staatlichen Verantwortung an die Verwaltung der Kirche grundsätzlich nicht wünschte.

Das erste Anzeichen des neuen Kurses war die neun Tage nach dem Tode des Reichsministers Kerrl vorgenommene Umbesetzung der eben erst gebildeten Finanzabteilung in Bremen. Am 23. 12. 1941 wurden ihre drei Mitglieder, Gegner des Landesbischofs Weidemann, abberufen und der hannoversche Rechtsanwalt Dr. Cölle, der persönliche Rechtsberater Weidemanns, zum Vorsitzenden der Finanzabteilung bei der Bremischen Kirche berufen. Am 15. 9. 1943 wurden der Rechtsanwalt Dr. Alfes zum Vertreter des Vorsitzenden und der Rechtsanwalt Dr. Ellinghausen zum Mitglied der Finanzabteilung bestellt. Diese Finanzabteilung führte in Bremen nach der Ausschaltung des Leiters der dortigen Kirchenkanzlei, Dr. Bornemann, praktisch

---

[5b] Das Datum des Todestages von Kerrl wird in manchen Veröffentlichungen falsch angegeben, so z. B. im EKL, Bd. IV, Spalte 571 (15. 12. 1941); bei JOHN S. CONWAY, Die nationalsozialistische Kirchenpolitik 1933–1945. München 1969, S. 267 (12. 12); bei ARMIN BOYENS, Kirchenkampf und Ökumene 1939—1945. München 1973, S. 94 (12. 12.). Das richtige Datum (14. 12. 1941) ergibt sich aus dem Nachruf des Geistlichen Vertrauenrates der DEK im GBlDEK 1941, S. 31, abgedruckt bei JOACHIM BECKMANN, KJ 1933—1944. Gütersloh 1948, S. 479; 2. Aufl. 1976, S. 458.

die gesamte kirchliche Verwaltung, auch als am 22. 2. 1944 ein kommissarischer Kirchenpräsident, Oberkonsistorialrat Schultz von der Finanzabteilung beim Evangelischen Konsistorium Magdeburg, dessen Bestellung dem Staatssekretär von Dr. Cölle vorgeschlagen worden war, ernannt wurde.

Bezeichnend für den neuen Kurs war auch, daß durch Ministerialerlaß vom 14. 5. 1942 — I 10824/42 — die Finanzabteilungen wieder bei der Ergänzung der kirchlichen Körperschaften beteiligt wurden. |

Ein Hauptvorstoß in der Richtung der Übertragung finanzieller Befugnisse auf Männer außerhalb der kirchlichen Verwaltung erfolgte am 21. 8. 1942, als dem (fast gleichzeitig zum Amtsgerichtsrat in Litzmannstadt [= Lodz] ernannten) Rechtsanwalt Dr. Cölle-Hannover, dem Vorsitzenden der Finanzabteilung in Hannover und Bremen und Mitglied der Finanzabteilung in Braunschweig, zunächst vertretungsweise der Vorsitz der Finanzabteilung bei der DEKK übertragen wurde. Die früheren Maßnahmen, nicht der Kirchenverwaltung angehörende Persönlichkeiten zu Vorsitzenden von Finanzabteilungen zu machen, hatten sich auf einzelne Landeskirchen (Hannover, Braunschweig, Baden, Bremen) und einzelne altpreußische Kirchenprovinzen (Berlin, Ostpreußen, Schlesien, Westfalen und Rheinland) beschränkt. Im Sommer 1942 wurde das ganze Finanzwesen der DEK einschließlich der Befugnis, Einblick in die Finanzen *aller* Landeskirchen zu nehmen und rechtsverbindliche Anordnungen für die *ganze* DEK zu erlassen, einem Manne übertragen, der der kirchlichen Verwaltung nicht angehörte und sich im Bereich seiner bisherigen Tätigkeit in einem scharfen Gegensatz zur Kirchenleitung befunden hatte. Anlaß zu der Umbesetzung war ein Zusammenstoß, den Staatssekretär Dr. Muhs mit dem stellvertretenden Leiter der Kirchenkanzlei und bisherigen stellvertretenden Vorsitzenden der Finanzabteilung bei der DEKK, Vizepräsident Dr. Fürle, im Juli 1942 gehabt hatte, als letzterer sich in einer vom Verfasser dieses Aufsatzes entworfenen Beschwerde an das Reichsinnenministerium dafür einsetzte, daß ein Erlaß des Kirchenministeriums aufgehoben würde, nach welchem die Kirchen bei der Beerdigung von aus der Kirche ausgetretenen Personen ein kirchliches Glockengeläut veranstalten bzw. zulassen sollten. Der persönliche Zusammenstoß war in heftigen Formen erfolgt und gab den Anlaß, den stellv. Vorsitz in der Finanzabteilung bei der DEKK dem Vizepräsidenten Dr. Fürle zu entziehen und, zunächst vertretungsweise, an Dr. Cölle zu übertragen.

Die Geschäfte des Vorsitzenden bzw. des stellv. Vorsitzenden der Finanzabteilung bei der DEKK waren bisher von Beamten der Kirchenkanzlei nebenher versehen worden (Oberkonsistorialrat Gustavus 1935—37, Präsident Dr. Werner 1937—41, Vizepräsident Dr. Fürle 1941—42). Da die DEK außer den landeskirchlichen Umlagen keine erheblichen eigenen Einnahmen hatte und ihr Haushalt im wesentlichen aus festgelegten Ausgaben (Gehälter und Versorgungsbezüge für die Kirchenkanzlei selbst sowie Ausgaben des Kirchlichen Außenamtes) bestand, war die zu leistende Arbeit der

Finanzabteilung gering. Die Möglichkeiten, allgemeine Richtlinien für die Landeskirchen | zu erlassen, waren in Anbetracht der Kriegsverhältnisse beschränkt. Die Beauftragung von Dr. Cölle mit der Wahrnehmung der Geschäfte der Finanzabteilung konnte also nicht den Zweck haben, eine volle Kraft für eine notwendige Arbeit einzusetzen, sondern zielte offensichtlich darauf ab, einem speziellen Vertrauensmann des Kirchenministeriums die Kontrolle auch der gesamtkirchlichen Finanzen in die Hand zu geben.

Dr. Cölle war einerseits ständig bemüht, seinen Machtbereich zu erweitern. Zu seinem bisherigen Bereich Hannover, Braunschweig und Bremen versuchte er, allerdings vergeblich, in den letzten Kriegsjahren die Einrichtung von Finanzabteilungen unter seiner Leitung im Evangelischen Oberkirchenrat Berlin, in Thüringen und in Oldenburg durchzusetzen. Andererseits hat er sein Amt in Berlin von Anfang an als Staatskommissar verstanden. Er war bestrebt, die Finanzabteilung zu einer eigenen, nicht mehr mit der Kirchenkanzlei verbundenen, sondern nur dem Ministerium verantwortlichen Dienststelle umzugestalten. Die Sachbearbeiter der Kirchenkanzlei wurden nicht mehr, wie bisher, auch von der Finanzabteilung beschäftigt. Vielmehr stellte die Finanzabteilung schon nach einigen Wochen eine eigene Sachbearbeiterin (Juristin) nur für ihre Zwecke an. Auch eine eigene Bürokraft wurde angestellt. Neben den laufenden Akten wurde eine Sonderregistratur der Finanzabteilung geführt, in die die Kirchenkanzlei keinen Einblick hatte. Aus dem Siegel der Finanzabteilung wurde das kirchliche Kreuz entfernt. Wie Dr. Cölle die Stellung der Finanzabteilung auffaßte, geht z. B. aus einem von ihm an den Evangelischen Oberkirchenrat in Stuttgart gerichteten Schreiben vom 29. 2. 1944 — Bl. 58/44 — hervor, in welchem es heißt:

„Was im übrigen zu meinen Dienstobliegenheiten gehört, ist nicht von der Auffassung einer Kirchenbehörde abhängig, vielmehr bin ich allein dem Herrn Reichsminister für die kirchlichen Angelegenheiten als dem zuständigen Fachminister der der Reichsregierung für meine Amtsführung verantwortlich."

Von der oben S. 59 angeführten Kundgebung der ursprünglich 1935 gebildeten Finanzabteilung bis zu der vorstehenden Auffassung von Dr. Cölle war ein weiter Weg. Das Institut der staatlichen Finanzkontrolle stand vor seiner Vollendung! Es war kein Wunder, daß Dr. Cölle im Januar 1943, als dem Kirchenministerium für Zwecke der Wehrmacht und des Arbeitseinsatzes (sogenannte Aktion des Generals von Unruh) eine Liste sämtlicher kirchlichen Beamten und Angestellten eingereicht werden mußte, darauf bestand, daß die Finanzabteilung bei der DEKK neben der Kirchenkanzlei eine eigene Liste einreichte, die die Überschrift „*Staatliche* Finanzabteilung" trug. |

Am 3. 4. 1943 wurde aus dem bisherigen Provisorium eine endgültige Lösung: Präsident Dr. Werner und Vizepräsident Dr. Fürle wurden ohne Angabe von Gründen von ihren Ämtern als Vorsitzender bzw. stellv. Vorsitzender der Finanzabteilung entbunden. Der Vorsitz wurde dem jetzigen Amtsgerichtsrat Dr. Cölle übertragen. Diese endgültige Regelung hatte zunächst zur Folge, daß die Bezüge von Dr. Cölle durch Schreiben des Reichsministers für die kirchlichen Angelegenheiten vom 18. 6. 1943 — I 750/43 — erheblich heraufgesetzt wurden. Man kann die Bezüge des neuen Vorsitzenden aus seinen verschiedenen Funktionen in Berlin, Hannover und Bremen auf jährlich 30—34 000 RM schätzen. Die Höhe der Bezüge stand in keinem Verhältnis zu dem Umfang der Arbeit und zu der Dienststellung eines Vorsitzenden der Finanzabteilung. Die bisherigen Vorsitzenden der Finanzabteilung hatten nicht einmal eine Aufwandsentschädigung bezogen. Dr. Cölle bezog höhere Einnahmen als selbst der Leiter der Kirchenkanzlei, der höchsten Verwaltungsbehörde der DEK. Auch hiermit sollte anscheinend dokumentiert werden, daß er eigentlich als Staatskommissar über dem Leiter der Kirchenbehörde stand.

Die für die Leitung der DEK damals verantwortlichen Stellen, der stellv. Leiter der Kirchenkanzlei, Vizepräsident Dr. Fürle, und der Geistliche Vertrauensrat (Landesbischof D. Marahrens, Landesbischof Schultz, Vizepräsident D. Hymmen) haben das Vordringen von Dr. Cölle und die Durchführung der These von Dr. Muhs, die Finanzabteilungen müßten überall in die Hände von kirchenfremden Persönlichkeiten gelegt werden, keineswegs ohne Kampf hingenommen. Am 5. 5. 1943 wurde der Geistliche Vertrauensrat vom Staatssekretär empfangen und trug ausführlich seine Beschwerden über die Finanzpolitik des Kirchenministeriums vor. Der Inhalt der Aussprache wurde durch ein Schreiben des Geistlichen Vertrauensrates vom 18. 5. 1943 — VR 664/43 — bestätigt. Schon in diesem Schreiben wurde darauf hingewiesen, daß kirchenfremde Persönlichkeiten, die die Verfügung über die Finanzen hätten, als Staatskommissare angesehen werden müßten. Die verantwortlichen Kirchenbehörden würden durch die finanzielle Entmächtigung der Kirche weithin der Möglichkeit beraubt, wirkliche Leitungsbefugnisse auszuüben. Besonders beunruhigt sei der Geistliche Vertrauensrat durch den angeblichen Plan, die Grundsätze des Staatssekretärs auch auf die größte deutsche Landeskirche, die Evangelische Kirche der altpreußischen Union, anzuwenden und der Finanzabteilung beim Evangelischen Oberkirchenrat einen neuen Vorsitzenden zu geben. Am Schluß wird eindringlich gebeten, von dem neuen Grundsatz Abstand zu nehmen. |

Auf dieses Schreiben ging unter dem 9. 6. 1943 — I 868/43 — eine gänzlich verständnislose Antwort des Staatssekretärs ein, in welcher die Zuständigkeit des Geistlichen Vertrauensrates für diese „vermögensrechtlichen Fragen" bezweifelt wurde. Die Finanzabteilungen seien ihrem Wesen nach „Aufsichtsorgane über die Vermögensverwaltung der Landeskirchen" (ob kirchliche oder staatliche Aufsichtsorgane, bleibt offen!) und „insoweit dem Staat verantwortlich". Schon aus dem Gesichtspunkt der „Interessenkollision" sei eine Verbindung des Amtes zwischen Kirchenleitung und Finanzabteilung „wenig erwünscht". Auch hier erscheinen also Kirchenbehörde und Finanzabteilung wie zwei nebeneinander bestehende selbständige Behörden.

Der Geistliche Vertrauensrat erwiderte auf dieses Schreiben in enger Fühlungnahme mit dem stellvertretenden Leiter der DEK, Dr. Fürle, am 9. 7. 1943 — VR 676/43 — mit einer längeren Darlegung des eigenen Standpunktes. Hinsichtlich seiner Zuständigkeit, das Wort zu nehmen, wies er darauf hin, daß es sich bei dem Prinzip der Trennung zwischen Kirchenleitung und Finanzabteilung keineswegs um eine „rein finanztechnische Maßnahme" handelt, sondern um eine Frage der Kirchenleitung. Bei einer derartigen Verselbständigung der Finanzabteilungen könne es weder eine wirklich kirchliche Verwaltung noch eine echte geistliche Leitung mehr geben. In dem Schreiben wird ferner die Frage nach dem Wesen der Finanzabteilungen aufgeworfen und Einspruch dagegen erhoben, daß aus dem Ausnahmefall der Trennung in einzelnen Landeskirchen jetzt eine Regel für die ganze DEK gemacht werde. Mit der vom Staatssekretär vorgenommenen Trennung müßten unaufhörliche Reibungen und Schwierigkeiten entstehen. Am Schluß wird angedeutet, daß der Geistliche Vertrauensrat bei einer Fortdauer der staatlichen Finanzkontrolle prüfen müsse, ob er nicht seinen Auftrag zurückgeben und das dem „Führer" mitteilen müsse.

Auf dieses Schreiben ging überhaupt keine Erwiderung ein, so daß sich der Geistliche Vertrauensrat am 2. 11. 1943 — VR 656/43 — veranlaßt sah, anzufragen, ob er mit einer Antwort auf das Schreiben vom 9. 7. 1943 noch rechnen dürfe. Gleichzeitig wurde darauf hingewiesen, daß das Prinzip der Trennung inzwischen an zwei weiteren Stellen ohne Rücksicht auf die Vorstellungen des Geistlichen Vertrauensrates durchgeführt worden seien: In Schleswig-Holstein blieb der als Präsident des Landeskirchenamtes ausscheidende Dr. Kinder trotzdem Vorsitzender der Finanzabteilung. Und in Ostpreußen wurde der Vorsitz nicht dem neu ernannten Konsistorialpräsidenten Dr. Gefaeller gegeben, obwohl dieser Mitglied der Finanzabteilung bei der | DEKK war, sondern am 8. 10. 1943 einem Rechtsanwalt Dr. Ball. Eine Antwort auf diese Erinnerung erfolgte wiederum nicht. Auch erneute mündliche Vorstellungen konnten den Staatssekretär nicht veranlassen, von seinem System kirchenfremder Finanzkommissare Abstand zu nehmen.

Ein neuer Konflikt zwischen dem Ministerium und der DEK brach aus, als das Ministerium durch Schreiben vom 1. 3. 1944 — I 393/44 — bestimmte, daß die Vorsitzenden der Finanzabteilungen gegenüber den bei ihnen beschäftigten kirchlichen Beamten und Angestellten gewisse Rechte einer obersten Dienstbehörde haben sollten. Sie sollten eine gewisse Disziplinarbefugnis bekommen sowie die Möglichkeit, Beförderungen von der Kirchenbehörde zu verlangen bzw. ersatzweise selbst vorzunehmen. Mit diesen Befugnissen wäre ein weiterer Schritt in der Richtung, die Finanzabteilungen zu selbständigen Behörden zu machen, gegeben gewesen. Daher erhob der stellv. Leiter der DEKK im Einvernehmen mit dem Geistlichen Vertrauensrat am 19. 4. 1944 — K. K. II 159/44 — hiergegen mit längeren, juristisch unwiderlegbaren Ausführungen Einspruch, von dem er allen Landeskirchen Mitteilung machte.

Fast gleichzeitig entstand ein Konflikt um die Frage einer Mitwirkung der Finanzabteilung der DEK bei der sogenannten „Unbedenklichkeitserklärung" landeskirchlicher Verordnungen. Der Leiter der DEKK hatte am 5. 3. 1938 (GBl DEK S. 9) in einer Verordnung bestimmt, daß die Landeskirchen ihre Gesetze und Verordnungen, soweit sie nicht lediglich Bekenntnis und Kultus beträfen, vor der Verkündung dem Leiter der DEKK vorzulegen hätten, damit dieser prüfen könne, ob Bedenken im Hinblick auf die Rechtseinheit innerhalb der DEK bestünden. Hiernach wurde seit Jahren von allen Landeskirchen verfahren. Seit 1940 wurde der Geistliche Vertrauensrat an der Erteilung der Unbedenklichkeitserklärung beteiligt. Seit Januar 1944 versuchte Dr. Cölle in Verhandlungen mit der Kirchenkanzlei, die Finanzabteilung als ausschlaggebend einzuschalten. Als ihm das nicht gelang, veranlaßte er den Staatssekretär zu einem Schreiben vom 6. 3. 1944 — I 286/44 —, in welchem festgesetzt wurde, daß die Zustimmung der Finanzabteilung bei Unbedenklichkeitserklärungen landeskirchlicher Verordnungen überall da erforderlich sei, wo die Verordnungen finanzielle Auswirkungen „in direkter oder indirekter Weise haben oder haben können — auch Maßnahmen, die Ersparnisse im Gefolge haben können, rechnen dazu". Praktisch hätte das bedeutet, daß die Finanzabteilung bei *allen* Unbedenklichkeitserklärungen hätte mitwirken müssen und daß der Leiter der DEKK von der Zustimmung | der Finanzabteilung abhängig geworden wäre. Da die Finanzabteilung nicht nur nach finanziellen, sondern auch nach kirchenpolitischen und staatspolitischen Gesichtspunkten handelte, hätte die Durchführung dieser Anordnung die Auslieferung der gesamten landeskirchlichen Gesetzgebung an den Vorsitzenden der Finanzabteilung, Dr. Cölle, bedeutet. Damit wäre dann das Ziel des Kirchenministeriums, die Kirche auf dem Umweg über die Finanzabteilung zu leiten, erreicht gewesen.

Gegen das Schreiben des Ministeriums erhob der stellv. Leiter der DEKK, Dr. Fürle, in ausdrücklichem Einvernehmen mit dem gesamten Geistlichen Vertrauensrat in einem abschriftlich an alle Landeskirchen ergehenden Schreiben vom 21. 4. 1944 — K. K. II 102/44 — „in aller Form Einspruch". In ausführlichen Darlegungen wurde der eigene Standpunkt vertreten und am Schluß gesagt, daß der stellv. Leiter der DEKK sich nicht in der Lage sehe, seine Unbedenklichkeitserklärungen von der Stellungnahme der Finanzabteilung abhängig zu machen. Tatsächlich ist auch weder vorher noch nachher die Zustimmung der Finanzabteilung eingeholt worden. Dr. Cölle machte eine Zeitlang den Versuch, wenn er von Unbedenklichkeitserklärungen Kenntnis bekam, eine besondere Zustimmungserklärung der Finanzabteilung nebenher den Landeskirchen zuzustellen. Der Kirchenkanzlei wurde bekannt, daß die Landeskirche Mecklenburg eine solche Zustimmung als nicht erbeten ablehnte. Das Echo auf das Schreiben der Kirchenkanzlei vom 21. 4.

1944 war überhaupt völlig einmütig. Der Anspruch von Dr. Cölle wurde von den Landeskirchen aller kirchenpolitischen Richtungen zurückgewiesen. Eine Stellungnahme zur Sache ging bei der Kirchenkanzlei ein von den Landeskirchen Bayern, Württemberg, Hamburg und Sachsen. Die hinter dem Landesbischof D. Marahrens stehende Kirchenführerkonferenz nahm in einem besonderen Schreiben an das Ministerium Stellung.

Das Schreiben des stellv. Leiters der Kirchenkanzlei vom 21. 4. 1944 fand eine kurze Ablehnung durch das Ministerium am 6. 6. 1944 — I 947/44 —. Daraufhin trat der Geistliche Vertrauensrat am 29. 7. 1944 — VR 1022/44 — dem Leiter der DEKK zur Seite und betonte, daß in dieser Frage von einer völligen Einmütigkeit aller Landeskirchen mit den Stellen der DEK gesprochen werden könne.

Hierauf lenkten das Ministerium und Dr. Cölle ein. Ein Sachbearbeiter des Ministeriums, Landgerichtsrat Haugg, der sonst in allen Fällen mit Dr. Cölle Hand in Hand arbeitete, wurde am 1. 8. 1944 zu Vermittlungsverhandlungen nach Stolberg, der Ausweichstelle der in Berlin ausgebombten Kirchenkanzlei, geschickt, und es kam zu einer Vereinbarung, nach der eine Zustimmung der Finanzabteilung bei | einigen eng begrenzten reinen Finanzfragen zugestanden wurde, während die Finanzabteilung in allen übrigen Fällen auf eine Mitwirkung bei der Unbedenklichkeitserklärung landeskirchlicher Gesetze und Verordnungen verzichtete. Die Zustimmung in den reinen Finanzfragen sollte der Kirchenkanzlei intern gegeben werden und den Landeskirchen gegenüber nicht in die Erscheinung treten. Diesem sogenannten Stolberger Protokoll traten der Leiter der DEKK und das Ministerium bei. Den Einspruch gegen das Schreiben des Ministeriums vom 1. 3. 1944 über die Dienstaufsichtsbefugnisse der Finanzabteilungen hielt der stellv. Leiter der DEKK am 26. 10. 1944 — KK II 1577/44 II — ausdrücklich aufrecht. Das Ministerium weigerte sich aber bis zuletzt, diesem Einspruch stattzugeben.

Ein letzter Konflikt zwischen Kirchenkanzlei und Finanzabteilung entstand zu Anfang des Jahres 1945, als Dr. Cölle durch ein den Kirchenbehörden vorenthaltenes vertrauliches Schreiben vom 12. 10. 1944 an alle Finanzabteilungen versuchte, die Rechtslage der 15. DVO zugunsten der Finanzabteilungen zu verschieben, indem er die Bezeichnung „Leiter" der Finanzabteilung (statt nach der 15. DVO „Vorsitzender" der Finanzabteilung), die er für sich selber zu gebrauchen pflegte, allgemein einführen wollte. Ferner versuchte er, den „Leiter" der Finanzabteilung anstelle der Finanzabteilung als solcher zur veranlassenden Stelle für rechtsverbindliche Anordnungen zu machen. Mit diesen Maßnahmen wäre einerseits das reine Führerprinzip an einer Stelle eingeführt worden, bei der es gesetzmäßig nicht bestand; die Finanzabteilung war nach der 15. DVO ein Gremium von beratenden Persönlichkeiten, das einen „Vorsitzenden" hatte. Andererseits bedeutete die Bezeichnung „Leiter" der Finanzabteilung eine deutliche Parallele zum verfassungsmäßigen „Leiter der Deutschen Evangelischen Kirchenkanzlei", womit die Nebeneinanderordnung von zwei gesonderten Behörden noch mehr in die Erscheinung getreten wäre. Deshalb trat Vizepräsident Dr. Fürle im Einvernehmen mit dem Geistlichen Vertrauensrat durch Schreiben vom 10. 2. 1945 — K. K. II 2276/44 — auch diesem Versuch entgegen und ordnete an, daß für seinen Bereich nur die Bezeichnung „Vorsitzender" der Finanzabteilung zu gebrauchen sei. Das Schreiben vom 10. 2. 1945 wurde allen Landeskirchen mitgeteilt, obwohl der Staatssekretär, der in der Sache auch hier Dr. Cölle unterstützte, den Wunsch ausgesprochen hatte, eine Versendung an die Landeskirchen möge unterbleiben.

Am 14. 4. 1945 rückten amerikanische Besatzungstruppen in Stolberg/Harz ein, wo sich im Dienstgebäude der DEKK auch Dr. Cölle aufhielt. Am 16. 4. 1945 wurde Dr. Cölle von dem dienstältesten theo|logischen Sachbearbeiter der Kirchenkanzlei, der die Dirigentengeschäfte übernommen hatte, seiner Funktionen enthoben und der Oberkonsistorialrat Dr. Steckelmann als einstweiliger Finanzreferent der DEKK bestellt. Damit erlosch die Einrichtung der Finanzabteilung bei der DEK. In den Landeskirchen wurden die Finanzabteilungen ebenfalls beim Einmarsch der Besatzungsmächte oder, wie in Hannover, einige Wochen später aufgehoben. Die Kirchenleitungen übernahmen überall wieder selbst die Verwaltung ihrer Finanzen. Eine aus kleinen Anfängen zu einer drückenden Finanzkontrolle der Kirche durch staatliche Beauftragte entwickelte Institution fand ihr unrühmliches Ende. Eine stärkere Achtung der Autonomie der Kirchen durch den Staat trat an die Stelle.

### Übersicht über die Entwicklung der einzelnen Finanzabteilungen

*1. Deutsche Evangelische Kirche — Kirchenkanzlei —.*

> Bildung am 5. 11. 35: *Vorsitz:* OKR Gustavus; *Mitglieder:* OKR Dr. Koch, Berlin; OKR Dr. Duske, Berlin; OLKR Kretzschmar, Dresden; Direktor Dr. Müller, Stuttgart; Vizepräsident Dr. Meinzolt, München; OKR Dr. Fischer-Dorp, Darmstadt
>
> am 4. 11. 37: *Vorsitz:* Präsident Dr. Werner; *Vertreter:* Vizepräsident Dr. Fürle; (Mitglieder wie bisher; Duske verstorben)
>
> am 3. 1. 39: *neue Mitglieder:* LGR Dr. Albrecht, Berlin; RA Dr. Cölle, Hannover
>
> am 17. 3. 42: *neue Mitglieder:* ORR Hoffmeister, Braunschweig; OKR Dr. Gefaeller, Berlin; Präsident Kipper, Darmstadt
>
> am 21. 8. 42: Dr. Cölle mit der Leitung der Geschäfte anstelle von Werner und Fürle beauftragt
>
> am 3. 4. 43: *Vorsitz:* Dr. Cölle; Werner und Fürle abberufen (Mitglieder wie bisher, unter Ausscheiden von Dr. Albrecht)

am 24. 8. 44: Ausscheiden von Fischer-Dorp als Mitglied.

## 2. Evangelischer Oberkirchenrat in Berlin

Bildung am 11. 4. 35: *Vorsitz:* OKR Dr. Koch; *Mitglieder:* OKR Dr. Duske; OKR Engelmann, Präsident Dr. Thümmel

am 23. 3. 36: *Vorsitz:* Präsident Dr. Werner; *Mitglieder:* Koch, Duske, Engelmann und KR Dr. Beneke

am 20. 2. 41: *neue Mitglieder:* OKR Dr. Fischer-Dorp und Kronenberg (Duske und Beneke verstorben) |

am 5. 6. 41: *Vertreter für Werner:* Fischer-Dorp

am 23. 1. 43: *neues Mitglied:* OKR Dr. Steckelmann (Kronenberg ausgeschieden)

am 18. 6. 43: *neues Mitglied:* OKR Schultz, Magdeburg.

am 24. 8. 44: Ausscheiden von Fischer-Dorp als Mitglied.

## 2 a. Konsistorium Berlin-Brandenburg

Bildung am 11. 4. 35: *Vorsitz:* OKR von Arnim: *Mitglieder:* KR Görs, KR Dr. Sellmann

am 23. 3. 36: *Vorsitz:* KonsPräs. Rapmund; *Mitglieder:* von Arnim, Görs, Sellmann

im März 38: *Vorsitz:* Geschäftsführer Erhard von Schmidt; *Mitglieder:* OKR Siebert und Görs

am 18. 5. 38: *neue Mitglieder:* KR Engelhardt und Graeger; Görs scheidet aus

am 6. 1. 39: *Vertreter des Vorsitzenden:.* KonsPräs. Dr. Heinrich; Siebert scheidet aus

am 2. 9. 41: *neues Mitglied:* Pastor Dr. Goebell.

am 20. 1. 42: *neue Mitglieder:* Kämmerer Drohmann u. KonsAss. Winter; Engelhardt scheidet aus

am 19. 5. 43: *neues Mitglied:* OKR Müller.

## 2 b. Konsistorium Königsberg

Bildung am 11. 4. 35: *Vorsitz:* OKR Loerke; *Mitglied:* KR Dr. Beneke.

am 23. 3. 36: *Vorsitz:* KonsPräs. Dr. Tröger; *Mitglieder:* Loerke und KonsAss. Otto

im März 38: *Vorsitz:* RegVizepräsident Angermann; *neues Mitglied:* OKR von Bochmann

am 19. 4. 43: Angermann seines *Vorsitzes* entbunden.

am 8. 10. 43: *Vorsitz:* Rechtsanwalt Dr. Ball, Königsberg.

## 2 c. Konsistorium Stettin

Bildung am 11. 4. 35: *Vorsitz:* KR Ulrich; *Mitglieder:* KR Dr. Jahnz, KR Dr. Dreyer

am 23. 3. 36:*Vorsitz:* KonsPräs. Dr. Wahn; *neues Mitglied:* OKR Krüger-Wittmack.

## 2 d. Konsistorium Breslau

Bildung am 11. 4. 35: *Vorsitz:* KR Redlich; *Mitglieder:* KR Dr. Sternsdorff und KR Dr. Granzow

am 23. 3. 36: *Vorsitz:* OKR Dr. Fürle; *neue Mitglieder:* Redlich und KR Dr. Kracker von Schwarzenfeld am 29. 6. 38: *Vorsitz:* LGR Dr. Bartholomeyczik; *Vertreter:* KonsPräs. D. Hosemann

im Dezember 39: *vorübergehender Vorsitz:* Oberbürgermeister Dr. Damrau, Görlitz

am 30. 3. 40: Ausscheiden von Granzow als Mitglied. |

### 2 e. *Konsistorium Magdeburg*

Bildung am 11. 4. 35: *Vorsitz:* OKR Meyer; *Mitglied:* KR Dr. Siebert.

am 23. 3. 36: *Vorsitz:* KonsPräs. Dr. Fretzdorff; *Vertreter:* KR Dr. Siebert; *Mitglieder:* KR Schultz und KonsAss. Dr. Dalhoff

am 30. 6. 37: *Vorsitz:* OKR Schultz; Ausscheiden von Fretzdorff.

### 2 f. *Konsistorium Münster*

Bildung am 11. 4. 35: *Vorsitz:* KR Dr. Kupsch: *Mitglied:* KR Dr. Kroeger.

am 18. 5. 38: *Vorsitz:* Syndikus Stoppenbrink; *Mitglieder:* KonsPräs. Dr. Thümmel und OKR Dr. Steckelmann.

### 2 g. *Konsistorium Düsseldorf*

Bildung am 11. 4. 35: *Vorsitz:* OKR Dr. Jung; *Mitglied:* KR Franke.

am 23. 3. 36: *Vorsitz:* OKR Dr. Jung; *Vertreter:* OKR Spieß; *Mitglied:* KR Franke

im März 38: *Vorsitz:* Reichsamtsleiter Sohns; *Mitglieder:* KonsPräs. Dr. Koch und OKR Spieß

am 30. 5. 38: *neues Mitglied:* OKR Wollermann.

### 3. *Landeskirche Sachsen*

Bildung am 21. 11. 35: *Vorsitz:* OLKR Kretzschmar; *Mitglieder:* GehKons. Rt. Kotte und OKR Dr. Agricola

am 3. 9. 38: *neues Mitglied:* OKR Karch; Ausscheiden von Kotte[6]

am 24. 3. 44: *neues Mitglied:* RA Dr. Dennhardt.

### 4. *Hannover-luth.*

Bildung am 25. 7. 35: *Vorsitz:* OLKR Dr. Carstensen, Kiel; *Mitglied* LKR Dr. Wagenmann

am 23. 3. 36: *Vorsitz:* Präsident Schnelle; *Mitglied:* Wagenmann

am 28. 4. 38: *Vorsitz:* RA Dr. Cölle.

am 30. 5. 38: *neues Mitglied:* ORR Hoffmeister, Braunschweig; Ausscheiden von Wagenmann

am 12. 8. 40: *neues Mitglied:* Dr. Lübbing.

### 5. *Braunschweig*

Bildung am 26. 2. 36: *Vorsitz:* OKR Dr. Lambrecht; *Mitglieder:* Kirchenoberregierungsrat Dr. Jürgens und OKR Ahlhorn, Hannover

am 30. 5. 38: *Vorsitz:* ORR im Braunschw. Staatsministerium Hoffmeister; *Mitglied:* RA Dr. Cölle, Hannover; Ausscheiden von Jürgens und Ahlhorn

am 12. 8. 40: *neues Mitglied:* LKR Westermann.

---

[6] Tatsächlich schon am 7. 8. 1937.

am 17. 3. 42: *neues Mitglied:* Kirchenverwaltungsrat Heuer.

am 14. 1. 43: *Vorsitz:* LKR Westermann; Ausscheiden von Hoffmeister. |

### 6. *Schleswig-Holstein*

Bildung am 11. 4. 35: *Vorsitz:* OLKR Dr. Carstensen; *Mitglied:* LKR Bührke

am 23. 3. 36: *Vorsitz:* Vizepräs. Dr. Kinder; *Vertreter:* Carstensen; *Mitglied:* Bührke.

### 7. *Kurhessen-Waldeck*

Bildung am 11. 4. 35: .*Vorsitz:* OKR Gerlach; *Mitglied:* LKR Dr. Endemann

am 12. 8. 40: *neues Mitglied:* LKR Dr. Lütkemann.

am 12. 7. 41: *Vorsitz:* Präsident Dr. Lütkemann; *Mitglied:* LKR Krommes; Gerlach verstorben.

### 8. *Nassau-Hessen*

Bildung für den preuß. RegBez. Wiesbaden am 11. 4. 1935; für den Bereich der ganzen Landeskirche

am 1. 7. 37: *Vorsitz:* Präsident Kipper; *Mitglieder:* OLKR Fischer-Dorp, KR Schuster, KR Büchler

am 10. 12. 37: *neues Mitglied:* KR Fhr. v. Krane.

am 1. 6. 39: *Vorsitz:* Präs. Kipper; *Vertreter:* KR Fhr. v. Krane; *Mitglied:* Präs. Theinert, Wiesbaden; Ausscheiden von Fischer-Dorp

am 7. 1. 41: *neues Mitglied:* LKR Petri

am 28. 4. 42: *neues Mitglied:* Rechnungsdirektor Hebermehl.

### 9. *Baden*

Bildung am 18. 5. 38: *Vorsitz:* Bürgermeister Dr. Lang, Bruchsal; *Vertreter:* OKR Dr. Doerr; *Mitglieder:* OFinR Guttenberg, Heidelberg, FinR Dr. Kaeser, Karlsruhe

am 11. 2. 39: *neues Mitglied:* OFinR Seitz.

am 7. 1. 41: *Vorsitz:* OKR Dr. Doerr; Ausscheiden von Dr. Lang.

am 25. 2. 43: *Vorsitz:* Fabrikant Dr. med. Engelhardt; *Vertreter:* Doerr

### 10. *Hannover-ref.*

Die Geschäfte der Finanzabteilung beim Evang.-ref. Landeskirchenrat in Aurich wurden am 25. 7. 1935 auf diesen Landeskirchenrat übertragen.

### 11. *Bremen*

Bildung am 8. 10. 41: *Vorsitz:* Kaufmann Edzard; *Vertreter:* Bankier Meyer; *Mitglied:* RA Dr. Apelt

am 23. 12. 41: *Vorsitz:* RA Dr. Cölle, Hannover; sämtliche übrigen scheiden aus

am 19. 9. 43: *neue Mitglieder:* RA Dr. Alfes und RA Dr. Ellinghausen. |

# Die Auswirkungen
## der nationalsozialistischen Schrifttums- u. Pressepolitik
## auf die Deutsche Evangelische Kirche*

*I. Die Kulturkammergesetzgebung von 1933 und die Lage bis 1939*

1. Die Schrifttums- und Pressepolitik des Dritten Reiches war ein wesentliches Stück der allgemeinen Kulturpolitik, die von Anfang an unter einer zielbewußten weltanschaulichen Ausrichtung stand. Bereits am 22. September 1933 (Reichsgesetzblatt I, Seite 661) wurde das Reichskulturkammergesetz veröffentlicht, durch welches eine Reichskulturkammer mit den Unterabteilungen Reichsschrifttums-, Reichspresse-, Reichsrundfunk-, Reichstheater-, Reichsmusikkammer und Reichskammer der bildenden Künste gebildet wurde, zu denen die schon bestehende Reichsfilmkammer trat. Die Kammern wurden Körperschaften des öffentlichen Rechts und der Aufsicht des Reichsministers für Volksaufklärung und Propaganda unterstellt. Diesem Reichsgesetz folgte am 1. November 1933 (RGBl. I, S. 797) eine erste Durchführungsverordnung. Grundlegend war deren § 4: „Wer bei der Erzeugung, der Wiedergabe, der geistigen oder technischen Verarbeitung, der Verbreitung, der Erhaltung, dem Absatz oder der Vermittlung des Absatzes von Kulturgut mitwirkt, muß Mitglied der Einzelkammer sein, die für seine Tätigkeit zuständig ist." Nach § 5 der Durchführungsverordnung ist „Kulturgut" jede Schöpfung und Leistung der Kunst bzw. jede andere geistige Schöpfung oder Leistung, wenn sie durch Druck, Film oder Funk *der Öffentlichkeit übermittelt* wird. Nach § 10 kann von der Aufnahme in eine Kammer ausgeschlossen werden, wer die für die Ausübung seiner Tätigkeit erforderliche „Zuverlässigkeit und Eignung" nicht besitzt.

Mit diesen grundlegenden Bestimmungen war bereits im Jahre 1933 der Totalitätsanspruch einer staatlichen, das heißt welt|anschaulich-nationalsozialistischen Kulturpolitik festgelegt. Ein kulturelles Schaffen außerhalb des gezogenen Rahmens war in der *Öffentlichkeit* von 1933 ab nicht mehr möglich. Der Staat hatte die Lenkung des gesamten Kulturlebens fest in der Hand. Kulturschaffende, deren Schöpfungen „unerwünscht" oder deren politische Haltung nicht einwandfrei war, konnten jederzeit lahmgelegt werden, indem man ihnen die Mitgliedschaft in der Kammer entzog. Verleger, deren

---

* Aus: Kirche und Nationalsozialismus. Zur Geschichte des Kirchenkampfes. Tutzinger Texte, Sonderband I. München 1969, S. 207—233.

Verlagstätigkeit nicht in der gewünschten Richtung ging, Schriftleiter von Zeitungen oder Zeitschriften, die sich nicht in den gezogenen Grenzen hielten, mußten stets damit rechnen, daß sie aus der Kammer ausgeschlossen wurden und dadurch nicht nur ihre materielle Berufsgrundlage verloren, sondern auch die Möglichkeit, weiterhin geistige Schöpfungen zu publizieren. Von dieser Möglichkeit, die Kultur zu „lenken", ist auf allen Gebieten des geistigen Lebens rücksichtslos Gebrauch gemacht worden. Schriftsteller wie z. B. Ernst Wiechert, Jochen Klepper, Ina Seidel, Rudolf Alexander Schröder, sogar Hans Grimm und andere wurden eingeengt und behindert, Zeitschriften und Tageszeitungen (z. B. die „Frankfurter Zeitung" und noch 1945 die „Deutsche Allgemeine Zeitung") zum Erliegen gebracht. In welchem Umfange die allgemeine deutsche Kultur durch die Kulturkammergesetzgebung eingeschränkt und beeinflußt worden ist, müßte einer umfassenderen Darstellung vorbehalten bleiben.

2. Für die christlichen Kirchen tauchte sofort im Jahre 1933 die ernste Frage auf, in welchem Maße die Einschränkungsmöglichkeiten des Reichskulturkammergesetzes auf die Kirche, das christliche Schrifttum und die kirchliche Presse angewandt werden würden. Eine Handhabe zur Einengung der kirchlichen Belange war jedenfalls gegeben: christlichen Autoren konnte jederzeit die Mitgliedschaft oder der Befreiungsschein von der Kammer entzogen werden; christliche Verleger konnten auf dem gleichen Wege lahmgelegt oder unter Druck gesetzt werden; für kirchliche Zeitschriften bestand, unabhängig von einer polizeilichen Zensur ihres Inhaltes, die gleiche Gefahr von seiten der Reichspressekammer. Mit der Anwendung des Kulturkammergesetzes im Sinne einer Einschränkung der geistigen Produktion der Kirche mußte um so mehr gerechnet werden, als fast gleichzeitig das Schlagwort von der „Entkonfessionalisierung des öffent|lichen Lebens" aufkam. Das öffentliche Leben sollte von der überkommenen Mitwirkung der Kirche befreit werden: kirchliche Persönlichkeiten wurden nicht mehr zu öffentlichen Fest- oder sonstigen Veranstaltungen zugezogen, die Tageszeitungen sollten so wenig wie möglich Notiz von kirchlichen Ereignissen nehmen und anderes mehr. Es war also schon von 1933 an zu erwarten, daß Einschränkungen auf dem Gebiet von Schrifttum und Presse kommen würden.

3. Diese Einschränkungen setzten jedoch erst nach und nach ein, und nicht auf allen Gebieten der Kultur und Kunst gleichmäßig. Am wenigsten konnten sie sich naturgemäß auswirken auf den Gebieten der bildenden Kunst, des Theaters und auch des Films. Es hat gelegentlich Theaterstücke und Filme gegeben, in denen kirchenfeindliche oder antichristliche Züge vorkamen. Es muß aber eingeräumt werden, daß bis in den Krieg hinein ernsthafte Stücke und Filme aufgeführt wurden, in denen Kirche und Christentum sachlich und gerecht behandelt wurden. Günstig lagen die Verhältnisse auch noch bei der Reichsmusikkammer unter der Leitung von Peter Raabe. Die deutsche Kirchenmusik der Vergangenheit und Gegenwart wurde gepflegt, und ihre

Aufführungen hatten stets ein großes Publikum (z. B. bei dem 1937 von Oskar Söhngen veranstalteten Fest der deutschen Kirchenmusik). Naturgemäß wurde die kirchliche Musik hauptsächlich von kirchlichen Chören usw. getragen. Aber die Pflege der Kirchenmusik wurde doch dadurch erleichtert, daß bei der Reichsmusikkammer eine (staatliche) Fachschaft für Kirchenmusik gebildet wurde, der „Reichsverband für evangelische Kirchenmusik". Eine offizielle evangelische Fachschaft gab es sonst nur noch bei einer Kammer, der Reichspressekammer. Hier wurde der „Reichsverband der evangelischen Presse" gebildet, der unter dem Vorsitz des Direktors des „Evangelischen Presseverbandes für Deutschland" in Berlin-Steglitz, Professor D. Hinderer, stand und dem alle evangelischen Zeitschriften (später auch die kirchlichen Amtsblätter) angehören mußten. Die übrigen Reichskammern hatten keine besondere Abteilung für kirchliche Belange. Bei der Film-, Theater- und Reichskammer der bildenden Künste konnte eine solche am ehesten entbehrt werden. Bei der Reichsrundfunkkammer wäre eine evangelische Fachschaft oder Abteilung erwünscht gewesen. Am fühlbarsten | war das Fehlen einer solchen bei der Reichsschrifttumskammer. Die Belange der evangelischen Verleger kamen bei der Reichsschrifttumskammer stets zu kurz. Eine von früher her bestehende Arbeitsgemeinschaft evangelischer Verleger, die ihre Zusammenkünfte jährlich bei der sogenannten „Buchhändler-Kantate" in Leipzig hielt, hatte keine offizielle Stellung und beschränkte sich im wesentlichen auf die Herausgabe gemeinsamer Kataloge (Theologischer Handkatalog; Weihnachtskatalog). Die Vereinigung dieser Verleger wurde noch dazu 1939 aufgelöst. Verheißungsvolle Versuche der Deutschen Evangelischen Kirche, zunächst die evangelischen Verleger aller Art (einschließlich der Bibelgesellschaften) unter der Beratung der im Sommer 1939 gegründeten „Schrifttumsstelle der Deutschen Evangelischen Kirche" (Leitung Dr. Friedrich Bartsch) zu einer kirchlichen Arbeitsgemeinschaft zusammenzuschließen und auch die christlichen Autoren zu fördern, begannen erst in der Kriegszeit 1941/1942, als das christliche Schrifttum schon fast am Erliegen war.

4. Die Einschränkungen aufgrund der Reichskulturkammergesetzgebung von 1933 hielten sich bis 1939 in erträglichen Grenzen. Die Buchproduktion christlichen Inhalts konnte sich im allgemeinen ungestört entfalten. Noch zu Beginn des Krieges stand das religiöse Schrifttum aller Konfessionen zahlenmäßig nach der sogenannten „schönen Literatur" an zweiter Stelle der Produktion. Das theologische deutsche Schrifttum beherrschte weithin auch das Ausland. Die Erbauungsliteratur stand auf beachtlicher Höhe. Ein ausgedehntes Kleinschrifttum (Hefte von 10—50 Pfennigen) stellte sich in den Dienst der volksmissionarischen Arbeit. Die Bibelverbreitung hatte einen außerordentlichen Umfang. Jährlich wurden über 2 Millionen Stück christlicher Abreißkalender verkauft. Behinderungen kamen vor, aber doch, aufs Ganze gesehen, in geringem Umfange. Es kam vor, daß ein Buch verboten wurde, daß ein Abreißkalender etwa deswegen beanstandet wurde, weil er

zu den Geburtstagen führender Politiker zufällig im Rahmen der laufenden Bibellese „ungeeignete" Texte gebracht hatte. Daß in dem von der „Parteiamtlichen Prüfungskommission zum Schutze des nationalsozialistischen Schrifttums" laufend herausgegebenen Blatt „Die Bücherkunde" christliche Schriften und Bücher unter der Rubrik erschienen: „Nicht zu fördernde Bücher", konnte getragen wer|den, so lange es christliche Sonntags- und Gemeindeblätter sowie theologische Fachzeitschriften gab, in denen christliche Bücher angezeigt und besprochen werden konnten. Im allgemeinen brauchten evangelische Autoren und Verleger um den Absatz ihrer Bücher nicht besorgt zu sein. Das evangelische Schrifttum stand bis 1939 quantitativ wie qualitativ auf einer beachtenswerten Höhe.

5. Ähnlich lagen die Dinge auf dem Gebiet der evangelischen Presse, die eine relativ gute Vertretung im „Reichsverband der evangelischen Presse" innerhalb der Reichspressekammer besaß. Es gab bis zum Kriege eine Fülle von Sonntags- und Gemeindeblättern, deren Leserzahl auf 12 bis 14 Millionen geschätzt wird. Dazu kamen zahlreiche theologische Fachblätter, kirchenpolitische Zeitschriften, Bildblätter und anderes. Auch hier hielten sich die Behinderungen zunächst in mäßigen Grenzen. Hin und wieder wurde eine Zeitschrift wegen irgendwelcher Ausführungen verboten oder mußte den Schriftleiter wechseln. In der Hauptsache trafen solche Maßnahmen die Bekennende Kirche. Schwieriger war es schon, daß Neugründungen von kirchlichen Blättern mit den Jahren kaum noch zugelassen wurden, so daß der vorhandene Bestand sorgsam gehütet werden mußte. Drückend wurden allmählich auch die sogenannten „Sprachregelungsvorschriften", die den Schriftleitern als geheime Anweisungen seitens der Reichspressekammer regelmäßig zugingen, und in denen verfügt wurde, welche Themen nicht behandelt werden durften und in welcher Weise andere Themen zwingend zu behandeln waren. So wurde allmählich auch die Haltung der kirchlichen Presse geformt, ohne daß ein sichtbarer Zwang nach außen in die Erscheinung trat.


## II. Die allgemeine Schrifttumspolitik seit 1939

1. Mit dem Jahre 1939 begann auf dem Gebiet des Schrifttums[1] eine Politik der Einschränkungen durch Anordnungen der Reichsschrifttumskammer, die zwar äußerlich einen *allgemeinen* Cha|rakter trugen, tatsächlich sich aber vorwiegend als Erschwerungen des *christlichen* Schrifttums auswirkten. Diese Einengungspolitik wurde während des Krieges konsequent fortgesetzt und

---

[1] *Schrifttum:* Buch- und Schriftenproduktion, im Unterschied von *Presse:* periodisch erscheinende Schriften. Eine Schrift, die mehr als dreimal im Jahre erschien, galt als Zeitschrift, sonst als Schriftenreihe. Das Schrifttum unterstand der Reichsschrifttumskammer, die Presse der Reichspressekammer.

brachte, in Verbindung mit der Praxis der Papierzuteilung, tatsächlich das christliche Schrifttum allmählich zum völligen Absterben. Die Deutsche Evangelische Kirchenkanzlei machte den Präsidenten der Reichsschrifttumskammer, Staatsrat Hanns Johst, mündlich und am 6. Februar 1942 — K. K. II 26/42 — schriftlich auf diese Vorgänge aufmerksam. In der schriftlichen Eingabe hieß es einleitend:

„Aufgrund der in den letzten Jahren, insbesondere während des gegenwärtigen Krieges ergangenen Bestimmungen auf dem Gebiete des Schrifttums und aufgrund zahlreicher Berichte von kirchlichen Dienststellen, aus Kreisen ev. Autoren und Verleger, sowie aus den Kirchengemeinden selbst können wir uns des Eindruckes nicht erwehren, als bestehe an maßgeblichen Stellen die Absicht, nicht nur der evangelischen Kirche, ihrer Pfarrerschaft und ihren Gemeinden alle Wirkungsmöglichkeiten durch das gedruckte Wort zu nehmen, sondern auch darüber hinaus den gesamten deutschen Protestantismus mit seiner im Geistesleben unseres Volkes fest verwurzelten literarischen Leistung zum Erliegen zu bringen. Die in den letzten drei Jahren getroffenen Maßnahmen und ihre heute überall zutage tretenden Auswirkungen lassen nur die Folgerung zu, daß das im weitesten Sinne evangelisch-christliche Schrifttum als unwesentlich und überflüssig angesehen wird, ja daß die Absicht besteht, es überhaupt vom deutschen Buchmarkt zu verdrängen. Es muß dabei von vornherein erklärt werden, daß die ergangenen Maßnahmen sich in keiner Weise, wie bisweilen angegeben wird, aus den augenblicklichen Kriegsnotwendigkeiten allein erklären lassen."

Zum Abschluß der Eingabe an die Reichsschrifttumskammer, auf die eine Antwort niemals erfolgt ist, wurde gesagt:

„Die Deutsche Evangelische Kirche hat sich ihrem reformatorischen Ursprung und Wesen entsprechend stets als eine ‚Kirche des Wortes‘ verstanden. Sie hat eine geistige Funktion im Leben des deutschen Volkes zu erfüllen. Soll sie diesem Auftrage weiter gerecht werden, so muß ihr neben dem gesprochenen auch das | gedruckte Wort in ausreichendem Maße zur Verfügung stehen. Die *notwendigen* Einschränkungen der Kriegszeit will auch die Deutsche Evangelische Kirche bereitwillig mittragen. Sie muß aber ernsthaft und nachdrücklich darum bitten, daß diese Einschränkungen gerechter verteilt werden und daß nicht das Schrifttum mit christlichem Einschlag fast hundertprozentig zum Erliegen gebracht wird. Wir sind überzeugt, daß bei gutem Willen eine so weitgehende Einschränkung gerade des für die innere Haltung unseres Volkes wichtigen religiösen Schrifttums nicht notwendig wäre. Darüber hinaus bitten wir dringend, nicht durch Verwaltungsanordnungen der Reichsschrifttumskammer Folgen herbeizuführen, die auf eine zunehmende Einengung des evangelischen Schrifttums hinauskommen müssen."

2. Als erstes Zeichen einer bewußt gegen das kirchliche Schrifttum gerichteten Politik muß die „Anordnung Nr. 133 der Reichsschrifttumskammer vom 31. März 1939" (veröffentlicht im Börsenblatt Nr. 85) verstanden werden. Grundsatz dieser Anordnung war, daß in Zukunft Verleger und Sortimentsbuchhändler nur *Einzelpersonen* sein sollten, nicht aber Vereine, Stiftungen, Kirchen usw. Da die NSDAP mit allen Gliederungen ausgenommen war, wurde in der Tat vor allen Dingen von diesem Grundsatz die Kirche betroffen. Eine große Zahl von Verlagen, die christliches Schrifttum führten, gehörten kirchlichen Werken und Verbänden (Frauenhilfe, Burckhardthaus,

Evangelischer Bund, Innere Mission, Missionsgesellschaften, Bibelgesellschaften usw.). Auch die in größeren Städten vielfach bestehenden christlichen Buchhandlungen waren häufig „Vereinsbuchhandlungen" oder wurden von Kirchenbehörden oder kirchlichen Vereinigungen finanziell unterstützt. Das hatte seinen Grund darin, daß die christlichen Buchhandlungen wenigstens teilweise nicht Geschäftsunternehmen waren, die auf wirtschaftliche Gewinne abzielten, sondern daß sie einen volksmissionarischen Zweck verfolgten, nämlich die Unterstützung des gepredigten Wortes durch das gedruckte.

§ 1 der Anordnung Nr. 133 „zum Schutz der verantwortlichen Persönlichkeit im Buchhandel" bestimmte, daß Mitglied der Reichsschrifttumskammer *nicht* werden könnten: a) öffentlich-rechtliche Körperschaften und ihren Zwecken dienende Einrich|tungen (also die Kirchen!); b) Gesellschaften, Genossenschaften, Stiftungen und Vereine (also die kirchlichen Werke und Verbände!). Nur ein Jahr lang sollten diese Korporationen sich noch buchhändlerisch betätigen können. Die Zuwendung von Subventionen an private Buchhändler wurde durch § 5 verboten. Dadurch wäre es unmöglich geworden, kirchliche Mittel, z. B. Kollekten, zur Verbilligung von Bibeln, Gesangbüchern, Katechismen oder volksmissionarischen Schriften zu verwenden.

Am deutlichsten wurde der antikirchliche Charakter der Anordnung im § 6, in welchem bestimmt wurde:

„1. Unternehmen, die sich in der Hauptsache in den Dienst einer bestimmten, nicht Gedankengut der Gesamtheit des deutschen Volkes bildenden Weltanschauung, eines religiösen Bekenntnisses oder einer ihren Zwecken dienenden Einrichtung stellen, müssen diese Zielsetzung in ihrer Firma eindeutig und für jeden klar erkennbar zum Ausdruck bringen.
2. Unternehmen, die solche Zielsetzung nicht in ihrer Firma eindeutig und für jeden erkennbar zum Ausdruck bringen, dürfen sich nicht in den Dienst einer Sonderaufgabe im Sinne des Absatzes 1 stellen. Sie dürfen mit einem Unternehmen gemäß Abs. 1 nicht gekoppelt sein, dürfen ein solches nicht unterhalten und nicht daran beteiligt sein."

Hier wurde also der Versuch gemacht, das evangelische Schrifttum aller Art sowohl hinsichtlich der Verlagstätigkeit wie auch hinsichtlich des Verkaufs von dem allgemeinen deutschen Schrifttum zu trennen und in eine Sonderstellung zu drängen, in der es notwendig hätte verkümmern müssen. Der allgemeine deutsche Verleger wäre nicht mehr berechtigt gewesen, Schrifttum mit christlichem Einschlag zu verlegen, und der allgemeine deutsche Buchhändler hätte es nicht mehr verkaufen, ausstellen oder dafür werben dürfen. Es liegt auf der Hand, daß nur wenige Verleger es gewagt haben würden, ihre ganze Produktion ausschließlich „in den Dienst eines religiösen Bekenntnisses zu stellen", zumal den kirchlichen Stellen nach § 5 verboten war, solche Verleger finanziell zu unterstützen. Die Produktion von christlichen Büchern würde also sehr bald stark gesunken sein. Außerdem wäre es z. B. auf dem Gebiet der schönen Literatur sehr schwer | gewesen, die Grenze zu ziehen zwischen allgemein geistigen Erzeugnissen und solchen mit christlichem Einschlag. Auch auf dem Gebiete des Buchverkaufs wären die größten Schwierigkeiten entstanden. Denn rein evangelische Buchhandlungen hätte es natürlich nur in einigen Großstädten geben können. Die Gemeindeglieder in kleinen oder Mittelstädten hätten keine Gelegenheit mehr gehabt, christliche Bücher in ihrer Ortsbuchhandlung zu sehen bzw. zu kaufen.

Gegen diese Paragraphen erhob sich alsbald ein Sturm seitens der Buchhändler, vor allem der Verlagsbuchhändler. Einige christliche Verlage stellten sich auf privatwirtschaftliche Grundlage um und traten ihre Rechte und Werte an eine Einzelperson oder Kommanditgesellschaft ab. Die übrigen waren zunächst zurückhaltend und verfolgten die Bemühungen, durch Eingaben, die auch von den Kirchenbehörden gefördert wurden, eine Abänderung der Anordnung Nr. 133 zu erreichen. Die Sache endigte damit, daß diese Anordnung zunächst bis Kriegsende ausgesetzt wurde; aufgehoben oder abgeändert wurde sie nicht. Für den ganzen Buchhandel blieb eine Unsicherheit bestehen.

3. Eine weitere Einengung des christlichen Schrifttums ergab sich bei der Durchführung der Verordnung des Ministerrats für die Reichsverteidigung über den Nachweis der Zugehörigkeit zur Reichsschrifttumskammer vom 17. Juli 1940 (RGBl. I, S. 1035). Nach § 1 Abs. 1 dieser Verordnung waren künftig die *Drucker* verpflichtet, zu prüfen, ob Verleger oder Autor der Reichsschrifttumskammer angehörten. In § 1 Abs. 3 hieß es:

„Eines Nachweises bedarf es *nicht* für Druckaufträge
1. von Behörden des Reiches, der Länder, der Gemeinden (Gemeindeverbände) und solcher Körperschaften des öffentlichen Rechts, für die die zuständige oberste Reichsbehörde es bestimmt;
2. von Dienststellen der NSDAP."

Hiernach konnten kirchliche Stellen nur Druckaufträge erteilen, soweit der Reichskirchenminister das zuließ. Dieser bestimmte zwar in einem Erlaß vom 6. September 1941 — I 21973/41 —, daß die *Kirchenbehörden* Druckaufträge nach einer vom Ministerium aufgestellten Liste unmittelbar erteilen könnten, ohne der Reichsschrifttumskammer anzugehören. Dieses Recht er- ┝ streckte sich aber nicht auf die Kirchen*gemeinden* und nicht auf die großen Vereine und kirchlichen Verbände (Innere und Äußere Mission, Männerwerk, Frauenhilfe, Gustav Adolf-Verein, Evangelischer Bund usw.), deren Arbeitsmöglichkeiten empfindlich eingeengt wurden. Nicht einmal belanglose Kleindrucksachen wie Kirchenzettel, Einladungen, Programme, Tagungsberichte, Handreichungen, Arbeitsmaterial usw. konnten von den Kirchengemeinden und kirchlichen Vereinen ohne Einschaltung eines Verlegers in Auftrag gegeben werden! Nach dem Wortlaut von § 1 Abs. 4 der Verordnung, nach dem jede Vervielfältigung dem Druck gleichstand, hätten die Kirchengemeinden und Vereine nicht einmal auf eigenen Vervielfältigungsapparaten geistige Ausarbeitungen herstellen dürfen. Hierüber wurde aber in der Praxis einfach hinweggegangen.

Die in der Verordnung vom 17. Juli 1940 liegende Verschärfung der Organisationspflicht bei der Reichsschrifttumskammer führte in der praktischen Handhabung vielfach zu einer Einengung evangelischer Autoren. In zahlreichen Fällen wurde evangelischen Pfarrern, die ein theologisches oder erbauliches Buch herausgeben wollten, die Mitgliedschaft in der Reichsschrifttumskammer oder der Befreiungsschein von ihr ohne Angabe von Gründen verweigert. Pfarrer wurden nicht mehr als Verfasser von *wissenschaftlichen* Büchern anerkannt, für deren Herausgabe eine Zugehörigkeit zur Reichsschrifttumskammer nicht erforderlich war. Bücher, die bereits einen Verleger gefunden hatten und aufgrund von *dessen* Zugehörigkeit zur Kammer gedruckt waren, konnten nicht ausgeliefert werden, weil der *Verfasser* nicht Mitglied werden konnte.

4. Eine weitere große Schwierigkeit für das christliche Schrifttum entstand durch die „Anordnung Nr. 145" der Reichsschrifttumskammer „über den Vertrieb von Schrifttum vom 26. Oktober 1940". Hiernach durfte Schrifttum ohne Unterschied der Wertgrenze *außerhalb von gewerblichen Räumen* nur noch mit Genehmigung der Reichsschrifttumskammer ausgestellt, feilgeboten oder vertrieben werden. Ausgenommen wurde der Bahnhofs- und Karrenbuchhandel, sowie Veranstaltungen von Staat und Partei. Mit einem Schlage wurde die volksmissionarische Schriftenarbeit der Kirche lahmgelegt. Die Pfarrämter durften keine | Bibeln, Gesangbücher, Katechismen, christlichen Kalender oder sonstigen Bücher und Schriften mehr vermitteln. In den Vorräumen der Kirchen und Gemeindehäuser durfte der vielfach gebräuchliche „Schriftenkasten" nicht mehr aufgestellt werden. Bei kirchlichen Veranstaltungen durfte kein „Schriftentisch" zum Verkauf eingerichtet werden, auch nicht, wenn er von einem Buchhändler bedient wurde. Bei Fest- oder Kindergottesdiensten durften keine Bildblätter mehr am Kirchenausgang verteilt werden, auch nicht kostenfrei. Der Pfarrer durfte bei Krankenbesuchen oder sonstigen Seelsorgegängen keine Erbauungsblätter mehr verteilen, da auch eine Gratisabgabe ein „Vertrieb" sei. Ein völliges Absterben der von den Pfarrern, Kirchengemeinden und kirchlichen Vereinigungen betriebenen volksmissionarischen Schriftenarbeit mußte die Folge sein. Lediglich für Bibeln und Gesangbücher bestand nach § 6 der Anordnung der Reichsschriftentumskammer Nr. 134 in der Fassung vom 26. März 1941 insofern eine Erleichterung, als ihr Verkauf durch irgendwelche Einzelhändler (Gewerbetreibende) nebenbei zugelassen war. Es ergab sich das groteske Bild, daß der *Pfarrer* Bibeln und Gesangbücher nicht mehr vermitteln durfte, wohl aber irgendein Händler, z. B. auch ein Bäcker, Gemüse- oder Kohlenhändler! Es wurde keine Rücksicht darauf genommen, daß die Kirche diese Arbeit trieb, um das gepredigte Wort durch das gedruckte zu ergänzen, jedenfalls nicht, um buchhändlerische Gewinne zu erzielen. Auch der Einwand,

daß auf dem Dorfe keine Möglichkeit eines rein buchhändlerischen Vertriebs bestehe und die Kirche auf eine vermittelnde Tätigkeit der Pfarrer angewiesen sei, hatte keinen Erfolg. Die „Schrifttumsstelle der Deutschen Evangelischen Kirche" (Dr. Bartsch) verhandelte mit der Reichsschrifttumskammer um eine Liste von 50 notwendigsten Schriften (Bibeln, Neue Testamente, Gesangbücher, Katechismen und die allernotwendigsten Kleinschriften bis zu 50 Pf.), deren Vertrieb den Pfarrämtern freigegeben werden sollte. Die Kammer lehnte auch das ab. Mit der Anordnung Nr. 145 hatte man in der Tat die Arbeit der Kirche im Kern getroffen.

### III. Die Papierzuteilung und andere Kriegsmaßnahmen

Immerhin wäre es möglich gewesen, unter unerträglichen Erschwerungen, deren Notwendigkeit weder Pfarrer noch Gemein|den einsehen konnten, die kirchliche Arbeit den veränderten Bedingungen anzupassen, wenn nicht 1941 eine fast völlige Abdrosselung der kirchlichen Arbeitsmöglichkeiten durch die *Handhabung der Papierzuteilung* eingesetzt hätte.

1. Auch die Kirche mußte selbstverständlich zugeben, daß der Rohstoff Papier in Deutschland knapp war und immer knapper wurde. Einschränkungen aus kriegswirtschaftlichen Gründen mußte und wollte auch die Kirche tragen. Es wurde aber nur allzu deutlich, daß bei der Zuteilung mit gründlich verschiedenem Maße gemessen wurde. In einer Zeit, als Papier noch reichlich für durchaus unwichtige Zwecke zur Verfügung stand, wie ein flüchtiger Blick in Zeitungskioske, Bahnhofsbuchhandlungen oder Warenhausauslagen bewies, wurde der Kirche bereits das Papier für wichtigste Schriften abgelehnt. Es war unmöglich, hierin nicht eine Absicht zu sehen. Antichristliche Schriften erschienen in Riesenauflagen, die später überall unverkäuflich herumlagen.

1942 konnte Gustav Frenssens „Glaube der Nordmark" im 261. bis 270. Tausend erscheinen. 1941 erschien das schroff antichristliche Buch von Rudolf Neuwinger „Die Herkunft des Christentums", 247 S., im Nordland-Verlag in 1. Auflage mit 20 000 Stück. Die „Nordland-Bücherei" des gleichen, der SS gehörenden Verlages konnte in 1 ½ Jahren weit über 2 Millionen Stück deutschgläubige und antichristliche Schriften herausbringen. Folgende Auflageziffern des Jahres 1942 sind bemerkenswert:

| | |
|---|---:|
| Wolf Sörensen, „Stimme der Ahnen" | 300 000 |
| Anton Holzner, „Das Gesetz Gottes" | 200 000 |
| Anton Holzner, „Priestermacht" | 25 000 |
| Kurt Heimart Holscher, „Feinde des Volkes" | 25 000 |
| Matthes Ziegler, „Soldatenglaube — Soldatenehre" | 400 000 |
| Kurt Eggers, „Von der Freiheit des Kriegers" | 50 000 |
| Friedrich Schmidt, „Das Reich als Aufgabe" | 800 000 |

Die letztgenannte Schrift war die schärfste Kampfansage gegen das Christentum und wurde nur noch übertroffen durch Willi Börger, „Vom deutschen Wesen" mit 300 000 Stück Auflage und | Hans Lüder, „Gott und Volk", das, obwohl in der Wehrmacht verboten, von den Ortsgruppen der NSDAP in großen Mengen ins Feld geschickt wurde.

2. Die Deutsche Evangelische Kirche und die Landeskirchen haben immer wieder versucht, durch schriftliche Eingaben und mündliche Verhandlungen Papierbewilligungen für die notwendigsten Schriften zu erlangen. Es war alles umsonst. Die Privil. Württ. Bibelanstalt in Stuttgart, der bei weitem größte Bibelverlag, der in den fünf Jahren von 1932 bis 1937 4 144 302 Bibeln, Neue Testamente und Bibelteile herausgebracht hatte, hat seit Mai 1941 kein einziges Kilo Papier zum Bibeldruck für den innerdeutschen Bedarf mehr bewilligt erhalten. Die Bibelanstalt erhielt nur ein gewisses Quantum Papier für den *Export* von Bibeln zugewiesen. Außerdem druckte sie für die Wehrmacht Neue Testamente auf Papier, das die Wehrmacht von ihrem eigenen Kontingent zur Verfügung stellte. Im übrigen konnte die Bibelanstalt nur ihre Lagerbestände langsam in kleinen Zuteilungen zum Verkauf bringen. Selbst als Evakuierte und Augebombte dringend nach Neuen Testamenten verlangten, wurde kein Papier bewilligt. Ebenso konnte die Preußische Hauptbibelgesellschaft in Berlin nur in beschränktem Umfange für die Wehrmachtsseelsorge drucken lassen.

Mit Gesangbüchern und Unterrichtsbüchern für den Konfirmandenunterricht stand es ähnlich. In sämtlichen deutschen Landeskirchen und Kirchenprovinzen gingen im Verlauf des Krieges die vorhandenen Bestände an Gesangbüchern zu Ende. Alle Vorstellungen der Kirchenkanzlei, wenigstens für dringende Bedürfnisse eine kleine Auflage drucken zu dürfen, blieben ohne Erfolg. Selbst das Papier für einen schmalen Auszug der wichtigsten Gesangbuchlieder wurde abgelehnt. Ebenso ging es bei den Unterrichtsbüchern (Katechismen). Auch hier wurde der Antrag, ein bescheidenes Heft mit dem notwendigsten Lernstoff herausbringen zu dürfen, nicht genehmigt. Die Kirche wurde darauf verwiesen, sich mit gebrauchten Exemplaren zu behelfen. Auf eine Anfrage, ob die Pfarrer eine Sammlung von gebrauchten Bibeln, Gesangbüchern und Katechismen in ihren Gemeinden veranstalten dürften, erhielt jedoch die bayerische Landeskirche noch 1943 einen ablehnenden Bescheid unter Hinweis auf das | „Sammlungsgesetz" vom 5. November 1934 (RGBl. I, S. 1086), nach welchem Sammlungen (nicht nur Geldsammlungen!) genehmigungspflichtig seien. Die Genehmigung zur Sammlung gebrauchter kirchlicher Bücher wurde jedoch seitens des Reichsinnenministeriums versagt.

Völlig stillgelegt wurde zum Jahre 1942 das Erscheinen christlicher Kalender. Während ein bildmäßig recht zweifelhafter „Artistenkalender" *neu* erscheinen konnte und auch sonst noch Dutzende von Fach- oder Kunstkalendern fortbestanden, mußten alle christlichen Kalender ihr Erscheinen einstellen. Noch im Jahre 1940 erschien der größte und beliebteste, der Neukirchener Abreißkalender, in einer Auflage von 1 650 000 Stück, ein Beweis für seine Notwendigkeit. Da inzwischen auch die in einer Auflage von über 600 000 Stück hergestellte „Bibellese" der Männer-, Frauen- und Jugendverbände nur noch in wenigen tausend Stück gedruckt werden konnte, fehlte in der Mehrheit der christlichen Familien jede Anleitung zur Hausandacht. Dabei hätten alle zuletzt genannten Schriften, im Verhältnis zu anderen Druckschriften, äußerst wenig Papier beansprucht.

3. Einzelheiten, die nicht vollständig aufgeführt werden können, würden das Bild einer einseitigen Handhabung der Papierzuteilung im Sinne eines weltanschaulich bestimmten Drucks auf die Kirche vervollständigen. Als z. B. im Jahre 1943 schwedische kirchliche Kreise unter Leitung des Prinzen Bernadotte dem „Eichenkreuz-Verlag" der Christlichen Jungmännerbünde in Kassel einige tausend Kilo Papier für eine Kleindruckschrift zur „Bibellese" geschenkt und in Natura aus Schweden geschickt hatten, wurde selbst dieses Papier beschlagnahmt.

Große Schwierigkeiten bereitete im gleichen Jahr der Druck der seit 215 Jahren bestehenden „Losungen" der Herrnhuter Brüdergemeinde, deren Herausgabe nur unter Einschaltung neutraler Auslandskreise gesichert werden konnte. Andere Maßnahmen standen deutlich unter einem rein politischen Vorzeichen. Als es kirchlichen Hilfsorganisationen 1942 gelungen war, einen Posten Bibeln und Neue Testamente in russischer Sprache in Finnland und in der Slowakei drucken zu lassen, wurde die ganze Auflage beim Transport nach dem Osten beschlagnahmt und ver|nichtet. — In einigen wenigen Fällen gelang es einzelnen kirchlichen Stellen, Schriften, wie z. B. die jährliche „Bibellese" der Verbände, mit Hilfe von Wehrmachtspfarrern usw. im besetzten Gebiet (Holland, Frankreich, Norwegen) drucken zu lassen. Dabei handelte es sich aber um geringe Mengen. Im allgemeinen muß gesagt werden, daß infolge ausbleibender Papierzuteilung das gesamte christliche Schrifttum zum langsamen Aussterben verurteilt war.

4. Es war kaum verwunderlich, daß in den Jahren 1943 und 1944 von den Maßnahmen für den totalen Kriegseinsatz das christliche Schrifttum wieder besonders hart betroffen wurde. Durch ein Schreiben des Geistlichen Vertrauensrates vom 6. März 1943 — VR 634/43 — an das Reichspropagandaministerium konnte zwar eine drohende Stillegung der Württ. Bibelanstalt verhindert werden. Ebenso gelang es der Kirchenkanzlei im Mai 1943 zu verhindern, daß die Bibelanstalt ihr gesamtes Material an Druckplatten, Stehsätzen und Klischees zur Einschmelzung für Kriegszwecke hätte abliefern müssen. Bei einer Durchführung dieser Anordnung hätte keine Bibelausgabe neu gedruckt werden können. Im August 1944 wurden aber, um Menschen und Material für anderweitigen Einsatz frei zu machen, von ca. 2000 deutschen Verlagen alle bis auf 285 stillgelegt. Unter diesen blieben für die katholische Kirche 2 (Bachem in Köln und Herder in Freiburg) und für die evangelische Kirche ebenfalls 2 (Württ. Bibelanstalt und Agentur des

Rauhen Hauses) bestehen. Dabei ist zu bedenken, daß der Verlag der Bibelanstalt auf Bibeln und Bibelteile beschränkt war und das Rauhe Haus eine
relativ unbedeutende Verlagstätigkeit hatte. Außer diesen beiden blieben
nur noch 5 allgemeine Verlage erhalten, die nebenbei theologische Werke
verlegt hatten.

## IV. Die Versorgung der Wehrmacht mit christlichen Schriften

1. Bei Ausbruch des Krieges setzte sofort ein zunehmendes Bedürfnis nach
christlichen Schriften ein. Es ist keineswegs so, als ob die Kirche eine günstige
Konjunktur zu vermehrter Propaganda habe ausnützen wollen. Die Bibelgesellschaften konnten jederzeit bestätigen, daß die Anforderungen der
Wehrmachtpfarrer, aber auch unmittelbar aus Soldatenkreisen, nach Neuen |
Testamenten und Einzelheften der Bibel (Evangelien, Psalmen) ständig im
Steigen waren. Es konnte, besonders in den späteren Kriegsjahren mit ihrem
zunehmenden Ernst, längst nicht soviel hergestellt werden, wie verlangt
wurde. Das gleiche bestätigen die Berichte der Kriegspfarrer. Neben den
Neuen Testamenten waren besonders die 10-Pfennig-Hefte mit ausgewähl-
ten Sprüchen und Liedern oder solche, die Fragen des Glaubens und des sitt-
lichen Lebens behandelten, eine wichtige Brücke zwischen Heimat und Heer.
Für Lazarette und Truppenteile mit festem Standort tauchte auch sehr bald
die Frage der Leihbüchereien auf. Auch hier hatte die Kirche mit der Be-
schaffung von guten Büchern, z. B. wertvollen Romanen christlich eingestell-
ter Dichter, eine dankbare Aufgabe. Sehr wichtig erschien auch zu Beginn
des Krieges die Zusendung des heimatlichen Sonntags- oder Gemeindeblattes
an die Soldaten, die darin einen willkommenen Gruß ihrer Heimatkirchen-
gemeinde sahen.

Die kirchlichen Stellen haben die hier vorliegenden Aufgaben von Anfang
an erkannt und in Angriff genommen. An geeignetem Material fehlte es
nicht. Da zunächst noch keinerlei Materialbeschränkungen und auch keine
hemmenden Vorschriften bestanden, erschien schon Ende 1939 eine Fülle
von kleinen Feldpostheften christlichen Inhalts in den verschiedensten Verlagen. Die Pfarrer begannen, Feldpostbriefe an die Soldaten ihrer Kirchengemeinde zu schreiben oder in größeren Verhältnissen Rundbriefe zu ver-
vielfältigen, denen das örtliche Gemeindeblatt oder eine christliche Klein-
schrift beigefügt wurde. Es entwickelte sich z. T. ein reger Schriftwechsel
zwischen Heimatpfarrern und Soldaten. Die landeskirchlichen Dienststellen
zur Förderung des Schriftendienstes in der Wehrmacht besaßen schon 1940
viele tausend dankbare Zuschriften aus allen Teilen der Wehrmacht, in denen die Tätigkeit der Kirche durchweg zustimmend begrüßt wurde. Die Landeskirchen selbst wandten erhebliche Geldmittel auf, um Schrifttum verbil-
ligt zu beschaffen und es den Kriegspfarrern, Lazaretten usw. zur Verfügung

zu stellen. In den einzelnen Landeskirchen und Kirchenprovinzen wurde diese Arbeit naturgemäß sehr verschieden gehandhabt. Durchweg wurde ein etwa bestehendes „Amt für Volksmission" oder sonst eine Dienststelle der Inneren Mission mit der Durchführung beauftragt. Am wirkungsvollsten war die Arbeit in den Lan|deskirchen Bayern, Württemberg, Baden und Hannover organisiert. Aber auch anderswo, wie z. B. in Sachsen oder Ostpreußen und Schlesien wurde vorbildliche Arbeit geleistet. Daneben trieben kirchliche Werke und Verbände, wie z. B. der „Evangelische Presseverband für Deutschland", eine Schriftenversendung aus eigenen Mitteln.

2. Leider war eine einheitliche Zusammenfassung dieser Arbeit, wie die katholische Kirche sie in Freiburg/Br. eingerichtet hatte, innerhalb der Deutschen Evangelischen Kirche von Anfang an nicht möglich. Die Struktur der Deutschen Evangelischen Kirche sowie die Situation des Kirchenkampfes machten eine einheitliche Planung und Lenkung der von Landeskirchen und Verbänden betriebenen Arbeit schon grundsätzlich recht schwierig. Es kam hinzu, daß der Leiter der „Schrifttumsstelle der Deutschen Evangelischen Kirche" (Dr. Bartsch) wie auch der Schrifttumsreferent der Kirchenkanzlei (Oberkonsistorialrat Brunotte) bis Ende 1939 einberufen waren. Als Anfang 1940 die Bemühungen um eine gewisse Zusammenfassung einsetzen konnten, tauchten bereits Schwierigkeiten von seiten des Staates und der Partei auf. Es kam aber noch zu einer Vereinbarung zwischen der „Abteilung Seelsorge" beim Oberkommando des Heeres, der Deutschen Evangelischen Kirchenkanzlei und dem Evangelischen Presseverband in Steglitz. Vereinbart wurde, daß vierteljährlich an sämtliche (über 500) Kriegspfarrer des Heeres ein Schriftenpaket hinausgehen sollte. Die Zusammenstellung sollte erfolgen durch den Leiter der „Schrifttumsstelle der Deutschen Evangelischen Kirche", den evangelischen Feldgeneralvikar (Dr. Münchmeyer) als Vertreter des Feldbischofs und den Leiter des Evangelischen Presseverbandes in Steglitz (Dr. Hinderer). Letzterer hatte zugleich die Versandstelle, der die „Abteilung Seelsorge" beim Oberkommando des Heeres jedesmal das Anschriftenmaterial und den Dienststempel für die Pakete zur Verfügung stellte. Die Kirchenkanzlei übernahm die Finanzierung mit Hilfe der Landeskirchen. Die Deutsche Evangelische Kirche hat aus eigenen Mitteln bis 1942 jährlich 15 000 RM zur Verfügung gestellt, übrigens mit ausdrücklicher Zustimmung der Finanzabteilung (Dr. Cölle). Neben dieser von der Deutschen Evangelischen Kirche organisierten Schriftenversendung ging der Schriftendienst der Landeskirchen und der kirchlichen Verbände mit | z. T. erheblich größeren Mitteln weiter. Der Mangel in der Organisation bestand vor allem darin, daß eine *gleichmäßige* Belieferung der Kriegspfarrer bzw. der einzelnen Truppenteile nicht zu erreichen war. Rührige Kriegspfarrer ließen sich von den verschiedensten kirchlichen Stellen beliefern, während andere mehr oder weniger leer ausgingen. Die Marinepfarrer wurden von der Deutschen Evangelischen Kirche überhaupt nicht erreicht, wurden aber, da Großadmiral

Raeder ihrer Arbeit freundlich gegenüberstand, auf andere Weise (Marine-dekan Dr. Ronneberger) relativ gut versorgt. Der Schriftenversorgung der Wehrmacht haftete auf evangelischer Seite immer etwas Zufälliges an.

Der Mangel einer Planung und Lenkung gab sehr bald einen Vorwand zu den schon Ende 1939 beginnenden Einschränkungen und Behinderungen der kirchlichen Schriftenarbeit. Unter den ins Feld gesandten Kleinschriften wa-ren zu Beginn des Krieges zwei oder drei gewesen, die als ungeeignet ange-sprochen werden konnten. Angesichts der Fülle wirklich wertvollen Mate-rials, über das die von Zeit zu Zeit herausgegebenen Listen der „Schrifttums-stelle" unterrichteten, handelte es sich um belanglose Fälle. Sie führten aber dahin, daß schon im Herbst 1939 (Schreiben des Oberkommandos der Wehr-macht vom 9. Oktober $\frac{31 \text{ w J (Ic)}}{3845/39}$ eine Prüfstelle des Oberkommandos der Wehrmacht in Verbindung mit dem Reichspropagandaministerium, dem Reichskirchenministerium und den Feldbischöfen beider Konfessionen einge-richtet wurde. Von da an durften nur solche Schriften, die die Prüfstelle pas-siert hatten, an Angehörige der Wehrmacht versandt werden. Die Prüfstelle arbeitete sehr langsam. Neu erschienene Schriften wurden oft erst nach Mo-naten zur Versendung freigegeben. Die Beteiligung des Propagandaministe-riums hatte naturgemäß eine ganz bestimmte weltanschauliche Bedeutung. Aber auch die „Abteilung Inland" im Oberkommando der Wehrmacht, der die Seelsorgefragen unterstanden (eine „Abteilung Seelsorge" gab es nur beim Oberkommando des Heeres, nicht beim Oberkommando der Wehr-macht!), war unter dem parteigebundenen und deutschgläubigen General Reinecke den kirchlichen Belangen gegenüber äußerst zurück|haltend. Eine Förderung erfuhr diese Arbeit jedenfalls nicht. Die Feldseelsorge wurde im-mer mehr und mehr eingeschränkt; an ihre Stelle trat in den letzten Jahren mehr oder weniger die Propagandatätigkeit des „NS-Führungsstabes" im Oberkommando der Wehrmacht. — Die langsame und in jeder Weise hin-dernde Arbeitsweise der Prüfstelle führte im übrigen dazu, daß sich weder die kirchlichen Stellen noch die Kriegspfarrer der Wehrmacht an die ergan-genen Bestimmungen hielten. Es ist massenweise Schrifttum hinausgegan-gen, das nicht auf der Liste der freigegebenen Schriften stand. Die amtlich geprüfte Liste hat kaum mehr als 60 Nummern erreicht, z. T. Flugblätter und Kleinstschriften.

3. Den Heimatpfarrämtern wurde die Versendung von Schriften aller Art (einschließlich der kirchlichen Presse und eigener vervielfältigter Rundbriefe) schon bald nach Beginn des Krieges unmöglich gemacht. Am 27. Oktober 1939 — I 24190/39 II — verbot das Reichskirchenministerium den Pfarrern die listenmäßige Sammlung der Feldpostanschriften der bei der Wehrmacht ste-henden Gemeindeglieder. Als Grund wurden militärische Geheimhaltungs-vorschriften angegeben. Einzelne Soldatenbriefe aus dem Felde durften die Pfarrer beantworten. Es führte aber in Einzelfällen zu polizeilichen Schwie-

rigkeiten, wenn ein Pfarrer mehrere Soldatenbriefe zusammen aufbewahrte. Der von der Deutschen Evangelischen Kirchenkanzlei beim Kirchenministerium erhobene Einwand, die Heimatpfarrer hätten eine seelsorgerliche Verantwortung für ihre im Felde stehenden Gemeindeglieder, wurde nicht anerkannt; für die Seelsorge an den Soldaten genüge die Wehrmachtseelsorge (die es aber z. B. bei Luftwaffe und SS-Verbänden gar nicht gab!). Nur den Kirchenbehörden wurde durch das Kirchenministerium am 7. Mai 1940 — 1 37/40 (g) — gestattet, die Feldpostanschriften ihrer Geistlichen, Beamten, Angestellten und Arbeiter zu erfassen.

Diese Einschränkung wurde aber schon nach kurzer Zeit auf seiten der Partei als nicht ausreichend erkannt. Es begann ein systematisches Treiben mit dem Ziel, den Heimatpfarrämtern jede Schriftenversendung an Soldaten zu untersagen. Anfang Mai 1940 brachte ein örtliches Reichspropagandaamt die (um meh|rere Monate verfrühte) falsche Nachricht, das Oberkommando der Wehrmacht habe die Versendung auch von genehmigtem Schrifttum durch Zivilgeistliche verboten. Im „Schwarzen Korps" vom 30. Mai 1940 wurde unter der Überschrift „Die Front bekennt" das angebliche Schreiben eines ungenannten „Soldaten der Westfront" an einen Superintendenten abgedruckt, in welchem die Zusendung kirchlicher Schriften als zwecklos bezeichnet wurde; durch Gebete könne kein Sieg errungen werden. Eine bei allen Landeskirchen durchgeführte Rundfrage der Kirchenkanzlei vom 11. Juni 1940 — K. K. II 497/40 — ergab, daß kein Superintendent der Deutschen Evangelischen Kirche diese Zuschrift erhalten hatte; sie war höchstwahrscheinlich auf dem Redaktionsschreibtisch des „Schwarzen Korps" entstanden.

Endlich wurde das Ziel der kirchenfeindlichen Kräfte erreicht. Ein im Einvernehmen mit dem Oberkommando der Wehrmacht veröffentlichter Erlaß des Reichskirchenministeriums vom 12. Juli 1940 — I 21581/40 —, der in den Kirchlichen Amtsblättern abgedruckt werden mußte, enthielt tatsächlich das Verbot an alle Heimatpfarrer, Schriften aller Art an Angehörige der Wehrmacht zu senden. Die Vorstellungen der Kirchenkanzlei und des Geistlichen Vertrauensrates hiergegen blieben völlig erfolglos. Ein Schreiben der Kirchenkanzlei vom 30. August 1940 — KK II 693/40 —, das den Versuch einer günstigeren Auslegung hinsichtlich der Bibeln, Neuen Testamente und Feldgesangbücher machte, mußte am 4. August 1941 — K. K. II 476/41 — auf Weisung des Kirchenministeriums ausdrücklich wieder aufgehoben werden. Die Heimatkirche blieb von jeder seelsorgerlichen Verbindung mit den Soldaten im Felde abgeschnitten.

4. Unter welchem Gesichtspunkt die Schriftenmission der christlichen Kirchen seitens des Propagandaministeriums angesehen wurde, zeigt ein Vorfall aus dem Jahre 1940. Am 12. September 1940 fand auf Einladung dieses Ministeriums eine „Besprechung über Schrifttumsfragen" statt, zu der Vertreter der Deutschen Evangelischen Kirche, der Katholischen Kirche, der Freikir-

chen, des Reichskirchenministeriums, des Oberkommandos der Wehrmacht und der Geheimen Staatspolizei erschienen waren. Ursprünglich sollte Reichsminister Dr. Goebbels sprechen, der im Vorsaal gesehen wurde. Da aber die Kirchen nicht ihre | leitenden Persönlichkeiten, sondern ihre Sachberater entsandt hatten, erschien Ministerialdirektor Gutterer. Anhand von einzelnen mitgebrachten Schriften, die aber die Anwesenden nicht einsehen konnten, erhob Gutterer in brüsker Form gegen die christlichen Kirchen unterschiedslos den Vorwurf, sie förderten nicht die großen Ziele der Staatsführung und trügen nicht zur Stärkung der seelischen Haltung des deutschen Volkes und seiner Wehrmacht bei. Als Gegenbeispiel wurde die Geistlichkeit in den feindlichen Ländern hervorgehoben. Kundgebungen des Erzbischofs von Canterbury, des polnischen Erzbischofs Hlond und des französischen Kardinals Verdier wurden verlesen. Die Kirchen in Deutschland wurden aufgefordert, sich hieran ein Beispiel zu nehmen und ihre Haltung zum Staat zu ändern, so lange es noch Zeit sei. Loyalitätsbezeugungen *nach* dem Kriege könnten nicht mehr angenommen werden. — Eine Aussprache fand entgegen dem Wortlaut der Einladung nicht statt. Ministerialdirektor Gutterer verließ sofort nach Schluß seiner Rede den Saal und war auch späterhin nicht zu bewegen, für seinen Vorwurf, die Kirchen täten nichts zur seelischen Stärkung und Aufrichtung im deutschen Volke, in mündlicher Aussprache einzustehen. Von den christlichen Kirchen wurde eben „Propaganda" erwartet; für ihr *seelsorgerliches* Anliegen bestand keinerlei Verständnis.

5. Nachdem die Versendung religiöser Schriften durch die Zivilpfarrer mit Hilfe des Erlasses vom 12. Juli 1940 verhindert worden war, kam auch die Versorgung der Wehrmachtpfarrer mit Schriftenpaketen allmählich zum Erliegen, und zwar einfach durch die im Verlauf des Krieges fortschreitende Handhabung der Papierzuteilung (vgl. Abschnitt III). Das christliche Schrifttum, zuerst die von der Wehrmacht genehmigten Hefte, wurde nach und nach ausverkauft. Die Schriftenpakete an die Kriegspfarrer wurden immer kleiner und mußten 1943/44 völlig eingestellt werden. Im Jahre 1944 konnte die „Schrifttumsstelle der Deutschen Evangelischen Kirche" den Wehrmachtpfarrern nur noch etwa monatlich je ein Heft oder Büchlein für ihre persönliche geistige Anregung zur Verfügung stellen: zum Verteilen an die Soldaten war nichts mehr da. Dafür nahm die Schriftenpropaganda des „NS-Führungsstabes" im Oberkommando der Wehrmacht einen um so größeren Umfang an. |

## V. Die Behandlung der kirchlichen Presse

1. Wie schon im Abschnitt I 5 ausgeführt wurde, war die Lage auf dem Gebiet der kirchlichen Presse bis zum Ausbruch des Krieges einigermaßen erträglich. Die kirchlichen Zeitschriften unterlagen den gleichen Einschrän-

kungen in bezug auf die sogenannte „Pressefreiheit" wie die allgemeine Presse. Sondermaßnahmen gegen das kirchliche Pressewesen blieben verhältnismäßig selten. Erwähnt sei das kurzfristig vor dem Totensonntag 1936 ausgesprochene Verbot der Verteilung von Bild- und Trostblättern auf den Friedhöfen. Trotz des Protestes des damaligen Reichskirchenausschusses wurde dieses Verbot in den Jahren 1937 und 1938 wiederholt.

2. Diese Lage veränderte sich im Verlauf des Krieges zu Ungunsten der Kirche. Wie aus der Verhängung eines Zwangsgeldes von 1000 RM seitens der Geheimen Staatspolizei gegen einen schleswig-holsteinischen Pfarrer Ende 1944 hervorgeht, muß es einen der Kirche nicht bekannt gewordenen Geheimerlaß „betr. Zurückdrängung der konfessionellen Zeitschriften- und Schriftenpropaganda" gegeben haben. Jedenfalls wurde zu Anfang des Jahres 1941 das kirchliche *Presse*wesen von ähnlichen Bestimmungen getroffen wie das kirchliche *Schrifttum* durch die Anordnung der Reichsschrifttumskammer Nr. 145: den Pfarrern und sonstigen kirchlichen Stellen wurde untersagt, beim Vertrieb der Sonntags- und Gemeindeblätter mitzuwirken. Bisher hatten die Pfarrämter, besonders auf dem Lande, weitgehend die Verteilung der Blätter durchgeführt, vielfach mit Hilfe der Konfirmanden. Von nun an konnten Zeitschriften nur von Agenten vertrieben werden, die der Verlag gewinnen mußte. Abgesehen davon, daß hierdurch eine erhebliche Verteuerung eintrat, war es im Kriege infolge der allgemeinen Anspannung der Arbeitskräfte nicht einfach, geeignete Persönlichkeiten für den Vertrieb christlicher Zeitschriften zu finden. Laien waren auch in ganz anderer Weise als die Pfarrer einem von örtlichen Parteistellen ausgeübten Druck ausgesetzt, einen solchen Vertrieb nicht zu übernehmen. Trotzdem gelang der Kirche die Umstellung auf das neue Verfahren in erfreulich kurzer Zeit; es fanden sich so gut wie überall Agenten für Sonntags- und Gemeindeblätter. |

Da kam ganz überraschend kurze Zeit nachher der Eingriff, der mit einem Schlage fast die gesamte kirchliche Presse beseitigte. Im Mai 1941 wurden die ersten erheblichen Maßnahmen in der allgemeinen Presse zur Einsparung von Material getroffen. Es handelte sich um eine Einschränkung der gesamten Presse um etwa 30 % zum Zwecke der Einsparung von monatlich 6000 Tonnen Papier. Während nun die übrige Presse um etwa 30 % in ihrem Papierbedarf herabgesetzt wurde, wurden die gesamten etwa 690 evangelischen Sonntags- und Gemeindeblätter mit 12 bis 14 Millionen Lesern stillgelegt. Damit erfolgte eine Stillegung von 99,2 % der evangelischen Presse (nach der Stückzahl berechnet).

Diese rücksichtslose Stillegung wurde vorgenommen, obwohl der Papierbedarf der evangelischen Presse nur etwa 1 % des Papierbedarfs der gesamten deutschen Presse ausmachte. Es blieben nach dieser Stillegung noch ca. 70 evangelische Blätter bestehen. Unter diesen waren aber 40 Gesetz- und Amtsblätter der Kirchenbehörden, die im wesentlichen nur von den Pfarrern gelesen wurden. Die übrigen 30 waren in der Hauptsache wissenschaftlich-theologische Zeitschriften, die nur selten, z. T. nur noch 1 bis 2mal im Jahr, erscheinen konnten und in kleinen Auflagen gedruckt wurden. Für einen weiteren Kreis von Lesern verblieben eigentlich nur das „Deutsche Pfarrerblatt" und die kirchliche Rundschau „Das evangelische Deutschland". Alle verbleibenden Amts-, Pastoral- und Fachblätter zusammen hatten eine Auflage von kaum noch 100 000 Stück – gegen früher 12 bis 14 Millionen! Ein christliches Blatt konnten künftig praktisch nur noch die Pfarrer und kirchlichen Angestellten lesen; den Gemeindegliedern, also dem deutschen Volke wurde die christliche Presse mit einem Schlage entzogen.

Die Kirchenkanzlei und der Geistliche Vertrauensrat haben auf alle erdenkliche Weise versucht, durch Eingaben und mündliche Verhandlungen eine Milderung der ergangenen Bestimmungen zu erreichen. Ein Empfang, zusammen mit dem katholischen Bischof Berning, Osnabrück, bei Reichsminister Dr. Goebbels wurde vom Reichspropagandaministerium abgelehnt. Der Präsident der Reichspressekammer erwiderte am 19. Juni 1941 — G I 3/5/4/5558-41 — auf eine schriftliche Vorstellung, eine | Änderung der Entscheidung könne wegen der gegenwärtigen Versorgungslage nicht erfolgen. Um die in der Eingabe der Deutschen Evangelischen Kirche geschilderte Unruhe im evangelischen Kirchenvolk zu mindern, möchten die kirchlichen Stellen die kriegswirtschaftliche Notwendigkeit der Maßnahme den Betroffenen selber „vernünftig darlegen". Die erbetene Bestätigung, daß die Stillegung nur für die Kriegszeit gelte und daß die stillgelegten Zeitschriften später wieder erscheinen könnten, wurde nicht gegeben. Vielmehr wurden im weiteren Verlauf der Dinge den kirchlichen Schriftleitern ihre Pressekammer-Ausweise entzogen. Es mußte ernstlich befürchtet werden, daß die kriegswirtschaftliche Begründung dazu dienen sollte, die evangelische Gemeindepresse für alle Zeiten stillzulegen und damit eine kirchliche Pressetätigkeit im deutschen Volke auszuschließen.

In einer von der Kirchenkanzlei und dem Geistlichen Vertrauensrat am 1. Juli 1941 nach Berlin einberufenen Besprechung der Sachbearbeiter für Pressefragen aus den Landeskirchen, an der 42 Abgesandte aller Landeskirchen und Kirchenprovinzen (auch der DC-Kirchen) sowie Fachleute aus dem Gebiet der kirchlichen Presse teilnahmen, wurden die entstandenen Fragen eingehend durchgesprochen. Abhilfe konnte kaum gefunden werden. Alle Vorschläge, wenigstens die wichtigsten kirchlichen Nachrichten durch einen Nachrichtendienst an die Pfarrer weiterzugeben, damit diese sie im Abkündigungsteil des Gottesdienstes bekanntgeben könnten, scheiterten schon daran, daß die hierfür notwendige Nachrichtenkorrespondenz von der Reichspressekammer nicht genehmigt wurde. Diese Art der Weitergabe von kirchlichen Nachrichten hätte auch niemals die Presse in ihrer seelsorgerlichen und volksmissionarischen Bedeutung ersetzen können.

3. Die Stillegung der kirchlichen Gemeindepresse im Mai 1941 blieb nicht die einzige Maßnahme. Von den verbliebenen ca. 30 theologischen Zeit-

schriften wurde bei späteren Einschränkungen eine nach der anderen stillgelegt oder mit anderen Zeitschriften zusammengelegt. Die bestehen bleibenden Blätter wurden alle paar Monate in ihrem Umfang verkleinert, so daß sie zuletzt nur noch mit 4 bis 6 Seiten erscheinen konnten. Abgesehen von den Kirchlichen Amtsblättern, die während des | Krieges auch der Aufsicht der Reichspressekammer unterstellt wurden und für die am 6. Mai 1944 — H. B. 39/44 g. I, II — durch das Reichskirchenministerium ein Verbot der Versendung ins Ausland erging, verblieben der evangelischen Kirche in Jahre 1944 nur noch zwei Zeitschriften: „Pfarramt und Theologie" (zusammengelegt aus: Deutsches Pfarrerblatt, Pastoralblätter, Christentum und Leben, Homiletische Monatshefte und Pfarramtspraxis) und „Das Evangelische Deutschland". Mit dem 31. Dezember 1944 wurde auch die letzte wissenschaftlich-theologische und pfarramtlich-praktische Zeitschrift des Pfarrerstandes „Pfarramt und Theologie" eingestellt. Es blieb nur das auf monatlich 8 Seiten zusammengeschrumpfte, nicht sehr gehaltvolle kirchliche Nachrichtenblatt „Das Evangelische Deutschland" übrig, offensichtlich weil dessen Herausgeber Professor D. Hinderer zugleich Vorsitzender des „Reichsverbandes der Evangelischen Presse" war.

Als der Geistliche Vertrauensrat noch am 2. März 1945 — V. R. 10/45 — in einer gut begründeten, sachlichen Eingabe bat, die Stillegung von „Pfarramt und Theologie" wieder aufzuheben, erhielt er von der „Presseabteilung der Reichsregierung im Reichsministerium für Volksaufklärung und Propaganda" unter dem 10. März 1945 — ZK 4054 — 09 Z/2. 3. 45/130 — 4. 12 — folgende nach Form und Inhalt ungewöhnliche Antwort:

„Ihr Schreiben vom 2. März 1945, das gegen die Stillegung der Zeitschrift ‚Pfarramt und Theologie' protestiert, ist mir völlig unverständlich. Es dürfte Ihnen nicht unbekannt geblieben sein, daß wir nicht einmal die wichtigsten Zeitungen und Zeitschriften im Augenblick aufrechterhalten können. Ihnen ist sowohl die Lage auf dem Papiergebiet wie auf dem Gebiet des Druckes und des Versandes wohlbekannt. Eine Wiedereröffnung Ihrer stillgelegten Zeitschrift, deren Einstellung aufgrund sorgfältigster Prüfungen erfolgt ist, kann heute überhaupt nicht debattiert werden.

Im übrigen muß ich Ihnen mein Befremden darüber aussprechen, daß Ihr Schreiben ohne die Grußformel ‚Heil Hitler' an mich gerichtet wurde.

Heil Hitler!

(gez.) W. Bade Ministerialdirigent"

Dieses Schreiben war das Letzte, was die Deutsche Evangelische Kirche auf dem Gebiete von Schrifttum und Presse vom Reichsministerium für Volksaufklärung und Propaganda zu hören bekam.

Der Wiederaufbau des christlichen Buch- und Pressewesens mußte nach 1945 von Grund auf neu in Angriff genommen werden.

# Neue Ansätze zum Kirchenverfassungsrecht:

# Die Kirchenversammlung von Treysa 1945[*]

Der Zusammenbruch des nationalsozialistischen Staates im Frühjahr 1945 brachte auch den endgültigen *Zusammenbruch der äußeren Ordnungen der Deutschen Evangelischen Kirche* (DEK) mit sich. Der letzte vom Kirchenministerium des „Dritten Reiches" bestätigte Leiter der Deutschen Evangelischen Kirchenkanzlei, Präsident Dr. Werner, der nach der 17. Durchführungsverordnung zum Kirchensicherungsgesetz vom 10. Dezember 1937 (RGBl I S. 1346) die „Leitung der Deutschen Evangelischen Kirche" innehatte, war seit 1941 bei der Wehrmacht im Felde und übte die Leitung nicht mehr aus. Sein Stellvertreter, Vizepräsident Dr. Fürle, stand seit 1943 beim Generalkommando in Breslau und konnte nur in seltenen Fällen um eine Entscheidung angegangen werden. Übrigens wurde er wegen seines unnachgiebigen Verhaltens in dem Konflikt zwischen der Kirchenkanzlei und dem Geistlichen Vertrauensrat einerseits und dem Kirchenministerium andererseits um die Finanzabteilung bei der Kirchenkanzlei[1] noch am 22. Februar 1945 von Staatssekretär Dr. Muhs seiner Stellung als stellvertretender Leiter der Kirchenkanzlei im Sinne der 17. Durchführungsverordnung enthoben; der Versuch von Dr. Muhs, einen neuen stellvertretenden Leiter[1a] zu ernennen, führte nicht mehr zum Erfolg. In den letzten Jahren des Krieges war die Arbeit der Kirchenkanzlei praktisch von ihrem langjährigen Dirigenten, Oberkonsistorialrat Dr. Gisevius, geleitet worden. Der Kirchenkanzlei gehörten zuletzt nur noch wenige Referenten an, darunter die Oberkirchenrätin Dr. Schwarzhaupt und der Verfasser dieser Darstellung.

Die *Kirchenkanzlei* hatte ihre Arbeit mühselig in dem mehrfach durch Bombenangriffe schwer beschädigten Dienstgebäude in Berlin-Charlottenburg, Marchstr. 2, fortgesetzt. Als der letzte Teil dieses Gebäudes am 15. Februar 1944 durch Volltreffer zerstört war, wurde die Kirchenkanzlei Anfang März 1944 in das vorbereitete Ausweichquartier nach *Stolberg* (Südharz) verlegt, wo sie in einigen Räumen des leeren Amtsgerichtsgebäudes ihre Arbeit bis zum 19. Juni 1945 fortsetzte. Stolberg wurde am 14. April 1945 von den Amerikanern | besetzt. Am 16. April übernahm der Verfasser in Abwesen-

---

[*] Aus: HEINZ BRUNOTTE, Die Grundordnung der Evangelischen Kirche in Deutschland. Ihre Entstehung und ihre Probleme. Berlin 1954, S. 3—19.

[1] Vgl. HEINZ BRUNOTTE, Die Entwicklung der staatlichen Finanzaufsicht von 1935 bis 1945. In: ZevKR 3, 1953/54, S. 29—55 (oben S. 55 ff.).

[1a] Dr. Bührke, Präsident des Landeskirchenamtes in Kiel.

heit aller dienstältesten Beamten die Leitung der Kirchenkanzlei und enthob den ortsanwesenden Vorsitzenden der Finanzabteilung Dr. Cölle seiner Funktionen. Den erreichbaren Mitgliedern des Geistlichen Vertrauensrates D. Hymmen und D. Marahrens wurde mitgeteilt, daß die Kirchenkanzlei eine Leitung der DEK als nicht mehr bestehend ansehe. Von den Organen der Kirchenverfassung sei allein die Kirchenkanzlei als eine bloße *Verwaltungs*stelle übriggeblieben. Eine *Leitung* der DEK müsse erst wieder gebildet werden. Durch Kuriere gelang es, Briefe an die Landesbischöfe D. Wurm und D. Meiser zu senden, in denen diese Rechtsauffassung ebenfalls dargelegt wurde. Unter dem 27. April 1945 ging ein entsprechendes Schreiben an das Hauptquartier Eisenhower mit der Bitte, der DEK möglichst bald eine Zusammenkunft ihrer führenden Männer zu ermöglichen. Hierauf erschien am 18. Juni 1945 im Auftrage des Hauptquartiers der Chief-Chaplain der IX. Armee, Colonel Elson, in Stolberg, der entsprechende Zusagen machte. Am 19. Juni 1945 gelang es auf Grund der vereinten Bemühungen der Referenten, die Kirchenkanzlei mit den noch vorhandenen Beständen an Akten, Maschinen, Möbeln und einem Kassenbestand von 430 000 RM mit Hilfe der amerikanischen Besatzungsmacht nach *Göttingen* zu verlegen. Die Geschäfte wurden dort in dem Hause Baurat — Gerberstr. 7 bis zur Übergabe an den neuen Leiter der Kirchenkanzlei, D. Asmussen, weitergeführt. Nach der Übergabe am 24. Oktober 1945 wurden die Bestände nach Schwäbisch Gmünd transportiert. Die Stelle in Göttingen wurde am 31. März 1946 vollständig aufgelöst.

Dieser Verlauf der Dinge brachte es mit sich, daß in dem allgemeinen Zusammenbruch der gesamtkirchlichen Ordnungen einzig und allein die Verwaltungsstelle der DEK, die Kirchenkanzlei, die äußere Kontinuität wahren konnte. Von den sämtlichen Organen der DEK blieb buchstäblich nichts übrig, an das man hätte anknüpfen können. Der seit 1935 entmachtete Reichsbischof Ludwig Müller hatte sich, sicherem Vernehmen nach, beim russischen Einmarsch in Berlin 1945 das Leben genommen[1b]. Ein legales Geistliches Ministerium gab es bereits seit Ende 1933 nicht mehr. Die Nationalsynode hatte seit 1934 nicht mehr getagt. Die durch „Führererlaß" vom 15. Februar 1937 groß angekündigten Neuwahlen hatten nicht stattgefunden. Auch die Leitung der DEK durch den Leiter der Kirchen|kanzlei auf Grund der 17. Durchführungsverordnung hatte ein Ende gefunden. Der Zusammenbruch des Ordnungsgefüges der DEK war vollständig.

Man muß sich diesen Zustand vergegenwärtigen, um die Schwierigkeiten er-

---

[1b] Entgegen anderen Darstellungen (z. B. von Hossenfelder) ist der Selbstmord Ludwig Müllers inzwischen durch protokollierte Zeugenaussagen nachgewiesen worden. Er geschah allerdings nicht „beim russischen Einmarsch", sondern in den letzten Julitagen 1945, nachdem Müller die Aussichtslosigkeit seiner Lage erkannt hatte. Vgl. hierzu den Aktenvermerk des Verfassers vom 30. 11. 1960 in der Personalakte L. M. (Archiv der EKD in Berlin).

messen zu können, vor denen die führenden Männer der evangelischen Christenheit in Deutschland im Sommer 1945 standen. Es war nicht möglich, bei irgendeinem Punkte der Vergangenheit anzuknüpfen, um in der bisherigen Entwicklung seit 1922 fortzufahren. Die rechtlichen Schwierigkeiten wurden noch vermehrt durch die übrigen Begleiterscheinungen jener Zeit: Es war zunächst völlig unklar, wie sich die vier Besatzungsmächte zu dem Versuch einer einheitlichen Neuordnung in der evangelischen Kirche stellen würden. Der staatskirchenrechtliche Untergrund aller kirchenrechtlichen Bemühungen war genau so schwankend wie alles andere. Es war auch durchaus unklar, welche Organe oder Persönlichkeiten als berechtigt angesehen werden konnten, die bisherigen Landeskirchen, also die Partner der bisherigen DEK, zu vertreten. In der Mehrzahl aller Landeskirchen mußten auch die landeskirchlichen Leitungsorgane neu bestellt werden. Es kam hinzu, daß fast jede Verständigungsmöglichkeit fehlte. Es gab keine Post, keine Zeitungen oder sonstigen Nachrichtenmittel. Das Reisen war aufs äußerste erschwert. Mit Mühe gelang es Ende Juni 1945 dem ältesten unter den leitenden geistlichen Amtsträgern der Landeskirchen, Landesbischof D. *Wurm,* von Stuttgart nach Bethel zu fahren und sich mit Pastor D. Friedrich von Bodelschwingh und anderen Brüdern zu verständigen. Von Bethel aus richtete er am 26. Juni 1945 ein Schreiben an die erreichbaren Landeskirchen und an einen weiteren Kreis von führenden evangelischen Persönlichkeiten mit dem Vorschlag, eine Zusammenkunft in Treysa (Bez. Kassel) zu halten. Die dortigen Anstalten der Inneren Mission würden in der Lage sein, diese Kirchenversammlung aufzunehmen und (mit Hilfe der Schwälmer Bauerngemeinden) zu verpflegen.

Eingeladen waren ursprünglich etwa 40 Personen. Gekommen sind nach und nach etwa 120. Viele hatten zufällig von der Konferenz gehört und waren auf eigene Verantwortung gekommen, um dabei zu sein. Es erwies sich als unmöglich, zwischen Delegierten und Besuchern zu unterscheiden. So war die *Zusammensetzung der Treysaer Kirchenversammlung* eine sehr zufällige. Die Landeskirchen waren, wenigstens aus dem Westen Deutschlands, ziemlich vollstän|dig vertreten. Immerhin fehlten mehrere Kirchen der Ostzone, z. B. Mecklenburg, Thüringen und Provinz Sachsen. Neben den Vertretern der Landeskirchen erschien eine Abordnung von zehn Beauftragten des Reichsbruderrates der Bekennenden Kirche, der kurz zuvor in Frankfurt getagt hatte. Auch Vertreter von kirchlichen Werken waren erschienen. Die Einladung hatte Landesbischof D. Wurm im Namen des von ihm seit 1942 geleiteten kirchlichen Einigungswerkes ergehen lassen, das sich um einen Zusammenschluß der Bekennenden Kirche und der kirchlichen „Mitte" bemüht hatte.

Die Einzelheiten über den *Verlauf* der Kirchenversammlung von Treysa, die vom 27.—31. August 1945 dauerte, können außer Betracht bleiben[2]. Hier ist

[2] Vgl. dazu Fritz Söhlmann (Hg.), Treysa 1945. Die Konferenz der evangeli-

nur von den kirchenrechtlichen Bemühungen um eine Neuordnung der Gesamtkirche zu reden, die am Schluß der Konferenz nach unsäglich mühevollen Verhandlungen zu einer „Vorläufigen Ordnung der Evangelischen Kirche in Deutschland" führten.

Die große Schwierigkeit für die Treysaer Konferenz bestand darin, trotz mangelnder Vorbereitung und fehlenden Gedankenaustausches eine gemeinsame Grundlinie für die kirchenrechtliche Beurteilung des vorliegenden Tatbestandes zu gewinnen, auf Grund deren eine Neugestaltung angefaßt werden konnte. Man war sich in den elementarsten Grundfragen nicht einig. Es ging um die Frage, ob überhaupt eine *Rechtskontinuität* vom Gestern zum Heute bestehe oder ob aus einem absoluten Nichts neu begonnen werden müsse. In Süddeutschland wurde zunächst von Männern wie Professor D. Erik Wolf-Freiburg, Dr. Wehrhahn und Landesbischof D. Wurm der Standpunkt vertreten, die Deutsche Evangelische Kirche von 1933 „bestehe im Rechtssinne nicht mehr"[3]. Auch der Reichsbruderrat ging in seiner Frankfurter Botschaft an die Konferenz von Treysa[4] von dieser Rechtsauffassung aus: „Die Versammelten stimmen darin überein, daß die 1933 geschaffene Reichskirche (!) *nicht mehr besteht* und ihre Ämter fortgefallen sind" (Beschluß des Reichsbruderrates II, 1). In Abschnitt II, 2 wird gesagt, daß eine „gemeinsame Vertre|tung (!) der Evangelischen Landeskirchen Deutschlands eine dringende Notwendigkeit" sei. Auch II, 5 spricht nur davon, daß es, nach Neubildung bekenntnisgebundener Kirchenleitungen in den Landeskirchen, „einer im gleichen Sinn gebundenen und bestimmten Zusammenfassung (!) der Landeskirchen" bedürfe. In Abschnitt I wird von den *Landes*bruderräten gesagt, daß sie „kraft kirchlichen Notrechts als Organe der an das Evangelium gebundenen Kirchen" gebildet worden seien und daß sie die Aufgabe hatten, „das Kirchenregiment wahrzunehmen". Dieser Auftrag bleibe bestehen. Es sei die dringendste Pflicht der Landesbruderräte, die Bildung neuer vorläufiger Kirchenleitungen (in den Landeskirchen) herbeizuführen und ihnen dann die kirchenregimentlichen Befugnisse zu übertragen. Diese Konstruktion ließ den kirchenrechtlichen Ansatz im kirchlichen Notrecht (Bekenntnissynode von Dahlem 19. bis 20. Oktober 1934) vermuten: die eigentliche Kontinuität des kirchlichen Rechts liege bei den damals gebildeten Organen der Bekennenden Kirche, den Bruderräten. Die Tatsache, daß in einer erheblichen Zahl von nicht einmal kleinen Kirchen die Bruderräte niemals kirchenregimentliche Funktionen beansprucht hatten, wurde bei dieser Konzeption ebenso übersehen wie die andere, daß die Bruderräte in keiner Kirche den Anspruch auf Kirchenleitung unbestritten hatten durchsetzen können. Auch ist bemerkenswert, daß in der Botschaft des Reichsbruderrates

---

schen Kirchenführer 27.—31. August 1945. Lüneburg 1946 und KIRCHLICHES JAHRBUCH (KJ) 72—75, 1945—1948, S. 1—19.
[3] Gutachten von Erik Wolf (F. SÖHLMANN, S. 181 ff.).
[4] KJ 72—75, 1945—1948, S. 2—4.

von Frankfurt das Dahlemer Notrecht nicht auf die *Gesamt*kirche angewandt wird. In der ganzen Kundgebung wird an keiner Stelle angedeutet, daß etwa der Reichsbruderrat die Rechtskontinuität innerhalb der Deutschen Evangelischen Kirche gewährleiste. In II, 6 wird vielmehr vorgeschlagen, daß bei der Reorganisation der Gesamtkirche die Notorgane der bekenntnisgebundenen Leitung und die Konferenz der Landeskirchenführer zusammentreten möchten. Der Reichsbruderrat erhob also *nicht* den Anspruch, die eigentliche Leitung der Gesamtkirche zu verkörpern. Er konnte dies logischerweise auch nicht mehr, nachdem er in II, 1 die „Reichskirche" von 1933 (gemeint ist die Deutsche Evangelische Kirche) für nicht mehr bestehend erklärt hatte. Ja, es hätte eigentlich gefragt werden müssen, wieso es noch einen Reichsbruderrat geben könne, wenn es keine „Reichskirche" mehr gab. Die Bekennende Kirche hatte sich jedenfalls auf der Bekenntnissynode von Barmen vom 29.—31. März 1934 als die rechtmäßige Deutsche Evangelische Kirche verstanden („Erklärung zur | Rechtslage" von Barmen 1934, Ziffer 1 Absatz 4). Schon im Hinblick auf Barmen und Dahlem hätte es in Frankfurt 1945 einer gründlicheren Überlegung über den rechtlichen Befund bedurft. Es war zweifellos zu bedauern, daß in süddeutschen kirchlichen Kreisen und beim Reichsbruderrat so schnell die These vom völligen und automatischen Aufhören einer Rechtsgestalt der Gesamtkirche Eingang fand. Es hat nachher einige Mühe gemacht, von dieser Rechtsauffassung wieder Abstand zu bekommen. Erst in einem Schreiben des Rates an den Alliierten Kontrollrat vom 31. Januar 1946[5], sodann in den späteren Rechtssetzungen der werdenden Evangelischen Kirche in Deutschland wird eindeutig die Rechtsidentität zwischen Kirchenbund (1922), Deutscher Evangelischer Kirche (1933) und Evangelischer Kirche in Deutschland (1945) in Anspruch genommen, abschließend in der Grundordnung vom 13. Juli 1948, Artikel 35 Absatz 1.

Bei den Verhandlungen in Treysa kamen auch Rechtsauffassungen zur Geltung, die andere Wege gingen als das Gutachten von Erik Wolf oder die Stellungnahme des Reichsbruderrates. Sie wurden hauptsächlich vertreten durch Rechtsanwalt Dr. Mensing, Wuppertal, und Professor D. Dr. Smend, Göttingen. Auch der Verfasser dieses Buches, damals Oberkonsistorialrat bei der Rest-Kirchenkanzlei in Göttingen, übergab dem Rechtsausschuß der Kirchenversammlung eine Reihe von 18 Thesen zur Frage des Bestandes der Deutschen Evangelischen Kirche vom 10. August 1945. Diesen Thesen lagen folgende Erwägungen zugrunde:

Zur Frage stand, *ob die Deutsche Evangelische Kirche* nach dem Zusammenbruch des NS-Staates *noch fortbestehe* oder ob sie rechtlich und tatsächlich erloschen sei; ferner, wenn letzteres der Fall wäre, ob damit ohne weiteres der Zustand von 1932 oder gar der von 1921 wiederhergestellt sein würde, oder ob ein völlig rechtsfreier Raum entstanden sei.

Die Meinung, daß die DEK nicht mehr bestehe, wurde von manchen Sei-

---
[5] VOuNBl.EKD 1946, Nr. 9, Ziffer VI.

ten präziser dahin zusammengefaßt, daß mit dem Aufhören des NS-Staates *automatisch* das von ihm gesetzte Recht hinfällig geworden sei, daß demgemäß das Reichsgesetz vom 14. Juli 1933 | über die Verfassung der DEK (RGBl I, S. 471) nicht mehr gelte, ja, daß auch die Kirchenverfassung vom 11. Juli 1933 (GblDEK 1933 S. 2) nicht mehr in Kraft sei, weil sie mindestens indirekt (Deutsche Christen!) vom NS-Staat veranlaßt worden sei. Merkwürdigerweise wurde auch mehrfach als Grund für das Erlöschen der DEK die Tatsache angegeben, daß ihre sämtlichen Organe nicht mehr beständen[6].

Unklar blieb bei den Vertretern der vorstehend geschilderten Rechtsauffassung, *welcher Zustand* bei einem Erlöschen der DEK *nunmehr als gegeben anzusehen sei.* Es waren allenfalls drei verschiedene Meinungen vertretbar: 1. Es könnte der bis zum 11. Juli 1933 bestehende Deutsche Evangelische Kirchenbund von 1922 wieder aufleben, dessen sämtliche Organe nach seiner früheren Verfassung neu zu bilden wären; 2. Es könnte der Zustand von vor 1922 wieder eintreten: die Landeskirchen als ehemalige Partner sowohl des Kirchenbundes wie auch der DEK wären wieder völlig selbständig; sie hätten erneut zu beschließen, ob sie einen Kirchenbund oder eine Deutsche Evangelische Kirche gründen wollten; 3. Es könnte ein völlig „rechtsfreier Raum" im kirchlichen Leben angenommen werden, indem selbst die Mehrzahl der Landeskirchen nicht mehr als geordnete Faktoren des kirchlichen Rechtslebens angesehen werden dürften. — Eine vierte Möglichkeit war mit der Behauptung, daß die DEK rechtlich nicht mehr bestehe, eigentlich abgeschnitten, nämlich die, die Organe der Bekennenden Kirche als die leitenden Organe der DEK anzusehen. Diese Organe konnten an der Wahrung der Rechtskontinuität nur beteiligt sein, wenn feststand, daß die DEK als solche fortbestehe.

Die Versuchung, einen völlig *rechtsfreien Raum* anzunehmen, mußte von Anfang an abgewehrt werden. Der Begriff des rechtsfreien Raumes war durch das nationalsozialistische Rechtsdenken belastet. Hier ist an den angeblich „rechtsfreien Raum" in den 1939 neu erworbenen Gebieten, z. B. im Versuchsgau Wartheland, zu erinnern. Die Anwendung dieses Begriffs auf das kirchliche Rechtsleben war daher nach Möglichkeit zu vermeiden.

Ebensowenig war es möglich, bei der Annahme eines Zerfalls der DEK den Deutschen Evangelischen *Kirchenbund* als ohne weiteres | wieder bestehend anzusehen. Ein durch eine spätere Rechtsentwicklung abgelöster Zustand lebt im öffentlichen Recht nicht von selbst wieder auf, wenn die spätere Rechtsentwicklung wieder hinfällig wird. Handelte es sich doch bei der Bildung der DEK 1933 keineswegs um eine durch revolutionäres Unrecht entstandene Unterbrechung des früheren Rechtszustandes. Vielmehr hatten,

---

[6] Gutachten von Erik Wolf (vgl. Anm. 3), S. 181 (I, 1); Frankfurter Botschaft des Reichsbruderrates (II, 1).

wie noch zu zeigen sein wird, die damaligen Landeskirchen vor der deutsch-christlichen Machtübernahme (Kirchenwahlen vom 23. Juli 1933) der Bildung einer Deutschen Evangelischen Kirche durch ihre ordnungsmäßigen Organe zugestimmt.

Nahm man also überhaupt ein Erlöschen der DEK an, so hätte eigentlich nur eine Meinung Aussicht auf Annahme haben können, nämlich die, daß die *Landeskirchen,* die als einzige Faktoren der früheren Entwicklung zurückgeblieben waren, die Freiheit hätten haben müssen, aus ihrer wiedergewonnenen absoluten Selbständigkeit heraus einen neuen Zusammenschluß zu beschließen. Dieser Zusammenschluß hätte dann entweder ein reiner Zweckverband wie der Kirchenbund von 1922 sein können oder eine Bundeskirche ähnlich der DEK von 1933.

Vor allem mußte aber nun die Frage geklärt werden, ob die These, daß die DEK im Rechtssinne nicht mehr bestehe, *überhaupt richtig war* oder ob sie nicht auf eine einfache Unkenntnis oder eine unberechtigte Geringschätzung tatsächlich noch geltender Rechtsverhältnisse zurückging.

Grundsätzlich mußte davor gewarnt werden, beim Neubau der kirchlichen Organisation die formalen und sachlichen Rechtsfragen gering zu achten und unbekümmert darauf los zu organisieren, unklare Begriffe zu verwenden und noch vorhandene Rechtspositionen allzu leicht aufzugeben. Es mußte daran erinnert werden, daß die Deutschen Christen in den Jahren 1934/35 zum großen Teil daran gescheitert waren, daß sie im Vollgefühl ihrer revolutionären Kraft und im zeitweiligen Besitz der tatsächlichen Macht vielfach nicht juristisch sauber gearbeitet hatten. Die getroffenen Maßnahmen mußten z. T. infolge politischer Entscheidungen (der Sturz August Jägers im Herbst 1934) oder infolge von Gerichtsurteilen (das Urteil des Oberlandesgerichts in Celle 1935 gegen die hannoverschen Deutschen Christen) rückgängig gemacht werden. Auch das unvollkommene Wirksamwerden der Bekennenden Kirche seit 1935 lag doch wenigstens zu einem Teil daran, daß die Fragen des kirchlichen | Notrechts von Dahlem 1934 nicht genügend durchdacht worden waren und daß man die Bedeutung einer geordneten kirchlichen Verwaltung unterschätzt hatte. Es mußte also 1945 mit aller Sorgfalt darauf Bedacht genommen werden, daß sowohl bei der Neuorganisation der Gesamtkirche wie in den Landeskirchen die etwa noch vorhandene Rechtskontinuität soweit als irgend angängig gewahrt wurde. Auch formale Überlegungen waren keineswegs ohne weiteres von der Hand zu weisen. Es war ratsam, die kirchliche „Legitimität" organisatorischer Maßnahmen, wo immer es möglich und von der Sache her tragbar war, durch eine Anknüpfung an eine vorhandene äußere „Legalität" zu unterstützen.

Aus diesem Bemühen heraus mußte *die These vom automatischen Erlöschen der DEK* als einer NS-Gründung möglichst bald *überwunden* werden. Das geschah, wie gezeigt, schon vor aber auch während der Kirchenversammlung von Treysa. Die Argumente waren zunächst rein formaler Art.

Sie wurden aber ergänzt durch eine aus dem Wesen der Kirche kommende sachliche Überlegung.

Die mehr formalen Argumente waren diese:

Die Deutsche Evangelische Kirche ist nicht als ohne weiteres erloschen anzusehen, sondern sie besteht rechtlich und tatsächlich fort, obwohl ihre Organe sämtlich nicht mehr gemäß der Verfassung besetzt sind. Denn zunächst mußte festgehalten werden, daß *durchaus nicht einfach alle NS-Gesetze „automatisch" ungültig geworden* waren. Die Besatzungsmächte hatten durch das Gesetz Nr. 1 des Generals Eisenhower nur eine Reihe von namentlich aufgeführten Gesetzen außer Kraft gesetzt. In Artikel III dieses Gesetzes war bestimmt, daß sämtliche nicht ausdrücklich aufgehobenen Gesetze bis auf weiteres geltendes Recht bleiben sollten. Allerdings war die Aufhebung weiterer „Nazigesetze" vorbehalten geblieben.

Das *Reichsgesetz* über die Verfassung der DEK vom 14. Juli 1933 (RGBl I, S. 471) gehörte nicht zu den „nationalsozialistischen Grundgesetzen", die durch das Besatzungsgesetz Nr. 1 getroffen wurden. Es ist erst später durch die Besatzungsmächte (Gesetz Nr. 49 des Alliierten Kontrollrats vom 20. März 1947)[7] aufgehoben worden. Im Jahre 1945 war es noch in Kraft. Die Kirche hatte gar kein besonderes Interesse daran, eine Aufhebung des Reichsgesetzes durch die Besatzungsmacht zu betreiben. Möglicherweise hätte sich beim | Alliierten Kontrollrat die Vorstellung festgesetzt, daß in Deutschland kirchliche Grundgesetze einer staatlichen Anerkennung bedürften, um rechtsgültig zu werden, und daß also auch eine neue Kirchenverfassung der EKD der Zustimmung politischer Stellen, d. h. damals der Besatzungsmacht, bedürfen würde. Jedenfalls wäre es ganz falsch gewesen, kirchenrechtlich so zu argumentieren, die DEK bestehe nicht mehr, weil das ihre Konstitution begleitende Reichsgesetz als „Nazigesetz" automatisch hinfällig geworden sei. Eine solche Argumentation hätte den Gesichtspunkt der kirchlichen Autonomie in gefährlicher Weise außer acht gelassen.

Die *Verfassung* der DEK vom 11. Juli 1933 (GBlDEK 1933, S. 2—6) konnte ebensowenig wie das Reichsgesetz als automatisch fortgefallen angesehen werden. Die Kirchenverfassung von 1933 war eine von den Kirchen (Landeskirchen) selbst beschlossene „Fortführung und Vollendung der durch den Deutschen Evangelischen Kirchenbund eingeleiteten Einigung" (Präambel)[8]. Der Zusammenschluß zur DEK geschah 1933, trotz der Dynamik der Deutschen Christen und trotz des spürbaren politischen Druckes, auf Grund eines innerkirchlichen Entschlusses, nicht durch direkte nationalsozialistische Zwangsanordnung. Die Verfassung von 1933 war eine von den Landeskirchen paktierte Verfassung. Wie die Unterschriften beweisen, waren sämt-

---

[7] ABlEKD 1947, Nr. 18/19, Spalte 131.

[8] Text der Kirchenverfassung von 1933 z. B. in H. Brunotte, Grundordnung, S. 293—299; Horst Kater, Die Deutsche Evangelische Kirche in den Jahren 1933 und 1934 (AGK 24). Göttingen 1970, S. 209—213.

liche Landeskirchen durch ihre bisherigen legalen leitenden Amtsträger vertreten, nicht durch die DC-Usurpatoren. Daß für Altpreußen zusätzlich Ludwig Müller, für sämtliche preußischen Landeskirchen auch noch der inzwischen abberufene Staatskommissar Jäger und für Sachsen Friedrich Coch mitzeichneten, dürfte rechtlich unerheblich sein.

Die Tatsache, daß sämtliche verfassungsmäßigen Organe der DEK (Reichsbischof, Geistliches Ministerium, Nationalsynode) 1945 nicht mehr in Funktion waren, wäre allein nicht zur Begründung der Ansicht ausreichend gewesen, die Verfassung bestehe nicht mehr. Die Verfassung von 1933 hat unbestritten bis zum Zusammenbruch 1945 gegolten, obwohl die genannten Organe seit Jahren nicht legal besetzt waren. Die DEK hat schon von 1934 bis 1945 ohne diese Organe mit behelfsmäßigen Leitungsstellen (Vorläufige Kirchenleitung der Bekennenden Kirche, Reichskirchenausschuß, Leiter der Kirchenkanzlei) auskommen müssen und können. Es wäre also im Jahre | 1945 rechtlich durchaus denkbar gewesen, im Rahmen der fortbestehenden Verfassung und jedenfalls auf dem Boden der fortbestehenden DEK *neue*, allgemein anerkannte Notorgane zu bilden, deren Aufgabe es entweder hätte sein können, die verfassungsmäßigen Organe von unten her auf legalem Wege neu zu bilden, oder, was sich aus kirchlichen Gründen eher empfahl, Vorbereitungen für eine verfassunggebende Kirchenversammlung zu treffen, deren Aufgabe die Erarbeitung einer völlig neuen Verfassung hätte sein sollen. In beiden Fällen wäre die Theorie eines Erlöschens der Verfassung von 1933 und gar eines Zerfalls der DEK nicht notwendig gewesen.

Für die *Landeskirchen* hat sich die möglichste Wahrung auch einer *äußeren Rechtskontinuität* durchgehend als nützlich erwiesen. In einigen Landeskirchen hat man sich nicht einmal gescheut, die noch vorhandenen Träger des deutschchristlichen Kirchenregiments zu veranlassen, ihre Befugnisse auf die neugebildeten vorläufigen Kirchenleitungen zu übertragen (z. B. in Thüringen). Anderswo hat man eine früher rechtmäßig ausgesprochene Bevollmächtigung des Landesbischofs vorübergehend wiederhergestellt (z. B. in Hannover) oder ein Zusammenwirken der tatsächlich vorgefundenen Organe der Verwaltung mit noch lebenden Vertretern von Organen, die vor 1933 gebildet waren, und mit den Bruderräten der Bekennenden Kirche herbeigeführt, um neue Notorgane einzusetzen (z. B. im Rheinland). Wo das nicht geschehen ist, haben sich gelegentlich Schwierigkeiten ergeben, die den Rat der EKD veranlaßten, in einer „Erklärung" vom 19. April 1949[9] zur Rechtslage in den Landeskirchen Stellung zu nehmen. Der Rat geht in dieser Erklärung davon aus, daß alle evangelischen Landeskirchen nach 1945 die vom Nationalsozialismus im Kirchenkampf zerstörte kirchliche Rechtsordnung wiederherzustellen hatten. Dabei seien sich alle Landeskirchen darin einig gewesen, daß die kirchlichen Rechtsordnungen vom Bekenntnis her zu gestalten waren. (Dies bedeutet, daß bei der Art und dem Grad der Zerstö-

---

[9] ABlEKD 1949, Nr. 74.

rung des kirchlichen Rechts eine lückenlose formale Rechtskontinuität der
Organe nicht gefordert werden konnte.) Der Rat fährt wörtlich fort: „Die
grundsätzlichen Ergebnisse der bisherigen kirchlichen Rechtsbildung seit 1945
sind durch die Anerkennung der Kirchen[10] untereinander und der Evangeli-
schen Kirche in Deutschland getragen. Diese Anerkennung läßt keinen An|
satzpunkt für eine Anzweiflung der Rechtmäßigkeit der bestehenden Kirchenleitungen ..."

Mit dieser Erklärung stützt der Rat der EKD die durch Notmaßnahmen
verschiedener Art zustande gekommenen neuen kirchlichen Rechtsordnungen,
indem er auf das *Wesen der kirchlichen Rechtsordnung* überhaupt verweist.
Es kann keinem Zweifel unterliegen, daß in allen Landeskirchen die eigentliche Substanz der Kirche und die Keimzelle neuer Ordnung überall dort erhalten geblieben war, wo es Gemeinden gab, die an Gottes Wort und am
Bekenntnis der Kirche festhielten, und wo es Inhaber geistlicher Ämter gab,
die das Wort Gottes lauter predigten und die Sakramente bestimmungsgemäß verwalteten. Auf dieser Grundlage war die neue Ordnung der Landeskirchen vom Bekenntnis aus neu zu gestalten. Das ist im einzelnen überall
verschieden gehandhabt worden. In einigen Landeskirchen bestanden landeskirchliche Organe, von denen die Neuordnung ausgehen konnte, völlig
legal fort. In anderen hatten die DC-Organe oder die Inhaber von Verwal-
tungsämtern die neuen vorläufigen Organe ermächtigt. In einigen Landeskirchen war die Zerstörung des Rechtsgefüges so vollständig, daß nichts
anderes übrigblieb als eine vorläufige Übernahme der Leitung durch ange-
sehene kirchliche Männer, die das Vertrauen der Pfarrer und Gemeinden
hatten. In allen Landeskirchen hat der Übergangszustand nur wenige Jahre
gedauert. Die vorläufigen Kirchenleitungen veranlaßten überall zunächst die
Neubildung der kirchlichen Gemeindekörperschaften (Presbyterien, Gemeindekirchenräte, Kirchenvorstände). Aus diesen wurde eine Landessynode berufen, deren Aufgabe es war, eine endgültige Kirchenleitung zu bestellen,
unter Umständen auch eine ganz neue Kirchenverfassung (Kirchenordnung,
Grundordnung) zu beschließen. Die *kirchliche Legitimität* aller dieser Maßnahmen beruht darauf, daß die neuen Ordnungen gewissenhaft am Bekenntnis der Kirche ausgerichtet, vom Vertrauen der Gemeinden und Amtsträger
getragen und schließlich durch eine ordnungsmäßig gewählte Synode bestätigt wurden. Der Rat sieht in der zitierten Erklärung eine weitere Stütze
der Rechtmäßigkeit der neuen Ordnungen nicht mit Unrecht in der gegenseitigen Anerkennung der Kirchen untereinander: Die Landeskirchen erkennen sich sämtlich gegenseitig als bekenntnisgemäß geordnete Kirchen an. Die
Evangelische Kirche in Deutschland erkennt darüber hinaus alle Landeskirchen als legal geordnet an und wird ihrerseits in ihrer eigenen Neuordnung
von | der Anerkennung der Landeskirchen getragen. Dieser Tatsache hat

---

[10] Soll heißen „Landeskirchen".

auch die Rechtsprechung staatlicher Gerichte Rechnung getragen[11], zumal die Neuordnung auf staatlichem Gebiet nach 1945 kaum auf festeren Füßen stehen dürfte.

Was nun die *Evangelische Kirche in Deutschland* betrifft, so ist oben darauf hingewiesen, daß es nicht wohlgetan war, ihre Rechtsidentität mit der früheren Deutschen Evangelischen Kirche auch nur vorübergehend anzuzweifeln. Die Deutsche Evangelische Kirche, gegründet auf die in ihrer Substanz fortbestehenden Landeskirchen, deren Gemeinden und Amtsträger, war erhalten geblieben. Die evangelische Christenheit in Deutschland war eine Einheit und wußte sich als eine kirchliche Gemeinschaft, die im Kirchenkampf standgehalten hatte, so sehr auch ihr äußeres Ordnungsgefüge zerstört worden war — und so sehr auch ihr eigentliches Wesen erschüttert und umstritten sein mochte. Es konnte sich nur darum handeln, die Rechtsordnung wiederherzustellen und dabei entschlossen den Erkenntnissen und Erfahrungen des Kirchenkampfes Rechnung zu tragen.

Dabei stand von vornherein fest, daß im Bereich der Gesamtkirche eine *formale Übertragung von Befugnissen* einer Leitung aus der Zeit vor 1945 auf eine neue provisorische Leitung nicht in Betracht kam. Inhaber der letzten vom NS-Staat anerkannten Leitung der Deutschen Evangelischen Kirche war nach § 1 Abs. 1 der 17. Durchführungsverordnung vom 10. Dezember 1937 der Leiter der Kirchenkanzlei in Berlin, Präsident Dr. Werner, gewesen. Abgesehen davon, daß die Grundlage seiner Leitungsbefugnisse, die 17. Durchführungsverordnung des Reichsministers Kerrl, von allen Teilen der Bekennenden Kirche stets einmütig abgelehnt worden war, war auch durchaus fraglich, on Dr. Werner, dessen Aufenthalt außerdem unbekannt war, überhaupt die Leitungsbefugnisse aus der 17. Durchführungsverordnung beim Zusammenbruch 1945 noch innehatte. Seit seiner Einberufung waren diese Befugnisse von einem „stellvertretenden Leiter der Kirchenkanzlei", Vizepräsident Dr. Fürle, wahrgenommen worden. Diesen aber hatte Staatssekretär Dr. Muhs noch 1945 abzusetzen versucht. Da ihm die endgültige Neueinsetzung eines „stellvertretenden Leiters der Kirchenkanzlei" in den Wirren | des Zusammenbruchs nicht mehr gelungen war, konnte also nicht einmal mehr von einer klaren Regelung der vom Staate festgesetzten Leitungsbefugnisse die Rede sein. Der „Geistliche Vertrauensrat" aber, der bei Ausbruch des Krieges 1939 auf Veranlassung von Reichsminister Kerrl und auf Vorschlag der Landeskirchen von Dr. Werner zu seiner Unterstützung bei den Aufgaben der Kirche im Kriege gebildet worden war[12], hatte gar nicht die Befugnisse einer Kirchenleitung, insbesondere nicht die des in der Kirchenverfassung von 1933 vorgesehenen Geistlichen Ministeriums; er war lediglich ein beratendes Organ, dessen Tätigkeit mit dem Wegfall der bishe-

---

[11] Urteil des Landgerichts Essen vom 20. 7. 1948, Beschluß des Kammergerichts Berlin-West vom 19. 6. 1951 (vgl. ZevKR 1, 1951/52, S. 312 und 325).

[12] GBlDEK 1939, S. 97.

rigen Kirchenleitung der DEK erlosch. Der Geistliche Vertrauensrat hat daher, nachdem der Verfasser als kommissarischer Leiter der noch verbliebenen Kirchenkanzlei die erreichbaren Mitglieder, Vizepräsident D. Hymmen und Landesbischof D. Marahrens, im Mai 1945 auf diese Rechtslage aufmerksam gemacht hatte, gar nicht mehr den Versuch gemacht, zusammenzukommen. *Für den Bereich der DEK gab es die Möglichkeit einer Überleitung von Befugnissen aus rechtlichen, politischen und innerkirchlichen Gründen nicht.*

Auch die immerhin naheliegende Möglichkeit, eine Ermächtigung einiger führender Kirchenmänner durch die *Besatzungsmächte* herbeizuführen, wurde von Anfang an abgewiesen. Die evangelische Christenheit in Deutschland hatte aus einer vierhundertjährigen Geschichte Erfahrungen mit der „Staatskirche". Sie konnte nicht wünschen, daß die nach 1918 erworbene Selbständigkeit der Kirche im Grundsatz wieder fraglich werden sollte. Nach den schweren Eingriffen des NS-Staates nach 1933 mußte die evangelische Kirche doppelt sorgfältig sein, um auch den Schein zu vermeiden, als habe eine deutsche oder nun gar ausländische staatliche Macht das Recht, kirchliche Ordnung zu setzen. Eine Bemühung der Besatzungsmacht hätte bei deren wohlwollender Grundhaltung zur Kirche im Jahre 1945 durchaus Erfolg versprochen. Es ist aber zu begrüßen, daß die Kirche damals dieser Versuchung nicht erlegen ist und damit auch für einen kommenden deutschen Staat eindeutig an ihrer in der Reichsverfassung von Weimar 1919[13] festgelegten Autonomie festgehalten hat. | *Die Neuordnung der Evangelischen Kirche in Deutschland mußte 1945 aus ihr selbst kommen.*

Alle die vorstehend geschilderten Überlegungen über die Rechtslage mußten in den wenigen Tagen der *Kirchenversammlung von Treysa* (27. bis 31. August 1945) zur Klärung und Entscheidung gebracht werden. Dies war Sache eines Rechtsausschusses, den die Kirchenversammlung bestellte und dem die Herren Professor D. Dr. Erik Wolf, Freiburg, Professor D. Dr. Smend, Göttingen, Professor D. Frick, Marburg, Oberkirchenrat Dr. Ehlers, Oldenburg, und Rechtsanwalt Dr. Mensing, Wuppertal, angehörten. Dieser Ausschuß berichtete am 30. August in der Vollversammlung. Berichterstatter über die Arbeit des Ausschusses war Dr. Mensing. Er legte der Kirchenversammlung am Vormittag des 30. August den Wortlaut der *„Vorläufigen Ordnung der Evangelischen Kirche in Deutschland"* vor, die am Nachmittag des gleichen Tages von Erik Wolf begründet wurde[14]. Dr. Mensing legte in seinem Referat dar, der Ausschuß sei davon ausgegangen, daß die Kirchenversammlung in ihrem bisherigen Verlauf gezeigt habe, daß der einmütige

---

[13] Artikel 135 ff., besonders 137 Absatz 3: „Jede Religionsgesellschaft ordnet und verwaltet ihre Angelegenheiten selbständig innerhalb der Schranken des für alle geltenden Gesetzes. Sie verleiht ihre Ämter ohne Mitwirkung des Staates oder der bürgerlichen Gemeinde."

[14] Text der „Vorläufigen Ordnung" von 1945 z. B. bei F. SÖHLMANN (s. Anm. 2), S. 96—98; KJ 72—75, 1945—1948, S. 15—17; H. BRUNOTTE, Grundordnung, S. 300—302; vgl. zu ihr ebd., S. 20—29.

Wille bestehe, die vorhandene Einheit der evangelischen Christenheit in Deutschland festzuhalten. Auch die Bekenntnissynoden hätten mit einer einheitlichen DEK gerechnet. Demgegenüber wolle der Ausschuß die Frage, ob die Verfassung der DEK vom 11. Juli 1933 noch fortgelte, auf sich beruhen lassen. Auf jeden Fall liege schon wegen des Fehlens aller „reichskirchlichen" Organe ein Notstand vor. Auch aus sachlichen Gründen dürfe es sich empfehlen, eine völlig neue Kirchenverfassung vorzubereiten. Einstweilen könne man nur eine vorläufige Ordnung aufrichten.

Professor Erik Wolf wies ebenfalls darauf hin, daß das Votum des Ausschusses dahin gehe, die Rechtskontinuität über den Zusammenbruch hinaus zu erhalten. Er schlug vor, ein Sachverständigenausschuß von zwei Theologen und zwei Juristen möge die Rechtslage in der EKD und die Frage einer Fortgeltung der Gesetze der DEK prüfen. Die „Vorläufige Ordnung" solle nicht mehr sein, als was ihr Name sage. Die neue Leitung der EKD habe kein allgemeines Gesetzgebungsrecht. Sie solle nur das Notwendigste regeln und eine endgültige Ordnung vorbereiten. Man könne nicht übersehen, daß die Landeskirchen zur Zeit selbständiger seien als nach '1933. Immer|hin solle die neue Leitung der EKD Richtlinien erlassen können und, im Zusammenwirken mit den Landeskirchen, auch Verordnungen.

Zur Frage der Nachprüfung des geltenden Rechts der DEK hatten die Referenten der Rest-Kirchenkanzlei in Göttingen dem Rechtsausschuß mehrere Entwürfe vorgelegt. Es war aber nicht Zeit, sie zu prüfen. Soweit wir sehen, ist der von Professor Wolf angeregte vierköpfige Ausschuß nicht gebildet worden. Die Nachprüfung und Abänderung des geltenden Rechtes hat vielmehr in der Folgezeit der Rat der EKD unter Mitwirkung der Kirchenkanzlei in Schwäbisch Gmünd selbst vorgenommen. Das Ergebnis sind einige Verordnungen vom 2. Mai 1946[15].

Im Anschluß an die Begründung der „Vorläufigen Ordnung" wählte die Kirchenversammlung von Treysa am Nachmittag des 30. August nach schwierigen Auseinandersetzungen, in deren Verlauf die Mehrzahl der Landeskirchenführer zeitweise den Saal verließ, in welchem die Mitglieder des Reichsbruderrates mit anderen Kirchenführern zurückblieben, den vom Rechtsausschuß vorgeschlagenen *„Rat der Evangelischen Kirche in Deutschland"*. Der Reichsbruderrat hatte ursprünglich beantragt, die vorläufige Leitung der EKD drei Personen zu übertragen (D. Wurm, D. Niemöller. D. Dr. Dibelius) und ihnen einen Beirat von neun Mitgliedern zur Seite zu stellen. Die Landeskirchenführer wünschten eine Leitung von vier Personen (Wurm, Niemöller, Dibelius und Meiser). Man einigte sich schließlich darauf, einen Rat von 12 Mitgliedern zu bilden und 7 Mitglieder mit der Vertretung des Rates zu beauftragen. Die 12 Mitglieder des Rates wurden in der „Vorläufigen Ordnung" Abschn. III aufgezählt (1. Wurm als Vorsitzender, 2. Niemöller als stellvertretender Vorsitzender, 3. Meiser, 4. Dibelius,

---

[15] VOuNBl.EKD 1946, Nr. 38/39.

5. Lilje, 6. Held, 7. Niesel, 8. Asmussen, 9. Hahn, 10. Smend, 11. Heinemann, 12. Meier). Da Oberstudiendirektor Meier, Hamburg, der in Treysa nicht anwesend war, die Wahl nicht annahm, wurde an 12. Stelle Landeshauptmann a. D. Dr. Hagemann, Celle, später vom Rat nachgewählt. In dieser Besetzung hat der vorläufige Rat der EKD bis zur Neuwahl eines Rates nach den Bestimmungen der Grundordnung auf der Synode von Bethel (9. bis 13. Januar 1949) amtiert. Was die Be|auftragung der ersten 7 Mitglieder mit einer „Vertretung" des Rates eigentlich bedeuten sollte, ist niemals richtig klargeworden. Praktiziert ist diese „Vertretung" jedenfalls von 1945 bis 1949 nicht. Es genügte zur Vertretung nach außen, daß der Rat einen Vorsitzenden und einen stellvertretenden Vorsitzenden hatte und daß Bischof Dibelius am 19. Oktober 1945 durch Ratsbeschluß als Leiter einer Berliner Stelle der Kirchenkanzlei zusätzliche Vertretungsbefugnisse für den Osten bekam. Mit einer ersten Ratssitzung, die nach Schluß der Kirchenversammlung am 31. August 1945 in Treysa stattfand, übernahm D. Asmussen die Leitung der *Kirchenkanzlei* (von 1945 bis Ende Oktober 1949 in Schwäbisch Gmünd, danach in Hannover), D. Niemöller die Leitung des *Kirchlichen Außenamtes* (von 1945 bis 1947 in Schloß Büdingen, danach in Frankfurt). Im Unterschied von der bisherigen Regelung der DEK, nach der das Außenamt ein Teil der Kirchenkanzlei gewesen war, bekam die EKD jetzt zwei voneinander unabhängige Amtsstellen, die von je einem Ratsmitglied geleitet wurden. Damit waren Leitung und Verwaltung der EKD nach dem Zusammenbruch von 1945 fürs erste geregelt.

# Einheit und Gliederung der Evangelischen Kirche in Deutschland*

Die Evangelische Kirche in Deutschland ist gerufen, sich eine neue Ordnung — früher sagten wir: Verfassung — zu geben. Die Kirchenversammlung in Treysa vom August 1945 hat nur eine Vorläufige Ordnung gesetzt. Die verantwortlichen Männer waren sich darüber einig, daß der Fehler von 1933, in überstürzter Eile eine neue Kirchenverfassung zu beschließen, nicht wiederholt werden sollte. Wir wollen nicht, wie damals, das Dach zuerst bauen. Wir wollen auch nicht allzu eilig über die Fragen und Probleme hinweggehen. Unklarheiten im Aufbau einer Kirche führen naturnotwendig zu Schwierigkeiten, die sehr bald hervortreten. Selbst wenn 1933 die Deutschen Christen mit ihrem Einbruch der Irrlehre und der Machtpolitik nicht gekommen wären, hätte es über kurz oder lang zwischen den Landeskirchen und der Deutschen Evangelischen Kirche Streitigkeiten geben müssen. Der durchaus zentralistische Grundgedanke der Verfassung von 1933 stand in einem unausgeglichenen Widerspruch zu dem Artikel 2, der den Landeskirchen in Sachen von Kultus und Bekenntnis die Selbständigkeit beließ. Man sah damals noch nicht so klar wie schon im folgenden Jahre, daß es in der Kirche nichts von Belang geben kann, das nicht in einem Zusammenhang mit der Lehre und dem Gottesdienst der Kirche stände. Nahm man den Satz von der Selbständigkeit in Bekenntnis und Kultus ernst, dann blieb den Organen der Deutschen Evangelischen Kirche nicht viel zu tun übrig. Betonte man dagegen die Einheit der Gesamtkirche, die sich in ihren zentralen Organen nach außen darstellte, so mußte man gegen den Vorrang von Lehre und Gottesdienst verstoßen. Die Verfassung von 1933 enthielt in ihrer Struktur bereits die Ansätze zu Kompetenzkonflikten und Schwierigkeiten, die nie überwunden oder geklärt werden konnten. |

Das ist uns eine Warnung gewesen. Die werdende Evangelische Kirche in Deutschland geht daher anders vor als 1933. Einmal wird nicht wieder von oben nach unten gebaut, sondern es wird ernst gemacht mit dem Grundsatz, daß sich die Kirche aus den Gemeinden auferbaut. Zuerst müssen die kirchlichen Gemeindekörperschaften, die Gemeindekirchenräte, Presbyterien, Kirchenvorstände durch Wahl der Gemeinden neu gebildet werden. Aus ihnen müssen die Landes- und Provinzialsynoden erwachsen. Diese müssen an die Stelle der vorläufigen Kirchenleitungen, die in den meisten Landeskirchen

* Aus: Schriftendienst der Kanzlei der Evangelischen Kirche in Deutschland Nr. 8 Schwäbisch Gmünd o. J. [1946], S. 1—12.

noch bestehen, endgültige, mit Vollmacht handelnde Leitungsorgane setzen. Dann erst kann aus den in sich geordneten Landeskirchen die Generalsynode der Evangelischen Kirche in Deutschland beschickt werden, die berufen ist, eine neue Kirchenordnung für die Gesamtkirche zu erlassen und ein für die Dauer bestimmtes Kirchenregiment einzusetzen.

Zum anderen geht man heute bewußt den Weg, im voraus eine möglichst klare Lösung der Fragen und Probleme zu suchen, die sich bei der kirchlichen Neuordnung in Deutschland seit langem erkennbar abzeichnen. Die verschiedenen Bestrebungen verfassungsrechtlicher Art sollen bereits vor der praktischen Gestaltung der Dinge ehrlich ins Auge gefaßt und überlegt werden. Wir wollen nicht wieder eine Scheinlösung finden, die den Keim späterer Schwierigkeiten in sich tragen würde. Darum ist es gut, daß nichts übereilt wird, daß gründlich gearbeitet wird, daß über die wichtigsten Fragen der Kirchenordnung ein echtes theologisches Gespräch geführt werden kann, ehe die neue Ordnung in Paragraphen gefaßt wird.

Um dieses Gespräch ist es uns in den nachfolgenden Zeilen zu tun. Wir haben den Eindruck, daß es an diesem Gespräch noch weithin mangelt. Kennzeichen eines echten Gespräches ist es, daß man keine Monologe hält, sondern auf den Anderen sorgsam hört; daß man nicht bestrebt ist, den Andern ins Unrecht zu setzen, sondern sich bemüht, die wirklichen Gründe des Gesprächspartners kennenzulernen und zu achten; daß man nicht versucht, durch irgendeine geschickte Propaganda Macht auszuüben und seinen eigenen Standpunkt zur alleinigen Geltung zu bringen, sondern daß man dazu beiträgt, das berechtigte Anliegen des Andern womöglich noch besser zu verstehen, als er selber es vermag, und es so aufzunehmen, daß es sich mit dem unaufgebbaren eigenen Anliegen vereinbaren läßt. Es scheint, als ob wir erst von den Kirchen der fremden Völker lernen müssen, was es um wahre „cooperation" ist. Es scheint, als ob wir alle noch ein wenig von dem Gift eines politisch gescheiterten Totalitätsanspruchs in uns haben, der eine äußerlich gesehene Einheit, um nicht zu sagen | Uniformität wollte, und die wahre Einheit um so sicherer zerstörte, je mehr er sie zu begründen meinte.

Das Gespräch, das wir meinen, muß geführt werden zwischen den Vertretern einer verfassungsrechtlichen Einheitlichkeit der neuen Evangelischen Kirche in Deutschland und den Vertretern einer konfessionellen Gliederung. Dies Gespräch ist noch weithin übertönt von einem heftigen und daher nutzlosen gleichzeitigen Gegeneinander-reden. Es fördert die sachlichen Fragen nicht, wenn in diesem Gegeneinander der Stimmen so getan wird, als sei der Dissensus nur auf die Bosheit oder Unbelehrbarkeit der anderen Seite zurückzuführen; wenn dem Gesprächspartner der gute Wille mehr oder weniger abgesprochen wird; wenn ihm fast unverblümt unterstellt wird, daß er keine theologischen Gründe für seine Haltung habe, sondern offensichtlich aus einem unkirchlichen Machtstreben heraus rücksichtslos seine eigene Position vertrete. Wir müssen, wenn wir weiterkommen wollen, nachgerade mit

dieser unbrüderlichen Art des Gegen-einander-redens aufhören. Der angerichtete Schaden ist bereits groß genug.

Dies müßte nun gesagt werden nicht in einer Art gönnerhafter Schieds-
richterhaltung nach beiden Seiten hin, sondern indem man selbst in dem Gespräch Stellung bezieht und eine Meinung kundgibt. Der Verfasser tut das,
indem er sich zu dem Kreis derer gesellt, denen an einer sauberen Gliederung
der Evangelischen Kirche in Deutschland nach den vorhandenen reformatorischen Bekenntnissen einiges zu liegen scheint, — nicht nur für die Kirchen
dieser reformatorischen Bekenntnisse, sondern auch gerade für die EKD in
ihrer Gesamtheit. Der Verfasser gehört einer Landeskirche lutherischen Bekenntnisses an, nachdem er zehn Jahre im unmittelbaren Dienst der damaligen Deutschen Evangelischen Kirche gestanden hat. Er glaubt von da her um
die verfassungsrechtlichen Nöte der Gesamtkirche zu wissen. Die *Einheit* der
Evangelischen Kirche in Deutschland lag ihm schon zu einer Zeit am Herzen, als jedermann sich mit einigem Recht befugt glauben konnte, sich von
der Deutschen Evangelischen Kirche, wie sie geworden war, in eine völlige
landeskirchliche Selbständigkeit zurückzuziehen. Er wird keinem Partikula-
rismus und Separatismus und keiner konfessionalistischen Eigenbrötelei das
Wort reden. Aber er wird für eine klare *Gliederung* der Evangelischen Kirche
in Deutschland eintreten.

Das erste, um das die Fürsprecher der lutherischen Einigungsbemühungen
ernsthaft bitten müssen, ist, daß man ihnen zubilligt, daß sie wirkliche, theologisch vertretbare Gründe für ihre Bestrebungen haben. Sie treiben keine
Machtprobe in der Weise, daß sie im Sinne hätten, einen großen lutherischen
„Block" innerhalb | der Evangelischen Kirche in Deutschland aufzurichten,
um in ihr Einfluß zu gewinnen und die Dinge entscheidend bestimmen zu
können. Sie wollen keine kirchliche „Restauration" in dem Sinne, daß ihnen
an der Erhaltung oder Wiederherstellung einer (schon früher) veralteten
„Behörden- oder Verwaltungskirche" gelegen wäre. Wem könnte daran im
Ernst irgend etwas gelegen sein? Sie wollen auch keine Verewigung des bestehenden Landeskirchentums. Denn sie wissen ganz genau, daß das Landes-
kirchenwesen, wie es heute vorliegt, zwar für die geschichtliche Ausprägung
der landschaftlichen kirchlichen Eigenarten der einzelnen Kirchengebiete eine
nicht zu unterschätzende Bedeutung gehabt hat und daß davon auch für die
eigentliche kirchliche Arbeit mancher Segen ausgegangen ist, daß aber doch
letztlich alles geschichtlich Gewordene nur eine relative Bedeutung hat gegenüber dem eigentlichen Wesen der Kirche, das nicht in der Pflege menschlicher und landschaftlicher Besonderheiten besteht, sondern in der einen Aufgabe, das Wort Gottes als Gesetz und Evangelium aller Kreatur zu verkündigen. Die Vertreter der lutherischen Einigung meinen sogar, daß das alte
Landeskirchentum, das bei einer territorialen Neugliederung im politischen
deutschen Raume bald noch mehr von seiner geschichtlichen Berechtigung verlieren wird, am ehesten überwunden werden kann durch den Zusammen-

schluß der lutherischen Landeskirchen zu einem lutherischen Zweig der EKD. Das wird noch zu zeigen sein.

Es ist darum auch nicht richtig, zu sagen, die Bayern oder Hannoveraner oder sonst eine lutherische Kirche huldigten einer Art „Kairos-Theologie", einer Theorie der augenblicklichen „Gelegenheit", etwa in dem Sinne, daß für sie der Gesichtspunkt ausschlaggebend sei: jetzt oder nie wird es zu dem seit der Romantik (aber doch wahrhaftig nicht aus „Romantik"!) erstrebten Zusammenschluß des Luthertums kommen. Man wolle uns doch zugestehen, daß dieser Gedanke, der nebenher einmal ausgesprochen sein mag, nicht unser eigentliches Motiv ist. Es geht uns wirklich um andere und bedeutsamere Dinge.

Wir müssen unsere Brüder, die aus unierten Kirchengebieten kommen, herzlich bitten zu sehen, daß wir von Schrift und Bekenntnis her nicht anders können, als die Forderung zu erheben, daß in einer Kirche, die diesen Namen wirklich verdient, auch das Kirchenregiment an Schrift und Bekenntnis gebunden sein muß. Das ist eine Forderung, die jedermann den reformierten Kirchen ohne weiteres zugesteht. Es würde auf reformierter Seite schlechthin undenkbar erscheinen, daß die reformierte Kirchenordnung, die aus der Heiligen Schrift abgeleitet wird, nur auf die nach Gottes Wort reformierten Gemeinden und auf die Träger der vier kirchlichen | Ämter angewandt werden könnte, daß man aber die Kirchenleitung von der Geltung dieser Ordnung ausnähme. Es wird den Reformierten ohne weiteres eingeräumt, daß sie ihre Kirchenordnung durchführen von unten nach oben, daß die Gemeinden nach denselben Grundsätzen, nach denen sie sich selber ordnen, auch ihre Synoden bilden, und daß die Leitung der Gesamtkirche eben bei diesen Synoden liegt. Niemand würde es den reformierten Brüdern zumuten, daß sie gegen die nach ihrer theologisch begründeten Meinung notwendige Ordnung ihrer Kirche die Leitung aus der Hand der Synode nehmen und etwa einem Bischof oder sonst einem geistlichen Amt übertragen sollten. Es ist der reformierten Seite stets zugestanden worden, daß auch die Leitung der Kirche an die reformierte Auffassung von Schrift und Bekenntnis gebunden sein müsse. Daher hat man bei allen Verfassungsplänen der letzten 13 Jahre den Reformierten ihre Eigenart ausdrücklich garantiert. Sogar der „Rechtswalter" der Deutschen Evangelischen Kirche, August Jäger, hat im Jahre 1934 ein Sondergesetz für die reformierten Kirchen geschaffen, als er die anderen „eingliedern" wollte.

Es ist eine der merkwürdigsten Theorien der letzten 30 Jahre, die schon bei den Verfassungsarbeiten von 1919 bis 1922 eine Rolle gespielt hat, als habe die lutherische Kirche hinsichtlich ihrer Verfassungsfragen keinerlei theologisch begründbare Prinzipien, als könne man bei ihr alles machen, wie man wolle, als könne man daher auch die Kirchenleitung durch irgendwen ausüben lassen, wenn es nur überhaupt eine Ordnung sei. Das ist ein gründliches Mißverständnis der in den lutherischen Bekenntnisschriften gelegentlich hervortretenden These, daß es bei der äußeren Ordnung der Kirche nur darauf ankomme, „ut res ordine gerantur", daß die Dinge zweckmäßig geordnet würden, daß sie also menschlicher, vernünftiger Überlegung überlassen seien. Luther und die Väter der alten lutherischen Kirche wollten damit zum Ausdruck bringen, daß es nach ihrer Meinung nicht möglich sei, ein für allemal eine Organisationsform der Kirche aus der Heiligen Schrift unmittelbar abzuleiten. Für Luther enthielt das Neue Testament nicht ein Grundgesetz für Kirchenverfassungen, das man zu allen Zeiten immer wieder anwenden könnte und anzuwenden hätte. Luther war der nüchternen Meinung, daß Gott seiner Kirche zugelassen habe, in diesen Dingen weitgehend nach den praktischen Erfordernissen ihrer Zeit zu verfahren. Der weit verbreitete Irrtum aber, den sich bereits in früheren Zeiten die jeweiligen Interessenten, zum Beispiel die Fürsten, oder in unserer Zeit die Deutschen Christen zunutze gemacht haben, lag darin, daß man der Meinung war, es gebe auf lutherischem Boden überhaupt keine Regulative in Kirchenordnungsfragen, die theologisch begründbar wären; man könne in der luthe|rischen Kirche alles machen: also beispielsweise einen katholischen König als „Summus episcopus" haben, oder ein Kollegium aus weisen und aufgeklärten Staatsmännern an die Spitze stellen, oder den politischen Parlamentarismus für die Kirchenleitung übernehmen, oder ganz einfach die Regierung der Kirche einem Ministerium des totalen Staates übertragen. Denn es handele sich ja doch nur um die „äußere Ordnung"; die Verkündigung der Geistlichen und das gottesdienstliche Leben der Gemeinden könne daneben seinen ungestörten Gang gehen, es bleibe eben „unberührt". Und nun bitten wir uns richtig zu verstehen: eine milde Abart dieser Anschauung vom Kirchenregiment ist auch die Meinung, lutherische Kirchen könnten ein Kirchenregiment haben, in dem gleichberechtigt neben einander Männer des lutherischen und des reformierten Bekenntnisses sitzen, dazu solche, die einer Konsensus-Union angehören. Ein solches Kirchenregiment würde die Reinheit der lutherischen Verkündigung und des lutherischen Gottesdienstes „nicht berühren".

Wo liegt hier der Irrtum? Er liegt da, daß nicht gesehen wird, daß der bei den Reformierten geltende Grundsatz, die Kirchenleitung müsse des gleichen Bekenntnisses sein wie die Gemeinden, selbstverständlich auch für Luther galt. Luther hat bekanntlich die Fürsten nicht ohne weiteres als Landesherren, ohne Rücksicht auf ihre Konfession, mit der notweisen Leitung der Kirche ihrer Gebiete betraut, sondern als „praecipua membra ecclesiae", als besonders hervorragende Glieder der auf der Augsburgischen Konfession stehenden Kirche. Der im 17. Jahrhundert eingetretene Zustand, daß das landesherrliche Kirchenregiment einfach aus dem politischen Hoheitsrecht der Territorialfürsten abgeleitet wurde, ist ein „abusus", ein Mißbrauch, der durch nichts gerechtfertigt ist. Er hat verhängnisvoll bei der Verweltlichung und Verstaatlichung der evangelischen Kirchen in Deutschland mitgewirkt. Es sollte heute unter uns unbestritten sein, daß es echte Kirchenleitung nur geben kann, wenn ihre Träger in der gleichen Weise an die Heilige Schrift und das Bekenntnis ihrer Kirche gebunden sind wie die Pfarrer und Gemeinden.

Es ist ja auch nicht völlig richtig, daß es im lutherischen Bereich gar keine Grundsätze für die kirchliche Ordnung gebe, die ihre Wurzel in der Heiligen Schrift hätten. Im Unterschied von den Reformierten lesen wir nicht eine bestimmte *Ordnung* aus dem Neuen Testament ab, die zu allen Zeiten in der Kirche die gleiche sein müßte; aber wir Lutheraner kennen *Grundzüge* einer Ordnung, die sich im Neuen Testament finden und die für alle späteren kirchlichen Ordnungsformen mindestens richtungweisend sind. Diese Grundzüge finden wir, kurz gesagt, in dem neutestamentli|chen Prinzip der Polarität von Amt und Gemeinde. Über diese Fragen ist von den lutherischen Vätern des 19. Jahrhunderts, also von Männern wie Vilmar, Kliefoth, Münkel, Huschke, Mejer, Harleß und anderen, sorgfältig nachgedacht worden. Wer die Werke dieser Männer über die Kirche kennt und wer vor allem Einblick genommen hat in die große Zeitschriftenliteratur der fünfziger Jahre, weiß, wie sie sich gemüht haben um eine echte lutherische Kirchengestaltung zwischen der Skylla des alten Staatskirchentums und der Charybdis des aufkommenden Parlamentarismus. Bis etwa zum Jahre 1862, wo die Diskussion plötzlich aufhört, ohne zu einem Ergebnis gekommen zu sein, geht die Erörterung der Frage, was in der lutherischen Kirche das Primäre sei, das Amt oder die Gemeinde. Bei Vilmar ist es das Amt, das fälschlich gleichgesetzt wird mit dem Amt der Apostel und von daher seine überragende Bedeutung nimmt; das Amt gründet nach Vilmar die Gemeinde, die das Sekundäre bleibt. Auf der Seite seiner lutherischen Gegner wird vielfach in der Kontroverse die Gemeinde überbetont; sie setzt das Predigtamt, das klar vom Apostelamt des Neuen Testamentes unterschieden wird, auftragsweise aus sich heraus. Leider hat, außer etwa Harleß, damals kaum jemand gesehen, daß die Frage „Amt oder Gemeinde" eine falsche Alternative sei und daß für lutherisches Schriftverständnis die polare Spannung zwischen Amt und Gemeinde das konstitutive Prinzip aller Kirchenordnung sein muß. Amt und Gemeinde bedingen sich gegenseitig. In der Wechselwirkung von Amt und Gemeinde besteht die lutherische Kirche.

Wie wichtig diese Erkenntnis ist, wird sich zeigen, wenn wir etwas weiter in die Verfassungsvorarbeiten der EKD hinein gekommen sind. Es wird dann sehr deutlich ein Unterschied zwischen lutherischer und reformierter Auffassung hervortreten, der eine Vermischung beider Verfassungsprinzipien nicht geraten erscheinen lassen wird. Wir Lutheraner können eine reine Synodalverfassung für uns nicht haben. Auch die Kirchenleitung wird bei uns nicht einfach aus der Synode hervorgehen können. Am wenigsten werden wir einen Kongregationalismus mitmachen können, wie er jetzt in einem aus Württemberg stammenden Verfassungsvorschlag zutage getreten ist, so als ob die Kirche nichts weiter sei als der Zusammenschluß von Einzelgemeinden. Konstitutiv für jede Kirchenordnung sind bei uns Amt und Gemeinde. Das geistliche Amt hat nach Artikel V der Confessio Augustana von Gott die Aufgabe gesetzt bekommen, das Evangelium zu verkündigen und die Sakramente zu verwalten. Es hat damit einen von der Gemeinde unabhängigen göttlichen Auftrag, aber freilich an der Gemeinde, die ihrerseits nach Artikel VII der Augustana nicht nur Gemeinschaft der Gläubigen ist, sondern auch der Ort, an dem die reine Wortverkündi|gung und die geordnete Sakramentsverwaltung geschieht. So sind beide aufeinander bezogen. Und was für die einzelne Gemeinde gilt, hat auch seine Bedeutung für die Gesamtkirche, die nicht ein Bund der Einzelgemeinden ist, sondern eben wie die Gemeinde „Ecclesia". Von daher kennen wir in der lutherischen Kirche auch das übergeordnete geistliche Amt, das in einem leitenden geistlichen Amt, dem Bischofsamt, seine Spitze haben kann und das der übergeordneten Vertretung der Einzelgemeinde, der Synode, in klarer Abgrenzung der Befugnisse gegenübersteht. Das Bischofsamt ist in der lutherischen Kirche keine romantische Liebhaberei und hat seinem Wesen nach mit Hierarchie nichts zu tun. Es wird aber in gleicher Weise wie die Synode an der Kirchenleitung selbständig beteiligt sein müssen, wie auch der Pastor neben seiner geistlichen Aufgabe an der Gemeinde die Aufgabe der Gemeindeleitung hat. Wie das im einzelnen zu gestalten ist, ist bei uns der Vernunft überlassen; es kann nach Zweckmäßigkeitserwägungen eingerichtet werden, und die geschichtlichen Gegebenheiten der einzelnen Kirchen mögen hier ihr Recht bekommen. Sicher ist nur, daß die Grundzüge einer lutherischen Kirchenordnung in der Koordinierung von Amt und Gemeinde zu suchen sind.

Würden wir diese Dinge jetzt nicht ernst nehmen und die Gestaltung des Kirchenregiments von der Bindung an die Grundgedanken der lutherischen Bekenntnisse lösen, dann würden wir den ganzen Kirchenkampf, ja darüber hinaus einen großen Teil lutherischer Kirchengeschichte unglaubwürdig machen. Wenn es auch anders ginge, würden wir nachträglich den Widerstand der lutherischen Gemeinden in Altpreußen gegen die Union in den dreißiger Jahren des vorigen Jahrhunderts ins Unrecht setzen. Auch die Ablehnung der Eingliederung in die Union durch die neupreußischen lutherischen Kirchen nach 1866 wäre unverständlich. Ebenso müßte die Gründung eines bloßen Kirchen*bundes* 1922 als unangebrachte Eigenbrötelei erscheinen, wie auch das Festhalten an Artikel 2 der Kirchenverfassung von 1933, der die Selbständigkeit der Landeskirchen in Bekenntnis und Kultus garantierte. Es würde dann aber auch z. B. der Kampf der hannoverschen Landeskirche gegen die Jägersche Eingliederung 1934 unglaubwürdig werden; er müßte als ein rein kirchenpolitischer oder gar politischer Widerstand erscheinen, während doch gerade in den Massenversammlungen und Kundgebungen im Hannoverland 1934 schlagend deutlich wurde, daß es den Pfarrern und Gemeinden um die Geltung des lutherischen Bekenntnisses ging. Würde man jetzt den letzten Schritt zu einem lutherischen Zusammenschluß mit der Herstellung eines wirklich lutherischen Kirchenregiments nicht tun, so würde auch die ganze Arbeit des Lutherrates als unglaubwürdig | hingestellt werden. Dann wäre auch dieser Zusammenschluß seit 1936 nichts weiter gewesen als ein kirchenpolitischer Zweckverband, einerseits gegen die Übergriffe des Staates und der Partei und andererseits in Abgrenzung von einer anderen „kirchenpolitischen" Auffassung der „radikaleren Richtung" der Bekennenden Kirche.

Was zugunsten einer organisatorischen *Einheitlichkeit* der Evangelischen Kirche in Deutschland gesagt werden könnte, nehmen wir ganz ernst. Wir wissen uns allerdings mit unseren Brüdern aus der Union in voller Übereinstimmung darin, daß es heute besonders in „Laienkreisen" eine Weise gibt, von der Belanglosigkeit der Unterschiede zwischen lutherisch und reformiert zu reden, die nicht in der Sache begründet ist, sondern ihre Wurzeln in einem relativistischem Liberalismus hat, der nicht in die Kirche Jesu Christi hineingehört. Dieser Gefahr erliegen, wie wir bei manchen aus dem Osten zu uns kommenden Amtsbrüdern bemerken können, auch vielfach Pfarrer. — Des weiteren haben wir auch Zweifel, ob es das geben kann, was in einer Stellungnahme der Württembergischen Landeskirche zu dem lutherischen Verfassungsentwurf die „echte biblische Unität" genannt wird. Für uns ist das lutherische Bekenntnis nicht ein „accidens", das zur Heiligen Schrift noch hinzu kommen würde und über das zurück man dann einfach zur „biblischen Unität" schreiten könnte. Wenn wir es recht verstehen, ist es doch so, daß der Unterschied eben darin besteht, daß in der lutherischen und in der reformierten Kirche an einigen Punkten ein verschiedenes Verständnis der Heiligen Schrift selber besteht, und daß die Bekenntnisschriften eben diesem verschiedenen Schriftverständnis die lehrmäßige Ausprägung geben. Es ist auch uns gewiß, daß sich jede Kirche der Reformation zu allen Zeiten vom Worte Gottes her fragen lassen muß, ob ihr Schriftverständnis richtig sei. Das Bestehen der anderen Kirche ist für uns an sich schon die ständig an uns gerichtete Frage. Die Unterschiede der Lehre etwa hinsichtlich des Heiligen Abendmahls, können auch wir nicht als für alle Zeiten bestehend ansehen. Wir müssen aber entscheidenden Wert darauf legen, daß solche Unterschiede nicht einfach mit der Zeit „von selbst" verschwinden oder geringer werden, sondern daß es hierzu eines an der Schrift orientierten Gespräches zwischen den beiden Schwesterkirchen der Reformation bedarf um festzustellen, ob unsere Väter diese Lehrunterschiede wirklich zu Unrecht als *kirchentrennend* angesehen haben. Dies Gespräch ist auch nicht zu ersetzen durch „besondere geschichtliche Führungen", wie sie Württemberg für sich im Pietismus zu sehen geneigt ist. Um das Gespräch über die Lehre kommen wir nicht herum. Und da ist eben zu sagen, daß dies Gespräch seit langem nicht mehr geführt worden ist. Ich halte es durchaus für | möglich, daß wir heute oder morgen in der Abendmahlslehre auf Grund der exegetischen Weiterentwicklung der neutestamentlichen Abendmahlsforschung seit Luther zu einem anderen Er-

gebnis als 1529 kommen könnten. Aber darüber läßt sich erst etwas aus-
machen, wenn man den Versuch eines gemeinsamen Rückgangs auf das Neue
Testament gemacht hat. Bis heute ist er nicht gemacht worden! Hier liegt
eine große Aufgabe für die biblische und systematische Theologie unserer
Zeit. Ehe sie nicht erfüllt worden ist, müssen wir gegen die Proklamierung
einer vollständigen Abendmahlsgemeinschaft, die sich nur auf das in der
Union geschichtlich gewordene Herkommen oder nur ein gemeinsames
Kampferlebnis stützen wollte, ebenso mißtrauisch sein wie gegen den Versuch, die Unterschiede durch liturgistisch-kultische Neuformung zu überdek-
ken.

Das von uns für unerläßlich gehaltene Gespräch ist auch nicht ersetzt durch
die Theologische Erklärung von Barmen und den gemeinsamen Kampf der
Bekennenden Kirche. Wir stehen zu allem, was wir in Barmen mitbekannt
haben und nehmen kein Wort davon zurück. Aber wir können nicht zugeben, daß hier eine neue kirchliche Einheit geschaffen oder geschenkt worden
sei, die die reformatorischen Bekenntnisunterschiede ohne weiteres aufgehoben hätte. Auch durch Barmen ist keine überreformatorische Einheitlichkeit
der EKD geworden! Barmen hätte ein Ansatz für das Lehrgespräch werden
können; aber dieser Ansatz ist bis heute stecken geblieben. Wir haben die
Aufforderung, die darin lag, doch wohl nicht ernst genug genommen. Das
wird sich in aller Kürze deutlich zeigen, und zwar nicht in erster Linie an
dem Punkte, auf den die meisten schauen, wenn sie den Unterschied zwischen
lutherisch und reformiert suchen bei der Abendmahlslehre. Der Unterschied
wird in unserer heutigen Zeit viel stärker an dem Punkte in die Erscheinung
treten, den wir oben bezeichneten: bei der Lehre von der Kirche. Das werden wir merken, wenn wir anfangen, eine Verfassung der EKD zu formen.
Es wäre gut, wenn auch an dieser Stelle die theologische Besinnung noch
rechtzeitig einsetzen würde, damit das Ringen um die rechte Kirchengestal-
tung, um die Kirchenordnung nicht in die Ebene kirchenpolitischer Meinungs-
streitigkeiten abgleitet.

Das sind in großen Zügen die Gedanken, die uns leiten, wenn wir den
lutherischen Zusammenschluß innerhalb der EKD erstreben. Wir hoffen, das
bloße Landeskirchentum mit unseren Vorschlägen am sichersten überwinden
zu können. Das Fortbestehen der mit voller Kirchenhoheit, besonders hinsichtlich des Gesetzgebungsrechtes, ausgestatteten Landeskirchen ist nach unserer Meinung unberechtigt. Es würde auf die Dauer die Einheit der EKD
stärker | gefährden als der lutherische (und reformierte) Zusammenschluß.
Sieht man nur das Verhältnis der Gesamtkirche zu den Landeskirchen an, so
könnte man zu der Meinung kommen, es handele sich nur um das Problem,
ob ein wenig mehr Zentralismus oder ein wenig mehr Föderalismus zweck-
mäßig sei. Das Problem liegt nach unserer Meinung tiefer. Das hat der Verfasser in vorstehenden Ausführungen zeigen wollen. Die Landeskirchen sollen in Zukunft nur ein relatives Recht behalten. Sie müssen Gliedkirchen

einer größeren Konfessionskirche werden. Landeskirchen des gleichen Bekenntnisses müssen allmählich ihr Gesetzgebungsrecht, auch in Sachen von
Lehre und Kultus, an die Gesamtkirche abgeben, die durch den Zusammenschluß bekenntnisgleicher Kirchen entsteht. Deshalb wünschen wir die Vereinigte Lutherische Kirche. Wie diese Kirche, die den Namen Kirche wirklich
verdienen würde, in die EKD eingebaut werden kann, ist eine Frage der
Zweckmäßigkeit. Es ist unser eigener Wunsch, daß ein möglichst großes Maß
von Einheit in der Evangelischen Kirche in Deutschland gewonnen werden
möge. Das Entscheidende wird sein, auf welche Weise es gelingt, die Spitzen-
organe der Vereinigten Lutherischen Kirche in Beziehung zu den Leitungsorganen der EKD zu setzen. Wir halten eine sehr enge Verbindung für möglich. Denn es ist auch unser Wille, daß die Vereinigte Lutherische Kirche nicht
eine Gegenkirche gegen die EKD sein soll, welche sie sprengt oder überflüssig macht oder auch aushöhlt. Die Vereinigte Lutherische Kirche muß auch
nicht notwendig ein „Block" innerhalb der EKD werden, eine Großkirche,
die die anderen kleinen Landeskirchen erdrücken würde. Auf keinen Fall
sollte die Vereinigte Lutherische Kirche eine Zwischeninstanz zwischen den
Landeskirchen und den Leitungsorganen der EKD werden. Am zweckmäßig-
sten würde es sein, wenn es gelänge, die leitenden Organe der Vereinigten
Lutherischen Kirche in die leitenden Organe der EKD einzubauen, derart,
daß die Abgeordneten der Generalsynode der EKD, die aus lutherischen Kirchen entsandt werden, zugleich in Fragen der lutherischen Lehre und Got-
tesdienstordnung die lutherische Synode darstellen; daß die lutherischen Mitglieder des Rates der EKD zugleich Kirchenleitung der Vereinigten Lutherischen Kirche sind; und daß die Kirchenkanzlei personell so besetzt wird, daß
die Sachbearbeiter bei bestimmten Fragen eine „itio in partes" vornehmen
können und die lutherischen Räte der Kanzlei zugleich die lutherische Kirchenkanzlei darstellen. Doch über diese Einzelheiten mögen die Verfassungs-
theoretiker nachdenken. Es könnte dann sein, daß es einer eigenen Verfassung der Vereinigten Lutherischen Kirche kaum noch bedarf, wenn nämlich
die Evangelische Kirche in Deutschland sich entschließen könnte, ihre neue
Kirchenordnung so zu gestalten, daß | dem berechtigten Anliegen konfessio-
neller Gliederung in der EKD Rechnung getragen wird.

Von diesem Anliegen können die lutherischen Kirchen allerdings nicht ab-
lassen. Es ist, wie wir zeigten, theologisch begründet. Es ist auch bereits auf
dem Boden der Bekennenden Kirche dadurch verbrieft worden, daß die Barmer Rechtserklärung von 1934 (die merkwürdigerweise bei den heutigen
Neudrucken der Entschließungen der Bekenntnissynoden fast immer fort-
gelassen wird!) festgestellt hat:

„Ihre echte kirchliche Einheit kann die Deutsche Evangelische Kirche nur auf dem
Wege gewinnen, daß sie die reformatorischen Bekenntnisse wahrt und einen organi-
schen Zusammenschluß der Landeskirchen und Gemeinden auf der Grundlage ihres
Bekenntnisstandes fördert."

Wir halten es daher für gut und richtig, daß auch der Rat der EKD in seiner Sitzung am 30./31. Januar 1946 beschlossen hat:

„2. Das Recht der Landeskirchen, sich untereinander enger zusammenzuschließen, bleibt unbestritten.

3. Es besteht Einmütigkeit darüber, daß durch solche Zusammenschlüsse die Einheit der EKD nicht preisgegeben werden soll."

Und wir begrüßen es, daß am 25. Juni 1946 in Neuendettelsau Vertreter des Bruderrats der EKD und Vertreter des Lutherrates zu der folgenden gemeinsamen Erklärung gekommen sind:

„Die Verwirklichung dieser Forderung soll so erfolgen, daß die Freiheit der lutherischen Kirchen, sich zu einer Vereinigten Evangelisch-lutherischen Kirche Deutschlands zusammenzuschließen, nicht geschmälert, aber die im Kirchenkampf gewonnene, in Treysa bestätigte Einheit der EKD nicht gefährdet wird.

Von diesen Voraussetzungen her hat der Rat der EKD die ihm in Treysa erteilte Aufgabe zu verwirklichen. Diese Vollmacht wird von der Vereinigten Evang.-luth. Kirche in keiner Weise beschränkt, wohl aber haben die lutherischen Kirchen Pflicht und Recht, ihr Kirchenregiment nach ihrem Bekenntnis zu gestalten und in diesem Sinne gemeinsam zu handeln. Jede Weiterentwicklung der Verfassung der EKD hat im Rahmen dieser Möglichkeiten und Grenzen zu erfolgen."

Im Geiste solcher Verständigung wird sich auch eine praktische Lösung der Einzelfragen finden lassen.

# Die Kirchenversammlung von Treysa 1947*

Neben der zunächst beschränkten gesetzgeberischen und verwaltenden Tätigkeit mußte dem Rat der EKD daran liegen, seiner Hauptaufgabe, der *verfassungsmäßigen Neuordnung der EKD*, gerecht zu werden. Auf die Dauer konnte es nicht genügen, daß die EKD nur ein einziges, noch dazu provisorisches Organ besaß, nämlich den Rat. Es mußte erstrebt werden, so bald wie möglich eine Synode zu bilden. Auch war es auf die Dauer nicht denkbar, die Leitungen der Landeskirchen außerhalb der konkreten Verantwortung zu lassen; es mußte ein Organ geschaffen werden, das den Kirchenleitungen der Landeskirchen Gelegenheit zur Aussprache und Mitarbeit gab und das insoweit den föderativen Charakter der EKD zum Ausdruck brachte.

Der Rat hat versucht, schon in der Zeit des Provisoriums von 1945 bis 1948 eine Konferenz der leitenden Amtsträger der Landeskirchen und auch eine Art provisorischer Synode zu schaffen. Es war jedoch nicht möglich, diese Einrichtungen als ständige zu begründen und ihnen rechtliche Befugnisse zuzuteilen. Einmal waren die Befugnisse des Rates selbst aufs äußerste beschränkt; zum anderen sah die vorläufige Ordnung von Treysa 1945 die Einrichtung weiterer Übergangsorgane gar nicht vor. Die Übergangszeit dauerte aber länger, als man 1945 voraussehen konnte, und der Rat brauchte in bestimmten Lagen die Beratung durch die leitenden Amtsträger der Landeskirchen oder durch weitere Kreise landeskirchlicher Vertreter. Daher nahm der Rat einfach das Recht in Anspruch, bei Bedarf eine *Kirchenführerkonferenz* einzuberufen. Rechtliche Funktionen konnte diese nicht haben, da nach § 2 der vom Rat erlassenen „Übergangsordnung der Evangelischen Kirche in Deutschland" vom 22. März 1946[1] bis auf weiteres der Rat „das einzige verfassungsmäßige Organ der EKD" war. Die Kirchenführerkonferenz sollte aber die Möglichkeit geben, die aktuellen Fragen des kirchlichen Lebens zu besprechen und dem Rat die Meinungen der Landeskirchen auch in gesamtkirchlichen Fragen deutlich zu machen. So wichtig diese Aufgabe war, so ist es doch nur zweimal, nämlich am 22. und 23. Januar 1947 in Treysa und am 12. Mai 1948 in Darmstadt, zu einer Zusammenkunft der Kirchenführer mit dem Rat gekommen. Auch | hier erschwerten die Reise- und Unterbringungsnöte der damaligen Zeit einen häufigeren Austausch.

---

* Aus: Heinz Brunotte, Die Grundordnung der Evangelischen Kirche in Deutschland. Ihre Entstehung und ihre Probleme. Berlin 1954, S. 39—51. Die in Treysa gefaßten Entschließungen finden sich ebd., S. 305 und 308.

[1] VOuNBl.EKD 1946, Nr. 14 (abgedruckt bei H. Brunotte, Grundordnung, S. 303 f.).

Ebensowenig war daran zu denken, schon jetzt ein ständiges synodales Organ zu bilden. Einen Ansatz hierzu versuchte die von der Kirchenführerkonferenz gutgeheißene Ratsverordnung vom 24. Januar 1947[2], nach welcher sich der Rat eine *„Kirchenversammlung"* aus Vertretern der in der EKD zusammengeschlossenen Kirchen beiordnete (§ 1). In dieser gleichsam synodalen Körperschaft waren Vertreter der Kirchenleitungen, von den landeskirchlichen Synoden gewählte und vom Rat berufene Vertreter vereinigt. Ratsmitglieder konnten der Kirchenversammlung nicht angehören. Für die aus den landeskirchlichen Synoden zu entsendenden Vertreter wurde je nach der Größe der Landeskirche eine Zahl von eins bis zu acht festgesetzt (§ 4); die Größenordnung beruhte auf einer ungefähren Schätzung. Auf diese Weise kam es zu 66 gewählten, 20 vom Rat berufenen und 26 von den Landeskirchenleitungen entsandten, zusammen 112 Vertretern. Von den gewählten und berufenen Vertretern sollten etwa die Hälfte Pfarrer, die andere Hälfte Gemeindeglieder sein. Wo Synoden noch nicht bestanden, sollten die provisorischen Leitungsorgane der Gliedkirchen die entsprechende Anzahl Vertreter entsenden. Man sieht aus dieser Bestimmung, wie ungefestigt damals noch die verfassungsmäßigen Grundlagen in den Landeskirchen waren. Die Kirchenversammlung sollte (§ 7) mindestens einmal im Jahr einberufen und vom Vorsitzenden des Rates geleitet werden. Ihre Aufgabe (§ 9) war, dem Rat Vorschläge zu machen und Anregungen zu geben, insbesondere ihn „bei der Vorbereitung einer endgültigen Ordnung der EKD" zu beraten. Der Rat sollte der Kirchenversammlung einen Jahresbericht über seine Amtsführung vorlegen. Interessant ist, daß die §§ 6 und 10 der Verordnung vom 24. Januar 1947 Bestimmungen über Sonderberatungen von Bekenntnisgruppen enthalten, nach denen eine Vorlage, die nach der Einwendung einer Bekenntnisgruppe dem betreffenden Bekenntnis widersprechen würde, nicht beschlossen werden konnte. Dieser Ansatz zu einem synodalen Organ kam aber in der Übergangszeit ebenfalls kaum zur Auswirkung. Die Kirchenversammlung im Sinne der Verordnung vom 24. Januar 1947 hat nur ein einziges Mal getagt, und zwar am 5. und 6. Juni 1947 in Treysa. Allerdings war diese Tagung von ganz besonderer Wichtigkeit für das Werden der Grundordnung der EKD. — Die nächste Kirchenversammlung war dann bereits die „verfassunggebende" vom Juli 1948 in Eisenach, die nach einer besonderen Verordnung des Rates vom 14. Januar 1948[3] neu gebildet wurde.

Der eigentliche Grund für die Berufung einer Kirchenversammlung durch den Rat war die im Jahre 1946 gewonnene Erkenntnis, daß die verfassungsmäßige Neuordnung der EKD durch die Auseinandersetzungen zwischen dem Bruderrat der EKD einerseits und der Mehrzahl der lutherischen Landeskirchen andererseits aufs schwerste bedroht war und daß daher eine brüderliche und offene Aussprache unter den verantwortlichen Vertretern der

---

[2] ABl.EKD 1947, Nr. 4, S. 1; vgl. KJ 72—75, 1945—1948, S. 80—82.
[3] ABl.EKD 1948, Nr. 3; vgl. KJ 72—75, 1945—1948, S. 91—94.

Landeskirchen unbedingt erforderlich war, wenn man zum Ziel kommen wollte. Bei den Auseinandersetzungen zwischen dem Bruderrat und dem Lutherrat (der in Treysa 1945 ebenfalls neu geordnet worden war) handelte es sich um die Kernfrage der Neuordnung überhaupt: um *das Selbstverständnis der Evangelischen Kirche in Deutschland.* Hinderlich für eine Verständigung war nicht zum wenigsten, daß es unter den damals in Deutschland herrschenden Verhältnissen kaum möglich war, eine geordnete literarische Klärung der schwebenden Fragen voranzutreiben. Zeitschriften, in denen die Probleme öffentlich erörtert werden konnten, gab es 1946 noch nicht. Broschüren konnten nur hier und da ganz zufällig einmal erscheinen und erreichten dann nur einen kleinen Leserkreis. Rundschreiben von besonders eifrigen Vorkämpfern beruhten oft auf falschen oder einseitigen Informationen und waren deshalb der Sache durchweg wenig förderlich. Eine Klärung aller Fragen durch mündliche Aussprache versprach die meiste Aussicht auf Erfolg.

Der Kern der Auseinandersetzung war die Frage, welche Gestalt die EKD haben sollte. Auf Seiten der Anhänger des Reichsbruderrates wurden immer wieder Stimmen laut, die die Evangelische Kirche in Deutschland als eine in Treysa 1945 neu geschaffene Einheitskirche ansehen wollten, die sich bekenntnismäßig auf die Theologische Erklärung von Barmen gründete und in etwa die bekenntnismäßigen Unterschiede des 16. Jahrhunderts überwunden hätte. Zwar gaben die amtlichen Verlautbarungen des Reichsbruderrates | vom 20. März 1946 in Darmstadt und vom 20. Januar 1947[4] einer solchen vereinfachten Auffassung keineswg Recht, wenn sie auch „Barmen 1934" stark in den Vordergrund stellten. Die konfessionelle Frage wurde auch in diesen Kundgebungen gesehen. Aber die amtlichen Erklärungen des Bruderrates erreichten nicht immer alle Kreise, während einseitig zugespitzte Formulierungen einzelner Heißsporne überall kolportiert wurden. Jedenfalls entstand bei den führenden Männern der lutherischen Kirche der Eindruck, die reformierten und unierten Kreise im Bruderrat strebten danach, aus der EKD eine große, einheitliche Unionskirche zu machen.

Auf der anderen Seite wurden auch die Bemühungen der Lutheraner um einen stärkeren Zusammenschluß der lutherischen Landeskirchen vielfach in dem Sinne mißverstanden, als wollten die Lutheraner die EKD sprengen, indem sie an die Stelle einer Mitarbeit innerhalb der EKD ihre eigene lutherische Kirche setzten, oder als wollten die Lutheraner in der EKD eine große lutherische „Blockkirche" bilden, um durch diese die EKD zu beherrschen. Je weniger es bei der publizistischen Gesamtlage in Deutschland möglich war, auch die Ziele der Lutheraner offen zu erörtern, desto mehr Gerüchte entstanden um die (tatsächlich nur sehr langsam fortschreitenden) Vorarbeiten für eine Verfassung der Vereinigten Lutherischen Kirche. So waren Mißverständnisse hüben wie drüben unvermeidlich, durch welche die zweifellos vor-

---

[4] KJ 72—75, 1945—1948, S. 69 und 73.

handenen sachlichen Gegensätze zeitweise unnötig verschärft wurden. Es ist hier nicht der Ort, diese Gegensätze ausführlicher darzustellen. Sie mußten nur soweit angedeutet werden, wie es zum Verständnis der Rechtsprobleme notwendig ist[5]. |

Die literarische Fehde führte zu keinem wirklichen Ergebnis. Auch eine gemeinsame Aussprache zwischen Vertretern des Bruderrates und des Lutherrates, die am 25. Juni 1946 in *Neuendettelsau* stattfand, hatte keine praktischen Folgen. Immerhin bleibt bemerkenswert, daß beide Teile sich in folgender grundsätzlichen Linie fanden:

> „Die Verwirklichung dieser Forderung soll so erfolgen, daß die Freiheit der lutherischen Kirchen, sich zu einer Vereinigten Evang.-Lutherischen Kirche Deutschlands zusammenzuschließen, nicht geschmälert, aber die im Kirchenkampf gewonnene, in Treysa bestätigte Einheit der EKD nicht gefährdet wird. Von diesen Voraussetzungen her hat der Rat der EKD die ihm in Treysa erteilte Aufgabe zu verwirklichen."

Diese Linie entsprach einem schon am 30./31. Januar 1946 gefaßten Ratsbeschluß:

> „2. Das Recht der Landeskirchen, sich untereinander enger zusammenzuschließen, bleibt unbestritten.
> 3. Es besteht Einmütigkeit darüber, daß durch solche Zusammenschlüsse die Einheit der EKD nicht preisgegeben werden soll."[6]

Nachdem also zwei Jahre lang Gelegenheit zur Aussprache und zur Darlegung der verschiedenen Standpunkte gegeben war, mußte der Rat der EKD endlich einmal versuchen, zu konkreten Entschließungen und konkludenten Handlungen zu kommen. Er tat dies, indem er auf Grund seiner Verordnung vom 24. Januar 1947 eine *Kirchenversammlung* auf den *5. und 6. Juni 1947* nach *Treysa* einberief.

Ein amtliches Protokoll über diese Kirchenversammlung liegt nicht gedruckt vor. Der damalige Leiter der Kirchenkanzlei D. Asmussen hat zwar

---

[5] Im übrigen sei auf die Darstellung KJ 72—75, 1945—1948, S. 66—80, verwiesen. Wichtig ist für diesen Fragenkomplex auch das „Verordnungs- und Nachrichtenblatt der EKD", das wiederholt Vertretern der einen und der anderen Seite Raum in seinen Spalten gab; vgl.: „Der Zusammenschluß der lutherischen Kirchen und die Einheit der EKD" von Brunotte, Künneth und Kinder in ABl. der EKD Nr. 3 vom 15. Januar 1947; „Der Stand des Gespräches" von Asmussen in Nr. 6 vom 1. März 1947; „Was soll aus der Bekennenden Kirche werden?" von Niesel, Vogel, Bannach und Meiser in Nr. 7 vom 15. März 1947; | „Die Einheit der EKD" von Hartenstein und Dipper in Nr. 9 | vom 15. April 1947. — Die Kirchenkanzlei in Schwäbisch Gmünd brachte in einer Schriftenreihe „Schriftdienst der Kanzlei der Evangelischen Kirche Deutschland", herausgegeben von Dr. Siegel (von Nr. 9 ab „Evangelischer Schriftendienst" genannt), einige Hefte zur Sache, z. B. Nr. 8: Heinz Brunotte, Einheit und Gliederung der Evangelischen Kirche in Deutschland [s. oben S. 112 ff.]; Nr. 10: Wilfried Lempp, Bekenntnis und Bekennen; Nr. 11: Erklärung des Oberkirchenrates in Oldenburg zur Frage der Vereinigten Evang.-luth. Kirche Deutschlands.

[6] VOuNBl.EKD 1946, Nr. 7, S. 1.

einen Bericht von 6 Spalten im „Amtsblatt der Evangelischen Kirche in
Deutschland", Nr. 15 vom 15. Juli 1947, veröffent|licht. Dieser Bericht gibt
aber mehr eine Würdigung der Probleme von „Treysa II", wie Asmussen sie
sieht, als eine Darstellung des Verlaufs der Tagung. Im übrigen sind Berichte
und Stellungnahmen nur in vervielfältigten Rundschreiben erschienen (z. B.
Rundschreiben des Geschäftsführers des Reichsbruderrates P. Mochalski vom
8. Juni 1947; Evangelischer Pressedienst Bethel Nr. 14 vom 9. Juni 1947;
Rundschreiben der Bekenntnisgemeinschaft Hannover vom 23. Juni 1947;
Rundschreiben des Moderators des Reformierten Bundes D. Niesel vom
27. Juni 1947)[7].

Am Tage vor der Kirchenversammlung, *am 4. Juni 1947,* tagte in Treysa
der *Rat der Evang.-lutherischen Kirche Deutschlands* unter dem Vorsitz von
Landesbischof D. Meiser. Der Lutherrat befaßte sich mit dem Entwurf einer
Verfassung der Vereinigten lutherischen Kirche, der am 12. September 1946
in Göttingen erarbeitet und den lutherischen Gliedkirchen zur Stellungnahme
zugegangen war. Zwei lutherische Kirchen hatten dem Entwurf bereits offiziell zugestimmt; andere freilich wünschten noch durchgreifende Änderungen. Man konnte also keineswegs schon von der Schaffung eines fertigen Tat-
bestandes sprechen. Immerhin übersahen die lutherischen Kirchen nicht, daß
ihnen von anderer Seite heftige Vorwürfe eben wegen der Fertigstellung
eines Verfassungsentwurfes gemacht wurden. Es war die alte Befürchtung
geäußert worden, die Lutheraner wollten aus der EKD ausscheiden und eine
rein lutherische Kirche neben der EKD oder gegen sie gründen. Zu diesen
Vorwürfen mußte der Lutherrat Stellung nehmen. Er tat es in einer Entschließung vom 4. Juni 1947[8]. Die Entschließung versucht in 5 Teilen, die
entstandenen Mißverständnisse zu klären. Im 1. Teil wird über das Verhältnis zwischen EKD und VELKD gesagt, daß der Verfassungsentwurf der
VELKD nähere Bestimmungen deswegen noch nicht enthalten könne, weil
eine konkrete Ordnung der EKD noch nicht vorliege. Die VELKD wolle
aber in brüderlicher Gemeinschaft mit den übrigen evangelischen Kirchen in
Deutschland bleiben. Sie würde es für einen Schaden ansehen, wenn die von
Gott ge|schenkte, uns gegenseitig bereichernde Gesellschaft zerbrechen würde.
Die VELKD wolle die EKD nicht spalten, sondern im Gegenteil zu einer
rechten kirchlichen Ordnung im Sinne eines Bundes von Bekenntniskirchen
beitragen. Nur eine Möglichkeit der Neuordnung der EKD sei ausgeschlossen, nämlich die einer unionistischen Einheitskirche. (Die endgültige Verfassung der VELKD enthält demgemäß in Artikel 2 eine positive Aussage über
das Verhältnis zur EKD.) — Der 2. Teil der Entschließung befaßt sich mit
der Theologischen Erklärung von Barmen 1934. Gegenüber dem Vorwurf,

---

[7] Der Text der beiden in Treysa gefaßten Entschließungen „Zur allgemeinen
Lage" und „Zur innerkirchlichen Lage" ist im Amtsblatt der EKD Nr. 14 vom
1. Juli 1947 veröffentlicht. Vgl. auch KJ 72—75, 1945—1948, S. 82—86.
[8] Vgl. H. Brunotte, Grundordnung, S. 305—307.

daß die Verfassung der VELKD kein Wort über Barmen enthalte, wird gesagt, daß die VELKD bewußt auf dem Boden der in Barmen beschlossenen sachlichen Entscheidungen stehe. Die dort ausgesprochenen Verwerfungen blieben, in der Auslegung durch das lutherische Bekenntnis, für das kirchliche Handeln maßgebend. Dagegen werde ein Mißbrauch der Barmer Erklärung im Sinne eines unionistischen Einheitsbekenntnisses abgelehnt. (In die endgültige Verfassung der VELKD ist tatsächlich im Artikel 2 eine Formulierung betr. Barmen in dem vorstehend bezeichneten Sinne aufgenommen worden.) — Im 3. Teil der Entschließung wird die Frage der Kanzel- und Abendmahlsgemeinschaft berührt. *Volle* Kanzel- und Abendmahlsgemeinschaft bestehe nur innerhalb der VELKD; dies sei immerhin ein Fortschritt gegenüber dem bisherigen landeskirchlichen Recht. In Einzelfällen solle Amtsbrüdern aus anderen Kirchen der Dienst am Wort gestattet werden. Darüber hinaus würden nicht-lutherische evangelische Christen als Gäste an einem lutherischen Abendmahl „gerne zugelassen". Im übrigen sei man bereit, im theologischen Gespräch die Möglichkeiten einer weitergehenden Abendmahlsgemeinschaft zu klären. — Im 4. Teil wird festgestellt, daß man nicht die Absicht habe, Unionskirchen aufzuspalten und Kirchengemeinden an die VELKD anzuschließen, die einem anderen Kirchenregiment unterständen. Die spätere Entwicklung müsse offen bleiben (vgl. hierzu Artikel 1 Absatz 4 der Verfassung der VELKD). — Der 5. Teil wendet sich an die Gliedkirchen der kommenden VELKD und empfiehlt den vorgelegten Verfassungsentwurf. Die erste Generalsynode solle aber die Möglichkeit bieten, Änderungswünsche vorzubringen. (Tatsächlich ist der Verfassungsentwurf der VELKD in Eisenach im Juli 1948 noch sehr erheblich verändert worden.)

Diese Entschließung des Rates der Evang.-Luth. Kirche Deutschlands vom 4. Juni 1947 lag der Kirchenversammlung der EKD erst am | 6. Juni vor. Sie bestimmte nach ihrer Bekanntgabe den Verlauf der grundsätzlichen Aussprache und die nebenher geführten Gespräche in kleinen Kreisen.

Die *Kirchenversammlung* wurde von Landesbischof D. Wurm als dem Vorsitzenden des Rates eröffnet. Er dankte u. a. den christlichen Kirchen des Auslandes für die große Hilfe in der allgemeinen deutschen Not. Nach dieser Begrüßungsrede berichtete D. Niemöller über seine kurz zuvor unternommene Reise nach USA, die fünf Monate dauerte. Dann erstattete der Leiter der Kirchenkanzlei D. Asmussen einen umfassenden Rechenschaftsbericht über die Tätigkeit des Rates seit 1945. Er ging dabei besonders auf die Stuttgarter Schulderklärung vom 19. Oktober 1945, auf die Lage im deutschen Osten und auf die Notwendigkeit der Schaffung einer Ordnung der EKD ein. — Über die Arbeit des Evangelischen Hilfswerks berichteten am Nachmittag des 6. Juni für den durch eine Auslandsreise verhinderten Dr. Gerstenmaier der Generalsekretär des Hilfswerks Dr. Berg und Propst D. Grüber.

Der Nachmittag und Abend des 5. Juni und der Vormittag des 6. Juni waren ausgefüllt mit den Beratungen über die *konfessionelle Frage* und über die *künftige Verfassung der EKD*. Die Verhandlungen begannen mit vier Kurzreferaten von Lic. Kinder, Professor D. Vogel, Pastor Obendiek und Oberkirchenrat Dürr, die für die Lutheraner, Unionslutheraner, Reformierten und die unierten Kirchen sprachen. Am Abend des ersten Tages, der schon eine wesentlich um die Abendmahlsgemeinschaft kreisende Aussprache brachte, trug Prof. D. Smend über „Gesichtspunkte für eine Verfassung der EKD" vor. — Die Aussprache bewegte sich in scharfen Gegensätzlichkeiten und litt offensichtlich darunter, daß die Entschließung der lutherischen Kirchen vom 4. Juni den Teilnehmern noch nicht bekanntgegeben war. Dem Vernehmen nach lag das daran, daß die letzte Redaktion noch am 5. Juni vorgenommen werden mußte und daß die technische Vervielfältigung in der damaligen Zeit langsam ging.

Am Vormittag des 6. Juni gab endlich Landesbischof D. Meiser die Entschließung des Lutherrates bekannt und begründete sie. Hierbei legte er den größeren Nachdruck auf die ernsten und schweren Bedenken, mit denen die lutherischen Kirchen der EKD gegenüberständen, und hob die positiven Aussagen der Entschließung vom 4. Juni nur wenig hervor. Der allgemeine Eindruck war demgemäß | nicht der der erhofften Entspannung, und die Mehrzahl der Teilnehmer sah kaum noch eine Möglichkeit des Zusammenkommens. Darum ergriff, nachdem D. Niemöller eine versöhnliche Rede gehalten hatte, auf Wunsch aus einigen lutherischen Kirchen Oberlandeskirchenrat Brunotte das Wort, um eindringlich zu zeigen, daß die lutherische Entschließung ein bedeutsamer und aufrichtiger Beweis guten Willens sei, der eine ganze Reihe von Möglichkeiten eröffne. Die positiven Seiten der Entschließung wurden stark hervorgehoben und am Schluß die Forderung gestellt, die Aussprache abzuschließen und mit dem konkreten Versuch zu beginnen, eine Verfassung der EKD auszuarbeiten. Der Satz aus dem bereits vorliegenden Entwurf des Reichsbruderrates: „Die EKD ist ein Bund lutherischer, reformierter und unierter Kirchen" ergebe eine ausreichende Grundlage für die gemeinsame Arbeit an einer Verfassung. Es wurde vorgeschlagen, die Kirchenversammlung möge einen Ausschuß einsetzen, der feststellen solle, in welchen Punkten man einig sei; danach solle sie den Rat bitten, einen Verfassungsausschuß zur baldigen Erarbeitung einer Ordnung der EKD zu berufen.

Dieser Vorschlag fand Zustimmung. Es wurde ein Ausschuß von 9 Personen eingesetzt (Beckmann, Beste, Böhm, Brunotte, Iwand, Künneth, Middendorf, Stählin, Erik Wolf), der alsbald an die Arbeit ging und am Nachmittag des 6. Juni 1947 der Kirchenversammlung eine *Entschließung „Zur innerkirchlichen Lage"* in sieben Punkten vorlegte[9], die von Prof. D. Iwand

---

[9] ABl.EKD 1947, Nr. 14, S. 2; vgl. H. BRUNOTTE, Grundordnung, S. 308; KJ 72—75, 1945—1948, S. 84 f.

vorgetragen und nach kurzer Aussprache einmütig angenommen wurde. Die
Entschließung begrüßt in Ziffer 1 die Entschließung des Lutherrates vom
4. Juni. Sie nimmt in Ziffer 2 den Satz auf, daß die EKD ein „Bund lutherischer, reformierter und unierter Kirchen" sein solle. Sie bejaht in Ziffer 3
„die in Barmen getroffenen Entscheidungen". Sie stellt in Ziffer 4 fest, daß
„evangelische Gemeindeglieder nicht darum von der Feier des heiligen
Abendmahls ausgeschlossen sein sollen, weil sie einem anderen in der EKD
geltenden Bekenntnis angehören". Sie spricht sich in Ziffer 5 für die Wieder-
aufnahme eines theologischen Gesprächs über die Abendmahlslehre aus. Sie
hält in Ziffer 6 eine gegenseitige Abstimmung der Verfassungen der VELKD
und der EKD für notwendig und für möglich. Sie sieht in Ziffer 7 den Weg
zu einer Ordnung der EKD frei und bittet den Rat, möglichst bald den Entwurf einer Verfassung der EKD vorzulegen.

Damit war die Kirchenversammlung von Treysa 1947 zu einem positiven
Abschluß gekommen, nachdem sie noch eine von Bischof D. Dibelius einge-
brachte Entschließung „Zur allgemeinen Lage"[10] und eine von Württemberg
angeregte Entschließung zugunsten eines neuen einheitlichen Gesangbuches
(Empfehlung des Entwurfs des Verbandes evangelischer Kirchenchöre; Bitte
an das Hilfswerk, das alte Deutsche Evangelische Gesangbuch von 1913
nicht wieder aufzulegen) angenommen hatte.

Das *positive Ergebnis von „Treysa II"* ist ebenso hoch zu werten wie das
von „Treysa I" 1945, auch wenn mit den sieben Ziffern der gefaßten Entschließung keineswegs alle Probleme wirklich gelöst waren. Bei der Beratung der Grundordnung zeigte sich sehr bald, daß besonders Ziffer 2 Satz 2
sowie Ziffer 4 der Entschließung verschieden ausgelegt wurden. Ziffer 2
Satz 2 besagt, man vertraue darauf, „daß sich in diesem Bund im gemeinsamen Hören auf das Wort Gottes Kirche im Sinne des Neuen Testamentes
verwirklicht". Dieser Satz wurde von den Lutheranern eindeutig als *präsen-
tische* Aussage verstanden: in dem Kirchenbund ist zugleich Kirche vorhanden, wo das Evangelium lauter verkündet wird und die Sakramente recht
verwaltet werden. Andere Teilnehmer von Treysa II, z. B. Präsident D. Asmussen in seinem „Bericht über die Kirchenversammlung in Treysa"[11], legten den Satz dagegen *futurisch* aus: der Kirchenbund solle sich zunehmend
mehr zu einer Kirche entwickeln. Es kann keinem Zweifel unterliegen, daß
der Satz in Treysa präsentisch gemeint war. Die beste Auslegung der Entschließung sind die unter dem frischen Eindruck der Kirchenversammlung
geschriebenen *Erläuterungen zur Treysaer Entschließung* in dem Rundschreiben der „Hannoverschen Bekenntnisgemeinschaft" vom 23. Juni 1947, die
hier wiedergegeben seien:

„Zu 1): Dieser Satz bedeutet, daß nunmehr für alle kirchlichen Kreise in der EKD
feststeht, daß die von Gott in der bisherigen Geschichte des Deutschen Evangeli-

---

[10] ABl.EKD 1947, Nr. 14, S. 1; vgl. KJ 72—75, 1945—1948, S. 85 f.
[11] ABl.EKD 1947, Nr. 15.

schen Kirchenausschusses von Eisenach, des Deutschen Evangelischen Kirchenbundes
von Wittenberg 1922 und der Deutschen Evangelischen Kirche von 1933 geschenkte,
im Kirchenkampf der | Bekennenden Kirche seit 1933 gefestigte und in der Treysaer
Kirchenkonferenz von 1945 neu bestätigte Gemeinschaft der evangelischen Kirchen
in Deutschland für alle Glieder der EKD an oberster Stelle steht. Niemand will aus
dieser Gemeinschaft wieder heraus. Alle fühlen sich in gleichem Maße für die EKD,
ihre Gestaltung und ihre Arbeit verantwortlich.

Zu 2): Dieser Satz bedeutet, daß die EKD nicht eine Einheitskirche im Sinne
einer Consensus-Union sein wird, in der die konfessionellen Unterschiede der Reformationszeit aufgehoben wären und in der die Barmer Theologische Erklärung
etwa an die Stelle der reformatorischen Bekenntnisse treten würde. Der erste Satz
von These 2 ist bewußtermaßen eine kirchenrechtliche Aussage, die die soziologische,
verfaßte Kirche meint. Als solche ist die EKD ein Bund. Die Kirchenversammlung
war sich aber darüber klar, daß infolge der gemeinsamen Geschichte und des gemeinsam bestandenen Kirchenkampfes die EKD auch verfassungsmäßig mehr sei als
ein „Federal Council of Churches", als ein reiner Zweckverband.

Die EKD gliedert sich in lutherische, reformierte und unierte Kirchen. Diese Kirchen können Gliedkirchen der EKD im Sinne der alten Landeskirchen sein oder auch
Zusammenschlüsse von Landeskirchen gleichen Bekenntnisses. Das Verhältnis solcher
Zusammenschlüsse zur EKD wird durch die Verfassung der EKD näher zu regeln
sein.

Der zweite Satz von These 2 ist entgegen dem ersten nicht eine kirchenrechtliche,
sondern eine Glaubensaussage. Diese Aussage bezieht sich darauf, daß nach unserer
Hoffnung sich in dem Kirchenbund, der sich EKD nennt, Kirche im Sinne des N.T.
bzw. des Dritten Glaubensartikels verwirklicht, und zwar im gemeinsamen Hören
auf das Wort Gottes. Der 2. Satz bezieht sich also nicht darauf, daß etwa die Bundeskirche zu einem späteren Zeitpunkt einmal Einheitskirche im vollen Sinne des
Wortes werden möge. Wir beten nach Joh. 17, 21 für die Una sancta, nicht für die
Union.

Zu 3): Dieser Satz bedeutet, daß die EKD sich als Bekennende Kirche weiß, die
hinter die in Barmen getroffenen Entscheidungen nicht wieder zurückzugehen ge-
denkt. Mit dem Wort „Barmen" sind sämtliche Verlautbarungen der Bekenntnissynode von 1934 zusammengefaßt: die Theologische Erklärung, die Rechtserklärung
und das Wort an die Gemeinden. Die Kirchenversammlung war sich darüber klar,
daß die Formulierung der dritten These die Möglichkeit des Gesprächs über die
Theologische Erklärung von Barmen offen läßt. Dieses Gespräch soll fortgeführt
werden, nachdem von lutherischer Seite erste Versuche gemacht worden sind, den
positiven Inhalt der Theologischen Erklärung vom lutherischen Bekenntnisse her zu
deuten. Die Kirchenversammlung hatte endlich den Wunsch, daß die Vereinigte
Evang.-Lutherische Kirche | Deutschlands in ihrer Verfassung „Barmen" ausdrück-
lich nennen möchte.

Zu 4): In diesem Satz ist der an sich unklare Begriff der „Abendmahlsgemeinschaft" absichtlich beiseite gelassen zugunsten einer inhaltlichen Formulierung. Hiernach bedeutet „Abendmahlsgemeinschaft" also nicht die Herstellung einer unierten
Abendmahlslehre oder Abendmahlsliturgie für die gesamte EKD, auch nicht die
Möglichkeit, daß Pfarrer verschiedenen Bekenntnisses in allen Gemeinden der EKD
das Abendmahl nach verschiedenem Ritus austeilen könnten, sondern, positiv ausgedrückt, die wechselseitige gastweise Zulassung evangelischer Gemeindeglieder auf
deren Wunsch bei Abendmahlsfeiern einer Gemeinde anderen Bekenntnisses, insbesondere wenn für diese Gemeindeglieder am gleichen Ort eine Gemeinde ihres Bekenntnisses nicht besteht oder im Falle der Todesgefahr oder auch bei gemeinsamen
kirchlichen Tagungen.

Zu 5): Es war der Kirchenversammlung deutlich, daß die gegenseitige Zulassung zur Feier des Heiligen Abendmahls ein Handeln brüderlicher Liebe ist, das nicht echt wäre, wenn ihm nicht die theologische Besinnung zur Seite ginge. Daher wurde es für notwendig gehalten, das im Grunde seit 1529 liegengebliebene theologische Gespräch zwischen den Konfessionen über die Abendmahlslehre unter Berücksichtigung der neueren neutestamentlichen Forschungen auf diesem Gebiete und im Hinblick auf ihre Bedeutung für die kirchliche Gemeinschaft wieder aufzunehmen. Die Kirchenversammlung war sich darüber klar, daß dieses Gespräch nicht unter allen Umständen zu einem Consensus führen müsse, daß aber ein etwaiger Dissensus nicht in der einfachen Wiederholung der Aussagen des 16. Jahrhunderts bestehen dürfe, sondern eine Neubegründung erfordere mache.

Zu 6): Dieser Satz bedeutet die praktische Folgerung aus der ersten These. Es soll ein verfassungsrechtlicher Weg gesucht werden, die vereinigten lutherischen Landeskirchen organisch in die kommende Ordnung der EKD einzubauen. Der Rat der Evangelisch-Lutherischen Kirche Deutschlands hat in seiner Erklärung vom 4. Juni 1947 eine Überprüfung der vorliegenden Verfassung nach Errichtung der VELKD in ihrer ersten Generalsynode vorgesehen. Hierbei muß insbesondere die Frage geprüft werden, ob und in welcher Weise die in der VELKD zusammengeschlossenen lutherischen Landeskirchen weiterhin unmittelbare Gliedkirchen der EKD bleiben. Es wurde als wünschenswert bezeichnet, die VELKD möglichst erst gleichzeitig mit dem Erlaß einer Ordnung der EKD zu errichten, doch wurde auf eine bindende Zusage in dieser Richtung im Vertrauen auf die weitere brüderliche Zusammenarbeit in Verfassungsfragen verzichtet.

Zu 7): Die Kirchenversammlung war sich darüber klar, daß der Kirche heute von Gott große und umfassende geistliche Aufgaben vor die | Füße gelegt sind, an deren Lösung sie mit allen Mitteln zu arbeiten hat. Sie hielt es aber für notwendig und nach dem heutigen Stande des Gesprächs auch für möglich, nebenher die begrenzte und untergeordnete Arbeit einer verfassungsmäßigen Neuordnung weiterzuführen, damit gerade durch eine klare Ordnung in den äußeren Fragen alle Kräfte frei würden für das eigentliche Werk. Die Kirchenversammlung hat daher den Rat der EKD gebeten, einen Verfassungsausschuß einzusetzen, der die Vorarbeiten für eine Ordnung der EKD in Angriff zu nehmen hätte, damit der Entwurf einer endgültigen Ordnung, der EKD möglichst bald einer verfassunggebenden Kirchenversammlung zur Beschlußfassung vorgelegt werden könne und die in Treysa 1945 beschlossene Übergangsordnung ihr Ende finde."

Eine besondere Schwierigkeit bildete in der Folgezeit die Auslegung von Ziffer 4 der Treysaer Entschließung. Hierzu ist zu sagen, daß die lutherischen Kirchen in Eisenach 1948 ihre in Treysa 1947 gegebene Zustimmung zu Ziffer 4 eingeschränkt haben und diese Formulierung nicht mehr meinten aufrechterhalten zu können. Die Grundordnung der EKD enthält daher in Artikel 4 Absatz 4 eine zurückhaltendere Formulierung.

In Verfolg des Beschlusses der Kirchenversammlung vom 6. Juni 1947 setzte der Rat der EKD alsbald einen *Verfassungsausschuß* von 3 Mitgliedern ein: Oberlandeskirchenrat Heinz Brunotte (Hannover), Oberkirchenrat Dr. Hermann Ehlers (Oldenburg) und Professor D. Dr. Erik Wolf (Freiburg). Dieser Ausschuß wurde beauftragt, den Entwurf einer Verfassung der EKD zu erarbeiten.

# Die Kirchenversammlung von Eisenach 1948*

Die Kirchenversammlung von Eisenach wurde zunächst durch ein ganz unvorhersehbares Ereignis gefährdet. Mitte Juni wurde erkennbar, daß die in Westdeutsland seit langem erwartete *Währungsreform* in Kürze durchgeführt werden solle. Der Stichtag wurde aber bis zuletzt geheimgehalten. Niemand konnte mit Sicherheit voraussagen, ob die für die Zeit vom 27. bis 29. Juni geplante Kirchenversammlung in Eisenach vor oder nach dem Stichtag liegen würde, ja ob nicht womöglich der 27. Juni selbst der Stichtag sein würde. Niemand konnte auch angeben, wie die geplante Abwertung der Reichsmark aussehen würde und ob man gleich nach der Währungsreform genügend Zahlungsmittel der neuen Währung für die Reise zur Verfügung haben würde. Die führenden Männer der westlichen Gliedkirchen glaubten auch vielfach, in den kritischen Tagen ihre Heimatkirchen nicht verlassen zu können, da die Landeskirchen und Gemeinden überall vor ungeheuren Finanzproblemen stehen würden, die mancherlei Überlegungen und Verhandlungen nötig machten. Schließlich wurde bekannt, daß der Stichtag der Währungsreform der 20. Juni sein würde. Daraufhin wurde die Kirchenversammlung telegraphisch auf die Zeit vom 9.—13. Juli 1948 verschoben. Der 9. und 10. Juli sollte für vertrauliche Vorbesprechungen vorbehalten bleiben. Am 11. Juli sollte dann die offizielle Eröffnung der eigentlichen Kirchenversammlung erfolgen.

Die *Reise aus dem Westen nach Eisenach* war unter den obwaltenden äußeren Verhältnissen nicht ganz einfach. Die Teilnehmer aus den lutherischen Kirchen fuhren bereits am Montag, dem 5. Juli, um an der verfassunggebenden Generalsynode der Vereinigten Evang.-Luth. Kirche Deutschlands teilzunehmen, die am 8. Juli die Verfassung dieses kirchlichen Zusammenschlusses annahm. Die übrigen Teilnehmer der Kirchenversammlung der EKD kamen am Nachmittag und Abend des 8. Juli in Eisenach an. Die Fahrt ging in zeitgemäß schlechten Autobussen von Hersfeld über Bebra an die Zonengrenze bei Wartha. Die sowjetische Grenzkontrolle war auf höhere Anordnung entgegenkommend. Immerhin wurden alle Koffer kontrolliert, und Westgeld durfte nicht mitgenommen werden. Für die Unterbringung in Eisenach war gut gesorgt; die Verpflegung wurde durch besonders bewilligte Lebensmittelkarten und durch Lieferungen des Evangelischen Hilfswerks verbessert. |

---

* Aus Heinz Brunotte, Die Grundordnung der Evangelischen Kirche in Deutschland. Ihre Entstehung und ihre Probleme. Berlin 1954, S. 67—73; vgl. auch Ders., 20 Jahre Evangelische Kirche in Deutschland. In: LM 7, 1968, S. 315—321.

Die Verhandlungen begannen am Freitag, dem 9. Juli 1948, im großen Saal des Hotels Fürstenhof um 9 Uhr in Form von offiziellen, aber für die Öffentlichkeit geschlossenen *Vorbesprechungen*. Diese dauerten bis zum Abend des 10. Juli. Die Vorbesprechungen sollten klären, ob eine gemeinsame Basis für die Annahme des Entwurfs der Grundordnung vorhanden sei; sie sollten der grundsätzlichen Aussprache, nicht so sehr der Einzelberatung dienen. Es stellte sich aber bald heraus, daß diese Vorbesprechungen ein wichtiger und unabtrennbarer Bestandteil der Kirchenversammlung sein würden. Auch war die Öffentlichkeit, insbesondere die der kirchlichen Presse, auf die Dauer nicht auszuschließen. Mit Recht hat daher die amtliche Veröffentlichung des Protokolls die Vorbesprechungen den Verhandlungen der eigentlichen Kirchenversammlung gleichgestellt und abgedruckt[1]. Sie sind als „Generalaussprache" über die Grundordnung zu werten.

Die *Besprechungen am 9. Juli* wurden nach Schriftlesung und Gebet von Landesbischof D. Wurm als dem Vorsitzenden des Rates eröffnet. Die Liste der Teilnehmer wurde verlesen[2]; von den 145 stimmberechtigten Teilnehmern waren 139 anwesend. Nach kurzen Ausführungen über den Hergang der Entwicklung gab der Ratsvorsitzende das Wort an Oberlandeskirchenrat Brunotte, der als Mitglied des Verfassungsausschusses ein einführendes Referat über die Grundordnung hielt[3]. Das Referat schilderte kurz die Arbeit des Verfassungsausschusses und erläuterte sodann in theologischen Ausführungen die Grundsätze der Arbeit und die Fragen, die das Selbstverständnis der EKD berühren, insbesondere die Präambel und die ersten vier Artikel der Grundordnung. Diese Ausführungen wurden durch Oberkirchenrat Dr. Ehlers ergänzt[4]. Professor D. Dr. Erik Wolf hatte aus gesundheitlichen Gründen nicht erscheinen können.

Der erste Vormittag brachte im übrigen eine *generelle Aussprache*, in der die Herren Rektor Dietzfelbinger, Pastor Mochalski (als Gast), Staatsrat Meinzolt, Generalsuperintendent Jacobi, Dekan Dipper, | Oberkirchenrat Zimmermann und Pfarrer Obendiek das Wort nahmen[5].

Am Nachmittag des 9. Juli wurde ein „Ausschuß" der Kirchenversammlung für die Bearbeitung der Grundordnung gebildet. Ihm gehörten an: Brunotte-Hannover (als Vorsitzender); Herntrich-Hamburg; Dietzfelbinger-Bayern; Meinzolt-Bayern; Lotz-Thüringen; Seiz-Württemberg; Ehlers-Oldenburg; Scharf-Berlin-Brandenburg; Vogel-Berlin; Hofmann-Prov. Sachsen; Lücking-Westfalen; Maurer-Kurhessen; von Dietze-Baden; Obendiek-Rheinland; Fokken-Nordwestdeutschland-reformiert. Die Mitglieder des Rates und die Referenten der Kirchenkanzlei (Dr. Benn, Dr. Schwarzhaupt)

---

[1] EISENACH 1948. Verhandlungen der verfassunggebenden Kirchenversammlung der EKD vom 9.—13. Juli 1948. Hg. im Auftrage des Rates von der Kirchenkanzlei der EKD. Berlin 1951.

[2] Abgedruckt ebd., S. 201—203.     [3] S. unten S. 139 ff.

[4] Vgl. EISENACH 1948, S. 23—26.     [5] Vgl. ebd., S. 26—57.

nahmen durchweg an den Ausschußberatungen teil. — Weitere Ausschüsse befaßten sich mit den drei Kundgebungen der Kirchenversammlung zur deutschen Not, zum Frieden in der Welt und „Sehet den Menschen!" — Die Ausschüsse tagten am Nachmittag des 9. Juli.

Am *Vormittag des 10. Juli* gingen die *Vorbesprechungen im Plenum* weiter. Das Protokoll „Eisenach 1948" berichtet über diesen Vormittag nicht. Die Darstellung auf S. 58 dieses Protokolls gibt den Tatbestand nicht ganz klar wieder. Sicher ist, daß alle bis S. 57 abgedruckten Reden am Vormittag des 9. Juli gehalten wurden. Aufzeichnungen über die Aussprache am Vormittag des 10. Juli, die um 9 Uhr begann, liegen nicht vor. Nach privaten Notizen brachte die Aussprache dieses Vormittages jedoch keine Klärung in den grundsätzlichen Fragen. Besonders in der Frage der Abendmahlsgemeinschaft zeigten sich starke Gegensätze. Daher sah sich der Ratsvorsitzende, Landesbischof D. Wurm, gegen Mittag veranlaßt, selbst das Wort zu nehmen. Er verlas zunächst[6] Psalm 139 und sprach mit ernsten, seelsorgerlich mahnenden Worten von dem Bann, der auf dieser Versammlung liege und von der Notwendigkeit, die immer stärker hervortretenden Spannungen, besonders in der Abendmahlsfrage (Artikel 4 Absatz 4 des Entwurfs), zu bereinigen. Er erklärte, wenn es zu einer Einigung nicht käme, den Festakt auf der Wartburg nicht mitmachen zu können. Er habe nicht gelernt, Komödie zu spielen. Er sprach dann noch von den im Apostelkreise (Apostelgeschichte 15 und Galater 2) hervorgetretenen Spannungen und ihrer Lösung. Leider wurde dieser seelsorgliche Appell dadurch um seine Wirkung gebracht, daß Landesbischof D. Wurm im Laufe seiner Ausführungen | die Geduld verlor und im Unmut die Bemerkung machte, er könne nicht verstehen, daß die Lutheraner „um einiger weniger Ultras willen" in der Abendmahlsfrage nicht nachgäben.

Diese Äußerung machte ein weiteres Verhandeln im Augenblick unmöglich. Es trat eine Pause ein, während der die lutherischen Teilnehmer der Kirchenversammlung eine Sonderberatung abhielten. Beim Wiederbeginn der gemeinsamen Aussprache gab Landesbischof D. Lilje eine Erklärung für die Lutheraner ab, in welcher er den Ratsvorsitzenden zunächst in aller Ehrfurcht fragte, ob sein Wort wirklich ein seelsorgerliches oder nicht vielmehr doch ein kirchenpolitisches gewesen sei. Landesbischof D. Lilje führte sodann aus, daß es sich in der Abendmahlsfrage nicht um den Druck einiger „Ultras", also einiger weniger radikaler Vertreter handele. Die Lutheraner seien sich vielmehr darin einig, daß gerade an diesem Punkte niemandes Gewissen vergewaltigt werden dürfe und daß es nicht wohlgetan sei, die Frage der Einheit der EKD an der Forderung nach völliger Abendmahlsgemeinschaft zu entscheiden. In den lutherischen Kirchen gehe die *Praxis* der Abendmahlszulassung vielfach über die Lehre hinaus. Diese Praxis werde aus Liebe, nicht aus Schwäche oder Gleichgültigkeit geübt. Es sei aber den Lutheranern nicht

---

[6] Ebd., S. 58.

möglich, eine restlose Abendmahlsgemeinschaft mit anderen Konfessionen *grundsätzlich* zuzugestehen. Man solle also auf dieser Forderung nicht bestehen. Sie gehe nicht nur gegen das Gewissen der Theologen, sondern weithin auch der lutherischen Laien. Neben dem Siegerland und Wuppertal gebe es auch die lebendigen Gemeinden im Hermannsburger Land und in Neuendettelsau. Man solle das Gespräch über die Abendmahlslehre, nicht auf dieser Kirchenversammlung, weiterführen, aber in der Frage der Grundordnung gemäß Römer 14 die „Schwachen" im Glauben aufnehmen. Auch die Lutheraner wollten die Einheit der EKD im Sinne von Artikel 1 der Grundordordnung. Sie brächten auch Opfer für diese Gemeinsamkeit. Man solle aber nicht die Gewissen belasten; darauf würde kein Segen ruhen.

Nach dieser Erklärung wurde beschlossen, der Ausschuß solle am Nachmittag den Versuch machen, dem Artikel 4 eine Gestalt zu geben, die von allen angenommen werden könne. Während das Plenum der Kirchenversammlung sich *am Nachmittag des 10. Juli* in der Nikolaikirche mit anderen Punkten der Tagesordnung beschäftigte, tagte der Ausschuß im Diakonissenhaus. Nach langen Verhandlungen | schien eine ganz neue Formulierung gefunden zu sein, die am späten Abend dieses Tages dem Plenum in der Kapelle des Diakonissenhauses vorgetragen wurde. Das Plenum, das nur die Formel hörte, ohne die vorhergegangenen Ausführungen in der Ausschußsitzung zu kennen, nahm aber die vorgeschlagene Formulierung nicht an. Sie erschien allzu blaß und nichtssagend. Damit war der Tiefpunkt der Kirchenversammlung erreicht; man trennte sich spät abends in tiefer Niedergeschlagenheit.

Am Sonntag, dem 11. Juli 1948, vormittags 9.30 Uhr, wurde die Kirchenversammlung mit einem Festgottesdienst in der St.-Georgen-Kirche feierlich eröffnet. Die Festpredigt hielt Bischof D. Dr. Dibelius über Hesekiel 37, 15 bis 28[7]. Man muß diese Predigt nachlesen, um zu ermessen, welche Bedeutung die eigenartige Textwahl und der Predigtinhalt selbst für die Lage der Kirchenversammlung und damit für das Werden der Grundordnung haben sollte. Hier geschah weit mehr als eine einfache biblische Besinnung; hier wurde dem Prediger geschenkt, vom Worte Gottes her eine echte Wegweisung auszusprechen, die von der großen Mehrzahl der Teilnehmer gehört wurde. Der Gedanke der gegliederten Einheit der EKD stand plötzlich im biblischen Gleichnis plastisch vor den Hörern: „1. Die Last unserer Verschiedenheiten nehmen wir in demütiger Beugung aus Gottes Hand. — 2. Einigkeit zu schaffen, ist Gottes Privileg; auf seine Stunde warten wir in Geduld. — 3. Es ist das prophetische Amt der Kirche Jesu Christi, die Einheit, die Gott schenken wird, im Glauben vorwegzunehmen und sie vor aller Welt zu bezeugen."

Offensichtlich ermöglichte diese Predigt allen Mitgliedern der Kirchenversammlung, am Nachmittag des 11. Juli am Festakt auf der Wartburg teilzu-

---

[7] Ebd., S. 61—65.

nehmen[8], ohne daß die alle bewegenden Fragen schon einer Lösung näher gebracht worden wären. In später Abendstunde dieses Tages fanden noch Sitzungen verschiedener Gruppen statt. Auch der Ausschuß für Verfassungsfragen tagte noch einmal und versuchte eine neue Formulierung für Artikel 4 zu finden.

Am Montag, dem 12. Juli 1948, konstituierte sich die Kirchenversammlung offiziell als solche, wählte ein Präsidium (Heinemann, Meinzolt, Scharf), nahm eine Geschäftsordnung an[9] und bestätigte | die Ausschüsse. Die Einzelheiten sind in dem Buch „Eisenach 1948", S. 87 ff., nachzulesen. Man trat sodann in die erste Lesung der Grundordnung ein. Abänderungsanträge zu zahlreichen Artikeln wurden dem Ausschuß überwiesen. Einzelne Artikel wurden vorläufig zurückgestellt. Die erste Lesung wurde, mit Ausnahme der Präambel und des Artikels 4, in einer von 22.40 bis 24.00 Uhr dauernden Abendsitzung abgeschlossen. Für Präambel und Artikel 4 hatte inzwischen der Ausschuß eine Formulierung gefunden, die Oberkirchenrat Lic. Herntrich noch in der Abendsitzung bekannt gab, ohne daß darüber abgestimmt wurde.

Die erste Lesung der Grundordnung wurde am Dienstag, dem 13. Juli, vormittags 9.00 Uhr, fortgesetzt. Zugrunde lag die Fassung der Präambel und des Artikels 4, die am Vorabend verlesen war. Mehrere Debatteredner bedauerten sehr, daß man in der Abendmahlsfrage nicht weiterkommen könne und daß die Lutheraner nicht bereit seien, an der in Treysa II zugestandenen Formulierung festzuhalten. Von anderer Seite, z. B. von Asmussen und Niemöller, wurde aber auch geraten, daß man sich um der Gewissen willen mit der jetzt gefundenen Fassung bescheiden und damit die tatsächliche Armut eingestehen solle. So schritt man schließlich zur Abstimmung. Die Präambel wurde in erster Lesung einstimmig angenommen, Artikel 4 gegen eine Stimme bei sechs Enthaltungen.

Daraufhin trat die Kirchenversammlung noch am Vormittag des 13. Juli in die zweite Lesung ein, wieder unter Zurückstellung des Vorspruchs und des Artikels 4. Die Mehrzahl der übrigen Artikel erhielt bis zum Mittag ohne Schwierigkeiten ihre endgültige Gestalt. In der Mittagszeit beschäftigte sich der Ausschuß für Verfassungsfragen noch einmal mit den Artikeln 4, 10, 16 und 16a sowie mit dem Vorspruch. Die Präambel wurde dann in der Nachmittagssitzung einstimmig angenommen, Artikel 4 gegen die Stimme des Synodalen Schröter bei drei Enthaltungen. Die übrigen noch fehlenden Artikel wurden ebenfalls beschlossen. Auf Antrag von Kirchenpräsident D. Niemöller kam ein neuer Artikel 16a (in der endgültigen Grundordnung = Artikel 17) in die Grundordnung hinein. Dann konnte Vizepräsident Dr. Meinzolt zur Schlußabstimmung schreiten: die Grundordnung wurde im

---

[8] Ebd., S. 66—86.
[9] Abgedruckt ebd., S, 205—209.

ganzen nach zweimaliger Lesung *einstimmig und ohne Stimmenthaltungen angenommen*[10].

Damit war das schwere Werk gelungen. Es wurde noch festgestellt, wie jetzt nach der Verordnung über das Zustandekommen einer | Grundordnung der EKD vom 14. Januar 1948 weiter zu verfahren sei[11]. Dann erhielt, nach Annahme der für die Öffentlichkeit bestimmten Kundgebungen, Landesbischof D. Wurm das Wort zu seiner denkwürdigen Schlußansprache[12], in welcher er hervorhob, daß das Werk durch Gottes Gnade zu Ende geführt sei. Freilich sei die Vollendung sehr bescheidener Art. Es sei kein stolzer Dom errichtet worden, sondern eher eine Baracke, ein schlichter Notbau. Aber er sei dankbar, nicht mit leeren Händen zu den Gemeinden heimzukommen. Gott der Herr möge den Männern, die künftig das Instrument dieser Verfassung zu gebrauchen hätten, seinen Geist, seine Weisheit und seine Kraft in reicher Fülle geben. — Mit Gesang und Gebet wurde die Kirchenversammlung von Eisenach am 13. Juli 1948, 18.20 Uhr, geschlossen.

---

[10] Text vgl. ebd., S. 210—251; H. Brunotte, Grundordnung, S. 317—361; KJ 72—75, 1945—1948, S. 95—105.

[11] Ebd., S. 179.

[12] Ebd., S. 194—195.

# Rede zur Begründung der Grundordnung der EKD*

Hochwürdige Kirchenversammlung, hochverehrte Herren und Brüder!

Ich habe den Auftrag, Sie in die Arbeit einzuführen, die als Grundordnung der EKD heute vor Ihnen liegt. Der äußere Gang der Dinge nach Treysa 1947 war der, daß ein Verfassungsausschuß, bestehend aus Prof. D. Wolf, Oberkirchenrat Dr. Ehlers und mir, eingesetzt wurde. Wir haben dem Rat im Herbst 1947 den ersten Entwurf vorgelegt. Die Landeskirchen hatten bis zum 1. März und nach einer Fristverlängerung, die der Lutherrat beantragte, bis zum 1. April 1948 Gelegenheit, ihre Abänderungswünsche vorzubringen. Wir haben erfreulicherweise eine rege Mitarbeit der Organe der Gliedkirchen gefunden. Wir haben einen ganzen Packen von schriftlichen Abänderungswünschen, Kritiken und Verbesserungsvorschlägen zu verarbeiten gehabt. Der Verfassungsausschuß hat sodann eine zweite Fassung hergestellt, die vom Rat der EKD am 9. März in Kassel beraten worden ist. Inzwischen waren die Besprechungen mit Kreisen des Reichsbruderrates, des Lutherrates, der Reformierten und der Vertreter unierter Kirchen geführt worden. Am 10. und 11. April hat in Karlsruhe eine Aussprache aller beteiligten Kreise stattgefunden und am 27. April eine Sitzung des Rates der EKD, in der die vorliegende Fassung für die Kirchenversammlung angenommen wurde. Diese Fassung fand nicht die restlose Billigung durch alle Ratsmitglieder, wurde aber doch als geeignete Vorlage für die Kirchenversammlung angesehen.

Die Arbeit des Verfassungsausschusses, besonders bei den verschiedenen Vorbesprechungen, hat uns deutlich gemacht, was uns | im Anfang unserer Arbeit vielleicht nicht immer deutlich genug gewesen ist, wie schwer die Aufgabe zu lösen ist, die uns gestellt war. Wir sind nicht an die Sache herangegangen, wie der bekannte Jüngling bei Schiller, der mit vollen Segeln in das Meer des Lebens hinausfährt und von dem es dann heißt: „Still auf gerettetem Kahn treibt in den Hafen der Greis." Es war aber immerhin so, daß wir durch den Gang der Verhandlungen und Auseinandersetzungen in brüderlichen und manchmal auch unbrüderlichen Gesprächen zu einer großen Nüchternheit geführt worden sind. Nüchternheit ist etwas, das in der Heiligen Schrift geboten wird. Wir freuen uns, daß wir am Ende unserer Arbeit zu

---

* Aus: EISENACH 1948. Verhandlungen der verfassunggebenden Kirchenversammlung der Evangelischen Kirche in Deutschland vom 9.—13. Juli 1948. Hg. im Auftrage des Rates von der Kirchenkanzlei der Evangelischen Kirche in Deutschland. Berlin 1951, S. 12—23. — Auch abgedruckt in: Theol. Literaturzeitung 73, 1948, Sp. 555—559.

einer solchen Ernüchterung gekommen sind; das ist ein Zeichen dafür, daß der Weg dieser Arbeit nicht ohne Segen geblieben ist. Wir dürfen für den Ausschuß und für die übrigen an der Aussprache beteiligten Gremien in Anspruch nehmen, daß wir in keinem Stadium der Vorbereitung der Versuchung nachgegeben haben, uns mit kirchenpolitischen Kniffen über die Schwierigkeiten hinwegzuhelfen. Wir sind ehrlich in die Problematik eingestiegen und haben uns gegenseitig nichts erspart. Diejenigen, die an diesen Gesprächen teilgenommen haben, werden das gern bestätigen. Wir haben gerade dadurch Achtung vor den Brüdern der jeweils anderen Seite gewonnen. Dies alles ist geschehen, weil wir uns um den Kern des Problems bemüht haben. Das ist die Frage nach dem Selbstverständnis der EKD.

Die Institution, deren Grundordnung wir vorlegen, trägt den Namen „Evangelische Kirche in Deutschland". Es hat Brüder gegeben, und es gibt sie auch heute noch, die der Meinung sind, diese Frage sei im Grunde durch den Kirchenkampf, etwa durch die Synode von Barmen 1934 und die dort getroffenen Entscheidungen gelöst. Es gibt Brüder, die der Meinung waren, daß die Evangelische Kirche in Deutschland eine Kirche sei in dem theologisch und kirchenrechtlich faßbaren Sinn, in dem wir in aller Welt und insbesondere in der evangelischen Christenheit in Deutschland von Kirche zu reden pflegen. Wir sind darauf gestoßen, daß die Frage nicht so einfach ist. Wir werden heute und morgen und in den kommenden Tagen uns über das Selbstverständnis der EKD unterhalten müssen. Es sind auf der anderen Seite Brüder aufgetreten, die mit aller Hartnäckigkeit darauf hingewiesen haben, daß im vollen theologischen Sinne die EKD nicht Kirche sei, und haben aus den Bekenntnisschriften der lutherischen Kirche die Begriffsbestimmung von Augu|stana VII beigebracht, die uns geläufig ist, die aber in ihrer Tragweite oft nicht genug beachtet wird. Die Gespräche sind darum gegangen, was denn eigentlich das Konstitutive für eine Kirche sei, woran man sie erkennen könne, welche äußeren „notae" man festzustellen habe und ob diese „notae ecclesiae" auf das Gebilde zutreffen, das wir Evangelische Kirche in Deutschland nennen.

Mit dieser Frage stoßen wir auf das eigentlich theologische Gebiet vor und berühren damit ein theologisches Problem von außerordentlichen Schwierigkeiten. Ich muß an dieser Stelle, selbst auf die Gefahr hin, Bekanntes zu sagen, um der „Laien-Brüder" willen, in kurzen Zügen auf die Problematik der Lehre von der Kirche zu sprechen kommen. Wenn wir die Heilige Schrift lesen und aus der Heiligen Schrift zu ergründen suchen, was Kirche sei, so begegnen uns in den Schriften der Apostel zwei Bilder, mit denen das Wesen der Kirche beschrieben wird. Das eine Bild finden wir im 2. Kapitel des Epheserbriefes, wo der Apostel sagt: „So seid ihr nun nicht mehr Gäste und Fremdlinge, sondern Bürger mit den Heiligen und Gottes Hausgenossen, erbaut auf den Grund der Apostel und Propheten, da Jesus Christus der Eckstein ist, auf welchem der ganze Bau ineinandergefügt wächst zu einem hei-

ligen Tempel in dem Herrn, auf welchen auch ihr mit erbaut werdet zu einer
Behausung Gottes im Geist." Auf diese Stelle möchte ich hinweisen und bitten, in aller Stille nachzulesen, wie da dem Apostel Paulus sich unter den
Händen das Bild verwandelt. Dies ist nicht ein Bau, zu dem die Bauleute
Stein auf Stein zusammentragen und zusammenfügen, sondern dieser Bau
wächst von innen heraus mit innerer Mächtigkeit. Und so wandelt sich dieses Bild unmerklich zu dem anderen Bilde, das in den Schriften des Apostels
vorkommt, zu dem Bilde von der Kirche als dem Leibe, da Jesus Christus
das Haupt ist. Diese beiden Bilder, das „statische" vom Bau und das „dyna-
mische" vom Leibe Christi, sind logisch nicht miteinander zu vereinigen. An
dieser Stelle wird deutlich, daß Bilder und Gleichnisse irgendwo eine Grenze
haben, wo der Sachverhalt durch das Bild nicht mehr voll ausgedrückt wird.
Hier beginnt die Problematik, in die die Frage nach dem Wesen der Kirche
immer wieder hineingestellt ist.

Wir wissen, daß das Wort „Kirche" etwas sehr Verschiedenes bezeichnen
kann. In der Reformationszeit, in den Bekenntnisschriften wird von der
„ecclesia proprie dicta" und der „ecclesia large dicta" geredet, d. h. von der
Kirche im eigentlichen Sinne des Wortes und von der Kirche als irdischer Or-
ganisation. Und doch darf man beides | nicht trennen. Es ist die Kirche auf
Erden in all ihrer Schwachheit und Sündhaftigkeit, von der wir glauben dürfen, daß sie der Leib und Christus das Haupt ist. Die Kirche in ihrer menschlichen Form ist ein Stück Welt und doch der Leib des lebendigen Herrn Christus. Das ist die Not, die wir mit dem rechten Verständnis der „ecclesia large
dicta" haben. Wir wissen, daß in der Theologie zu Zeiten Irrwege beschritten worden sind, daß man beide Begriffe auseinandergerissen hat, und daß
man die Kirche in eine sichtbare und eine unsichtbare Kirche fälschlicher-
weise aufgespalten hat. Wir dürfen beides sachlich nicht scheiden; wir können es nur begrifflich unterscheiden. Da sehen wir dann auf der einen Seite
die Kirche, die wir *glauben*, die „Una Sancta", die Kirche, deren Angehörige
nur Gott kennt, also die Kirche der „vere credentes", der wirklich Glaubenden; und auf der anderen Seite die Institution, die soziologisch faßbare Kirche, die eine Erscheinungs- und Rechtsform hat, in der wir uns in dieser Welt
notwendigerweise bewegen müssen, ob wir wollen oder nicht. Das theologische Problem ist das gleiche, das uns in anderer Weise auch in der Christolo-
gie entgegentritt. Man hat sich in den ersten christlichen Jahrhunderten um
eine Formel bemüht, die das rechte Verhältnis des Göttlichen und Menschlichen in unserem Herrn Christus ausdrücken sollte. Man ist schließlich darauf gekommen zu sagen, daß die beiden Naturen in Christus adiairetos aber
auch asynchytos zusammengehörten, also zugleich unzertrennt, aber auch
unvermischt. Luther hat entscheidenden Wert darauf gelegt, daß diese
Dinge auch bei der Kirche nicht vermischt würden. Er hat immer deutlich
die Warnung ausgesprochen, daß man sie nicht durcheinandermenge und hat
auch davor gewarnt, daß man sie nicht auseinanderreiße. Das bedeutet, daß

es auf der einen Seite nicht gestattet ist, Kirche im Sinne des Glaubens, mit anderen Worten den Leib Christi, mit menschlichen Mitteln herstellen zu wollen. Das tun die Schwärmer, die sich bemühen, die wirklich Gläubigen von den Ungläubigen zu sondern und herauszustellen. Luther hat sich davor gehütet und hat nur die zur Sammlung aufgerufen, die „mit Ernst Christen sein wollen". Das ist aber etwas anderes als der Versuch, die Gemeinschaft der „vere credentes" sichtbar von den Bösen und Ungläubigen zu scheiden und den wahren Leib Christi organisieren zu wollen. Auf der anderen Seite steht die Verwechslung und Gleichsetzung der sichtbaren Kirche mit dem Reiche Gottes, sichtbar dargetan in der katholischen Kirche, nach deren Lehre das Reich Gottes sich auf | Erden in den organisatorischen Formen der römischen Kirche darstellt. Wir stehen auch in manchen Kreisen der Konfessionskirchen, Landeskirchen wie Freikirchen, in der Gefahr, dieser Auffassung von Kirche zu verfallen, indem wir unsere eigene Organisation von Kirche gleichsetzen mit dem Leibe Christi und nicht mehr sehen, daß die Kirche Gottes hinausgeht über die Grenzen unserer Konfessionen und daß es eine Kirche Christi gibt in aller Welt. Denn es heißt: „Wo zwei oder drei versammelt sind in meinem Namen, da bin ich mitten unter ihnen." „Vere credentes", wahrhaft glaubende Menschen gibt es auch in den Gebilden, von denen wir nach unserer theologischen Erkenntnis sagen müssen, sie sind nicht Kirche in dem Sinne, wie wir Kirche verstehen müssen.

In diesem Dilemma stehen wir, wenn wir an die Grundordnung der EKD herangehen. Das Problem haben wir anfassen müssen im Vorspruch und im Artikel 1 der Grundordnung. Wir haben hierbei der Versuchung widerstehen müssen, die Evangelische Kirche in Deutschland im theologischen und kirchenrechtlichen Sinne als Kirche darzustellen. Wir wurden dazu veranlaßt durch den Hinweis unserer Brüder aus den lutherischen Kirchen, daß für sie der Artikel VII der Confessio Augustana unaufgebbare Bedeutung habe, in welchem steht, daß für die Einheit der Kirche nichts anderes notwendig sei als das „consentire de doctrina", daß also die Einheit der menschlich verfaßten Kirche begründet wird durch die Einheit der Lehre. Es ist kein Gegensatz, wenn von der anderen Seite die These aufgestellt wird, die Kirche werde nicht durch das Bekenntnis begründet, sondern durch Christus und sein Wort. Selbstverständlich gründet sich die Kirche, die wir glauben, auf Christus. Aber die irdische, verfaßte Kirche, deren Ordnung wir gestalten, hat ihre Einheit in der Lehre. Es handelt sich hier um das, was ich mich vorhin zu zeigen bemühte, daß nämlich die menschlich verfaßte Kirche an die Grenzen menschlicher Erkenntnis und menschlicher Erscheinungsformen gebunden ist. Diese Auffassung mache ich mir als Lutheraner persönlich zu eigen. Ich kann deshalb insoweit nicht objektiv referieren. Das, was ich gesagt habe, gehört zu der heilsamen Ernüchterung, die sich aus unserer Arbeit in den letzten drei Jahren ergeben hat. Vielleicht haben wir einmal gemeint, die Evangelische Kirche in Deutschland könne im Vollsinne Kirche sein, aber wir haben einsehen müssen, daß wir heute nicht so weit sind. Anmerkungsweise mag noch gesagt werden, daß die „pura doctrina" für keinen Lutheraner, weder in Hannover, noch Erlangen, noch | Leipzig, das klappernde Gerüst eines dürren theologischen Systems ist. „Pura doctrina" verstehen wir mit Luther immer als die „viva vox evangelii", die lebendige Verkündigung des ganzen Christus! Wer Luther und die Bekenntnisschriften kennt, der weiß, was mit der „doctrina" gemeint ist, der weiß, wie sie lebendig hineinwirkt in Wortverkündigung, Sakramentsverwaltung, Seelsorge, Unterweisung und alle kirchliche Tätigkeit überhaupt. Eine Verengung des Begriffs der „doctrina" auf ein theologisches System, das ich rational faßbar habe und über das ich praktisch verfüge, lehnt die lutherische Kirche ab. Andere Kirchen mögen für die Einheit der Kirche andere Kriterien haben: die gleichen Rechtsformen, eine einheitliche Hierarchie, gleiche liturgische Gebräuche, ein gemeinsames Erlebnis oder sonst etwas anderes. Für die lutherische Kirche·ist die Einheit der *Lehre* um des Gewissens willen die unerläßliche Vorbedingung für die Einheit der Kirche.

Aus dieser Einsicht mußte die Folgerung gezogen werden, daß die EKD kirchenrechtlich gesehen nicht Kirche sei. Auf der anderen Seite konnten wir uns alle der Erkenntnis nicht entziehen, daß wir durch Gottes Führung in der evangelischen Christenheit durch alle Landeskirchen, Konfessionen und theologischen Gruppierungen hindurch eine Gemeinsamkeit besitzen, die mit dem aus dem Staatsrecht entliehenen Begriff eines Kirchenbundes nicht ausreichend bezeichnet ist. Die Gemeinschaft der Evangelischen in Deutschland ist enger, als sonst eine kirchliche Gemeinschaft zu sein pflegt. Das, was uns von anderen Kirchen, z. B. von der katholischen Kirche und von den Sekten trennt, ist etwas anderes als das, was uns trennt zwischen Lutheranern und Reformierten. Wir haben eine Gemeinsamkeit auch auf dem Gebiet der Lehre mindestens insoweit, als beide Kirchen der Reformation in dem Ansatzpunkt des „sola gratia, solus Christus, sola fide, sola scriptura" wurzeln. Sie haben die gleiche „Intentio" in der „doctrina". Hätten wir diese Gemeinsamkeit des Ausgangspunktes nicht, dann wären unsere Bemühungen um die EKD sinnlos. Wir haben sie aber. Wir haben diese Gemeinsamkeit in den vergangenen vier Jahrhunderten gehabt, und wir haben sie auch trotz aller tiefgreifenden Auseinandersetzungen behalten. Wir haben sie im einzelnen insbesondere in der Arbeit der kirchlichen Werke der letzten hundert Jahre erfahren und haben sie im Kirchenkampf neu bestätigt bekommen, als es um die Kirche Christi in Deutschland ging, insbesondere in Barmen. Es hat sich gezeigt, daß dieser gemeinsame Ausgangspunkt in der Lehre nicht | zu einer restlosen Übereinstimmung in den Grundlehren der Kirche geführt hat. Diese Übereinstimmung könnte nur erreicht werden durch die Fortführung und Beendigung des theologischen Gesprächs. Wird dieses theologische Gespräch nicht geführt, so ist gar nicht zu erhoffen, daß der „consensus de doctrina" bei uns eintreten und uns zu einer einheitlich verfaßten Kirche führen könnte. Es ist eine Schuld unserer Kirche, der wir uns beugen müssen, daß sie seit der Reformation die Fortführung dieses Gesprächs nicht ernst genug genommen hat. Unsere Vorväter im 16. und 17. Jahrhundert haben es nach ihrer Art in der Form eines Streitgesprächs geführt. Es ging damals um dieselben Fragen und dasselbe Problem, vor denen wir heute noch stehen. Sie sind aber des Gesprächs müde geworden in der Zeit des Rationalismus, der Aufklärung und des Liberalismus. Die Zeit, in der es in der Kirche der Reformation als ein Verdienst, für einen Fortschritt und für ein Zeichen der Weisheit angesehen wurde, von diesen Dingen nicht mehr zu reden oder sie als nicht vorhanden anzusehen, ist aber vorbei. Relativismus ist kein Fortschritt. Das haben wir in den letzten Jahren bitter lernen müssen. Zu einer menschlich begründeten Einheit der sichtbaren Kirche zu kommen, ist nur so möglich, daß wir das theologische Gespräch über die Lehre wieder aufnehmen an den Stellen, wo es eine Kontroverse gibt. Und die gibt es genug. Das Gespräch, das Hans Asmussen mit Karl Barth und seinen Freunden führt, ist abgesehen von seinen bisherigen Formen, ein notwendiges Gespräch. Es ist einfach notwendig, weil es hier um die Sache geht, die zur Debatte steht. Wir werden sonst nicht weiterkommen.

Das Zweite ist das Gespräch über die Abendmahlsfrage, das nach der Kirchenkonferenz von Treysa 1947 vom Rat der EKD eingeleitet worden ist. Wir wollen es in Treue und Gründlichkeit weiterführen und nicht meinen, daß wir zu einer Einheit in der Feier des Heiligen Abendmahls kommen könnten a) durch die Gewohnheit, b) durch die Berufung auf den Kirchenkampf, c) durch gemeinsame liturgische Formeln. Es steht sowohl hinsichtlich der Wortverkündigung wie auch der Sakramentsverwaltung zwischen unseren Kirchen die ungelöste Frage und das nicht geführte Gespräch. Aus diesen Gründen sind wir in der Grundordnung mit unseren Aussagen von der EKD als „Kirche" bescheiden geworden. Hier liegt das bleibende Verdienst des Reichsbruderrates, der im März 1947 in seinem allerersten Entwurf zur Grundordnung zum erstenmal die Formel prägte: „Die Evangelische Kirche in Deutschland ist ein Bund lutherischer, refor|mierter und unierter Kirchen." Das ist eine Erkenntnis, die uns allen gemeinsam geworden ist. Wir brauchen nicht zu resignieren und müde zu werden, weil wir zurückgegangen wären. Es ist geschehen, was geschehen mußte. Wir sind nüchtern geworden und haben den Tatsachen Rechnung getragen. Demgemäß ist es das erste Prinzip der Arbeit unseres Verfassungsausschusses geworden, daß wir ordnen wollten, was vorhanden ist. Wir haben dem Versuch bewußt widerstanden, eine „ideale" Kirche in Deutschland zu konstruieren und Konturen für etwas zu zeichnen, was in Zukunft als wünschenswert erscheinen könnte. Wir haben uns bemüht, zu ordnen, was da ist. Das andere, was uns aufgegangen ist, war dieses: wir haben bewußt bei der Grundordnung der EKD davon abgesehen, diese Ordnung nach einem lutherischen oder einem reformierten Verfassungsprinzip zu gestalten. Wir dürfen nicht erwarten, daß Grundprinzipien, die bei den Kirchenordnungen der konfessionsbestimmten Gliedkirchen ihr Recht haben, sich in der Grundordnung der EKD wiederfinden müßten. Weil die EKD nicht Kirche im theologischen Sinne ist, kann ihre Ordnung weder nach reformierter Weise rein presbyterial–synodal sein, noch dürfen wir in ihr nach lutherischer Weise das Miteinander von Amt und Gemeinde suchen. Unsere beiden Grundprinzipien, die Prof. D. Erik Wolf schon am 9. März 1948 in Kassel dem Rat der EKD vortrug, waren also:

1. nur das zu ordnen, was wirklich da ist; und

2. keine Konfessionsprinzipien in die Ordnungsform der EKD hineinzupressen.

Wenn wir diese beiden Sätze überdenken, dann sehen wir die feste Linie, die uns bei den einzelnen Artikeln der Grundordnung vorgezeichnet war.

In Artikel 1 Absatz 1 ist gesagt: „Die Evangelische Kirche in Deutschland ist ein Bund lutherischer, reformierter und unierter Kirchen." Ich wiederhole: das ist der Satz des Reichsbruderrates und ebenso die Formulierung von Barmen. In dem zweiten Satz des ersten Artikels wird die Grundthese noch einmal ausdrücklich verstärkt. Es wird dort gesagt, daß die Evangelische Kirche in Deutschland die Bekenntnisgrundlage der Gliedkirchen und Gemeinden achtet, das heißt: garantiert und respektiert, daß aber auch erwartet werden muß, daß die Gliedkirchen Bekenntniskirchen sind, die ihr Bekenntnis in Lehre, Leben und Ordnung wirksam werden lassen, und nicht die Freiheit haben, liberalistische oder deutsch-christliche Kirche zu sein. Sie sind verpflichtet, bekenntnisgebundene Kirchen zu sein, | sonst wären wir in der EKD nicht das, was wir sein wollen. — Aus dem ersten Absatz ist von Brüdern der lutherischen Kirche gefolgert worden, daß, wenn die EKD kirchenrechtlich gesehen ein *Bund* ist, man die Dinge auch in dieser Form und unter dem *Namen* eines Bundes gestalten müsse. Mit anderen Worten: wir müßten zurückkehren zu der Form des Deutschen Evangelischen Kirchenbundes von 1922 und auch diesen Namen wieder aufnehmen. Diese These hat den Vorzug der Logik und der Konsequenz, nicht aber den Vorzug der allumfassenden Wahrheit. Die Wahrheit ist nicht immer da, wo die Logik ist. Ich glaube, daß das, was im Anfang dieses Referates theologisch angedeutet worden ist, im Blick auf die Evangelische Kirche in Deutschland entschlossener angewandt werden müßte. Wir können eine Arbeitsgemeinschaft, eine Verwaltungsgemeinschaft, einen Zweckverband, einen Bund mit allen möglichen kirchlichen Gruppen eingehen; das verwehrt uns niemand. Ich denke hier an bestimmte Fragen des öffentlichen Lebens und des politischen Handelns, in denen wir sogar mit den Freikirchen und mit der römisch-katholischen Kirche zusammengehen können. Es gibt eben verschiedene Möglichkeiten eines „Kirchenbundes". Der Begriff des „Bundes" ist aus der politischen Sphäre gekommen. Hier gibt es Staatenbund oder Bundesstaat; hier gibt es den „Föderalismus". Der Föderalismus ist aber kein kirchengestaltendes Prinzip, auch nicht für die irdisch verfaßte Kirche. Deshalb ist dieser Versuch, die Pro-

bleme der EKD zu lösen, nicht ganz zureichend, weil die Begriffe aus der
weltlich-politischen, soziologischen Sphäre das nicht erfassen, was hier gemeint ist. Wir haben uns bemüht, das, was gemeint ist, in Artikel 1 Absatz 2
richtig zum Ausdruck zu bringen. Um dieselbe Sache hatten wir uns schon in
den sieben Sätzen von Treysa 1947 bemüht. Diese sind aber noch nicht klar
und eindeutig genug gewesen. Aus These 2 von Treysa: „Wir vertrauen darauf, daß sich in diesem Bund im gemeinsamen Hören auf Gottes Wort Kirche im Sinne des Neuen Testaments verwirklicht", haben die einen einen fu-
turischen Satz in dem Sinne gemacht, daß die EKD doch später einmal eine
Union werden möchte, während er von den anderen präsentisch verstanden
wurde als eine Bezeugung der schon jetzt auch in der EKD gegenwärtigen
„Una Sancta". Wir haben Veranlassung, davor zu warnen, die „Una Sancta"
mit einer Union zu verwechseln! Der zweite Absatz von Artikel 1 unserer
Grundordnung ist nicht das Programm einer latenten oder kommenden
Union, sondern darin ist nur versucht, zum Ausdruck zu bringen, was sich
in | theologischen und kirchenrechtlichen Begriffen schwer fassen läßt, was
aber tatsächlich unter uns vorhanden ist: die Gemeinschaft der evangelischen
Christenheit in Deutschland, die über die Grenzen der Konfession hinausreicht. Wir sind im Begriff, einen Kirchenbund zu schaffen und können mit
gutem Gewissen für diesen Kirchenbund eintreten. Wenn wir dann nur treu
sind, und jeder an seiner Stelle und jeder in seiner Kirche tut, was uns aufge-
tragen ist, das Wort Gottes recht zu verkünden und die Sakramente recht zu
verwalten, so können wir getrost das, was dabei herauskommt, Gott selbst
anbefehlen und es ihm überlassen, wo und wie Er in diesem Kirchenbund
seine Kirche hat.

Zum Vorspruch möchte ich noch sagen: Die menschlich verfaßte Kirche hat
ein Bekenntnis und muß ein Bekenntnis haben als ein äußeres aufgerichtetes
Zeichen, um das sich die Gemeinde sammeln kann. Dieses Zeichen hat zu jeder Zeit der christlichen Kirche eine doppelte Funktion gehabt. Es diente
einerseits positiv der Sammlung der Gemeinde und andererseits negativ der
Grenzziehung gegenüber den Irrlehren. Es hat zu jeder Zeit schlichte und
einfältige Brüder gegeben, die der Meinung waren, alle Christen haben ein
kurzes Bekenntnis; das können sie alle miteinander sprechen. Es heißt: „Kyrios Christos", d. h. Christus ist der Herr. Aber schon die Alte Kirche sah
sehr bald, daß sie mit diesem kurzen Satze, dem Petrusbekenntnis von Cä-
sarea Philippi, nicht auskam. „Kyrios Christos" sagten auch die Gnostiker.
So kam es zur Bildung formulierter Bekenntnisse in den ersten Jahrhunderten und wieder in der Zeit der Reformation. In der Präambel haben wir
kein neues Bekenntnis formuliert, sondern nur eine Feststellung von Tatbe-
ständen getroffen. Sie umreißt, was uns gemeinsam miteinander verbindet,
und zeigt auch, worin wir trotz ehrlichen Wollens unterschieden sind. Sie
zeigt, daß wir das Evangelium von Jesus Christus, wie es uns in der Heiligen Schrift Alten und Neuen Testaments gegeben ist, gemeinsam haben, nicht

als ein verfügbares Instrument, sondern als ein Geschenk der *Gnade Gottes*.
Das bedeutet nicht, daß wir auch ein gemeinsames *Verständnis* der Heiligen
Schrift besäßen. Im dritten Absatz wird daher ganz ehrlich gesagt, daß für
unser Schriftverständnis die jeweiligen Bekenntnisschriften der einzelnen
Gliedkirchen maßgebend sind. Diese Verschiedenheit wird bleiben müssen,
solange nicht das theologische Gespräch darüber zu Ende geführt ist. |

An dem Artikel 4 in seiner jetzigen Form wird uns schmerzlich deutlich,
daß die Evangelische Kirche in Deutschland noch nicht die Einheit hat, wie
wir sie uns wünschen und wie wir sie in einer konfessionsbestimmten Kirche
haben könnten. Aus Gesprächen und Vorbesprechungen haben wir immer
wieder gehört, daß viele Brüder erschüttert sind wegen der Bestimmungen
über die „Kanzel- und Abendmahlsgemeinschaft" in der Evangelischen Kirche in Deutschland. Wir haben aber in Artikel 4 Absatz 1 die Vereinbarungen über Kanzel- und Abendmahlsgemeinschaft den Gliedkirchen überlassen.
Ob sie geübt und eingeführt werden soll, ist nicht Sache der EKD, sondern
der Gliedkirchen. Von diesem Grundsatz haben wir zwei Ausnahmen gemacht, nämlich da, wo es sich um den gelegentlichen Dienst der Wortverkündigung in besonderen Fällen, etwa bei Tagungen der großen Werke handelt;
und dann in Absatz 4 bei der Feier des Heiligen Abendmahls, wo es heißt:
„Zur Feier des Heiligen Abendmahls werden in einigen Gliedkirchen Angehörige eines anderen Bekenntnisses ohne Einschränkung zugelassen. In anderen Gliedkirchen erfolgt die Zulassung da, wo seelsorgerliche oder ge-
meindliche Verhältnisse es nahelegen." Eine volle Abendmahlsgemeinschaft
besteht demnach in der EKD nicht. Es handelt sich um die Zulassung von
Angehörigen eines anderen in der EKD geltenden Bekenntnisses in besonderen Fällen und unter besonderen Verhältnissen. Diese Fassung haben wir
wegen der vielen Evakuierten und Flüchtlinge gewählt. Mit ihrer Zulassung
zum Heiligen Abendmahl soll kein Übertritt von einer Konfession zur anderen verbunden sein. Wir wollen aber wegen der großen Not der Zeit
niemanden zurückstoßen und wollen uns vor Gott und den Menschen
freuen, wenn wir sie bei uns am Tisch des Herrn haben. Wir sind einig in
dem Gebet, daß der Herr der Kirche einmal allen ihren Gliedern volle und
wahre Abendmahlsgemeinschaft schenken möchte.

Im übrigen haben wir die Verfassung der EKD nach den Prinzipien eines
Bundes gestaltet. Die Organe sind bundesmäßig gegliedert. Wir haben den
Rat der EKD, der bekenntnismäßig gegliedert sein muß; wir haben die Kirchenkonferenz, in der die bekenntnisbestimmten Gliedkirchen vertreten sind;
wir haben die Synode, die in Konvente auseinandertreten kann. Die Konvente haben das Vetorecht, wenn Fragen berührt werden, die mit dem Bekenntnisstand zusammenhängen. Über den Zusammenschluß der Gliedkirchen brauche ich keine Ausführungen zu machen. Der Artikel 21 über den
Zusammenschluß von Gliedkirchen innerhalb der EKD ist ein|deutig klar.
Der Zusammenschluß ist nicht mehr wie bei der ersten Fassung vom Novem-

ber 1947 an die gesetzliche Bestätigung der EKD gebunden. Die Gliedkirchen sind hierin völlig frei. Sie können sich konfessionell oder auch territorial zusammenschließen, wie sie es für richtig halten. Das soll aber im Benehmen mit der EKD erfolgen. Diese Lösung ist ein Akt der Brüderlichkeit. Und was in diesen Tagen auf der Generalsynode der VELKD geschehen ist, gibt uns die Gewähr, daß hier nicht eine Abkapselung, nicht eine Sprengung der Gemeinschaft, sondern im Gegenteil ein Beitrag zur gegenseitigen Stärkung der Gemeinschaft beabsichtigt ist. Dafür wollen wir dankbar sein.

Einige unter uns möchten vielleicht fragen: Warum hält man denn an dem Namen „Kirche", Evangelische Kirche in Deutschland, fest, wenn es kirchenrechtlich und theologisch feststeht, daß die EKD nicht Kirche im Sinne von Artikel VII der Augustana ist? Hier ist zuzugeben: der Begriff „Kirchenbund" ist logischer. Wir konnten uns aber hierzu nicht entschließen, einfach darum, weil dieser Begriff auch ein unzureichender Begriff ist, ein unkirchlicher Terminus, der der Wirklichkeit nicht gerecht wird. Es ist ein wohltätiges Gegengewicht, ein ständiger Stachel im Gewissen für die, die sich bei einem Kirchenbund zu beruhigen gedächten, wenn dieser Bund den Namen einer „Evangelischen Kirche in Deutschland" trägt. Hierdurch kommt am besten zum Ausdruck, was Gott der evangelischen Christenheit in Deutschland gegeben und aufgegeben hat. Wenn wir von der „Evangelischen Kirche in Deutschland" reden, dann gebrauchen wir den Begriff „Kirche" nicht im kirchenrechtlichen und im theologischen Sinne, sondern wir gebrauchen ihn in dem Sinne, daß wir das Vertrauen, den Glauben und die Hoffnung haben, daß in diesem Kirchenbund Kirche im Sinne des Herrn Christus geschieht. Was im übrigen nach der Seite der menschlichen Organisation daraus werden kann und soll und möchte, darüber können wir heute in Eisenach nichts anderes sagen, als was schon in Barmen zu dieser Sache gesagt worden ist: Das befehlen wir Gott.

# Die theologische Erklärung von Barmen 1934 und ihr Verhältnis zum lutherischen Bekenntnis*

## I.

Die eigentliche Schwierigkeit in der unübersehbaren literarischen Diskussion über „Barmen"[1] ist nicht das mit der ersten Bekenntnissynode von Barmen (29.—31. Mai 1934) gegebene kirchenpolitische und kirchenrechtliche Problem: das Verhältnis der Konfessionen in der Evangelischen Kirche in Deutschland zu einander. Das Problem tauchte zwar schon in Barmen selber auf. Es wurde scharf beleuchtet durch den warnenden Brief von Professor D. Sasse-Erlangen an Landesbischof D. Meiser vom 21. Mai 1934, durch den Protest der vorzeitigen Abreise Sasses und durch seine dem Präses D. Koch übergebene Erklärung[2]. Die Diskussion über dies kirchenpolitische Problem ist in den folgenden Jahren weitergegangen. Der Lutherrat legte am 3. Februar 1937 die Anschauung der lutherischen (intakten und zerstörten) Kirchen in wohl abgewogener Weise fest[3]. Diese Erklärung hatte folgenden Wortlaut:

„Die theologische Erklärung der Ersten deutschen Bekenntnissynode von Barmen, der auch Vertreter evang.-luth. Kirchen zugestimmt haben, hat das Evangelium von Jesus Christus als die Grundlage der DEK als eines Bundes bekenntnisbestimmter Kirchen gegen die in allen Kirchen der Reformation mächtig gewordenen Irrlehren der Deutschen Christen neu bezeugt. Sie hat damit alle Kirchen, die sich um das Evangelium sammeln, aufgerufen, ihre Bekenntnisse in den Entscheidungen unserer Zeit ernst zu nehmen und alles abzutun und abzuwehren, was die einmalige und vollkommene Offenbarung des lebendigen Gottes in Jesus Christus, unserem Herrn, gefährdet, verdunkelt oder zu zerstören droht.

Darum erkennen wir in den Barmer Sätzen auch weiterhin eine theologische Erklärung, die wegweisend sein will in den heute von jeder Kirche, die das Evangelium bekennt, von ihrem Bekenntnis aus geforderten Entscheidungen. Dabei ist die lutherische Kirche | gehalten — und die Beschlüsse von Barmen unterstützen diese

---

* Aus: Luthertum, Heft 18, Berlin 1955, S. 1—32. — Vgl. auch die Rezension zu E. Wolf, Barmen. Kirche zwischen Versuchung und Gnade. München 1957, in: Inf.Bl. Jg. 7, 1958 (H. 17).

[1] Vgl. die Bibliographie bei GÜNTHER KOCH, Die christliche Wahrheit der Barmer Theologischen Erklärung (ThExh NF 22). München 1950.

[2] Lutherische Nachrichten Nr. 14 vom 15. Mai 1954, S. 8 ff.; vgl. GERHARD NIEMÖLLER, Die erste Bekenntnissynode der Deutschen Evangelischen Kirche zu Barmen, Bd. 1 (AGK 5) Göttingen 1959, S. 170—172.

[3] Abgedruckt bei CHRISTIAN STOLL, Die Theologische Erklärung von Barmen im Urteil des lutherischen Bekenntnisses (Kirchlich-theologische Hefte 2). München 1946, S. 18—19.

Aufgabe —, die Barmer Sätze an ihrem Bekenntnis zu prüfen und durch das Bekenntnis auszulegen.

Da die Barmer Sätze bewußt keine Entscheidung über die Wahrheit des lutherischen oder des reformierten Bekenntnisses treffen und auch weder das eine noch das andere Bekenntnis bestätigend aufgreifen, sind sie selbst einer maßgeblichen Auslegung auf Grund der Bekenntnisse der Kirchen bedürftig.

So lehnen wir es ab, aus der Tatsache, daß Lutheraner, Reformierte und Unierte die Theologische Erklärung gemeinsam abgegeben haben, zu folgern, daß hierdurch ein neues Bekenntnis als Grundlage einer neuen Kirche entstanden sei. Mit Dank aber stellen wir fest, daß durch die theologische Erklärung auch jede Kirche der lutherischen Reformation daran gemahnt ist, daß sie ihr Bekenntnis nur dann wirklich ernst nimmt, wenn sie sich „in ihrer Lehre, ihrer Gestaltung und ihren Ordnungen von der Heiligen Schrift und den lutherischen Bekenntnisschriften bestimmen läßt und damit bezeugt, daß sie durch ihr Bekenntnis allezeit zum Bekennen aufgerufen ist."

Bei dieser Stellungnahme sind die lutherischen Kirchen im wesentlichen geblieben, auch als nach dem Zusammenbruch Deutschlands die Diskussion über Barmen in Treysa (Ende August 1945) neu begann und über Treysa II (5.—6. Juni 1947) und die Kirchenversammlung von Eisenach (9.—13. Juli 1948) bis in die Gegenwart fortgeführt wurde: ob „Barmen" die (kirchentrennende) Geltung der reformatorischen Bekenntnisse aufhebe und überwinde, und ob die Theologische Erklärung von Barmen eine neue Stufe der Bekenntnisbildung darstelle, durch die die evangelische Christenheit in Deutschland zu einer neuen theologischen und kirchlichen Einheit geführt worden sei, die es ermöglichen würde, die EKD als wirkliche Kirche einheitlich zu organisieren.

Obwohl sich fast die ganze Auseinandersetzung seit 1934 um diese Frage dreht — auch die bisher erschienenen Jubiläumsaufsätze kreisen fast ausschließlich um dies Problem! —, ist doch zu sagen, daß das Hauptproblem an dieser Stelle nicht liegt. Kirchenpolitisch kann man über Barmen nichts anderes sagen, als was der Lutherrat schon 1937 gesagt hat. In der kirchenpolitischen und kirchenrechtlichen Linie sind alle Verlautbarungen von Barmen 1934[4] sehr zurückhaltend und vorsichtig. Zum Verhältnis der reformatorischen | Bekenntnisse untereinander wollte die Bekenntnissynode von Barmen, wie sie in ihren Verlautbarungen immer wieder betont, nichts Neues sagen. Sie nahm die Bekenntnisse der Reformation und die aus ihnen er-

---

[4] Wer von „Barmen" zutreffend reden will, muß *alle* Verlautbarungen gleichmäßig in Betracht ziehen: die Theol. Erklärung, den erläuternden Vortrag von Asmussen dazu, die Rechtserklärung, die Erklärung zur praktischen Arbeit und das Wort an die Gemeinden. Es genügt auch nicht, wie es immer wieder geschieht, die 6 Thesen der Theol. Erklärung abzudrucken; sie sind ohne die einleitenden 5 Absätze der Theol. Erklärung nicht vollständig. — Texte z. B. in: KARL IMMER (Hg.), Bekenntnissynode der Deutschen Evangelischen Kirche Barmen 1934. Vorträge und Entschließungen. Wuppertal-Barmen 1934; GERHARD NIEMÖLLER (Hg.), Die erste Bekenntnissynode der Deutschen Evangelischen Kirche zu Barmen, Bd. 2 (AGK 6). Göttingen 1959.

wachsene Gliederung des deutschen Protestantismus in Konfessionskirchen und Unionskirchen als etwas Gegebenes hin und befahl es Gott, was die gemeinsam abgegebene Erklärung für das Verhältnis der Bekenntniskirchen untereinander bedeuten möchte. Sie vermied auch, offenbar mit bewußter Absicht, für ihre Kundgebungen das Wort „Bekenntnis", obwohl man schon 1933 vom „Altonaer Bekenntnis" oder von den „Bekenntnissen des Jahres 1933" geredet hatte. Sie übergab ausdrücklich die Theologische Erklärung den Bekenntniskonventen (der Synode) „zur Erarbeitung verantwortlicher Auslegung von ihren Bekenntnissen aus"[4a].

Eine verantwortliche theologisch-kritische Auslegung hat, sehr zum Schaden der Sache und zum Schaden für die in Barmen erklärte und bezeugte Gemeinsamkeit, niemals stattgefunden. Dadurch ist die Situation entstanden, daß die Auseinandersetzungen um „Barmen" vor dem Kriege wie nach 1945 in der Sphäre des Kirchenpolitischen stecken blieben. Diese Lage ergab sich weithin aus der nach dem Kriege gebieterisch auftretenden Notwendigkeit, der evangelischen Christenheit in Deutschland zu einer neuen Gesamtordnung ihres kirchlichen Lebens zu verhelfen. Die Ordnungsaufgaben standen notgedrungen im Vordergrund; es mußte gehandelt und Recht gesetzt werden. Die Frage nach dem Verhältnis von EKD und Landeskirchen war von der Frage nach dem Zusammenleben der Konfessionen nicht zu trennen. So kam es, daß die eigentlich *theologische* Frage nach dem Inhalt, der Zielrichtung und der Wirkung von „Barmen" ungebührlich zurücktrat, wenngleich natürlich beide kirchenpolitischen Seiten theologische Aspekte mit ihren praktischen Verfassungsbestrebungen verbanden. Zum mindesten kam es nicht zu einer wirklich klärenden Aussprache über den theologischen Gehalt der Theologischen Erklärung und schon gar nicht zu einer Verständigung hierüber.

Das eigentliche Problem von „Barmen" liegt ja nicht bei der Frage, was „Barmen" *damals gewollt* hat — das ist ziemlich eindeutig im Sinne der Erklärung des Lutherrates von 1937 zu entscheiden. Man sollte es endgültig aufgeben, der Bekenntnissynode von 1934 nachträglich die Absicht unterzuschieben, sie habe ein „neues Bekenntnis" als Einheitsbekenntnis einer einheitlichen Unionskirche der Zukunft herausbringen wollen. Das hat die Synode von Barmen nicht getan und nicht gewollt. — Die entscheidende Frage, um die es bei der heutigen Einschätzung und Bewertung von „Barmen" | geht, ist eine andere. Es ist die Frage, ob nicht das Ereignis als solches, das Ereignis einer gemeinsamen Abwehr der kirchenzerstörenden Irrlehre der Deutschen Christen mit Hilfe einer gemeinsamen theologischen Erklärung die *tatsächliche Wirkung* gehabt hat, eine neue kirchliche Einheit zu schaffen, eine neue Stufe der Bekenntnisbildung zu erreichen und demgemäß eine Überwindung der konfessionellen Unterschiede des 16. Jahrhunderts herbeizuführen.

---

[4a] Vgl. K. Immer, S. 28.

Um diese Frage ging im Grunde die ganze Diskussion vor dem Kriege wie nach 1945. Die einen behaupteten mit Leidenschaft, eben dieses sei die tatsächliche Auswirkung von Barmen, die, vielleicht ganz unbeabsichtigt, im Kirchenkampf eingetreten sei; die anderen behaupteten mit der gleichen Leidenschaft, im Kirchenkampf sei nichts anderes eingetreten als eine gewisse (leider immer wieder getrübte und in Frage gestellte) Gemeinsamkeit der im übrigen unverändert fortbestehenden Konfessionskirchen in der Abwehr der deutschchristlichen Irrlehre und später auch in dem Widerstand gegen die Ideologie und die Gewaltpolitik des zunehmend in seinem Totalitätsanspruch erkannten NS-Staates.

Das Unbefriedigende an den Auseinandersetzungen war dies, daß es in ihnen kaum zu der „verantwortlichen Auslegung" von den Bekenntnissen her kam. Weithin blieb die Diskussion, besonders die von 1945 und 1948, so im Kirchenpolitischen stecken, daß zeitweilig der Eindruck entstehen konnte, es ginge in der EKD um Machtpositionen. Die eine Seite war in der Gefahr, ihre These vom „neuen Bekenntnis" und der EKD als der „neuen Kirche" zwar mit „Barmen" zu begründen, in Wirklichkeit aber nur das längst bestehende *Unions*system unbewußt damit zu rechtfertigen. Die andere Seite war in Gefahr, sich ausgerechnet mit Hilfe der vorsichtigen Formulierungen von „Barmen" bei dem Fortbestehen, des seit langem gewohnten *Konfessions*systems zu beruhigen. — Es ist verständlich, daß jede Seite auf die andere einen erheblichen Zorn bekommen mußte, wenn sie sich zu der Annahme berechtigt glaubte, daß die Gegenseite versuche, aus „Barmen" kirchenpolitisch Kapital zu schlagen, sei es zugunsten des „Unionismus" oder zugunsten des „Konfessionalismus".

Diese Entwicklung konnte kaum anders verlaufen, als es geschehen ist, seitdem beide Seiten der Verpflichtung, den Inhalt der Theologischen Erklärung am Bekenntnis der Kirche zu messen, ausgewichen sind. Es ist bemerkenswert, daß die Bekenntniskonvente der Bekenntnissynoden von Dahlem, Augsburg und Oeynhausen den Auftrag von Barmen niemals angefaßt, geschweige denn durchgeführt haben. Auch nach der Spaltung der Bekennenden Kirche|1936 haben die Vertreter der Teilgruppen keine ernsthaften Anstrengungen zu einer „verantwortlichen" theologischen Auslegung gemacht. Einzelne Theologen haben hin und wieder in Aufsätzen und Broschüren Beiträge zur theologischen Beurteilung von „Barmen" geliefert. Auf das Ganze der reichhaltigen Literatur gesehen, ist das Ergebnis mager. Man maß dem *theologischen* Gehalt der viel gerühmten Erklärung im Grunde keine tiefere Bedeutung bei.

Merkwürdig berührt schon, wie wenig ernst ein Mann wie Sasse den Inhalt der Theologischen Erklärung nahm. Es war sein entscheidender Fehler, der im Grunde seinem Protest die Wirkung nahm, daß sein Ausgangspunkt ein kirchenpolitischer war: er ging von dem Vor-Urteil aus, die DEK als ein Kirchenbund könne „nicht in irgendeiner Form als Repräsentation einer leh-

renden Kirche auftreten"[5]. Es kam ihm nicht so sehr darauf an, *was* die Bekenntnissynode sagen würde. Wichtig war ihm, *daß* eine Synode der DEK
in Fragen der Lehre, und also auch der Irrlehre, nichts sagen könne und
dürfe. „Die Beschlüsse, die auf dieser Synode hinsichtlich der Lehre gefaßt
worden sind, können also, gleichgültig, ob sie sachlich richtig sind oder
nicht (!), nie den Anspruch auf verpflichtende Geltung erheben."[6] Über den
theologischen Inhalt der Barmer Erklärung äußert sich Sasse auffallend sorglos: „Die in den Sätzen 1—6 dargelegten biblischen Wahrheiten und die in
diesen Sätzen ebenfalls ausgesprochene Verwerfung von Irrlehren finden meine Zustimmung, obwohl ich der Meinung bin, daß der Text hier und da (!)
von lutherischen Theologen anders ausgelegt werden kann als von Theologen
reformierten Bekenntnisses." Theologischen Anstoß am Inhalt nimmt also
Sasse nicht besonders; sein Widerspruch entzündet sich daran, daß diese
Sätze von einer Synode als ganzer angenommen wurden. „Indem die Synode
die bei einer Beschlußfassung über Bekenntnisfragen gebotene „itio in partes" vermieden, vielmehr als ganze eine Lehrerklärung angenommen hat, hat
sie sich faktisch als Lehrinstanz für Lutheraner und Reformierte erklärt. Als
solche kann sie von der Kirche Augsburgischen Bekenntnisses niemals anerkannt werden."

Das theologische Problem wird auch in dem Beitrag „Barmen" von Karl
Barth in der Festschrift für Martin Niemöller[7] nicht sehr ergiebig behandelt.
Karl Barth geht davon aus, daß man in Barmen „mit verhältnismäßig viel
Theologie auf der einen und verhältnismäßig wenig auf der anderen Seite"
auf einmal *beieinander* ge|wesen sei. Über die Theologische Erklärung wird
(S. 10) gesagt, sie sei — man solle das einfältig gelten lassen — ein Glaubensbekenntnis gewesen, „ein echtes, ein kirchliches Glaubensbekenntnis",
weil nicht aus theologischer Diskussion sondern aus konkretem Bekennen
entstanden. Aus dieser Formulierung erhellt der schillernde Gebrauch des
Begriffs „Bekenntnis": was vorwiegt, ist das aktuelle Bekennen, besser „Bezeugen", das in Barmen geschah. Über den Charakter der Theologischen Erklärung als einer Bekenntnisschrift mit der ausgesprochenen kirchlichen Re-
zeption als solcher äußert sich Barth nicht. „Die Kirchenhistoriker und die
Systematiker — und auch die Kirchenmänner! — der nachrückenden Generation mögen zusehen, was sie mit der Sache anfangen und nicht anfangen
werden" (S. 11).

Mit dieser Auffassung von „Barmen" unterscheidet sich Barth im Grunde
kaum von der Stellungnahme des Lutherrates von 1937: Barmen wird pri-
mär als „actum" genommen. Tut man das aber, so überwiegt seine kirchen-
geschichtliche Bedeutung als Ereignis, als ein sehr bedeutendes Ereignis zwar,

---

[5] So in seinem Brief an D. Meiser vom 21. 5. 1934.
[6] So in Sasses Erklärung an Präses D. Koch, Ziffer 2 (vgl. Anm. 2).
[7] Bekennende Kirche. Martin Niemöller zum 60. Geburtstag. München 1952,
S. 9—17.

mit Auswirkungen für die Zukunft, aber doch eben als ein (bloßes) Ereignis.
Die Frage ist dann fast unumgänglich: wie steht es mit der Wahrheit von
Barmen? War sie zeitbedingt? Gilt sie für die damalige Situation gegenüber
den Deutschen Christen (und für eine etwa wiederkehrende ähnliche Situation)? Oder ist die Wahrheit von Barmen in irgendeinem Sinne überzeitlich,
so daß sie die kirchliche Gestaltung und das kirchliche Handeln (der Lutheraner und der Reformierten gleichermaßen!) in der Zukunft bestimmen
würde?

Hierzu nimmt Karl Barth kaum Stellung. Er sagt erstens: „Barmen" war
ein Akt des Gehorsams gegen Jesus Christus und ein Handeln der *Kirche*,
der einen heiligen allgemeinen und apostolischen Kirche. Dies wird aber sofort wieder eingeschränkt: in ihrer damaligen Gestalt als DEK, in ihrer bekannten territorialen und konfessionellen Gliederung! Barmen hat uns zusammengefaßt. Damals ist Kirche, oder sagen wir lieber mit Luther: Gemeinde Erkenntnis und Ereignis geworden. — Man wird nicht sagen können, daß hier etwas theologisch Weiterführendes zum Kirchenbegriff gewonnen worden wäre. Der Karl Barth von 1952 wiederholt im Grunde nur die
Formel des Karl Barth von 1934, ohne uns in der seitdem aufgebrochenen
Problematik weiter zu helfen.

Barth sagt zweitens zu der berühmten ersten Barmer These, man dürfe sie
nicht als „Christozentrismus" abwerten; der Satz sei die konsequente Durchführung des schlichten Glaubensbekenntnisses der ersten Gemeinde. Auf die
tiefgehende theologische Kontroverse um die erste Barmer These geht Barth
inhaltlich nicht ein. Er setzt | sich nicht mit Althaus' Einwand[8] von seinem
Begriff der „Uroffenbarung" her auseinander; ebensowenig mit dem Einwand Elerts[9] gegen eine falsche Behandlung von Gesetz und Evangelium
in der Barmer Erklärung. Karl Barth übersieht hierbei, daß zwar der „Ansbacher Ratschlag" von 1934[10] ein kirchenpolitisch sehr fragwürdiges Pro-
dukt war, besonders in der naiven Gleichsetzung des NS-Regimes mit den
„frommen und getreuen Oberherren" (Abschnitt A Ziffer 5), daß er auch in
der völlig unkritischen Beschreibung der Stellung des Christen zur Obrigkeit
(Abschnitt A Ziffer 4) erhebliche theologische Mängel zeigte, daß aber das
eigentliche theologische Anliegen mit einer empörten Ablehnung des „Rat-
schlages" nicht erledigt ist. Die mit Abschnitt A Ziffer 2 gestellte und an die
Barmer Erklärung These 1 gerichtete Frage, was es um Wort Gottes, Gesetz
und Evangelium sei, ist bis heute noch nicht zureichend beantwortet —
selbstverständlich auch nicht durch den Ansbacher Ratschlag selbst! Karl
Barth weicht ihr in der Niemöller-Festschrift einfach aus, indem er sowohl

---

[8] Paul Althaus, Die christliche Wahrheit, Bd. 1. Gütersloh 1948, S. 71.

[9] Werner Elert, Die Herrschaft Christi und die Herrschaft von Menschen
(Theologia militans, Heft 6). Leipzig 1936.

[10] Kurt Dietrich Schmidt, Die Bekenntnisse und grundsätzlichen Äußerungen
zur Kirchenfrage, Bd. 2: Das Jahr 1934. Göttingen 1935, S. 102—104.

bei der ersten wie bei der zweiten These sich damit begnügt zu sagen, sie hätten bei aller theologischen Kontroverse den Charakter eines ganz schlichten christlichen Zeugnisses.

Ebenso einfach macht es sich Barth mit der 3., 4. und 6. Barmer These. Diese Sätze sagen für ihn wieder das „Eigentliche" und „Einfachste", das die Gemeinde bezeugen kann.

Lediglich in seiner Aussage über die 5. Barmer These wird Barth theologisch konkreter. Er lehnt die nicht zu haltende Lehre vom Staat als einer nicht aus der Schrift, sondern aus der Vernunft (?) und aus der Geschichte abzulesenden göttlichen „Schöpfungsordnung" ab, wobei unklar bleibt, welche Theologie er mit dieser Kennzeichnung treffen will. Es bleibt unklar, daß man so wohl nur die Irrlehren der Deutschen Christen, nicht aber eine an Luther gewonnene Theologie von den Schöpfungs- bzw. Erhaltungsordnungen bekämpfen kann. Dieser verzerrten Lehre von den Schöpfungsordnungen gegenüber war „Barmen" nach Karl Barth immerhin ein Widerspruch gegen die politische Ideologie der damaligen Zeit; allerdings habe man auch nicht eine neben dem Staat bestehende „triumphierende" Kirche gemeint.

Ergebnis: „Es gab in Deutschland einmal eine Theologie, die mit der Gemeinde, und eine Gemeinde, die mit der Theologie hören | und reden durfte und wollte. Und in ihrer wohl überlegten (!) und ganz naiven Einigkeit geschah etwas, was auch wieder geschehen könnte." Damit schließt Karl Barth: „Barmen war ein Ruf nach vorwärts."

Unsere Meinung zu diesem Beitrag ist, daß Karl Barth leider aus dem theologischen Dilemma um „Barmen" (das er sieht!) nicht herausführt. Er versucht, die *theologische* Bedeutung von „Barmen" dadurch zu retten, daß er aus ihrem theologischen Mangel, aus der Allgemeinheit ihrer Formulierungen, ein Verdienst zu machen sucht! Die „Einfachheit" der Barmer Formeln hat sicherlich ermöglicht, daß „Barmen" im Kirchenkampf, also in der Abwehr und im Widerstand nach außen hin, eine so wirksame Waffe wurde. Wir dürfen aber nicht daran vorbeisehen, daß dieselbe Einfachheit der Formulierungen zu den innerkirchlichen Schwierigkeiten der letzten zehn Jahre geführt hat, aus denen wir auch nach der Annahme der Grundordnung von 1948 immer noch nicht heraus sind. Wir sind daher der Meinung, daß wir nach wie vor um eine Klärung der speziell theologischen Kontroverse nicht herum kommen und daß die von der Bekenntnissynode geforderte verantwortliche Auslegung von den Bekenntnissen her noch geleistet werden muß. Die bisher in der Literatur über Barmen gelieferten Beiträge reichen hierfür nicht aus.

Völlig auf der Linie von Karl Barth läuft auch der Artikel von *Martin Albertz*[11]. Interessant ist die Überlieferung eines Bonmots von Karl Bernhard Ritter durch Albertz: Ritter habe schon damals den Synodalvortrag von Asmussen zur Erläuterung der Theologischen Erklärung „eine lutheri-

---

[11] Barmen 1934—1954. In: Zeichen der Zeit, 1954, S. 163 ff.

sche Auslegung zu einem reformierten Text" genannt. Müßte nicht heute das
theologische Gespräch um die Frage gehen, ob dies Bonmot richtig ist? —
Albertz selbst sagt über die theologische Bedeutung von „Barmen" wie Barth,
sie bestehe darin, daß „Barmen" die Besinnung auf das Evangelium und nur
auf das Evangelium gewesen sei. Neben die Offenbarung in Christus dürfe
man keine andere Offenbarungsquelle setzen, nicht „die Vernunftreligion,
den christlich-frommen Menschen, die Natur, die Kultur, die Geschichte, das
Luthertum (!), den Kalvinismus (!) oder irgendeinen anderen Ismus". Barmen rufe zurück zum lebendigen Christus selbst. — Diese Aneinanderreihung
und Gegenüberstellung zum „Evangelium selbst" zeigt allein schon die Notwendigkeit des speziell theologischen Gespräches, bei dem noch so gut wie
alle Voraussetzungen zu klären wären, wenn es Erfolg versprechen sollte. |

Auch *Harmannus Obendiek*[12] verweist im wesentlichen auf das zentrale
Anliegen „Barmens", ein aktuelles Zeugnis in einer bestimmten Situation zu
sein. Mit der Frage des „Christomonismus" befaßt er sich in Abschnitt V in
Kürze, während zum Konfessionsproblem in Abschnitt VI auffallend wenig
gesagt wird.

Selbst der bisher gründlichste theologische Beitrag zu „Barmen" von
*Günther Koch*[13] ist nicht umfassend genug. Er befaßt sich zu speziell mit
der Kritik von Althaus an der ersten Barmer These und mit seiner Lehre
von der „Uroffenbarung". Wir werden auf die Arbeit von Günther Koch
noch bei der Behandlung der ersten These zurückkommen.

## II.

Versuchen wir nun selbst, unserer Themafrage nach dem Verhältnis der
Barmer Theologischen Erklärung von 1934 zu dem lutherischen Bekenntnis
theologisch näher zu kommen. Wir nehmen dabei die Theologische Erklärung, wie es allein richtig ist, im Zusammenhang mit den übrigen Erklärungen von Barmen und mit dem einführenden Vortrag von Hans Asmussen.
Wir benutzen dazu das amtliche Synodalprotokoll von Karl Immer[14]. —
Mit dem „lutherischen Bekenntnis" meinen wir den zusammengefaßten Gehalt der im Konkordienbuch vereinigten lutherischen Bekenntnisschriften,
insbesondere der Confessio Augustana von 1530.

Die Barmer Theologische Erklärung nimmt ihren Ausgangspunkt von der
Deutschen Evangelischen Kirche. Die „theologische Voraussetzung" (!) dieser
Vereinigung wird in Artikel 1 und 2,1 der Verfassung der DEK vom 11. Juli
1933 gesehen und vollinhaltlich zitiert:

Artikel 1: „Die unantastbare Grundlage der DEK ist das Evangelium von

---

[12] Barmen 1934—1954. In: Evangelische Welt 8, 1954, S. 273—276.
[13] Vgl. Anm. 1.
[14] Vgl. die in Anm. 4 genannte Ausgabe.

Jesus Christus, wie es uns in der Heiligen Schrift bezeugt und in den Bekenntnissen der Reformation neu ans Licht getreten ist. Hierdurch werden die Vollmachten, deren die Kirche für ihre Sendung bedarf, bestimmt und begrenzt."

Artikel 2,1: „Die DEK gliedert sich in Kirchen (Landeskirchen)." | Während die Bezugnahme auf Artikel 2,1 die Gliederung der DEK und damit die konfessionelle Verschiedenheit der „Kirchen" ausdrücken soll, bezeichnet Artikel 1 offenbar den theologischen Ausgangspunkt der Gemeinsamkeit und des gemeinsamen Handelns. Allerdings ist die bekenntnismäßige Aussage von Artikel 1 reichlich dünn: von Jesus Christus wird nur der Name genannt, ohne weitere Aussagen zu versuchen; bei der Heiligen Schrift wird nicht einmal das AT und das NT erwähnt, wahrscheinlich um zeitbedingte Schwierigkeiten um das AT zu vermeiden; das Evangelium ist nicht in der Heiligen Schrift „gegeben", sondern es wird — mit leicht liberaler Färbung — in ihr „bezeugt"; die „Bekenntnisse der Reformation" lassen ganz offen, ob man sie in einer Übereinstimmung oder in ihrer Verschiedenheit sieht; aufgeführt wird kein einziges; auch die Wendung vom „neu ans Licht treten" ist reichlich unverbindlich, was die Geltung der reformatorischen Bekenntnisse anbelangt. — Es ist bekannt, daß verschiedene Richtungen der Deutschen Christen stets behauptet haben, sie ständen auch „auf dem Boden von Artikel 1 der Verfassung". Tatsache ist, daß Artikel 1 in jenen Jahren so etwas wie ein Ausweis der Bekenntnismäßigkeit wurde. Die nicht-deutsch-christlichen Landeskirchen bezeichneten sich damals gern als „die auf dem Boden von Artikel 1 der Verfassung stehenden" Kirchen. Die Barmer Theologische Erklärung gab den Anlaß hierzu, eben durch ihre Berufung auf die gemeinsame Grundlage in Artikel 1[15].

Zu diesem Ausgangspunkt muß man hinzunehmen den letzten Satz von Absatz 2 der Einleitung:

„Uns fügt dabei zusammen das Bekenntnis zu dem einen Herrn der einen, heiligen, allgemeinen und apostolischen Kirche"; ferner die Wendung aus Absatz 3:

„die Gemeinsamkeit dieses Bekenntnisses", — womit bekanntlich nicht die nachfolgenden 6 Sätze von „Barmen" gemeint sind, sondern Artikel 1 der Verfassung; und endlich den Schluß der Einleitung, Absatz 5:

„Wir bekennen uns ... zu folgenden evangelischen Wahrheiten:" (es folgen die 6 Barmer Sätze).

Nach diesen Wendungen aus den fünf Absätzen der Einleitung gibt es also für das gemeinsame Wort von „Barmen" eine „theologische Voraussetzung", ja ein gemeinsames Bekenntnis zum Herrn der Kirche; es gibt gemeinsam bekannte „evangelische Wahrheiten". Was bedeuten diese von allen Teilnehmern (außer Sasse) einmütig angenommenen Wendungen? Was be-

---

[15] Absatz 1 der Einleitung der Theol. Erklärung.

deuten sie angesichts der be|tonten Einschränkung in Absatz 4, daß man seinen verschiedenen Bekenntnissen treu sein und bleiben wolle?

Mit dieser gemeinsamen Rede der Einleitung und ihrer Begründung im Theologischen wird die Frage gestellt, die bis zum heutigen Tage nicht klar beantwortet ist: was ist es um das Verhältnis der reformatorischen Konfessionen untereinander? Handelt es sich bei Lutheranern und Reformierten um zwei getrennte Kirchen, von denen die eine „ecclesia vera" oder doch wenigstens „ecclesia recta" wäre und die andere „ecclesia falsa", von der man geschieden ist, weil sie Irrlehre vertritt? — Oder gibt es zwischen beiden Kirchen eine theologische Gemeinsamkeit? Sind die alten Lehrunterschiede übersteigerte Anschauungen des 16. Jahrhunderts? Sind sie heute „überholt", so daß man sich am besten zu einer reformatorischen Kirche, zu einer vollen Union, zusammentäte? — Das immer noch ungeklärte Problem der EKD von heute tritt 1934 in Barmen in die Erscheinung. Man ist, in der Kampfsituation gegen die wirkliche Irrlehre, recht harmlos in der Bejahung der theologischen Gemeinsamkeit. Man sieht nicht nur eine Kampfgemeinschaft gegeben, wie man sie in der Folgezeit weithin auch mit der Katholischen Kirche und den Ernsten Bibelforschern empfand; man sieht irgendwie auch eine Gemeinschaft des Bekenntnisses als vorgegeben.

Historisch kann man nicht anders, als zunächst diese Tatsache festzustellen. Die Frage ist nur, was sie bedeutet! Bedeutet das, daß die Lutheraner von 1934 eine bessere Einsicht gehabt und betätigt hätten als die Lutheraner von 1945, 1948 und heute? Hatte man damals etwas Richtiges erkannt, während man nach dem Zusammenbruch wieder zu einem falschen Konfessionalismus zurückkehrte? — Oder lag die Sache nicht doch ganz anders? Die Tatsache, daß die Auseinandersetzungen über „Barmen" alsbald nach der Synode begannen und kein Ende nehmen wollten, läßt eine ganz andere Deutung als richtig vermuten: *Man war sich in Barmen 1934 über den wahren Gehalt der Gemeinsamkeit nicht völlig klar.* Die ernste Situation und das beglückende Erlebnis des gemeinsamen Handelns verdeckte die Frage, was es denn eigentlich, theologisch gesprochen, um die „evangelischen Wahrheiten" sei, die man glaubte, gemeinsam „bekennen" zu können. Was war es um das gemeinsame Bekenntnis zu dem einen Herrn der einen heiligen allgemeinen und apostolischen Kirche?

Diese Frage steht noch heute über uns und harrt der theologischen Durchdenkung und Beantwortung. Ich habe versucht, ihr in meinem Heft über „Das Zusammenleben der Konfessionen in der EKD"[16] | nachzugehen. Ich glaube nach wie vor, daß hier zu unterscheiden ist zwischen einem Urbekenntnis der Christenheit zu ihrem Herrn und Heiland — wie es mit dem Petrusbekenntnis von Cäsarea Philippi begann und in welchem alle christlichen Kirchen, Konfessionen, Denominationen und Sekten eine gewisse Einheit haben, die man nur glauben kann — und andererseits den (notwendigen")

---

[16] Luthertum, Heft 9. Berlin 1953.

formulierten Bekenntnissen der einzelnen Konfessionen, in denen die Aussage „Kyrios Christos" präzisiert, definiert und gegen andere Bekenntnisse abgegrenzt wird und auf die wir als irdische, organisierte Kirchen, die in einer Welt der Sünde und des Irrtums leben, nicht verzichten können, solange wir die Wahrheitsfrage ernst nehmen. Mit der Berufung auf das gemeinsame Bekenntnis zu Christus ist es nicht getan. Alle Häretiker, von der Gnosis angefangen, haben sich zu Christus bekannt. — Mit der Berufung auf das gemeinsame Christusbekenntnis ist auch die Konfessionsfrage zwischen Lutheranern und Reformierten nicht entschieden. Um der Wahrheit willen muß das Ringen um die theologischen Lehrunterschiede weitergehen. Und bis es erledigt ist, befinden wir uns in getrennten Kirchen. Die Frage freilich, die in Barmen neu gestellt wurde, ist die nach dem besonderen Verhältnis der beiden reformatorischen Kirchen zueinander: können sie sich noch gegenseitig ohne weiteres als falsche Kirche, als Häresie bezeichnen? Ist die Lehre der anderen Kirche Irrlehre? Oder gibt es eine Gemeinsamkeit auch in der Lehre, die diese beiden Kirchen näher zueinander stellt, als sonst zwei christliche Denominationen zueinander stehen können? Oder haben diejenigen recht, die der Meinung sind, die lutherische Kirche sei von der reformierten genau so weit geschieden wie von der römischen und sie stehe allenfalls den Methodisten näher als den Calvinisten?

Dies Problem wurde mit den 5 Absätzen der Einleitung der Barmer Theologischen Erklärung neu zur Diskussion gestellt. Hier fängt die theologische Differenz der Auslegung auf den beiden Seiten an. Ein *theologisches* Gespräch über Barmen müßte über diese Frage zuerst Klarheit schaffen: was ist es um die gemeinsame theologische Grundlage der Lutheraner und der Reformierten, von der „Barmen" ausgeht, die es geradezu voraussetzt? War man sich 1934 darüber klar, worin sie bestand? War man sich damals überhaupt über das Problem klar, das in dieser Behauptung gemeinsamer evangelischer Wahrheiten lag?

Wir glauben es nicht. Sonst hätte nicht soviel Mißverständnis in der konfessionellen Auseinandersetzung aufkommen können, wie es nach 1934 und wieder nach 1945 der Fall war. Wir glauben, daß Barmen eine aus der Situation geborene, für den Augenblick aus|reichende, aber für eine endgültige Klärung verhängnisvolle *Vereinfachung* darstellt, die uns gerade darum soviel Not gemacht hat, weil manche Kreise die Formulierungen dieser Notlage (begreiflicherweise, aber doch fälschlicherweise) als endgültige Lösungen glaubten nehmen zu können.

Auf der anderen Seite scheint uns, daß eine Lösung des mit „Barmen" gestellten Problems möglich ist. Die Lösung liegt darin, daß wir je unseren Konfessionsstand so ernst nehmen, wie man es auch in Barmen gewollt hat; daß wir also unser Getrenntsein in zwei Kirchen bejahen; daß wir eine Wiedervereinigung von nichts anderem erhoffen als von einem mit ganzem Wahrheitsernst zu führenden Lehrgespräch; daß wir ein solches aber auch für

möglich halten, weil die zwei Kirchen etwas Gemeinsames haben, das über
die Gemeinsamkeit mit anderen Kirchen hinausreicht, nämlich den gemeinsamen Ansatzpunkt im „vierfachen solus" (solus Christus, sola scriptura,
sola gratia und sola fide); daß wir also diesem Lehrgespräch nicht auswei-
chen, weil wir meinen könnten, über die reine Lehre bereits zu verfügen; daß
wir vielmehr bereit sind, uns für unsere Lehre von der Heiligen Schrift her
zu verantworten; und daß wir darum die EKD ernst nehmen, weil sie die (in
Barmen angefangene) Bindung darstellt, in deren Rahmen alles Vorstehende
geschehen könnte.


## III.

Wenden wir uns nun, nach diesen durch die Einleitung der Theologischen
Erklärung aufgegebenen Vorfragen, den sechs Sätzen der Barmer Erklärung
im einzelnen zu. Die Frage, die wir an alle 6 Thesen richten müssen, ist die
doppelte: 1. wo wird der gemeinsame Ausgangspunkt der Reformation im
vierfachen „solus" erkennbar? und 2. wo zeigt sich in der Auslegung das
zwischen Lutheranern und Reformierten verschiedene Schriftverständnis?

*Zur 1. These:* Die erste Barmer These läßt den gemeinsamen Ausgangspunkt
für Lutheraner und Reformierte in der bewußten und eindrucksvollen Betonung der „solus Christus" erkennen. Die beiden vorangestellten Bibelworte
aus dem Johannesevangelium (Joh. 14,6 und 10,1 u. 9) sind Jesusworte im
Stile des „Ich bin" und enthalten den biblischen Grund für den positiven und
negativen Teil der eigentlichen These 1. Wenn im positiven Absatz der Christus, den wir bekennen, als allein in der Heiligen Schrift bezeugt beschrieben
und (unausgesprochen nach Joh. 1) mit dem Wort Gottes gleichgesetzt wird,
so haben wir in dieser These zugleich das „solus Christus" und das „sola scriptura". Und wenn im Nachsatz die menschliche Haltung, die Haltung der
Gemeinde | ihm gegenüber mit den Tätigkeitswörtern „hören", „vertrauen"
und „gehorchen" beschrieben wird, so bedeutet das nichts anderes als die
Umschreibung des „sola fide", allein durch den Glauben. Dem Begriff nach
fehlt in der ersten These also nur das „sola gratia"; der Sache nach ist es
vorhanden. Der Glaube ist Gehorsam gegen Gottes Gebot und Zutrauen zu
seinen Verheißungen. Was dem lutherischen Theologen auffällt, ist lediglich
die Reihenfolge der beiden Begriffe: warum steht „vertrauen" zuerst da,
und „gehorchen" an zweiter Stelle? Ist das Zufall oder bedeutet es eine bestimmte Auffassung von dem Verhältnis von Gesetz und Evangelium?

In der positiven These und in der Verwerfung der entsprechenden Irrlehre
sollen die Deutschen Christen getroffen werden, die neben der Schrift eine
zusätzliche Offenbarungsquelle im geschichtlichen Augenblick, im deutschen
Volkstum oder in der NS-Ideologie („Ereignisse, Mächte und Wahrheiten")
behaupteten und die neben den alleinigen Herrn Christus andere „Gestal-

ten" als heilbringend stellten. Die erste These von „Barmen" sucht also einen anderen, einen neuen Gegner. Behauptung wie Verwerfung spielten in den Bekenntnissen der Reformation schon von jeher eine Rolle. Aber sie wandten sich eindeutig gegen die katholische Kirche. 400 Jahre lang hat der Wahrheitsgehalt von These 1 einen anderen Gegner vor Augen gehabt! Und auch in der Abwehr dieses alten, historischen Gegners waren die reformatorischen Konfessionen eins gewesen. Die Abwehr richtete sich bis dahin gegen die katholische Irrlehre, nach der außer dem einen wahren Wort auch noch die Tradition als selbständige Offenbarungsquelle gelten sollte und nach welcher das Lehramt der Kirche praktisch die Geltung der Heiligen Schrift verdrängte (vgl. die von der Schrift wie von der Tradition unabhängig gewordene Funktion der Lehrdefinition durch das unfehlbare Papsttum im Falle des Mariendogmas von 1950). Die Abwehr richtete sich bisher auch gegen die katholische Irrlehre, nach welcher neben den einen Fürsprecher (Parakleten) Christus noch andere treten können: Maria und die Heiligen. Die erste These von Barmen galt immer in den Kirchen der Reformation; aber sie richtete sich gegen einen anderen Gegner. Sie richtete sich 1934 gegen den säkularisierten Gegner, der die katholische Tradition durch die NS-Weltanschauung, den unfehlbaren Papst durch die Parteihierarchie und die katholischen Heilsmittler durch den heilbringenden Führer ersetzen wollte.

Im lutherischen Bekenntnis ist das Bekenntnis zum „Christus solus" an zahlreichen Stellen niedergelegt, am reichsten und voll|ständigsten in Artikel III der Confessio Augustana, dieser klassischen Formulierung, die nicht nur den präexistenten und historischen Christus beschreibt, sondern auch den „Christus praesens", den „Christus pro nobis" herausstellt und insofern den dritten Glaubensartikel sozusagen in den zweiten mit hineinnimmt. Von C. A. III aus sind Einwendungen gegen die erste Barmer These nicht zu machen.

Nun vermißt allerdings *Christian Stoll* in seiner kritischen Untersuchung[17], daß die erste Barmer These nichts aussage über die natürliche oder allgemeine Offenbarung, ihre Zulässigkeit und ihre Grenzen; weiter, daß sie nicht ausdrücklich unterscheide zwischen Gottes Gerichtspredigt und der Offenbarung seiner Gnade und also nicht offen und klar von der Notwendigkeit des Gesetzes rede; und endlich, daß sie kein Wort über das damals umstrittene AT sage.

Diesen letzten Einwand kann man auf sich beruhen lassen. Die Erwähnung der „Heiligen Schrift" schloß für die damals Versammelten die Geltung des AT mit ein; das ist auch sowohl von der christlichen Gemeinde wie von den Gegnern verstanden worden. Gewichtiger ist der Einwand bezüglich der „allgemeinen Offenbarung" und der damit zusammenhängende über die unklare Beziehung von Gesetz und Evangelium.

Mit dem Problem Barmen und die „Uroffenbarung" (Althaus) setzt sich

---

[17] Vgl. Anm. 3.

ausführlich die oben zitierte Schrift von *Günther Koch* auseinander. Er geht aus von Althaus' Satz[18]: „Die monistische Offenbarungslehre Barths hat die erste These der Barmer Theologischen Erklärung von 1934 bestimmt und geformt. Keiner „lutherischen" Interpretation dieser These wird es gelingen, sie als im Einklang mit der Schrift und mit dem lutherischen Bekenntnis zu erweisen." — Ist dieser Satz Althaus' richtig? Günther Koch, der ein Schüler von Althaus ist, bezweifelt das und bringt beachtliche Einwände gegen die Lehre von der „Uroffenbarung" vor: Verwechslung von Urstand und Uroffenbarung? Schwanken in der Lehre vom Gesetz? Annäherung an Erasmus und seine Auffassung von den Möglichkeiten der menschlichen Vernunft? Günther Koch findet überdies, daß Althaus' Widerstand gegen die erste Barmer These eigentlich ganz unverständlich sei. Er sage an anderen Stellen seiner Dogmatik gelegentlich genau dasselbe.

Die Entscheidung dieser Kontroverse wäre Aufgabe einer lutherischen Lehre von der Offenbarung und vom Worte Gottes. Gün|ther Koch kritisiert zwar Althaus nicht unwirksam, aber eine positive Lösung der Frage gibt er nicht. Sie wird in der Richtung zu suchen sein, daß man von der Offenbarung und vom Worte Gottes, wie von allen anderen dogmatischen Loci, stets versuchen sollte, trinitarisch zu reden und nicht „christomonistisch", wie es Karl Barth und seinen Schülern wohl mit Recht vorzuwerfen ist. Daß unsere Theologie christozentrisch sein muß, wird durch die Forderung nach trinitarischer Behandlung nicht ausgeschlossen. Aber christozentrisch in der Sache ist etwas anderes als „christomonistisch" in der Methode. Hier ist dem Anliegen von Althaus zuzustimmen. Wir meinen, daß der Glaubensartikel von der Schöpfung irgendwie auch in die Lehre von der Offenbarung und vom Worte Gottes hineingehört, so sicher es andererseits ist, daß Gott in der Natur, in der Geschichte und im Gewissen nur von denen richtig erkannt wird, denen er in Christo begegnet ist. — Andererseits ist Althaus' Eifer an dieser Stelle nicht voll verständlich. Auch C. A. III nimmt zwar den dritten Glaubensartikel expressis verbis in den zweiten mit hinein, läßt aber den ersten Artikel (trotz Joh. 1!) nicht anklingen. Gleichwohl halten wir C. A. III für eine gute, vollständige und biblische Christologie. Man muß sich nicht unbedingt mit Worten nach allen Seiten sichern. Wir können insoweit die erste Barmer These nicht für unbiblisch halten. Was sie sagt, ist schriftgemäß, wenn es richtig ausgelegt wird. Freilich: sie sagt nicht alles! Das wird bei These 2 noch deutlicher werden.

Schwerer wiegt der Einwand von Stoll hinsichtlich der Unterscheidung von Gesetz und Evangelium, die er in der ersten These vermißt. Jesus Christus als das eine Wort Gottes, dem wir nicht nur zu vertrauen, sondern auch zu gehorchen haben: diese Formel stellt natürlich die Frage nach der Bedeutung des Gesetzes und nach dem Verhältnis von Gesetz und Evangelium. Enthält die erste Barmer These die bekannte Barthische Aufnahme des Ge-

---

[18] Vgl. Anm. 8.

setzes durch das Evangelium? Oder wird durch die Beziehung des Gehorsams auf Christus das Evangelium zur „nova lex"? Ist die erste Barmer These antinomistisch gemeint? — Wir meinen: zunächst nicht! Aus dem Wortlaut des affirmativen Satzes ergeben sich solche Beanstandungen nicht. Man *kann* die erste These vom lutherischen Bekenntnis her richtig auslegen. Man kann sie freilich auch falsch auslegen. Es ist zu vermuten, daß, wenn die Bekenntnissynode in Barmen nähere Ausführungen über diese Grundthese hätte machen wollen, die Lehrunterschiede der reformatorischen Bekenntnisse deutlich in die Erscheinung getreten wären. Die Gemeinsamkeit in der Barmer Haupt- und Grundthese beruht | also wesentlich auf der *Allgemeinheit der Aussagen,* die zwar den gemeinsamen Ausgangspunkt der beiden reformatorischen Bekenntnisse beschreiben, lehrmäßige Formulierungen im einzelnen aber vermeiden. Man kann nur urteilen, daß diese weitgespannte Allgemeinheit der Formulierungen für den augenblicklichen Zweck einer Abwehr des neuen Gegners ausreichte (auch für die ständige Abwehr des alten katholischen Gegners nicht ohne Bedeutung ist) und für etwa wiederkehrende Bestrebungen ähnlicher zeitgenössischer Gegner der Kirche ausreichen wird, daß aber durch so weitmaschige Aussagen eine *Lehreinheit* zwischen der lutherischen und der reformierten Kirche in der Lehre von der Offenbarung, vom Worte Gottes sowie von Gesetz und Evangelium nicht begründet worden ist und damit an dieser Stelle eine neue Kircheneinheit auf dem Wege des „consensus de doctrina" nicht hergestellt, ja nicht einmal angebahnt worden ist. Denn die Lehre von der Offenbarung und von der Schrift hat grundlegende Bedeutung für die Lehre der Kirche überhaupt; sie hat ferner auch praktische Konsequenzen für ihr Handeln in der Gemeinde und in der Öffentlichkeit.

*Zur 2. These:* Diese Schau der Zusammenhänge erweist sich auch bei den übrigen Barmer Thesen als richtig. — Der gemeinsame reformatorische Ausgangspunkt ist auch in der zweiten These, die das „solus Christus" entfaltet, unverkennbar. Der vorangestellte Bibelspruch (1. Kor. 1, 30) umschließt im Grunde das ganze Erlösungswerk Christi. Der affirmative Absatz verlängert das „vertrauen" und „gehorchen" der ersten These und führt es als „Zuspruch" und „Anspruch" Gottes in Christus näher aus. Die zweite These ist ebenfalls eine alte und zentrale evangelische Wahrheit, die 400 Jahre lang gegen den alten Gegner, die katholische Kirchenlehre, verteidigt worden war, nämlich gegen die katholische Verdiensttheologie der guten Werke: dem Menschen nützt das „facere quod in se est" nichts; er bedarf überall der Rechtfertigung und Heiligung durch Christus. An die Stelle dieses alten Gegners ist 1934 ein neuer getreten, die Deutschen Christen, die uns einreden wollten, es gäbe Bereiche unseres Lebens, in denen wir „anderen Herren zu eigen" wären.

Die positive Aussage der zweiten These entspricht den Aussagen der Confessio Augustana in ihren Artikeln VI („De nova oboedientia") und XX

(„De fide et bonis operibus"). Freilich sind auch hier die reformatorischen
Aussagen viel konkreter und reichhaltiger. Aber gegen das, was der affirmative Absatz von These 2 sagt, ist vom lutherischen Bekenntnis aus nichts
einzuwenden.

Christian Stoll hat nun gegen die Verwerfung, den negativen Ab|satz von
These 2, den Vorwurf erhoben, daß die Art des Herrseins Christi nicht
näher entfaltet werde. Er vermißt die nötige Unterscheidung zwischen der
Herrschaft Christi einerseits, der Herrschaft der Sünde, des Todes und des
Teufels andererseits, und endlich die Unterscheidung der Herrschaft Christi
von der Herrschaft der „Herren", denen wir im irdischen Leben nach Gottes
guter gnädiger Anordnung (4. Gebot nebst Erklärung) unterstellt sind. Danach wäre der Satz „nicht Christus, sondern anderen Herren zu eigen" eine
vereinfachte, übersteigerte und darum unrichtige Alternative. — Dieser Kritik ist beizutreten. Die Deutschen Christen trennten zwar die beiden Bereiche, in denen Gott über uns herrscht, bis zur völligen Beziehungslosigkeit.
Ja, im späteren Nationalsozialismus beanspruchten die „anderen Herren"
nicht nur einen „eigenständigen" Bereich neben Christus, sondern sie begehr-
ten die Herrschaft über die Seelen an Christi Stelle. Dieser falschen Trennung
der beiden Reiche darf aber nun nicht dadurch entgegengewirkt werden, daß
sie mit einander vermischt werden und daß eine unterschiedslose und direkte
Herrschaft Christi im geistlichen wie im weltlichen Bereich behauptet wird.
Es muß dabei bleiben, daß Gott in seinem Reiche „linker Hand" mit anderen Mitteln regiert als im Reiche „rechter Hand". Im Reiche Gottes „rechter
Hand" regiert der Herr Christus unmittelbar durch sein Evangelium auf
geistliche Weise. In dem Reiche Gottes „linker Hand" aber regiert Gott die
sündhafte Welt bis zum Ende dieser Welt durch das Gesetz und durch die relative und begrenzte Herrschaft von „Herren", die er zugelassen hat, die er
z. T. in seinem Zorn zugelassen hat. — Dieser Tatbestand scheint in der Tat
durch den negativen Absatz von These 2 verdunkelt zu werden. Hier haben
die Väter von Barmen sich nicht nur, wie bei den übrigen Thesen, sehr *allgemein* ausgedrückt, sondern von der lutherischen Theologie aus gesehen, ein
wenig unklar. Und gerade an dieser Stelle wäre es so wichtig gewesen, ganz
eindeutig zu reden, nicht nur in der polemischen Abgrenzung nach außen
hin, sondern um der Gemeinden und Kirchen willen, die man vertrat. Eine
genauere Ausführung der zweiten These würde deutliche Lehrunterschiede
zwischen den Lutheranern und den Reformierten in die Erscheinung gebracht
haben, in puncto Gesetz und Evangelium und in der Auffassung der Lehre
Luthers von den beiden Reichen. Entscheidende Stücke der kirchlichen Lehre
bleiben hier im Unklaren. Deswegen ist es nicht verwunderlich, daß die Dif-
ferenzen über „Barmen" später am tiefsten an der zweiten These aufbrechen.
Der im affirmativen Absatz noch erkennbare gemeinsame reformatorische
Ausgangspunkt erweist sich im verwerfenden Absatz als trügerisch. |

*Zur 3. These:* Die reformatorische Gemeinsamkeit liegt zunächst in der Bezogenheit des hier vorgetragenen Kirchenbegriffs auf den gegenwärtigen Herrn. Das vorangestellte Schriftwort (Eph. 4, 15 u. 16) beschreibt die Gemeinde als den Leib Christi. Die positive Aussage der These 3 klingt weitgehend an C. A. VII und VIII („De ecclesia") an.

Mit Christian Stoll ist aber deutlich darauf aufmerksam zu machen, daß die dritte Barmer These keinen Hinweis auf die Notwendigkeit der Verkündigung der reinen Lehre enthält. „Nota ecclesiae" ist nicht nur, daß es in Kirche Wort und Sakrament gibt, sondern daß das Wort *recht* verkündigt wird und die Sakramente *bestimmungsgemäß* verwaltet werden. Diese lutherische Definition im Kirchenbegriff wird ja in der Gegenwart sowohl in Deutschland wie in der Ökumene gern übersehen. Wo sie aber nicht festgehalten wird, gerät man leicht in einen „aktualistischen" Kirchenbegriff hinein und damit in die Gefahr des Schwärmertums. Die dritte Barmer These ist dieser Gefahr nicht durchaus erlegen. Man kann sie vom lutherischen Kirchenbegriff her interpretieren; man muß es aber nicht. Insofern ist sie mehrdeutig. Auch die dritte These lebt im Grunde von der Allgemeinheit ihrer theologischen Aussage.

Bei der negativen Verwerfung deutet Stoll noch ein anderes Problem an. Inwiefern ist es eine falsche Lehre, daß die Kirche ihre *Ordnung* „ihrem Belieben oder dem Wechsel der jeweils herrschenden weltanschaulichen und politischen Überzeugungen" überlassen dürfe? Daß sie ihre *Botschaft* dem nicht überlassen darf, ist sicher. Aber wie steht es nach lutherischer Auffassung mit der Ordnung der Kirche? Nach lutherischer Lehre hat die Kirche weitgehend Freiheit in der Gestaltung ihrer kirchlichen Ordnungen. Diese Freiheit ist nicht Willkür und nicht bloßes Belieben. In der Situation von 1934 *mußte* gesagt werden, daß nicht jeder zeitgebundene Unfug auf die Verfassung der Kirche übernommen werden durfte, insbesondere das sog. „Führerprinzip" aus dem politischen Raum, das den Herrschaftsanspruch Christi verdrängte und das biblische Amt der Bischöfe (und Ältesten!) verfälschte. So gemeint, war die Verwerfung aktuell richtig. Wenn aber eine generelle Lehre daraus gemacht werden soll, müßte die lutherische Theologie gegen These 3 Einspruch erheben. Wir leiten die kirchliche Ordnung nicht in gesetzlicher Anwendung von Bibelstellen unmittelbar aus der Heiligen Schrift ab. Auch die lutherischen Bekenntnisschriften enthalten keine „Verfassungsprinzipien". Wenn das Verhältnis von Amt und Gemeinde in unseren Kirchen gut geordnet ist, so daß die Ordnung der Verkündigung des Evan|geliums dient und sie nicht hindert, so sind die Einzelheiten durchaus nach dem Gesichtspunkt der Zweckmäßigkeit zu ordnen („ut res ordine in ecclesia gerantur", C. A. XXVIII, 53); sie stehen also *bis zu einem gewissen Grade* tatsächlich im „Belieben" der Kirche (selbstverständlich nicht im Belieben außerkirchlicher Mächte!).

Es ist also offensichtlich, daß die dritte Barmer These in puncto „reine Lehre" unklar ist und in puncto „Ordnung der Kirche" nicht lutherisch, sondern reformiert lehrt.

*Zur 4. These:* Indem diese These die Ausübung des der Kirche befohlenen Dienstes auf den Auftrag des einen Herrn zurückführt, läßt sie wiederum den gemeinsamen reformatorischen Ausgangspunkt im „solus Christus" erkennen. Auch diese These ist ihrem Inhalt nach alt, denn sie hat einen 400jährigen Gegner: die katholische Lehre vom Papsttum und der Hierarchie des Klerus. Sowohl der Bibelspruch (Matth. 20, 25 u. 26) wie auch die affirmative und die negative Aussage sind noch heute auf die römische Kirche anwendbar. Im Jahre 1934 mußte man dieselbe Wahrheit gegen einen neuen, einen säkularisierten Gegner vertreten. In der evangelischen Kirche gibt es kein „Führerprinzip" und keine Befehlsgewalt, sondern nur den brüderlichen Dienst im Auftrage Christi, der der ganzen Gemeinde befohlen und in den kirchlichen Ämtern geordnet ist. Die 4. These berührt sich in vielem mit C. A. XXVIII „de potestate ecclesiastica".

Christian Stoll hat eingewandt, daß C. A. V („De ministerio ecclesiastico") hier nicht klar zur Entfaltung komme. Die lutherische Kirche kenne nur ein vom Herrn eingesetztes Amt, das Predigtamt. Die vierte These aber lasse die Möglichkeit einer reformierten Ämterlehre offen und müsse daher klarer gefaßt und begrenzt werden. — Nun wird man den Ausdruck „die verschiedenen Ämter" wohl nicht zu pressen brauchen. Auch die lutherische Kirche weiß, daß das „ministerium verbi divini" nicht gleichzusetzen ist mit dem empirischen Pfarramt und daß es viele Dienste und Ämter geben kann, die in geordneter Weise an dem einen Amt der Verkündigung teilhaben können. Der Zweck von These 4, die Abwehr der deutschchristlichen Gegner, war mit den vorliegenden Formulierungen zu erreichen. Aber auch hier besteht die Gemeinsamkeit offensichtlich wieder aufgrund der Allgemeinheit der Formulierungen. Jede nähere Ausführung der These müßte ergeben, daß die lutherische und die reformierte Auffassung von den „verschiedenen Ämtern" eine verschiedene ist und daß das Verhältnis von Amt und Gemeinde im Unklaren bleibt.

*Zur 5. These:* Die Gemeinsamkeit liegt bei dieser These am wenigsten in dem Ausgangspunkt des „solus Christus", sondern in einer | überraschend einheitlichen Überzeugung über das rechte Verhältnis von Kirche und Staat. Diese einheitliche Überzeugung ist ohne die recht verstandene Lehre Luthers von den zwei Reichen gar nicht verständlich. Der biblische Ausgangspunkt (1. Petr. 2, 17) ist in seiner kurzen Fassung nicht sehr ergiebig; man muß schon die bekannten anderen Schriftstellen von der Obrigkeit mit im Ohr haben. Gegen den affirmativen wie den negativen Absatz ist vom lutherischen Bekenntnis her nichts einzuwenden. Was hier steht, deckt sich mit

C. A. XVI („De rebus civilibus") und mit dem ersten Satz von C. A. XXVIII, nach welchem man die kirchliche und die weltliche Gewalt nicht durcheinander mengen soll. So wird in These 5 sowohl eine Verkirchlichung des Staates wie eine Verstaatlichung der Kirche abgelehnt. Immerhin wird von der Wohltat eines geordneten Staates, der nicht nur Gewalt (gemeint ist „Macht") anzudrohen, sondern auch auszuüben hat, noch sehr positiv gesprochen. Der „totale Staat" wird zwar in der Verwerfung vorahnend ins Auge gefaßt, aber noch nicht als bereits vorhanden bezeichnet. Wäre schon damals eine völlig klare Erkenntnis des Totalitätsanspruches dieses Staates möglich gewesen, so würde wahrscheinlich die fünfte These noch deutlicher den „solus Christus" dieser politischen Totalität entgegengestellt haben. Als der Konflikt mit dem Totalstaat nach einigen Jahren offen ausbrach, konnte man dem freilich begegnen, indem man, wie es auch gemeint war, die fünfte These im Zusammenhang mit der grundlegenden ersten las und vertrat.

Der Kritiker der Theologischen Erklärung, Christian Stoll, vermißt eine klare Betonung der Gehorsamspflicht des Christen gegenüber der geordneten Obrigkeit und eine klare Ablehnung des aktiven, gewaltsamen Widerstandes, also des Aufruhrs und des „Tyrannenmordes". — Uns scheint, daß die Gehorsamspflicht im Sinne Luthers, die immer ihre Grenzen bei Apostelgesch. 5, 29 hat, in der dankbaren Bejahung der Staatsordnung enthalten ist. Man kann auch zweifeln, ob Ausführungen über das Widerstandsrecht in der Abwehr der gemeinsamen Gegner damals gefordert waren. Es liegt aber auf der Hand, daß von dem in These 5 Gesagten aus eine im einzelnen durchaus verschiedene Lehre von der Obrigkeit bei Lutheranern und Reformierten möglich ist, wie man ja auch von den theologischen Voraussetzungen her zu einem durchaus verschiedenen praktischen Verhalten der Kirche gegenüber dem Dritten Reich kommen konnte und gekommen ist. Es wird auch an dieser Stelle deutlich, daß eine sehr allgemeine Formulierung der Erklärung wohl eine gemeinsame Abwehr des Gegners ermöglichte, nicht jedoch eine wirkliche Annäherung in der kirchlichen Lehre zum Ausdruck bringen konnte. |

*Zur 6. These:* Die sechste These stellt eindeutig die reformatorische Gemeinsamkeit in den Vordergrund, indem sie das „sola scriptura" als Folge des „solus Christus" hervorhebt. Sie bedarf von daher keiner näheren Erläuterung. Die biblische Grundlegung (Matth. 28, 20 und 2. Tim. 2, 9), die positive wie die verwerfende Aussage sind durch sich selbst verständlich. Auch Christian Stoll findet hier keine Einwendungen. Die These ist eben so selbstverständlich, daß sie nur in jener abnormen Zeit einer besonderen Betonung bedurfte.

Die Barmer Theologische Erklärung schließt damit, daß die Synode in der Anerkennung dieser Wahrheiten und in der Verwerfung dieser Irrtümer „die unumgängliche theologische Grundlage der DEK als eines Bundes der Bekenntniskirchen" sieht. Die Erklärung schließt mit der Zuversicht: „Verbum Dei manet in aeternum."

## IV.

Zusammenfassend ist zu sagen, daß die Barmer Theologische Erklärung ein notwendiges christliches Zeugnis zur Abwehr einer Irrlehre war, die in vorher nie dagewesener Weise die Grundlagen der Kirche verrückte und alle Grundsätze christlicher Botschaft und kirchlicher Ordnung preisgab. Es war im Jahre 1934 notwendig, die elementarsten Grundlagen der christlichen Kirche zu schützen und ihre allgemeinsten Wahrheiten mit Nachdruck zu bezeugen. Weil der Gegner in seinen Ideologien so primitiv, aber gerade dadurch so gefährlich war, konnte das Zeugnis der in Barmen vereinigten Vertreter der reformatorischen Bekenntnisse so einfach, biblisch schlicht und theologisch allgemein gehalten werden. In diesen Elementarfragen des christlichen Glaubens und der kirchlichen Ordnung war man sich wirklich einig. Darum war das gemeinsame Zeugnis der in der Bekenntnissynode vereinigten Kirchen notwendig und geboten. Es verpflichtet die Kirchen und Gemeinden, die sich zu diesem Zeugnis bekannten, zu einem ganz bestimmten, kirchlichen Handeln. Insofern hatte es eine „verpflichtende Geltung". Wir haben kein Verständnis für Sasses überspitzte These, daß die Beschlüsse, die diese Synode fassen werde, keinen Anspruch auf verpflichtende Geltung erheben könnten, „gleichgültig, ob sie sachlich richtig sind oder nicht". Vom lutherischen Bekenntnis her haben wir nur zu prüfen, ob sie „sachlich richtig" sind; dann sind sie „bekenntnismäßig", selbst wenn sie (nach Luther) von Kaiphas, Pilatus oder Herodes formuliert worden wären. Wir haben vorstehend gezeigt, in welchem Sinne und in welchem Umfange sie „sachlich richtig" sind: sie nehmen ihren Ausgangspunkt in dem gemeinsamen reformatorischen Ansatz des vierfachen „solus". Sie geben diesem Ausgangspunkt in sehr weit gefaßten und allgemein gehaltenen Wen|dungen Ausdruck und konnten daher von beiden reformatorischen Konfessionen mit gutem Gewissen zur Abwehr des derzeitigen Gegners benutzt werden. Sofern die Kirche heute oder in Zukunft wieder in die Gefahr kommen sollte, daß diese Irrlehre in alter oder in neuer Gestalt noch einmal die Kirche gefährden könnte, behalten die Erklärungen von Barmen eine dauernde und bleibende Bedeutung. Die evangelische Gemeinde ist immer gerufen, sich fest auf das „solus Christus — sola scriptura — sola gratia — sola fide" zu gründen.

Wenn wir dies gesagt haben, können wir das andere nicht verschweigen: Die Barmer Theologische Erklärung hat die von uns im Vorstehenden aufgezeigten theologischen Mängel, die nur durch die summarische Allgemeinheit ihrer kurzen Sätze verdeckt werden. Mit diesen wenigen, allgemein gefaßten Sätzen konnten die Lehrdifferenzen von vier Jahrhunderten nicht beseitigt und die Lehreinheit der beiden reformatorischen Bekenntnisse, die doch die Voraussetzung für eine wirkliche Kircheneinheit sein müßte, nicht gewonnen werden. Der zwischen der lutherischen und der reformierten Kirche fehlende „consensus de doctrina" konnte durch „Barmen" nicht hergestellt werden und ist seit „Barmen" nicht hergestellt worden. Das ist die schmerzlichste Erfahrung des Kirchenkampfes und der Zeit seit 1945. Jeder Versuch einer theologischen Auslegung von „Barmen" stößt auf die Tatsache, daß die Aussagen der Theologischen Erklärung in These 1, 2 und 5 sehr viel näherer und eingehenderer Ausführungen bedürften, um ihren Sinn am lutherischen Bekenntnis messen zu können und daß in These 3 und 4 ein reformiertes Kirchenverständnis schon in der vorliegenden Formulierung deutlich vorwiegt.

Damit ist auch die Frage beantwortet, die so oft gestellt wurde, warum die Theologische Erklärung von Barmen nicht als ein Bekenntnis im Sinne der altkirchlichen und der reformatorischen Bekenntnisse angesehen werden könne, das geeignet sei, über die getrennten Konfessionen des 16. Jahrhunderts hinweg die kirchliche Einheit der deutschen evangelischen Christenheit in der „Evangelischen Kirche in Deutschland" zu dokumentieren. Die Antwort liegt nicht so sehr darin, wie es oft gesagt worden ist, daß die 6 Sätze von „Barmen" nicht umfassend genug seien, die christliche Lehre wiederzugeben, und daß sie zahlreiche wichtige Lehrstücke überhaupt nicht erwähnten. Ein kirchliches Bekenntnis muß nicht ein Kompendium der Dogmatik sein. Die entscheidende Antwort ist vielmehr diese: Ein kirchliches Bekenntnis darf nicht nur ein Aufruf zu einer bestimmten Entscheidung sein — das ist es auch! —, sondern es muß zugleich mit der Abwehr einer Irrlehre auch seine einigende und sammelnde Kraft für die Gemeinde bewähren, Ein kirchliches Bekenntnis scheidet nach außen und sammelt zugleich nach innen. Dies letztere kann es *nur* vermöge einer wirklichen Übereinstimmung in der Lehre. Jedesmal, wenn man sich im vierten oder fünften Jahrhundert der christlichen Kirchengeschichte mit einer allgemein gehaltenen Formel begnügen wollte und durch eine solche die Lehrdifferenzen überwunden zu haben glaubte, kam der Rückschlag in der späteren Auslegung der Formel: eine neue Spaltung! Wirkliche kirchliche Einheit gibt es nur bei wirklicher Übereinstimmung in der Lehre. *„Barmen" ist darum nicht das neue Bekenntnis einer einheitlichen EKD geworden, weil es den notwendigen „magnus consensus ecclesiae" nicht erringen konnte,* die wirkliche Zustimmung aller Kirchen zu seinem theologischen Gehalt. Um die in der Theologischen Erklärung von Barmen nur angedeuteten aber doch offen gelassenen Lehrpunkte wird das theologische Gespräch zwischen Lutheranern und Reformierten weitergehen müssen. Der einzige theologische Dienst, den uns „Barmen" wirklich getan hat, ist, daß es uns bei der Führung dieses Gespräches zurückverweist auf die Heilige Schrift, an der wir unsere theologischen Erkenntnisse des 4. wie des 16. wie des 20. Jahrhunderts zu messen haben. |

Anhang

*„Barmen" in den neueren deutschen evangelischen*
*Kirchenverfassungen seit 1945*

Neue Kirchenverfassungen (Kirchenordnungen, Grundordnungen) sind seit
1945 in 12 *Landeskirchen* erlassen worden, und zwar in

| | |
|---|---|
| Berlin-Brandenburg (1948) | Hessen und Nassau (1949) |
| Provinz Sachsen (1950) | Sachsen (1950) |
| Pommern (1950) | Thüringen (1951) |
| Schlesien (1951) | Lübeck (1948) |
| Rheinland (1952) | Oldenburg (1950) |
| Westfalen (1953) | Eutin (1947). |

Außerdem haben sich eine neue Verfassung gegeben die
Evangelische Kirche in Deutschland (1948)
Vereinigte Evang.-Luth. Kirche Deutschlands (1948)
Evangelische Kirche der (altpreußischen) Union (1951).

In der Mehrzahl dieser Kirchenverfassungen wird in der Präambel oder
in den Grundartikeln auf „Barmen" Bezug genommen. Diese Bezugnahme
ist aber im Einzelfall sehr verschieden formuliert. Die Formulierungen der
Verfassungen sind charakteristisch für das Verständnis und die Einschätzung
der Bedeutung von „Barmen". Darum sei hier ein kurzer Überblick über die
Erwähnung von „Barmen" in den neueren Kirchenverfassungen angefügt.

Wir drucken im Folgenden zunächst den *Wortlaut* der betreffenden Verfassungsbestimmungen ab:

1. *Grundordnung der EKD* (13. 7. 1948): Nicht in der Präambel (Heilige
   Schrift, altkirchliche Bekenntnisse, Bekenntnisse der Reformation), sondern in *Artikel 1 Absatz 2:*
   „Mit ihren Gliedkirchen bejaht die Evang. Kirche in Deutschland die von
   der ersten Bekenntnissynode in Barmen getroffenen Entscheidungen. Sie
   weiß sich verpflichtet, als bekennende Kirche die Erkenntnisse des Kirchenkampfes über Wesen, Auftrag und Ordnung der Kirche zur Auswirkung zu bringen. Sie ruft die Gliedkirchen zum Hören auf das Zeugnis
   der Brüder. Sie hilft ihnen, wo es gefordert wird, zur gemeinsamen Ab-
   wehr kirchenzerstörender Irrlehre." |
   (Vgl. hierzu den *Vorentwurf des Verfassungsausschusses* in „Eisenach
   1948", S. 210 (Artikel 1 = spätere Präambel, Absatz 4):
   „Mit ihren Gliedkirchen bejaht die EKD die von der Bekenntnissynode
   in Barmen getroffenen Entscheidungen und sieht in der Theologischen Erklärung vom 31. Mai 1934 die von Schrift und Bekenntnis her gebotene,
   die Kirche auch künftig verpflichtende Abwehr kirchenzerstörender Irrlehre."

2. *Ordnung der Evang. Kirche der Union* (20. 2. 1951): *Grundartikel* (Absatz 1—6: Heilige Schrift, altkirchliche und reformatorische Bekenntnisse) *Absatz 7:*
„Gebunden an das Wort der Heiligen Schrift bejaht die Evang. Kirche der Union die Theologische Erklärung von Barmen als ein Glaubenszeugnis in seiner wegweisenden Bedeutung für die versuchte und angefochtene Kirche."

3. *Grundordnung Berlin-Brandenburg* (15. 12. 1948):
*Vorspruch* (1. Wort Gottes. 2. Heilige Schrift. 3. Altkirchliche Symbole. 4. Reformation) *Absatz 5:*
„Sie bejaht die von der ersten Bekenntnissynode von Barmen 1934 getroffenen Entscheidungen und sieht in deren theologischer Erklärung ein von der Schrift und den Bekenntnissen her auch fernerhin gebotenes Zeugnis der Kirche."
(6. Bekenntnis und Schrift, Bekenntnis und Bekennen. 7. Kirchengemeinschaft. 8. EKD und Ökumene).

4. *Grundordnung Prov. Sachsen:* (30. 6. 1950): *Vorspruch* 1—4 ähnlich wie Berlin-Brandenburg) *Absatz 5:*
„Sie bejaht mit ihren lutherischen und reformierten Gemeinden die von der ersten Bekenntnissynode der DEK in Barmen 1934 getroffenen Entscheidungen und sieht in deren theologischer Erklärung ein von der Schrift und den Bekenntnissen her auch fernerhin gebotenes Zeugnis der Kirche."

5. *Kirchenordnung Pommern* (16. 9. 1950): *Präambel* (Absatz 1 und 2: Wort Gottes, Heilige Schrift, Bekenntnisse) *Absatz 3:*
„Sie weiß sich zu immer neuer Vergegenwärtigung und Anwendung dieser Bekenntnisse verpflichtet, wie dies auf der Bekenntnissynode in Barmen 1934 beispielhaft geschehen ist."

6. *Kirchenordnung Schlesien* (14. 11. 1951): *Vorspruch* (Absatz 1—4 ähnlich wie Berlin-Brandenburg) *Absatz 5:* |
„Sie erkennt die von der ersten Bekenntnissynode von Barmen 1934 getroffenen Entscheidungen an und sieht in deren theologischer Erklärung ein von der Schrift und den Bekenntnissen her auch fernerhin gebotenes Zeugnis der Kirche."

7. *Kirchenordnung Rheinland* (2. 5. 1952): *Grundartikel I*
(Absatz 1—5 ähnlich wie Berlin-Brandenburg) *Absatz 6:*
„Sie bejaht die Theologische Erklärung der Bekenntnissynode der DEK von Barmen als eine schriftgemäße, für den Dienst der Kirche verbindliche Bezeugung des Evangeliums."

8. *Kirchenordnung von Westfalen* (1. 12. 1953): *Grundartikel II*

*Absatz 6:*
„In allen Gemeinden wird die Theologische Erklärung der Bekenntnis-

synode der DEK von Barmen als eine schriftgemäße, für den Dienst der Kirche verbindliche Bezeugung des Evangeliums bejaht."

9. *Ordnung Hessen und Nassau* (21. 3. 1949): *Grundartikel*
*Absatz 4:*
„In diesem Sinne bekennt sie sich zu der Theologischen Erklärung von Barmen."

10. *Verfassung der VELKD:* (8. 7. 1948): Nicht in Artikel 1 (Heilige Schrift und Bekenntnis; Kirchengemeinschaft) sondern in *Artikel 2:*
„Die Vereinigte Kirche, in ihren Gliedkirchen mit den anderen evangelischen Kirchen in Deutschland in einem Bund bekenntnisbestimmter Kirchen zusammengeschlossen, wahrt und fördert die im Kampf um das Bekenntnis geschenkte, auf der Bekenntnissynode von Barmen 1934 bezeugte Gemeinschaft. Die dort ausgesprochenen Verwerfungen bleiben in der Auslegung durch das lutherische Bekenntnis für ihr kirchliches Handeln maßgebend."

11. *Verfassung Sachsen* (13. 12. 1950): Nicht in der Präambel, sondern in § 2 *Absatz 2:*
„Sie wahrt und fördert die im Kampf um das Bekenntnis geschenkte und auf der Bekenntnissynode von Barmen bezeugte Gemeinschaft mit den anderen evangelischen Kirchen in Deutschland. Die dort ausgesprochenen Verwerfungen bleiben für ihr kirchliches Handeln in der Auslegung durch das lutherische Bekenntnis maßgebend."

12. *Verfassung Thüringen* (2. 11. 1951):
Keine Bezugnahme auf Barmen.

13. *Kirchenverfassung Lübeck* (22. 4. 1948): *Artikel 1 Absatz 2:*
„Die im Konkordienbuch zusammengefaßten lutherischen | Bekenntnisschriften stehen bei ihr in Geltung. Sie weiß sich verpflichtet, ihr Bekenntnis jederzeit an der Heiligen Schrift neu zu prüfen und dabei auch die Stimmen der Brüder gleichen und anderen Bekenntnisses zu hören. Sie bejaht damit den Weg, der mit der Entscheidung der ersten Bekenntnissynode der DEK in Barmen beschritten worden ist."

14. *Kirchenordnung Oldenburg* (20. 2. 1950): *Artikel 1 Absatz 3:*
„Die Kirche weiß sich verpflichtet, ihren Bekenntnisstand jederzeit an der Heiligen Schrift neu zu prüfen und dabei auf den Rat und die Mahnung der Brüder gleichen und anderen Bekenntnisses zu hören. Sie weiß, daß ihr Bekenntnis nur dann in Geltung ist, wenn es jeweils in seiner Bedeutung für die Gegenwart ausgelegt, weitergebildet und bezeugt wird. Zu dieser Haltung verpflichtet sie auch die auf der ersten Bekenntnissynode der DEK in Barmen 1934 gefallene Entscheidung und die theologische Erklärung dieser Synode."

15. *Verfassung Eutin* (1. 11. 1947):
Keine Bezugnahme auf Barmen[19].

---

[19] Ebenso findet sich in den später erlassenen Kirchenverfassungen von Hanno-

Aus den vorstehenden Texten ergeben sich folgende Beobachtungen:

a) Nicht erwähnt wird „Barmen" in den Kirchenverfassungen von *Eutin* (Nr. 15) und *Thüringen* (Nr. 12).

b) Eine Gruppe von 3 Landeskirchen sieht die Bedeutung von Barmen in der Vergegenwärtigung und konkreten Anwendung der alten Bekenntnisse: *Pommern* (Nr. 5), *Oldenburg* (Nr. 14) und auch *Lübeck* (Nr. 13). Pommern meint, dies sei in Barmen „beispielhaft" geschehen, Lübeck „bejaht damit den Weg", der in Barmen beschritten wurde. Während Lübeck dabei nur von der in Barmen getroffenen „Entscheidung" spricht, fügt Oldenburg im Anschluß an fast wörtlich gleiche Ausführungen auch einen Hinweis auf die Theologische Erklärung bei.

c) Eine Beschränkung der Bedeutung von „Barmen" auf die dort getroffenen „Entscheidungen", also auf das dort geschehene Ereignis, findet sich auch in der *Grundordnung der EKD* (Nr. 1). Der Entwurf des Verfassungsausschusses, der auch eine Erwähnung des Dokumentes der Theologischen Erklärung vorgesehen hatte, wurde nicht angenommen. Dabei war dieser Hinweis auf die Theologische Erklärung sehr zurückhaltend formuliert gewesen: man bejahte sie lediglich als eine gebotene und künftig verpflichtende „Abwehr" der Irrlehre; ihre positiven Aussagen, deren Bedeutung umstritten war, wurden nicht erwähnt. — Auch die *Verfassung der VELKD* (Nr. 10) und die an diese z. T. wörtlich angelehnten For|mulierungen von *Sachsen* (Nr. 11) bejahen lediglich die in Barmen geschenkte „Gemeinschaft" und die dort ausgesprochenen „Verwerfungen", und zwar in der Auslegung durch das lutherische Bekenntnis. Auch diese beiden Verfassungen legen sich nicht fest auf ein bestimmtes Verständnis der positiven Aussagen von „Barmen".

d) Eine erheblich größere Bedeutung wird dem Ereignis wie auch dem Dokument von Barmen eingeräumt in den Präambeln der Grundordnungen der Evangelischen Kirche der *Union* (Nr. 2) sowie ihrer Gliedkirchen, von denen hier zunächst nur *Berlin-Brandenburg* (Nr. 3), *Provinz Sachsen* (Nr. 4) und *Schlesien* (Nr. 6) zu nennen sind. Während die Grundordnung der EKD mit Absicht „Barmen" nicht in der Präambel erwähnt, in welcher die Heilige Schrift, die altkirchlichen Bekenntnisse und die Bekenntnisse der Reformation aufgeführt sind, sondern „Barmen" in den Artikel 1 Absatz 2 verweist, in welchem von der bestehenden Gemeinschaft der deutschen evangelischen Christenheit die Rede ist, gliedern die Verfassungen von Nr. 2, 3, 4 und 6 Barmen in den umfassenden Vorspruch (Grundartikel) ein, in welchem vom Worte Gottes und der Heiligen Schrift ausgegangen wird und „Barmen" am Ende der Reihe „altkirchliche Symbole — Reformation" steht, freilich

---

ver (11. 2. 1965) und Braunschweig (6. 2. 1970) keine Bezugnahme auf Barmen. Dagegen bejaht die Grundordnung von Baden (23. 4. 1958) die Theologische Erklärung von Barmen „als schriftgemäße Bezeugung des Evangeliums gegenüber Irrlehren und Eingriffen totalitärer Gewalt" (Vorspruch Ziffer 4).

in der Terminologie deutlich unterschieden von den historischen Bekenntnissen. Dabei spricht die Ordnung der Union nicht von den „Entscheidungen", wie es die drei genannten Gliedkirchen auch tun; alle vier Verfassungen aber führen ausdrücklich die Theologische Erklärung als Dokument auf, das sie ein „Glaubenszeugnis" (Union) oder ein „von der Schrift und den Bekenntnissen her auch fernerhin gebotenes Zeugnis der Kirche" (die drei Gliedkirchen) nennen. Hier entsteht die Frage, was ein „gebotenes Zeugnis" der Kirche sei, und in welchem Verhältnis dieser Begriff zu dem des „Bekenntnisses" stehen soll.

e) Die positivsten Formulierungen über „Barmen" enthalten die Kirchenordnungen von *Rheinland* (Nr. 7), *Westfalen* (Nr. 8) und *Hessen und Nassau* (Nr. 9). Auch in den Grundartikeln von Rheinland und Westfalen findet sich der den Verfassungen der Kirchen der vormals altpreußischen Union (mit Ausnahme von Pommern!) gemeinsame Aufriß: Wort Gottes, Heilige Schrift, Alte Kirche, Reformation, Barmen. Aber die Aussagen über „Barmen" sind im Rheinland und in Westfalen noch konkreter als bei den östlichen Gliedkirchen der Union. Die Theologische Erklärung wird als eine „schriftgemäße, für den Dienst der Kirche *verbindliche* Bezeugung des Evangeliums" bejaht. Ein Unterschied besteht nur insofern, als nach der rheinischen Formulierung diese Kirche | die Bejahung ausspricht, während sie in der westfälischen Formulierung als Aussage aller Gemeinden erscheint. —·Eine Sonderstellung unter den übrigen Verfassungen nimmt die Ordnung von Hessen und Nassau (Nr. 9) ein, in der es kurz und schlicht heißt: „In diesem Sinne bekennt sie sich zu der Theologischen Erklärung von Barmen." Hier ist die Frage berechtigt, ob sich eine Kirche *zu* einem Dokument bekennen kann. Die altkirchlichen wie die reformatorischen Bekenntnisse wollten jedenfalls anders verstanden werden.

Der Überblick über die Auswirkungen von „Barmen" im Kirchenrecht zeigt deutlich, daß nicht nur der *theologische* Konsensus über Barmen weitgehend fehlt, sondern daß auch die *kirchenrechtliche* Beurteilung des Ereignisses von Barmen und der dort aufgestellten Dokumente nicht annähernd einheitlich ist. Eine „communis opinio" darüber, was „Barmen" für die Ordnung der Kirche bedeute, ist nicht erkennbar. Ein Teil der Gliedkirchen der EKD wird immer darauf hinweisen, daß es nach dem Selbstverständnis der Bekenntnissynode von Barmen 1934 unmöglich sei, ein einzelnes ihrer Dokumente, eben die Theologische Erklärung, zu isolieren und zu einer besonderen Bedeutung zu erheben; die verschiedenen Erklärungen der Synode von 1934 gehören zusammen und können nicht getrennt werden. Beschränkt man sich aber in den kirchenrechtlichen Aussagen auf die in Barmen getroffenen „Entscheidungen" der Abwehr einer bestimmten Irrlehre, betont man also lediglich das Ereignis „Barmen", dann verweist man „Barmen", ob man das will oder nicht, in den Bereich des Historischen und macht es praktisch zu einer Episode der Kirchengeschichte, wenn auch zu einer „beispielhaften"

(Pommern!), zu einer sehr wichtigen und bedeutsamen. Es ist zu vermuten, daß mit der fortschreitenden zeitlichen Entfernung von 1934 die Neigung wachsen wird, „Barmen" als Episode anzusehen. Es ist sogar zu vermuten, daß einige Kirchenverfassungen aus der Zeit von 1948 bis 1952, wenn sie heute formuliert würden, an diesem Punkte vorsichtiger gefaßt werden würden. Vielleicht hat doch die Grundordnung der EKD den Sachverhalt am richtigsten getroffen, wenn sie ihre Aussage über „Barmen" von denen über die Bekenntnisfrage völlig trennte. Uns scheint festzustehen, *daß „Barmen" eine, freilich äußerst bedeutsame und wichtige Episode in der Geschichte der Kirche bleiben wird, wenn es nicht gelingt, über den theologischen Gehalt der Theologischen Erklärung zu einem Konsensus zu kommen.* |

# Grundfragen der Kirchenverfassung
## nach den Erfahrungen des Kirchenkampfes*

Nach dem Zusammenbruch des Dritten Reiches haben sich sechzehn evangelische Landeskirchen neue Kirchenverfassungen (Kirchenordnungen, Grundordnungen) gegeben, dazu die EKD, die VELKD und die EKU. In weiteren Landeskirchen, wie in Hannover, Braunschweig und in der Pfalz, wird an einer neuen Verfassung gearbeitet. Fragt man nach dem Grunde dieser auffallenden Häufung der Neugestaltung kirchlicher Grundordnungen, so wird die Auskunft, durch das unkirchliche Regiment der Deutschen Christen oder durch den Druck des NS-Regimes seien die alten Kirchenverfassungen der Jahre 1919—1922 zerstört worden, nicht als hinreichend angesehen werden können. Zerstört war die alte Ordnung in den von den DC beherrschten Kirchen nur insofern, als diese die verfassungsmäßigen Organe zum Teil außer Kraft gesetzt oder willkürlich umgestaltet hatten.

Es wäre denkbar gewesen, nach 1945 unter der Leitung von vorläufigen Kirchenregierungen die Organe der Landeskirchen von unten her nach den Bestimmungen der vor 1933 geltenden Verfassungen neu zu bilden. Das ist nirgends geschehen. Man hat sich überall einige Jahre mit provisorischen Ordnungen und vorläufigen Leitungsorganen beholfen, um dann eine völlig neue Verfassungskonzeption in Kraft zu setzen. Der vielfach ausgesprochene oder doch unausgesprochene vorausgesetzte Grund dieser Verfahrensweise war die These: Das kirchliche Verfassungsrecht kann nach den Erfahrungen des Kirchenkampfes 1933—1945 nicht so bleiben, wie es nach dem Ersten Weltkrieg gestaltet worden war!

Rudolf Smend hat in einem sehr beachtenswerten Aufsatz über „Wissenschafts- und Gestaltprobleme im evangelischen Kirchenrecht"[1] auf die Spannung hingewiesen, die zwischen der Aussage Rudolph Sohms von 1892: „Das Wesen des Kirchenrechts steht mit dem Wesen der Kirche in Widerspruch" und dem Satz aus der Erklärung zur Rechtslage von Barmen 1934: „In der Kirche ist eine Scheidung der äußeren Ordnung vom Bekenntnis nicht möglich" besteht. Die beiden zitierten Sätze zeigen die | äußersten Extreme gegensätzlicher Grundauffassungen vom Wesen und von der Bedeutung des Kirchenrechts in der evangelischen Kirche. Dabei muß aber zweierlei bedacht werden. Einmal muß deutlich bleiben, daß die Auffassung Sohms keineswegs mehr das evangelische Kirchenrecht vor 1933 beherrschte, insbeson-

---

* Aus: Gott ist am Werk. Festschrift für H. Lilje zum 60. Geburtstag. Hamburg 1959. S. 223—231.
[1] ZevKR 6, 1953/54, S. 225—240.

dere keineswegs hinter den Verfassungsgestaltungen der zwanziger Jahre
stand, die heute abgelehnt werden. Ferner muß gesehen werden, daß der
Satz aus der Barmer Erklärung zur Rechtslage keine Erkenntnis ausspricht,
die erst 1934 neu gefunden worden wäre. Vielmehr nimmt „Barmen" in
einer konkreten bedrängten Lage Gedanken auf, die schon in den zwanziger
Jahren gelegentlich ausgesprochen worden sind, und zwar aus der kritischen
Besinnung über die Verfassungsgrundsätze von 1919 bis 1922. Auch die Bekenntnisgemeinschaft der hannoverschen Landeskirche hat in ihrer Grün-
dungserklärung anläßlich der von August Jäger am 15. Mai 1934 vergeblich
versuchten „Eingliederung" Hannovers in die Reichskirche erklärt: „Es ver-
stößt nicht nur gegen das reformierte, sondern auch gegen das lutherische Bekenntnis, kirchliche Ordnung und Kirchenregiment anzusehen als eine Frage
der äußeren Organisation, die unabhängig von Bekenntnis und Kultus gelöst
werden könnte."[2] Diese Linie hat dann kurz darauf die Barmer Theologische Erklärung zum Grundsatz erhoben, wenn sie sagt: „Wir verwerfen die
falsche Lehre, als dürfe die Kirche die Gestalt ihrer Botschaft *und ihrer Ordnung* ihrem Belieben oder dem Wechsel der jeweils herrschenden weltanschaulichen und politischen Überzeugungen überlassen" (These 3). Es bleibt
ein Ergebnis des Kirchenkampfes, das sich auch in der konkreten Situation
der folgenden Jahre bestätigt: die evangelische Kirche hat im Kirchenkampf
gelernt, daß ein unlösbarer Zusammenhang zwischen Verkündigung und
Ordnung der Kirche besteht und daß die Frage nach der rechten Kirchenleitung ein theologisches Problem ist.

Mit dieser Grundthese ist freilich inhaltlich noch nicht sehr viel gesagt. Es
stellte sich verhältnismäßig bald nach der Bekenntnissynode von Barmen
heraus, daß die Grundthese verschiedene praktische Lösungen in der Einzel-
gestaltung zuließ. Die Frage wurde brennend: wie sieht der Zusammenhang
von Bekenntnis (Verkündigung) und Ordnung der Kirche aus? Speziell: welche Form des Kirchenregiments ist theologisch zu rechtfertigen oder vom Bekenntnis aus geboten? — Man sollte es nicht als eigensinnige Kritik an Barmen abweisen, wenn von lutherischer Seite mehrfach darauf aufmerksam gemacht worden ist, daß These 3 der Theologischen Erklärung von Barmen für
den Lutheraner etwas anderes bedeutet als für den | Reformierten. Der Zu-
sammenhang von Verkündigung und Ordnung kann (mit der reformierten
Ämterlehre) so gesehen werden, daß eine bestimmte Ordnung der Kirche und
ihrer Ämter aus dem Neuen Testament abgeleitet wird und daß demnach
nur eine presbyteriale und synodale Kirchenordnung als schriftgemäß gelten
kann. Der Zusammenhang von Verkündigung und Ordnung kann aber auch
(und dazu neigen die lutherischen Kirchen) so gesehen werden, daß jede
kirchliche Ordnung, die die Verkündigung nicht hindert oder unmöglich
macht, sondern vielmehr fördert und trägt, für zulässig gehalten wird, so-

---

[2] Kurt Dietrich Schmidt (Hg.), Die Bekenntnisse und grundsätzlichen Äußerungen zur Kirchenfrage, Bd. 2: Das Jahr 1934. Göttingen 1935, S. 85.

fern nur der Grundgedanke der biblischen Lehre von der Ecclesia, die Zuordnung von Gemeinde und Amt, gewahrt bleibt. Auch hier ist die Ordnung nicht in das „Belieben" der Kirche gestellt.

Es hat sich also bereits während des Kirchenkampfes gezeigt, daß der gegenüber den Deutschen Christen und dem NS-Staat festgehaltene Grundsatz, Bekenntnis und Verfassung dürften nicht voneinander geschieden werden, in seinen praktischen Auswirkungen mehrdeutig war. Die Nöte der Bekennenden Kirche in der Zusammenfassung der „intakten" und „zerstörten" Landeskirchen und in der Gestaltung ihrer eigenen Leitung nach der Proklamierung des kirchlichen Notrechts durch die Bekenntnissynode von Dahlem 1934 sind ein beredtes Beispiel hierfür. Nicht alle Kirchen teilten die Meinung derer, die die Leitung der DEK rein presbyterial-synodal gestalten wollten (Bekenntnissynode und Reichsbruderrat). Dies Schema war auf eine Reihe von bischöflich-konsistorial-synodal verfaßten Landeskirchen nicht anzuwenden. Auch das Nebeneinander von Reichsbruderrat und Vorläufiger Kirchenleitung zeigte diese permanente Verlegenheit. Wieviel geistliche Kraft ist in der Bekennenden Kirche nach 1934 nicht zum Zuge gekommen wegen der endlosen Auseinandersetzungen um die Organisation der Kirchenleitung! Verheißungsvolle Ansätze wie die Denkschrift von Dibelius und Böhm oder die Entwürfe der Verfassungskammer des Reichskirchenausschusses, beide von 1936, blieben auf dem Papier stehen. Es gehört zu der Tragik des Kirchenkampfes, daß zwar ein verfassungsrechtlich außerordentlich wichtiger Grundsatz aufgestellt (und einmütig durchgehalten) wurde, daß es aber nicht gelang, diesen Grundsatz in der Praxis an irgendeiner Stelle überzeugend zur Gestaltung zu bringen.

Es gab auch Erfahrungen negativer Art. Hierzu muß gerechnet werden, daß es der Bekennenden Kirche nicht gelang, das richtige Verhältnis von Kirchenleitung und kirchlicher Verwaltung zu gewinnen. Aus einer verständlichen Abneigung gegen die „Behördenkirche" — diese Abneigung kam übrigens nicht erst im Kirchenkampf auf! — kam man praktisch zur | Vernachlässigung einer geregelten laufenden Verwaltung überhaupt. Aus der Geringschätzung der Verwaltung heraus überließ man diese weithin den deutschchristlichen Behörden oder in Altpreußen den alten Konsistorien. Die bekennenden Pfarrer fanden sich je länger je mehr in der grotesken Lage, daß sie ihre geistliche Leitung im Bruderrat sahen, dessen geistliche Weisungen sie, so gut es ging, befolgten, daß sie aber daneben in vielen Dingen mit dem Konsistorium verkehren mußten, so daß nun doch wieder der Eindruck entstand, man könne zwischen geistlicher Leitung und „äußerer Verwaltung" scheiden. Der Grundsatz von Barmen kam erneut in Gefahr. Daraus soll niemandem ein Vorwurf gemacht werden; es stand kaum in der Macht der Bekennenden Kirche, diese Dinge zu ändern, zumal sie den Versuch der Kirchenausschüsse, die kirchliche Verwaltung wieder in die Hand zu bekommen, nicht glaubte unterstützen zu können. Für den rechtsgeschichtlichen Beobachter bleibt es aber ein Manko, daß die Bekennende Kirche keinen Ansatz gemacht hat, von ihren Erkenntnissen her die kirchliche Verwaltung zu ordnen und etwa aus der Bürokratie alten Stils eine „Bürodiakonie" neuer Art zu machen.

Aus diesen Beobachtungen ergibt sich, daß die verfassungsrechtlichen Erfahrungen der Kirchenkampfzeit im wesentlichen in einer Direktive, einer Grundregel, bestanden, die nur an einzelnen Punkten negativ konkretisiert werden konnte[3]: 1. kein Führerprinzip; 2. kein Zentralismus in der DEK; 3. keine Bagatellisierung des Bekenntnisstandes der Landeskirchen und Gemeinden; 4. keine Entmündigung der Gemeinde; 5. keine Behördenkirche! — Zu einer positiven Umgestaltung der Verfassungen der Landeskirchen oder der DEK ist es nicht gekommen. Es gab zweifellos drängendere Aufgaben, und es bestand bei der Einstellung des NS-Staates keinerlei Aussicht, vom Ansatz des Dahlemer Notrechts zu praktischen Änderungen zu kommen, die im öffentlichen Rechtsleben durchsetzbar gewesen wären. Die Verwirklichung der im Kirchenkampf für geboten erkannten Ansätze mußte einer späteren Zeit vorbehalten werden.

Diese Zeit kam mit dem Jahre 1945. Es zeigte sich alsbald, daß der Grundansatz der Verfassungserwägungen der Kirchenkampfzeit viel weittragender und auch fruchtbarer war, als man 1934 hatte erwarten können. Der Grundsatz, daß eine Kirchenverfassung es mit dem Wesen der Kirche zu tun habe und daß man der evangelischen Kirche nicht einfach irgendwelche, dem staatlich-politischen Verfassungsrecht entlehnte oder angenäherte Rechtsformen überstülpen könne, zwang nicht nur zur Beseitigung der deutschchristlichen Verzerrungen der früheren Verfassungen, sondern | zu einer radikalen Überprüfung dieser aus der Zeit nach dem Ersten Weltkrieg stammenden Kirchenverfassungen selbst. Dem an den theologischen Bemühungen um Wesen und Aufgabe der Kirche geschärften Blick konnte nicht länger entgehen, daß die Kirchenverfassungen der Weimarer Zeit trotz aller Bemühung, theologische Gesichtspunkte obwalten zu lassen[4], in einem nicht unerheblichen Umfang politischen Zeiteinflüssen zugänglich gewesen waren. Sie waren in gewissem Sinne theologisch und infolgedessen auch kirchenrechtlich Vollendung und Abschluß des neunzehnten Jahrhunderts. Zwar lehnten die meisten Nachkriegsverfassungen die Übernahme des politischen Parlamentarismus ausdrücklich ab, — ob aus theologischen oder mehr aus konservativ-politischen Motiven, bleibe dahingestellt. Aber man übernahm den Synodalgedanken eben schon in der Form, wie ihn das neunzehnte Jahrhundert unter dem Einfluß des Repräsentationsdenkens (1789 und 1848) geprägt hatte. Hier wäre schon die Wandlung des alten reformierten Synodalbegriffs (Synode

---

[3] Ziffer 4 und 5 der Barmer Erklärung zur Rechtslage.
[4] Vgl. die Denkschrift des Evangelischen Oberkirchenrats der altpreußischen Union von 1921; auch GÜNTHER HOLSTEIN, Die Grundlagen des evangelischen Kirchenrechts. Tübingen 1928, S. 201 ff.

= Vertretung der Gemeinden in ihren Amtsträgern!) zum Synodalbegriff
der Synodalordnungen von 1863/64 (Synode = Vertretung des Kirchen-
volks!) zu beachten. Es kam nach 1918 hinzu, daß der kirchliche „Parlamen-
tarismus" (feste Gruppen in den Synoden!) bereits in Blüte stand, und daß
die theologische Lage, vor dem Erscheinen von Karl Barths Römerbrief, noch
stark vom kirchlichen Liberalismus, von der volkskirchlichen Sitte und anderen Faktoren mitbestimmt war. Darum ist es verständlich, daß die Verfassungen nach 1918 ein einheitliches Verständnis vom Wesen der Kirche vielfach vermissen ließen und daß sie durchweg mit den historisch gewordenen
episkopalen, konsistorialen und synodalen Elementen gearbeitet waren, unter
(meist milder) Hervorhebung des synodalen Gedankens.

Es ist bemerkenswert, wie ähnlich alle diese Kirchenverfassungen trotz
großer Unterschiede in den Einzelheiten sind. Der Eklektizismus ist schon
äußerlich daran erkennbar, wie hier und da ganz unbedenklich Formulierungen aus einer anderen Verfassung übernommen worden sind, obwohl der
eigene Aufriß anderer Art war.

Daß dem wirklich in zum Teil entscheidenden Fragen so war und daß also
der kritische Maßstab aus der Kirchenkampfzeit mit Recht anzulegen war
und zu radikalen Umgestaltungen führen mußte, soll im Folgenden wenigstens an einigen Beispielen gezeigt werden.

1. Obwohl 1919 die „Trennung von Kirche und Staat" proklamiert
wurde, führte dies kaum zu einer Besinnung über das Verhältnis des | eigent-
lichen Wesens der Kirche zu der Rechtsgestalt, unter der sie am öffentlichen
Leben teilnahm. Man akzeptierte die angebotene Rechtsform einer „Körperschaft des öffentlichen Rechts", ohne viel darüber nachzudenken, inwiefern
die Kirche sich von anderen Körperschaften unterscheide und ob sie nicht
auch rechtlich eine Körperschaft sui generis sein müsse. Seit die Kirche im
Warthegau 1941 ff.[5] in die Lage gekommen war, über eine Änderung ihrer
Rechtsform im Sinne des Vereinsrechts ernsthaft nachzudenken, wurde es
nach 1945 ein dringendes Anliegen, in der Verfassung auch Aussagen über
das (unveränderliche) Wesen der Kirche zu machen. Wenn man von da aus
wieder zur Hinnahme oder Weiterführung einer öffentlichrechtlichen Rechtsgestalt kam, dann eben nicht mehr unbefangen wie 1919, sondern in dem
klaren Wissen darum, daß die Anwendung des Vereinsrechtes an sich der
Kirche keine größere Freiheit gibt, ja daß sie dem eigentlichen Wesen der
Kirche, ihrem Stiftungscharakter, womöglich noch weniger entsprechen
würde. Denn die Vereinsform könnte die theologisch falsche Vorstellung
nähren, als sei die Kirche ein Zusammenschluß von gläubigen Individuen zur
gemeinsamen Erfüllung religiöser Bedürfnisse. Die öffentlichrechtliche Stellung der Kirche unterliegt eben dann keinen Bedenken, wenn verfassungs-

---

[5] Vgl. Paul Gürtler, Nationalsozialismus und evangelische Kirchen im Warthegau (AGK 2). Göttingen 1958, S. 88 und 285.

rechtlich klargestellt ist, daß die Kirche ihrem Wesen nach etwas anderes ist als eine Körperschaft im Staate.

2. In den Verfassungen nach 1919 spielt mit Recht der Begriff der „Kirchengewalt" eine große Rolle. Wem kam sie zu? Wer hat sie inne? Wer übt sie aus? Aber die Antworten sind schwankend. Die Verfassungsurkunde der Altpreußischen Union von 1922 (Art. 1) sagt: „Die Kirchengewalt steht ausschließlich der Kirche zu." Was ist damit gemeint? Die Gemeinde der Gläubigen oder die empirische Landeskirche (so Schleswig-Holstein § 2)? Inhaberin oder Trägerin der Kirchengewalt ist mehrfach die Landeskirche (Hannover Art. 2, 1; Hannover-ref. § 79; Oldenburg § 5; Anhalt § 48). In anderen Verfassungen ist die Landessynode Inhaberin oder Trägerin der Kirchengewalt (Kurhessen § 83; Pfalz § 66; Baden § 93, I; Mecklenburg § 23). Gemeint war vielleicht überall, was Oldenburg § 70 sagt: „Die Landessynode übt die der Landeskirche innewohnende (?) Kirchengewalt aus." — Diese sachliche Unsicherheit begegnet auch bei den Feststellungen darüber, von wem die Kirchengewalt ausgehe. (Württemberg § 17 und 41: von der „Gesamtheit der evangelischen Kirchengenossen"; Thüringen, Präambel: „das evangelische Kirchenvolk"; Lübeck Art. 3: „Gesamtheit der Mitglieder der Landeskirche"; Pfalz § 66, I und Baden § 93, I: „die Landessynode als kirchliche Volksvertretung"). Sol|chen Formulierungen liegen deutlich soziologische, kollegialistische und politisch-demokratische Denkformen zugrunde. Demgegenüber bemühen sich alle Kirchenverfassungen nach 1945 um theologisch einwandfreie, am Neuen Testament und den Bekenntnisschriften geprüfte Aussagen über Wesen, Gestalt und Aufgabe der Kirche.

3. Theologische Unsicherheit verraten auch die Aussagen der älteren Verfassungen über das Verhältnis von Kirchengemeinde und Landeskirche. In mehreren Verfassungen steht der unklare Programmsatz: „Die Kirche baut sich aus (oder: auf!) der Gemeinde auf" (zum Beispiel APU Art. 4, I; ähnlich Nassau § 7, 1; Thüringen § 6 u. a.). Im übrigen aber widerstreiten zwei Anschauungen einander. Die eine lautet: Die Gemeinde ist die eigentliche ecclesia; die Landeskirche ist ein Verband von Einzelgemeinden (so Pfalz § 65, 1; Baden § 92, 1 u. a.). Die andere Anschauung setzt zuerst die Landeskirche als ecclesia; die Gemeinden sind dann Bezirke der Landeskirche (so zum Beispiel Hannover Art. 5, 1). Demgemäß ist die Frage der Mitgliedschaft unklar. Ist man zunächst Glied einer Gemeinde und erst durch sie Glied der Landeskirche (so etwa Schleswig-Holstein § I, 3)? Oder ist man zuerst Glied der Kirche und erst als solches zu einer Parochie oder Gemeinde eingeteilt (so die Mehrzahl, zum Beispiel Hannover Art. 5, 1; Bayern Art. 4; Württemberg § 6, 1 der Kirchengemeindeordnung)? — Auch hier sind in den Verfassungen nach 1945 neue Ansätze gemacht worden, die davon ausgehen, daß die örtliche Gemeinde und die regional umgrenzte Kirche in gleicher Weise ecclesia Jesu Christi sind, nur je für einen anderen Bereich. Freilich besteht gerade an diesem Punkte die alte Unklarheit in manchen neueren Ver-

fassungen noch fort. Auch hier muß ein rein soziologisches Organisationsdenken verfassungsrechtlich immer noch mehr überwunden werden.

4. Am befriedigendsten waren in den älteren Kirchenverfassungen die Aussagen über das Verhältnis von Amt und Gemeinde. Im allgemeinen ist schon nach 1919 richtig gesehen worden, daß zwischen beiden eine unlösliche Wechselbeziehung besteht. Die Gemeinde war nirgends nur Objekt der Tätigkeit eines (hochkirchlich aufgefaßten) Amtes; umgekehrt sind die Amtsträger nirgends bloße Funktionäre der Gemeinde oder ihrer Organe. Das Verhältnis zwischen dem allgemeinen Priestertum der Gläubigen (sacerdotium omnium) und dem von Christus gestifteten Amt (ministerium verbi), in das die Gemeinde beruft, kommt überall richtig zum Ausdruck. Hier hatten die neuen Verfassungen nach 1945 nur zu vertiefen, was vorhanden war.

5. Ganz neu angefaßt werden mußte aber nach 1945 fast überall der Abschnitt über das Amt und die Ämter der Kirche. In den älteren Verfassungen ist durchweg nur vom Pfarrer die Rede. Erst nach 1945 werden die übrigen Ämter und Dienste (Vikarinnen, Pfarrhelfer, Diakone, Gemeindehelferinnen, Kirchenmusiker, Katecheten usw.) in das Verfassungsrecht einbezogen. Hier wird die Strukturveränderung der modernen Kirche besonders sichtbar. Eine gewisse Unsicherheit besteht auch jetzt noch theologisch in der Bewertung der neuen Ämter. Sind sie nur Hilfsdienste, die dem Pfarramt zugeordnet sind? Oder haben sie selbständig für ihre speziellen Teilaufgaben Anteil am ministerium verbi? Es ist zu begrüßen, daß der neue Verfassungsentwurf der hannoverschen Landeskirche von 1959 den entschlossenen Versuch gewagt hat, das „Statusrecht" der kirchlichen Amtsträger theologisch neu zu durchdringen und zu ordnen. Hier ergeben sich auch klare Perspektiven für das Bischofsamt.

6. Am änderungsbedürftigsten waren zweifellos die älteren Verfassungsvorschriften über die Synoden und das sie betreffende Wahlverfahren. Wir sahen, wie nach 1919 demokratische Ideen den synodalen Gedanken überfremdet hatten. Das „Kirchenvolk" (= die Summe der getauften Kirchensteuerzahler) wird nun durch die Synode, die mittels allgemeiner, gleicher und geheimer Wahlen (Urwahlen, oft als Verhältniswahl) zustandekommt, repräsentiert („kirchliche Volksvertretung", Pfalz § 66, 1; Baden § 93, 1). Hier haben wir die letzte Auswirkung eines Denkens, das die Kirche in Analogie zu oder gar im Zusammenhang mit dem Staat sieht und also relativ unbefangen die zeitgebundenen Organisationsformen des Staates auf die Kirche anwendet, genau wie es 1933 mit dem Führerprinzip versucht wurde. Es gereicht den Kirchenverfassungen nach 1945 zum Ruhm, daß sie, obwohl das politische Leben sich einer neu verstandenen Demokratie zuwandte, nicht der Versuchung erlegen sind, nun auch die Synoden wieder zu Parlamenten zu machen. Hier konnte einmal wirklich eine praktische Erfahrung des Kirchenkampfes zur Auswirkung kommen. Die Bekennende Kirche hatte sich in der DEK und vielleicht noch konkreter in der APU um das Wesen einer Synode

bemüht. Das trug Frucht für die neuen Verfassungen. Freilich: zu einer ein-
helligen Lösung des Synodalproblems sind wir auch nach 1945 nicht gekom-
men. In den Kirchen reformierten und unierten Gepräges (freilich auch in
Thüringen) überwiegt die Regelung, daß die Bischöfe bzw. Präsides und die
Kirchenleitungen Mitglieder der Synode sind, während in den lutherischen
Kirchen die Synode dem Bischof und der Kirchenleitung „gegenübersteht".
Unklar ist noch heute in vielen Verfassungen, ob die Synode als das „ober-
ste" Organ der Kirche angesehen wird, oder ob die Synode die Funktion der
Kirchenleitung mit anderen Organen (Bischof, Landeskirchenamt, Kirchen-
regierung) teilt. Jedenfalls ist heute in allen neueren Kirchenver|fassungen
die Idee des „Kirchenparlaments" beseitigt und die Synode theologisch vom
Gedanken des Zusammenwirkens der Amtsträger und der Gemeinden neu
begründet.

7. Es wäre interessant, die Fortentwicklungen von 1945 über 1919 hinaus
auch an dem vielschichtigen Problem der Kirchenleitungsorgane aufzuzeigen.
Doch sei nur kurz auf die Nöte hingewiesen, die man 1919 empfand, als der
Platz des Summus Episcopus leer wurde. Hier entstand naturgemäß das
schwerste Verfassungsproblem. Jahrhundertelang hatte man über das Problem der Kirchenleitung zwar nachgedacht und auch, je nach der theologischen und staatsrechtlichen Zeitlage (Aufklärung!), die verschiedensten Sy-
steme entwickelt. Aber immer handelte es sich um die Leitung einer mit dem
Staat verbundenen Kirche. Nach 1918 war zum erstenmal die Frage der Leitung einer grundsätzlich vom Staat freien Kirche zu lösen. Es ist begreiflich,
daß man hier noch nicht zur vollen Klarheit kam, obwohl zum Beispiel die
erwähnte Denkschrift des Berliner Oberkirchenrates auch dieses Problem gesehen hat. Wenn sogar politisch liberale Kreise (Martin Rade!) den Übergang der summepiskopalen Befugnisse auf die drei preußischen Minister „in
evangelicis" für möglich hielten, kann es kaum verwundern, daß zwei so
große Kirchen wie Altpreußen (Art. 126, 1) und Hannover (Art. 97) die gesamten Befugnisse des Summus Episcopus auf ein neues Organ, den Kirchensenat, übertrugen, ohne näher zu prüfen, welches diese Befugnisse seien, ob
die Monarchen sie wirklich zu Recht innegehabt hatten und ob sie nicht zum
Teil jetzt anderen Organen der Kirche hätten übertragen werden müssen. In
dem Bestreben, kein rechtliches Vakuum eintreten zu lassen, unterblieb eine
gründliche theologische Besinnung auf das Wesen echter Kirchenleitung. Die
sächsische Kirchenverfassung von 1922 (§ 7) übernimmt sogar in aller Form
die Gewaltenteilung der französischen Revolution: Gesetzgebung, Verwaltung, Gerichtsbarkeit. — Hier ist nach 1945 ein grundsätzlicher Wandel eingetreten. Allerdings sind die Lösungen in den einzelnen Landeskirchen sehr
verschieden. Aufs Ganze gesehen ist aber zu sagen, daß es eine Normalver-
fassung für evangelische Kirchen nicht geben kann. Die Einrichtung und Zuordnung der kirchenleitenden Organe (Synode, Kirchenleitung, Kirchenverwaltung, leitendes geistliches Amt) kann sehr verschieden gestaltet werden.

Unterschiede in den reformatorischen Bekenntnissen und geschichtlich gewordene Verhältnisse wirken dabei mit. Zu fordern ist nur in jedem Falle, daß die Grunderkenntnis des Kirchenkampfes, daß in der Kirche eine Scheidung der äußeren Ordnung vom Bekenntnis nicht möglich sei, unverrückt auch in Zukunft Geltung behalte.

# Personalitätsprinzip und landeskirchliches Territorialprinzip*

Die Frage nach dem landeskirchlichen Territorialprinzip ist eine der schwierigsten kirchenrechtlichen Fragen der Gegenwart. Wenn heute gelegentlich das Territorialprinzip als Grundlage des Landeskirchentums in Frage gestellt wird[1], sollte man nicht gleich erschrecken. Es wird sich zeigen, daß dieses Territorialprinzip immer eine „frag-würdige" Angelegenheit war. Es wird sich aber auch zeigen, daß sowohl die Kritiker wie die Verteidiger in Verlegenheit kommen, wenn sie ihre Position (oder Negation) begründen sollen. Es wird daher in aller Gründlichkeit zu untersuchen sein, woher dieser Grundsatz der territorialen Gliederung und Abgrenzung von Kirchen eigentlich kommt und was er heute beinhaltet. Es wird sodann zu fragen sein, in welchem Sinne ein territoriales „Prinzip" bestanden hat oder noch besteht, was etwa unter einem „Personalitätsprinzip" verstanden werden könnte, und ob die Problemlage wirklich dahin gesehen werden muß, das eine Prinzip durch ein anderes abzulösen oder zu überwinden.

## I.

### 1. Mitgliedschaftsrecht nach 1918

Die Frage nach dem landeskirchlichen Territorialprinzip ist in der Hauptsache eine Frage nach dem kirchlichen Mitgliedschaftsrecht. Sie hat auch noch andere Aspekte. Aber wir wenden uns zunächst dem Mitgliedschaftsrecht zu. Hier ist die Frage zu stellen: nach welchen Grundsätzen bemißt sich der Mitgliederbestand eines Kirchengebildes, wie wir es in Deutschland unter dem Begriff der „Landeskirche" kennen? unter welchen Voraussetzungen ist man Glied einer Landeskirche (oder einer ihrer Gemeinden)? wie wird man es? und wodurch hört man auf es zu sein? |

Diese Fragen hat Paul Schoen[2] für seine Zeit anhand der evangelischen

---

* Aus: ZevKR 7, 1959/60, S. 348—375. — Die Einzelangaben des Aufsatzes sind 1968 auf den neuesten Stand gebracht worden.

[1] Friedrich Hübner, ELKZ 7, 1953, S. 213; Heinz Brunotte, Landeskirche, Staatskirche, Volkskirche in Deutschland. In: ELKZ 11, 1957, S. 266 ff.; Ders., Die Diaspora als Frage an das Landeskirchentum. In: Jahrbuch des Martin Luther-Bundes 8, 1957/58, S. 86—100.

[2] Paul Schoen, Kirchenmitgliedschaft und Kirchengemeindemitgliedschaft nach den neuen evangelischen Kirchenverfassungen. In: VerwArch 30, 1925, S. 113 ff.

Kirchenverfassungen von 1919 bis 1922 eingehend untersucht. Er kommt zu dem Ergebnis, daß die Kirchenverfassungen nach 1918 ein buntes Bild darbieten. Die Bestimmungen über das Mitgliedschaftsrecht sind in den einzelnen Landeskirchen sehr verschieden und großenteils lückenhaft. Etwas grundlegend Neues haben die damaligen Verfassungen nicht gebracht. Sie haben mehr oder weniger das Gewohnheitsrecht aus dem 19. Jahrhundert kodifiziert, ja, sie sind im Grunde beim Preußischen Allgemeinen Landrecht II, 11 § 260 von 1794 stehengeblieben. Das positive geltende Kirchenrecht ist auch nicht durch theologische Erkenntnisse unterbaut worden.

Befragt man die Kirchenverfassungen nach 1945 nach den Vorschriften über Mitgliedschaft, so kommt man zu dem überraschenden Ergebnis, daß wir an diesem Punkte kaum einen Schritt weitergekommen sind. Eine Bestandsaufnahme in großen Zügen ist hier nicht zu umgehen.

## 2. Kirchenmitgliedschaft und Gemeindemitgliedschaft

Zunächst fällt auch im neueren evangelischen Verfassungsrecht die Unsicherheit auf, mit der das Verhältnis von Kirchengliedschaft und Kirchengemeindegliedschaft behandelt wird. Diese Unsicherheit hat bereits Schoen für die Zeit nach 1918 festgestellt[3]. Auch Liermann[4] konstatiert die Verschiedenheit: die Mehrzahl der damaligen Kirchenverfassungen geht in erster Linie von einer Kirchenmitgliedschaft aus, aus der dann eine Gemeindemitgliedschaft folgt. Die Kirchengemeinde wird als örtlicher Teilbezirk einer Gesamtkirche angesehen. Nur eine Minderzahl der damaligen Verfassungen geht primär von einer Zugehörigkeit zur Kirchengemeinde aus, aus der sekundär eine Kirchenmitgliedschaft folgt. Die Landeskirche ist nach dieser Auffassung ein Zusammenschluß von Einzelgemeinden. Hier ist nach 1945 ein gewisser Wandel eingetreten. Der primäre Territorialismus der geschichtlich gewordenen Landeskirchen ist abgeschwächt, offenbar unter der im Kirchenkampf gewachsenen Einsicht von der Bedeutung der Kirchengemeinde als der eigentlichen, der gottesdienstlich um Wort und Sakrament versammelten Ecclesia. Die Frage ist nur, ob man der neutesta|mentlichen Erkenntnis vom Wesen der Ecclesia wirklich gerecht wird, wenn man sie *nur* in der örtlichen Kirchengemeinde verwirklicht sieht und die Landeskirche als bloß rechtlich bestimmte Vereinigung von Einzelgemeinden auffaßt. Hier herrscht weithin verfassungsrechtlich auch nach 1945 noch keine genügende theologische Klarheit. Wir sollten eindeutig daran festhalten, daß unser Kirchenbegriff nicht kongregationalistisch ist.

Ein Überblick ergibt, daß in erster Linie von einer *Kirchen*mitgliedschaft

---

[3] Ebd., S. 114 ff.

[4] HANS LIERMANN, Deutsches evangelisches Kirchenrecht. Stuttgart 1933, S. 192 ff. (Kirchenmitgliedschaft) und S. 247/48 (Gemeindemitgliedschaft).

ausgehen: die älteren Kirchenverfassungen von Bremen (§ 1 I) und Pfalz
(§ 3); aber auch neuere Verfassungen wie Baden, das in den §§ 5—8 „Die
Gliedschaft in der Landeskirche" behandelt, ferner Lübeck (Art. 6 I u. II)
und Thüringen (§ 5 I). Der größere Teil der neueren Kirchenverfassungen
geht von der Mitgliedschaft in der *Gemeinde* aus: 5 Gliedkirchen der EKU,
nämlich Berlin-Brandenburg (Art. 7 I), Pommern (8 I), Schlesien (7 I), Westfalen und Rheinland (Art. 13 I), Anhalt 1967 (§ 1 und 2), ferner Hessen
und Nassau (Art. 1 II), Kurhessen-Waldeck (1967, Art. 5), Bayern (Art. 1
II), Mecklenburg (§ 5 I), Hamburg (Art. 5 II) Schleswig-Holstein (Art. 7 I),
Oldenburg (9 I), Eutin (1967; Art. 9), Nordwestdeutschland-ref. (§ 4) und
Lippe (Art. 14 I). Die Grundordnung der Prov. Sachsen stellt beide Mitgliedschaften unverbunden nebeneinander, die Kirchengliedschaft in Art. 4
und die Gemeindegliedschaft in Art. 12. Hier bestehen also gleichsam zwei
Mitgliedschaften nebeneinander. Einen ganz anderen Weg gehen dagegen die
Kirchenverfassung von Sachsen vom 13. 12. 1950 (§ 4 I) und die Verfassung
von Hannover 1965. Sie sehen die Kirchengliedschaft und die Gemeindegliedschaft als eine ineinanderliegende und gleichzeitig miteinander gegebene
Größe an. § 4 I von Sachsen lautet: „Glied einer Kirchengemeinde der Landeskirche *und damit zugleich* der Landeskirche selbst ist . . .". Art. 5 der hannoverschen Verfassung sagt: „Jedes Glied der Landeskirche ist zugleich Glied
einer Kirchengemeinde." Art. 6 faßt „Glieder der Landeskirche und einer
Kirchengemeinde" als „Kirchenglieder" zusammen. Diese Formulierungen
sollen kirchenrechtlich die theologische Erkenntnis zum Ausdruck bringen,
daß sich sowohl in der örtlichen wie in der überörtlichen Ecclesia der Leib
Christi, die Gemeinde des Herrn darstellt.

Ein besonderer Ausnahmefall tritt bei den ostfriesischen Gemeinden auf
Grund alten Rechtes, der sog. Emder Konkordate von 1599, ein, für den die
Verfassungen von Hannover (Art. 8 III) wie von Nordwestdeutschland-ref.
(§ 4) besondere Bestimmungen vorsehen. In Ostfriesland kann es vorkommen, daß man die Kirchengliedschaft der hannoverschen Landeskirche, aber
die Gemeindegliedschaft einer reformierten | Kirchengemeinde besitzt, und
umgekehrt. Dieser Ausnahmefall beruht auf historischen Gegebenheiten, die
anderswo nicht bestehen.

Angemerkt sei noch, daß die Kirchenverfassungen von Braunschweig,
Lippe und Württemberg Bestimmungen über ein Mitgliedschaftsrecht nicht
enthalten. In Lippe sind solche in einem Kirchengesetz vom 18. 3. 1957 enthalten, in Württemberg in der Kirchengemeindeordnung vom 16. 12. 1924
(§§ 6—10).

### 3. Die Taufe als Merkmal der Mitgliedschaft

Die Merkmale des Mitgliedschaftsrechtes, sei es nun bei der Landeskirche
oder bei der Kirchengemeinde, sind in den neueren Kirchenverfassungen

ebenso bunt und verschiedenartig gefaßt, wie das schon P. Schoen für die Zeit nach 1918 feststellte. Es ist auch keineswegs so, daß in den neueren Verfassungen überall eine größere Vollständigkeit der Merkmale erreicht würde. Einige dieser Verfassungen sind auch heute noch ausgesprochen lückenhaft in der juristischen Umschreibung der Mitgliedschaftsmerkmale. Man verläßt sich in auffälliger Weise auf das Gewohnheitsrecht, das erfahrungsgemäß bis 1968 selten bestritten wurde.

Für den theologischen Beobachter ist bemerkenswert, wie unsicher in den Kirchenverfassungen über die christliche Taufe als Mitgliedschaftsmerkmal geurteilt wird. Auch der Laie wird zunächst annehmen, daß die Frage „wer ist Glied einer christlichen Kirche?" in erster Linie damit beantwortet wird, daß man sagt: „wer getauft ist". Das ist jedenfalls in der alten und in der mittelalterlichen Kirchengeschichte sowie in der Missionsgeschichte das entscheidende Kriterium. In der frühen Christenheit ist die Taufe auf den dreieinigen Gott der abschließende Akt der Aufnahme in die Kirche Christi und zugleich der Trennung vom Heidentum oder vom Judentum. Im Mittelalter ist die Taufe zusätzlich das Unterscheidungsmerkmal vom Islam. Die Spaltungen der Kirche sind dem gegenüber unwichtig; wer rite getauft ist, ist Christ, einerlei ob er in rechtgläubiger, schismatischer oder häretischer Kirchengemeinschaft lebt.

Demgegenüber fällt auf, daß eine ganze Reihe von Kirchenverfassungen unserer Zeit *keinerlei Bezugnahme auf die Taufe* kennen. Im wesentlichen sind dies ältere Verfassungen aus der Zeit nach 1918: Bayern (Art. 7 II), Bremen (§ 1 I), Kurhessen-Waldeck (§ 4), Mecklenburg (§ 5 I) und Pfalz (§ 3); aber auch die neue Fassung der Kirchenverfassung von Nordwestdeutschland-ref. vom 9. 5. 1958 (§ 4) erwähnt die Taufe nicht. Einige dieser Verfassungen haben die Formulierung, daß | Glieder der Kirche (oder der Gemeinde) „alle evangelischen Christen" sind, die . . . (folgen nähere Bestimmungen). Es wird also vorausgesetzt, daß „Christen" getauft sind, was jedoch unter den heutigen volkskirchlichen Verhältnissen durchaus nicht in jedem Falle gewährleistet ist. Wie steht es mit Kindern evangelischer Eltern, deren Taufe aus Gleichgültigkeit bis ins Konfirmationsalter hinein verzögert oder vernachlässigt wurde? Müßte nicht heute genauer festgelegt werden, was die Taufe für die Mitgliedschaft in Kirche und Gemeinde bedeutet?

Dies geschieht denn auch in der Mehrzahl der neueren Kirchenverfassungen nach 1945. In den nachstehend aufgeführten Verfassungen ist *die Taufe ein ausdrücklich genanntes, unerläßliches Mitgliedschaftsmerkmal:*

Berlin-Brandenburg (Art. 7 I), wörtlich gleich auch Pommern (8 I) und Schlesien (7 I), ganz ähnlich Prov. Sachsen (Art. 4); in anderer Formulierung Westfalen und Rheinland (Art. 13 I), Anhalt 1967 (§ 2 I), Hessen und Nassau (Art. 1 II), Kurhessen-Waldeck 1967 (Art. 5 I), Sachsen (§ 4 I), Thüringen (§ 5 I), Lübeck (Art. 6 I u. II), Schleswig-Holstein (7 I), Eutin 1967 (Art. 9 I), Baden (§ 5 I), Lippe (Art. 14 i). Bei der Formulierung dieser Bestimmungen gibt es zwei Typen. Der erste Typ geht vom Tatbestand, daß man „getaufter evangelischer Christ; sein muß, aus und fügt die zweite grundlegende Bestimmung, daß man seinen Wohnsitz in der Gemeinde (bzw. in der Landeskirche) haben muß, im Nachsatz hinzu. Der zweite Typ geht umgekehrt vor: die Hauptbestimmung ist das Erfordernis des Wohnsitzes, das im Nachsatz auf die evangelisch Getauften eingegrenzt wird. Als Beispiel dienen folgende Formulierungen:

Berlin-Brandenburg (Art. 7 I): „Glieder einer Gemeinde sind alle getauften evangelischen Christen, die im Bezirk der Gemeinde ihren Wohnsitz oder dauernden Aufenthalt haben" (Typ I).

Westfalen und Rheinland (Art. 13 I): „Glied einer Kirchengemeinde ist jeder in ihrem Bereich Wohnende, der in einer Gemeinde evangelischen Bekenntnisses getauft oder nach den geltenden Bestimmungen in sie aufgenommen worden ist" (Typ II).

Dem Typ I gehören auch Prov. Sachsen, Pommern, Schlesien, Anhalt in ähnlicher Formulierung Hessen und Nassau, Kurhessen-Waldeck, Sachsen, Thüringen,. Mecklenburg, Lübeck, Hamburg, Schleswig-Holstein, Eutin, Württemberg, Oldenburg, Pfalz, Baden (mit besonders eingehender Gliederung der einzelnen Merkmale in § 5 I und II) und Nordwestdeutschland-ref. an. Dem Typ II stehen nahe Bremen und Lippe. Beim Typ II ist die Herkunft aus einem reinen Territorialprinzip früherer Zeit deutlich. Man nimmt ohne weiteres alle Einwohner eines bestimmten lokalen oder territorialen Bereichs als Kirchenglieder in Anspruch, wenn | sie — das ist die Einschränkung! — die Vorbedingung erfüllen, (getaufte) evangelische Christen zu sein. Sachlich bedeuten die Bestimmungen von Typ I und II nichts Verschiedenes. Wir möchten aber doch meinen, daß heute den Formulierungen des Typs I der Vorzug zu geben sei. Sie gehen von den kircheneigenen Merkmalen aus und nehmen die lokalen Merkmale als ein Zweites hinzu. Die Bedeutung der Taufe wird hierdurch in eindeutiger Weise in den Vordergrund gestellt.

Freilich wird in allen Kirchenverfassungen deutlich, daß das Problem der Taufe seine kirchenrechtlichen Schwierigkeiten hat. Es wurde schon erwähnt, daß die christlichen Kirchen (mit Ausnahme der Kirchen, die nur die Erwachsenentaufe üben) die Taufe gegenseitig anerkennen, wenn angenommen werden kann, daß sie rite, d. h. durch Begießung (nicht nur Besprengung) mit Wasser und unter Anrufung des dreieinigen Gottes geschehen ist. Die römisch-katholische Kirche tauft gelegentlich evangelisch Getaufte bedingungsweise noch einmal, aber grundsätzlich nur, wenn angenommen werden muß, daß die Voraussetzungen einer gültigen Taufe nicht erfüllt sind. Das ist zwischen 1933 und 1945 bei einigen extremen „Deutschen Christen" tatsächlich fraglich gewesen (Taufen auf „Blut und Boden" oder im Namen des „Guten, Wahren und Schönen"). Im übrigen sind es nur die Baptisten, die die Kindertaufe nicht anerkennen und demgemäß schon Getaufte unter Umständen „wiedertaufen". Es steht also fest, daß man durch die Taufe „Christ" wird

und daß das im allgemeinen von allen christlichen Kirchen gegenseitig anerkannt wird. Die Tatsache der Taufe sagt aber noch nichts aus über die Zugehörigkeit zu einer organisierten, rechtlich verfaßten Kirche, zu einer bestimmten Konfession oder Denomination. Es ist sehr wohl möglich, daß ein Kind
aus einer evangelisch-katholischen Mischehe, das katholisch getauft wurde,
später Glied der evangelischen Kirche ist, und zwar entweder, wenn die Erziehungsberechtigten es (durch Schulunterricht und Konfirmation) einer evangelischen Erziehung zugeführt haben, oder wenn das religionsmündig gewordene Kind nach dem 14. Lebensjahre selbst eine Entscheidung darüber trifft,
zu welchem Bekenntnis es sich halten will. Hierfür gilt noch immer das
Reichsgesetz über die religiöse Kindererziehung vom 15. 7. 1921 (RGBl.
S. 939).

Man wird also sagen müssen, daß das Merkmal der Taufe für die rechtliche Zugehörigkeit zu einer Landeskirche allein nicht ausreicht. Es gibt,
streng genommen, keine evangelische oder katholische Taufe, sondern eine
christliche Taufe innerhalb der evangelischen oder katholischen Kirche. Darum werden die Mitgliedschaftsmerkmale in den Kirchenverfassungen auch
zusätzlich genauer präzisiert, z. B. „alle getauften evangelischen Christen"
(Berlin-Brandenburg u. a.) oder „jeder . . ., | der in einer Gemeinde evange-
lischen Bekenntnisses getauft . . . worden ist" (Westfalen, Rheinland) oder
„jeder getaufte evang.-luth. Christ" (Sachsen) oder „alle Evangelisch-Reformierten" (Nordwestdeutschland-ref.). Die Taufe bewirkt die Aufnahme in
die Kirche Jesu Christi, die geglaubte und im 3. Glaubensartikel bekannte
Una sancta. Die Zugehörigkeit zu einer rechtlich verfaßten Landeskirche bedarf noch weiterer Kriterien. Aus diesen Gründen scheint uns der nicht Gesetz gewordene hannoversche Verfassungsentwurf von 1959 die kirchenrechtlich glücklichste Formulierung gefunden zu haben, wenn er (Art. 8) unterscheidet:

(1) „Die Gliedschaft in der Kirche Jesu Christi *gründet sich* auf die Taufe.
(2) Die Gliedschaft in der Evangelisch-lutherischen Landeskirche Hannovers und
ihren Kirchengemeinden *setzt* den Empfang der Taufe *voraus.*"
Dabei ist deutlich, daß der erste Absatz nicht eine unverbindliche theologische Aussage machen, sondern einen Rechtsgrundsatz aufstellen wollte.

Diese Formulierung findet einen gewissen Vorgang in der Kirchenverfassung von Lübeck vom 22. 4. 1948, wo es in Art. 6 heißt:
(1) „Die Gliedschaft in der Kirche gründet sich auf die Taufe.
(2) Zur Landeskirche gehört jeder getaufte evangelische Christ, der innerhalb
ihres Gebietes wohnt . . ."

Die hannoversche Formulierung verdient aber den Vorzug. In der Lübek-
ker Fassung des Absatzes 1 wird nicht ganz klar, welcher Kirchenbegriff gemeint ist.

Eine besondere Frage ist im Zusammenhang mit der Taufe noch zu erörtern. Das ist die Frage, ob *Ungetaufte*, also Nichtchristen, unter Umständen

rechtlich Mitglieder einer Landeskirche sein können. Die Bestimmung einer 1944 von den Deutschen Christen in Thüringen geplanten „Kirchenordnung", nach welcher der Landesbischof in besonderen Fällen die Mitgliedschaft von Nichtgetauften zulassen konnte, hat keinen Bestand gehabt. Es hat schon in früheren Jahren zu kirchensteuerrechtlichen Erörterungen geführt, wenn die These vertreten werden konnte, daß Kinder evangelischer Eltern durch die Geburt, also nicht in Verfolg der Taufe Mitglieder der evangelischen Kirche würden. Diese Auffassung lag vielleicht in der Konsequenz des volkskirchlichen, ja eigentlich eines staatskirchlichen Denkens. Sie wurde gelegentlich theologisch mit 1. Kor. 7, 14 begründet, wo Paulus es für möglich hält, daß eine christliche Frau ihren heidnischen Mann und erst recht ihre gemeinsamen Kinder „heiligt". Die meisten neueren Kirchenverfassungen sagen über die Kirchenzugehörigkeit (noch) ungetaufter Kinder nichts aus. Es bleibt unklar, ob sie sie einfach als gegeben voraussetzen oder ob sie | sie ablehnen. Deshalb ist es zu begrüßen, daß die hannoversche Verfassung von 1965 eine Regelung versucht. Sie lautet in Art. 8 II: „Ein ungetauftes Kind ev.-luth. Eltern gilt als Glied der Landeskirche, solange seine Taufe nicht schuldhaft verzögert wird." Das bedeutet: ungetaufte Kinder können der Landeskirche rechtlich angehören, obwohl sie nicht Glieder der Kirche Christi sind. Allerdings darf dieser Zustand nicht zu lange dauern. Eine andauernde schuldhafte Verzögerung der Taufe und damit zusammenhängend die Unterlassung einer evangelischen Unterweisung der Kinder müßte eines Tages zu der Feststellung führen, daß diese Kinder nicht Glieder der Landeskirche sind. Aber zunächst wäre der geschilderte Tatbestand eine Sache der Kirchenzucht an den Eltern und nicht des Mitgliedschaftsrechtes der Kinder.

### 4. Die Konfessionszugehörigkeit

Neben das Merkmal der Taufe tritt in allen Kirchenverfassungen eine Bestimmung über die Konfessionszugehörigkeit. Mitglied einer Landeskirche oder einer ihrer Kirchengemeinden kann nur werden, wer evangelischen Bekenntnisses ist. „Evangelisch" ist man aber nicht einfach durch persönlichen Entschluß. Evangelischer Christ kann man nur sein, wenn man getauft und damit überhaupt Christ, d. h. Glied der Kirche Jesu Christi ist. Ein nichtchristlicher Andersgläubiger kann nicht „evangelisch" werden, ohne sich taufen zu lassen. Deswegen wird es richtig sein, das Merkmal der Taufe auch in den Kirchenverfassungen ausdrücklich anzuführen. Es darf aber die zusätzliche Bestimmung über die Konfessionszugehörigkeit daneben nicht fehlen. Eine solche ist nicht ganz einfach zu begründen. Wann ist man im Rechtssinne „evangelisch"? wann etwa, genauer bestimmt, „evangelisch-lutherisch" oder „evangelisch-reformiert"? Die Taufe in einer evangelischen Gemeinde oder durch einen evangelischen Pfarrer ist kein ausreichendes Merkmal. Of-

fenbar spielt bei unmündigen Kindern der gemeinsame Wille beider Eltern
oder die Entscheidung sonstiger „Erziehungsberechtigter" eine ausschlagge-
bende Rolle. Sie bestimmen, in welchem Bekenntnis ein Kind erzogen werden soll; ein religionsmündiges Kind (nach Vollendung des 14. Lebensjah-
res) bestimmt über seinen Konfessionsstand selbst. Dies geschieht alles auf
Grund staatlichen Rechtes, nämlich nach dem schon erwähnten Reichsgesetz
über die religiöse Kindererziehung vom 15. 7. 1921. Die Frage, die zu stellen
wäre, ist die, ob die Kirchen an diese staatliche Regelung gebunden sind. Ist
der freie Entschluß „ich | will evangelisch sein" oder „dieses Kind soll evan-
gelisch sein" (bei vorausgesetzter christlicher Taufe) ausreichend, um eine
rechtliche Mitgliedschaft in einer evangelischen Landeskirche zu begründen?
Entsteht eine solche Mitgliedschaft durch Willensentschluß des einzelnen automatisch ohne irgendeine Mitwirkung der Kirche? Könnte die Kirche in begründeten Fällen eine solche Mitgliedschaft ablehnen? Könnte sie zusätzlich
Bedingungen durch Kirchengesetz aufstellen, etwa die Teilnahme an der
evangelischen Unterweisung in der Schulzeit und am Konfirmandenunterricht? etwa die Teilnahme an der Konfirmation? Oder muß die Kirche zunächst alle, die sich (nach christlicher Taufe) selbst als „evangelisch" bezeichnen, rechtlich als Glieder der evangelischen Kirche ansehen?

Alle diese Fragen sind auch im neueren Verfassungsrecht nach 1945 unklar geblieben. Das volkskirchliche Denken geht in den geltenden Kirchenverfassungen ohne Ausnahme nach wie vor davon aus, daß alle, die nicht
aus der Kirche austreten, automatisch zu ihr gehören. Die Kirche kann, wenn
etwa evangelische Unterweisung und Konfirmation unterlassen oder ver-
nachlässigt werden, Maßnahmen der Kirchenzucht anwenden. Diese geschehen dann an Gliedern der Kirche. Auf die Tatsache der Gliedschaft selbst
Einfluß zu nehmen, hat keine Kirchenverfassung unserer Zeit versucht. Man
ist rechtlich Glied einer Landeskirche oder einer ihrer Gemeinden, wenn man
1. christlich getauft ist, 2. sich selbst für evangelisch hält und 3. im Bereich
der Landeskirche oder einer ihrer Gemeinden wohnt.

Im einzelnen gehen die Kirchenverfassungen in der Bestimmung des Konfessionsstandes ihrer Glieder verschieden vor. Einige nehmen alle „Evangelischen", die am Ort wohnen oder aber zuziehen, als Kirchenglieder in Anspruch; so die Verfassungen von Berlin-Brandenburg, Prov. Sachsen, Pommern, Schlesien, Westfalen, Rheinland, Hessen und Nassau, Kurhessen-
Waldeck, Pfalz, Anhalt und Bremen, aber auch die lutherischen Kirchen von
Thüringen, Hamburg, Lübeck, Eutin und Hannover 1965. Andere Kirchen
beschränken sich auf ihre besondere reformatorische Konfession und bean-
spruchen als Glieder nur Angehörige ihres besonderen Konfessionsstandes. So
sind in Sachsen, Bayern, Mecklenburg, Schleswig-Holstein und Oldenburg
nur die evangelisch-lutherischen Christen Mitglieder, in Nordwestdeutschland-ref. nur „alle Evangelisch-Reformierten" (unter besonderer Berücksichtigung ostfriesischer Sonderrechte von 1599). In Lippe (reformierte Kirche

mit lutherischer Klasse) ist jeder Mitglied, der „in einer Lippischen Kirchengemeinde getauft" ist; über seine Zugehörigkeit zu einer reformierten oder lutherischen Kirchengemeinde befindet er selbst. |

Die Frage der Bekenntniszugehörigkeit wird uns noch in einem späteren Zusammenhange beschäftigen. Hier entstehen in neuerer Zeit die eigentlichen Probleme des Mitgliedschaftsrechtes. Die Frage, die zu stellen wäre, lautet: Liegt hier ein echtes Personalitätsprinzip vor, wenn offenbar die Konfessionszugehörigkeit nach dem Reichsgesetz von 1921 in die Willensentscheidung des mündigen Christen bzw. der Erziehungsberechtigten gestellt ist? oder überwiegt auch hier das Territorialprinzip, indem die einzelnen Landeskirchen berechtigt sind, jeden getauften Christen, der nicht nachweist, daß er nicht evangelisch ist, als Mitglied zu führen?

## 5. Der Wohnsitz

Zunächst vollendet sich das Territorialprinzip in dem (nächst der vorausgesetzten christlichen Taufe) wichtigsten Merkmal des Mitgliedschaftsrechtes, dem des Wohnsitzes oder des dauernden Aufenthaltes im Bereich der Landeskirche. Beides, Wohnsitz und dauernden Aufenthalt, nennen die Verfassungen von Berlin-Brandenburg (Art. 7 I), Prov. Sachsen (Art. 12), Pommern (8 I), Schlesien (7 I), Kurhessen-Waldeck 1967 (Art. 5 I), Thüringen (§ 5 I), Hamburg (Art. 5 II), Schleswig-Holstein (Art. 7 I), Eutin 1967 (Art. 9 I), Hannover 1965 (Art. 5 I), Württemberg (KGO § 6, 1), Baden (§ 5 II). Vom Wohnsitz allein reden Westfalen, Rheinland (Art. 13 I), Anhalt 1967 (§ 2 I), Lippe (Art. 14 1), Bayern (Art. 7 II), Mecklenburg (§ 5 I), Lübeck (Art. 6 II), Pfalz (§ 3) und Nordwestdeutschland-ref. (§ 4). Bremen (§ 1 I) spricht von allen getauften evangelischen „Einwohnern". Nur den „ständigen Aufenthalt" nennt Sachsen (§ 4 I). Oldenburg (Art. 9 I) trifft die negative Bestimmung: „evang.-luth. Christen, die in der Gemeinde nicht nur vorübergehend ansässig sind".

Dieser Überblick zeigt, daß die Wohnsitz- bzw. Aufenthaltsvorschrift eigentlich die grundlegende Bestimmung des Mitgliedschaftsrechtes auch in den neueren Kirchenverfassungen nach 1945 geblieben ist. Jeder getaufte evangelische Christ, der im Gebiet einer Landeskirche oder im Bereich einer ihrer Gemeinden wohnt oder sich dauernd aufhält, ist ohne sein Zutun Mitglied dieser Landeskirche oder seiner Ortsgemeinde. Damit ist auch die Frage des Zuzugs und des Fortzugs geklärt. Jeder Evangelische, der seinen Wohnsitz im Gebiet einer Landeskirche nimmt, wird ihr Mitglied, ohne daß er um seine Meinung gefragt wird oder eine Erklärung abzugeben hat. Ebenso ist es beim Fortzug: wer das Gebiet einer Landeskirche für dauernd verläßt, verliert die Mitgliedschaft automatisch. Er braucht sich nicht einmal abzumelden. Er kann auch nicht Mitglied bleiben, wenn er es gern wollte. Die

Landeskirchen achten gegenseitig die Grenzen ihres Territoriums. Hier besteht ein reines Terri|torialprinzip, von dem kaum eine Ausnahme möglich ist. Eine Ausnahmebestimmung, die aber vermutlich wenig praktiziert wird, besteht seit längerer Zeit in Bayern, vermutlich bedingt durch den früheren Austausch mit der Pfalz („Bayern links des Rheins"!). Art. 1 II der Verfassung vom 10. 9. 1920 bestimmt: „Glieder der Landeskirche, die aus dem rechtsrheinischen Bayern verziehen, können im seelsorgerlichen Verband einer evang.-luth. Gemeinde in Bayern rechts des Rheins bleiben." Eine rechtliche Zugehörigkeit mit kirchensteuerlichen Folgen dürfte dieser „seelsorgerliche Verband" kaum bedeuten. Man kann also doch wohl allgemein sagen: das Rückgrat des Mitgliedschaftsrechtes ist ein rein territorialer Gesichtspunkt, nämlich der Wohnsitz.

Durch Wohnsitznahme werden alle Zuziehenden, die evangelisch sind, zu Mitgliedern ihrer Wohnsitzgemeinde. Hier sind auch die Bestimmungen der konfessionell besonders bestimmten Landeskirchen umfassend. Wer in eine lutherische Landeskirche zuzieht, wird evangelisch-lutherisches Gemeindeglied, wenn er vorher lutherisch oder uniert war; wenn er vorher reformiert war, kann er nur lutherisches Gemeindeglied werden, wenn er nicht widerspricht. Ebenso ist es umgekehrt. Wer in einer unierten Landeskirche zuzieht, wird „evangelisch", auch wenn er vorher evangelisch-lutherisch oder evangelisch-reformiert war. Er hat dann in verwaltungsunierten Kirchen die Möglichkeit, sich einer Gemeinde seines früheren Bekenntnisses anzuschließen, wenn eine solche an seinem Wohnsitz besteht; in konsensunierten Landeskirchen hat er diese Möglichkeit nicht. Auf dies Problem des Konfessionswechsels innerhalb der reformatorischen Bekenntnisse kommen wir noch zurück. Zunächst entscheidet sich die Mitgliedschaft in einer Landeskirche unterschiedslos nach dem Wohnsitz.

Am eingehendsten sind die Bestimmungen über den Zuzug in den neueren Verfassungen der Gliedkirchen der EKU formuliert; so etwa in Berlin-Brandenburg (Art. 7 I). Hiernach werden ohne weiteres Glieder dieser Kirche a) alle Glieder der Evangelischen Kirche der Union (EKU), b) alle Glieder einer anderen zur Evangelischen Kirche in Deutschland (EKD) gehörenden Kirche, c) Glieder anderer evangelischer Religionsgemeinschaften, soweit nicht besondere abweichende Vorschriften bestehen. — Auch die hannoversche Verfassung von 1965 enthält eingehende Vorschriften (Art. 5—8).

## 6. Ansätze eines Personalitätsprinzips

Die im allgemeinen zwingende Bestimmung der Mitgliedschaft durch den Wohnsitz wird nun in zahlreichen Kirchenverfassungen durch Vor|schriften aufgelockert, die man als Spuren eines Personalitätsprinzips deuten könnte. Die meisten Verfassungen haben ein Empfinden dafür, daß das Territorialprinzip heutzutage nicht mehr einseitig durchgesetzt werden kann. Man kann niemanden gegen seinen Willen zum Mitglied einer Kirche machen. Die Uniform des territorialen Prinzips, der Grundsatz „cuius regio eius religio" ist unzeitgemäß geworden. Er würde in seiner strikten Form dem Artikel 4 I des Bonner Grundgesetzes[5] widersprechen. Demgemäß enthalten alle Kirchenverfassungsvorschriften Einschränkungen, die mindestens das „votum negativum" der betroffenen Persönlichkeiten sicherstellen. Die äußerste Möglichkeit für den, der mit den geltenden Mitgliedschaftsbestimmungen der Kirchen nicht einverstanden ist, bleibt das vom Staat garantierte Recht des *Austritts aus der Kirche*[6]. Von diesem Recht muß notfalls derjenige, der einer bestimmten Landeskirche nicht angehören will, Gebrauch machen. Er kann dann aber nur einer etwa bestehenden Freikirche beitreten oder er verfällt der Religionslosigkeit. Einer anderen *Landes*kirche als der seines Wohnsitzes kann er nach geltendem Recht nicht angehören.

Manche Landeskirchen erleichtern das „votum negativum" dadurch, daß sie in ihren Verfassungen bestimmen, daß man die automatische Mitgliedschaft beim Zuzug vermeiden kann, wenn man binnen einer bestimmten Frist eine dahingehende *Erklärung* abgibt. Man muß dann nicht aus der Kirche austreten; die (schriftlich oder protokollarisch) bei einer *kirchlichen* Stelle abgegebene Erklärung genügt, auch hinsichtlich der kirchensteuerlichen Folgen. In Berlin-Brandenburg (Art. 7 II) werden zuziehende Evangelische Mitglieder,

„sofern sie nicht ausdrücklich dem Gemeindekirchenrat binnen einem Jahr nach dem Zuzug eine gegenteilige Erklärung abgeben."

Ebenso ist es in Schlesien (Art. 7 II), Thüringen (§ 5 II), Baden (§ 5 Ib), Pfalz (§ 3). — Sachsen (§ 4 I) formuliert:

„solange sie nicht erklärt haben, der Landeskirche nicht angehören zu wollen."

Die Frist für eine Erklärung beträgt in Berlin-Brandenburg, Schlesien und Pfalz ein Jahr, in Baden 6 Monate.

In allen anderen Landeskirchen kann man die automatische Mitgliedschaft nicht durch eine einfache Erklärung vermeiden, sondern nur durch einen rechtsgültig vollzogenen Kirchenaustritt. |

In einigen Landeskirchen wird der Erwerb der Mitgliedschaft beim Zuzug auch dadurch ausgeschlossen, daß man den *Nachweis* erbringt, einer anderen evangelischen Religionsgemeinschaft anzugehören. Damit ist aber nicht eine andere Landeskirche gemeint, sondern etwa eine evangelische Freikirche oder Sekte. Das ergibt sich am klarsten in Lübeck (Art. 6 II): „nicht nachweislich Mitglied einer anderen evangelischen Religionsgemeinschaft im Gebiet der

---

[5] „Die Freiheit des Glaubens, des Gewissens und die Freiheit des religiösen und weltanschaulichen Bekenntnisses sind unverletzlich."

[6] Z. B. nach dem Preußischen Gesetz über den Austritt aus den Religionsgesellschaften öffentlichen Rechts vom 30. 11. 1920 (GS S. 119).

Landeskirche (!)". Die Bestimmungen von Thüringen (§ 5 II), Hamburg 5 II) und Schleswig-Holstein (Art. 7 I) meinen aber dasselbe.

In wenigen Fällen ist noch eine Erleichterung durch *Lockerung des Parochialzwangs* vorgesehen. Man kann dann freilich die Mitgliedschaft in der Landeskirche des Wohnortes nicht umgehen, wohl aber die Zugehörigkeit zur Kirchengemeinde des Wohnortes. Westfalen und Rheinland (Art. 13 I) sehen die Möglichkeit vor, daß man „einer am gleichen Ort bestehenden evangelischen Kirchengemeinde *anderen Bekenntnisstandes . . .* angehört". Dies ergibt sich aus dem unierten Status der Landeskirche, innerhalb deren es auch lutherische oder reformierte Gemeinden geben kann. An solchen Orten hat der Zuziehende eine Wahlmöglichkeit. Berlin-Brandenburg (Art. 9) läßt „in besonderen Fällen" zu, daß Gemeindeglieder einer anderen Gemeinde als der ihres Wohnsitzes angehören. Eine Verordnung der Kirchenleitung vom 25. 5. 1950 (KABl. 1950, S. 24) regelt das Nähere. Ähnlich ist es in Prov. Sachsen (Art. 12). Für reformierte Gemeindeglieder räumen die beiden zuletzt genannten Kirchen (Berlin-Brandenburg Art. 10 und 11; Prov. Sachsen Art. 13 und 14) eine Sondermöglichkeit ein: sie können, wenn am Wohnort eine reformierte Gemeinde besteht, dieser beitreten; wenn am Wohnort keine reformierte Gemeinde besteht, können sie sich sogar einer reformierten Gemeinde an einem anderen Ort anschließen. Diese Sonderregelung, die einen völligen Bruch mit dem Territorialprinzip bedeutet, ist in diesen beiden Kirchen berechtigt, weil alle übrigen Kirchengemeinden als lutherisch angesehen werden, so daß praktisch an jedem Ort für zuziehende Lutheraner eine Gemeinde ihres Bekenntnisses vorhanden ist. Immerhin ist diese Sonderbestimmung zugunsten der Reformierten bemerkenswert, weil es nicht allen übrigen Landeskirchen einleuchten will, daß solche Ausnahmeregelungen auch sonst wünschenswert sein könnten.

Eine Eigentümlichkeit besonderer Art hat Oldenburg (Art. 9 III) durch die Einführung eines „ständigen *Gastrechtes*". In Oldenburg wird man Gemeindeglied nur als evangelisch-lutherischer Christ. Andere „evangelische" Christen können erklären, daß sie Glieder der Kirchengemeinde sein wollen (Art. 9 II). Sie werden dies also nicht automatisch! | Wenn sie nicht Gemeindeglieder werden wollen, können sie auf Antrag das Gastrecht (Art. 9 III) erhalten. Sie haben dann an der gottesdienstlichen Gemeinschaft vollen Anteil, einschließlich der Sakramente und Amtshandlungen. Sie können aber nicht in kirchliche Körperschaften gewählt werden. Sie brauchen keine Kirchensteuer zu zahlen; es werden aber angemessene freiwillige Beiträge erwartet. — Man wird feststellen müssen, daß in dieser Landeskirche das Territorialprinzip am weitesten aufgelockert, in gewissem Sinne sogar aufgelöst ist. Denn die unter Gastrecht geführten evangelischen Christen gehören nun keiner deutschen evangelischen Landeskirche mehr an. Die Kirche, aus der sie kommen, hat gar keine Möglichkeit, sie als Mitglieder weiterzuführen. Sie schweben rechtlich in der Luft; obwohl sie nicht aus der Kirche ausgetreten sind, gehören sie keiner Kirche mehr an, — ein wahrhaft merkwürdiger Zustand! Es entsteht die Frage, ob ein solches Gastrecht, wenn es auch von anderen Landeskirchen eingeführt würde, nicht die Rückwirkung haben müßte, daß die „Gäste" ihre Mitgliedschaft in einer anderen Landeskirche behalten müssen. Hierfür fehlen aber überall die rechtlichen Voraussetzungen. Man kann also dem Oldenburger Versuch keinen Fortgang wünschen. Seine allgemeine Durchführung wäre das Ende des territorialen Prinzips der Landeskirchen.

### 7. Zusammenfassung von 1—6

Faßt man alle die Beobachtungen über das Mitgliedsrecht in den Kirchenverfassungen nach 1945 zusammen, so ergibt sich ein Gesamtbild, das nicht wesentlich von dem abweicht, was P. Schoen im Jahre 1925 aus den Kirchenverfassungen nach dem Ersten Weltkriege herausholte. Das Gesamtbild ist sehr bunt. Ein Teil der Kirchenverfassungen enthält überhaupt keine Vorschriften über Mitgliedschaftsrecht (Württemberg, Braunschweig, Lippe, Eutin). Hier verläßt man sich offenbar auf das vermeintlich gemeinevangelische Kirchenrecht des reinen Territorialismus, das aber heutzutage nirgends mehr kodifiziert ist. Die früheren Entscheidungen staatlicher Gerichte in Kirchensteuersachen dürften heute keine ausreichende Rechtsgrundlage mehr sein. Die große Mehrzahl der Landeskirchen hat dagegen in ihren Verfassungen Vorschriften über das Mitgliedschaftsrecht. Aber sie weichen voneinander z. T. erheblich ab, und sie sind auch längst nicht in allen Landeskirchen für alle Zweifelsfälle deutlich genug formuliert. Sie sind weitgehend lückenhaft. Die evangelischen Landeskirchen sind sich nicht einmal in der Frage einig, ob es sich primär um eine *Kirchen*mitglied|schaft oder um eine *Gemeinde*mitgliedschaft handelt oder welches Verhältnis zwischen beiden besteht. Keine Klarheit besteht ferner über die Bedeutung der christlichen Taufe für die rechtliche Zugehörigkeit zu einer verfaßten Kirche. Allgemeiner Ausgangspunkt ist noch immer, ohne daß das z. T. ausdrücklich gesagt wird, das Territorialprinzip: maßgeblich für die Kirchenmitgliedschaft ist in erster Linie der Wohnsitz. Aber die kirchliche Entwicklung ist doch an einigen Stellen offensichtlich darüber hinaus gegangen. Etwas stärker als Schoen es für seine Zeit feststellen konnte, sind die personalen Einschränkungen des Territorialprinzips ausgebaut worden, im ganzen aber nur in wenigen Landeskirchen. Die *konfessionelle Zugehörigkeit,* auch *innerhalb* der Bekenntnisse der Reformation, spielt hier und da eine etwas größere Rolle. Die *persönliche Willensentscheidung* wird hin und wieder stärker beachtet, mindestens in den verschiedenen Zugeständnissen eines „votum negativum". Aber aufs Ganze gesehen wird es dabei bleiben müssen: eine befriedigende Regelung des Mitgliedschaftsrechtes gibt es heute in den Gliedkirchen der Evangelischen Kirche in Deutschland nicht.

Wenn dem so ist, erhebt sich zwangsläufig die Frage, ob die Evangelische Kirche in Deutschland diesem Zustand eigentlich auf die Dauer tatenlos zusehen kann. Das Beispiel des „Gastrechtes" in Oldenburg zeigt, daß die landeskirchlichen Vorschriften Rückwirkungen auf andere Landeskirchen haben können. Im Grunde kann keine Landeskirche das Mitgliedschaftsrecht für sich allein regeln. Es handelt sich bei dieser Sache in betonter Weise um zwischenkirchliches Recht. Denn jeder Fortzug aus einer Landeskirche bedeutet den Zugang in eine andere, und umgekehrt. Die Frage des Fortbestandes, des Verlustes oder des Neuerwerbs der Zugehörigkeit zu einer Landeskirche hat bei der großen Freizügigkeit der modernen Zeit ein eminent öffentliches Interesse. Wenn es wirklich eine Evangelische Kirche in Deutschland geben soll, müßte es ausgeschlossen sein, daß jede Gliedkirche das Mitgliedschaftsrecht auf eigene Faust regelt. Unsere Gemeindeglieder haben ein Recht auf *eine klare, vollständige und einheitliche Regelung,* die sich übersehen läßt und die eine persönliche Benachteiligung so weit wie möglich ausschließt.

## II.

### 8. Krise des Territorialprinzips im Dritten Reich

Wenn man diese Forderung aufstellt, muß man sich alsbald darüber klar sein, daß sie äußerst schwierig zu erfüllen ist. Theoretisch ist es freilich möglich, daß die EKD ein Kirchengesetz erläßt oder Richtlinien | aufstellt, um eine klare, lückenlose und überall einheitliche Regelung anzubahnen. Ein Kirchengesetz der EKD dürfte aber formal auf sehr große Schwierigkeiten stoßen. Denn das Mitgliedschaftsrecht ist in fast allen Landeskirchen durch die Verfassungen (Grundordnungen, Kirchenordnungen) geregelt, die ein Kirchengesetz der EKD nicht abändern kann. Es kämen also wohl nur verfassungsändernde Gesetzgebungsakte der einzelnen Gliedkirchen in Betracht, für deren Einheitlichkeit durch Richtlinien zu sorgen wäre, die vorher zwischen der EKD und den Gliedkirchen vereinbart werden.

Die Hauptschwierigkeit liegt aber nicht im Formalen, sondern in der zu regelnden Materie. Was soll kodifiziert werden, wenn man an eine Vereinheitlichung des Mitgliedschaftsrechtes denkt? H. Liermann geht in seinem Lehrbuch des Kirchenrechts[7] nach Darstellung der Probleme auf das Hauptproblem zu, das darin besteht, daß das überlieferte Territorialprinzip von den unvermeidlichen Beimischungen eines Personalitätsprinzips her in Schwierigkeiten kommt. Liermann erinnert an den gebietskörperschaftsähnlichen Charakter der Landeskirchen. Er hält freilich die Automatik der Zugehörigkeit rein nach dem Wohnsitz vom Bekenntnis der Kirche her für bedenklich[8]. Er sieht, daß ein bloßer Umzug u. U. zu einem zwangsläufigen

---

[7] H. LIERMANN, Kirchenrecht, S. 193.                    [8] Ebd., S. 195.

Bekenntniswechsel führen kann, weil die „absorptive Kraft des bodenständigen Landeskirchentums" sich durchsetzt. Aber auch Liermann resigniert schließlich doch bei dem überkommenen Territorialprinzip. „Eine andere Praxis nur weniger größerer Kirchen würde zwangsläufig die Auflösung der Deutschen Evangelischen Kirche in eine Anzahl von Freikirchen herbeiführen."[9]

Das war 1933. Die Frage ist, ob wir heute bei dieser These stehen bleiben dürfen, ja ob wir es können. Die Problematik des territorial bestimmten Mitgliedschaftsrechtes ist auch während des Kirchenkampfes akut geworden. G. Harder[10] hat darauf hingewiesen, welche Bedeutung das Beharrungsvermögen des Territorialismus auch für die Entscheidungen der Bekennenden Kirche gehabt hat. Dies Beharrungsvermögen erschwerte die Möglichkeit des Austrittes aus einer von den Deutschen Christen überwältigten Landeskirche und des Eintritts in eine rechtlich faßbare Bekennende Kirche. M. Niemöllers Erwägungen über einen „Absprung in die Freikirche" in seinem berühmten Telefongespräch am 25. 1. 1934 vor dem Empfang bei Hitler waren nicht praktikabel. Daher | entschloß sich die Bekennende Kirche schon 1934, auf die Freikirche zu verzichten und den Grundgedanken zu vertreten: *„Wir sind die wahre Deutsche Evangelische Kirche"* (Barmen 1934). Die Altpreußische Bekenntnissynode vom 20.—22. 5. 1939[11] hat freilich bestimmt, daß aus Widerstand gegen die Deutschen Christen aus der Kirche austretende Gemeindeglieder Mitglieder der Bekennenden Kirche bleiben könnten. Aber rechtlich war das nicht durchzuführen. Wer damals aus der „amtlichen Kirche" austrat, ohne Mitglied einer Freikirche zu werden, gehörte rechtlich keiner Kirche an. Die persönliche Entscheidungsfreiheit war auch damals durch das Territorialprinzip behindert. Praktisch blieben die Anhänger der BK, von Einzelfällen abgesehen, im Rechtssinne Mitglieder der „amtlichen Kirche"[12].

Auf ganz andere Weise wurde das Mitgliedschaftsproblem in den Jahren 1941 ff. im sog. Warthegau aktuell. In Verfolg des Versuches der NSDAP, die Kirchen in den neu erworbenen Ostgebieten auf Vereinsrecht zu setzen, verordnete Gauleiter Greiser, daß man der Kirche rechtlich erst im Alter von 21 Jahren beitreten dürfe. Das Normale sollte sein, daß man der Kirche

---

[9] Ebd., S. 198.
[10] GÜNTHER HARDER, Die Bedeutung der Kirchengliedschaft im Kirchenkampf, In: EvTh 20, 1960, S. 71—90.
[11] WILHELM NIESEL (Hg.), Um Verkündigung und Ordnung der Kirche. Die Bekenntnissynode der Ev. Kirche der altpreußischen Union 1933—1943. Bielefeld 1949, S. 79 (2. Beschluß B V 2).
[12] Der berühmte Kirchenaustritt des Freiherrn von Pechmann 1934 richtete sich übrigens nicht gegen die Herrschaft der Deutschen Christen, sondern gegen die von ihm befürchtete Zentralisierung der neuen DEK (vgl. den Text bei KURT DIETRICH SCHMIDT, Die Bekenntnisse und grundsätzlichen Äußerungen zur Kirchenfrage, Bd. 2: Das Jahr 1934. Göttingen 1935, S. 58 f.).

nicht angehörte; man konnte die Mitgliedschaft nur vom 21. Lebensjahr an durch Beitritt vor dem Standesamt erwerben. Hier entzündete sich der Protest an der Bedeutung der Taufe für die Mitgliedschaft. Eigentlich zum ersten Male wurde von kirchlicher Seite mit Leidenschaft die These vertreten: „Wer getauft ist, ist auch im Rechtssinne Glied der Kirche." Die Diskussion verlief infolge der geschichtlichen Ereignisse ergebnislos[13].

Was also sollte die EKD einheitlich kodifizieren oder als gemeinsames Recht der Landeskirchen anstreben? Wir möchten meinen: zu einem reinen Territorialprinzip zurückzukehren, ist uns verwehrt. Man könnte allenfalls einwenden, daß die Vorkommnisse im Kirchenkampf nur einer zeitbedingten Lage entsprangen und man ihnen keine besondere Folge geben müsse. Aber es ist auch im übrigen deutlich zu erkennen, daß das ungebrochene landeskirchliche Territorialprinzip ins Gleiten gekommen ist. Die mancherlei Konzessionen an die persönliche Willensentscheidung des einzelnen, die wir in einigen neueren Kirchenverfassungen entdeckten, lassen das erkennen. |

### 9. Die Entstehung des Territorialprinzips (geschichtlich)

An dieser Stelle wird es nötig sein, einen historischen Rückblick auf die Entstehung der Landeskirchen und das Werden des territorialen Prinzips zu werfen. Für die Einzelheiten muß ich auf meine in Fußnote 1 erwähnten Aufsätze verweisen. In der frühen Christenheit und in der mittelalterlichen Kirche brauchte die Frage nach der Mitgliedschaft in der Kirche kaum gestellt zu werden. Die Kirche Christi ist grundsätzlich *eine*. Die Nöte, die man mit Häretikern und Schismatikern hatte und die schon im Neuen Testament spürbar sind, konnten diesen Grundsatz nicht in Frage stellen. Die Dogmengeschichte ist zwar seit dem 2. Jahrhundert (Gnosis, Montanismus, Donatismus, Arianer, Monophysiten usw.) eine unaufhörliche Kette von Streitigkeiten, die zur Spaltung und gegenseitigen Exkommunikation führten. Aber auch durch die große Spaltung von 1054 n. Chr. in eine Ost- und eine Westkirche ging das Bewußtsein der Einen Kirche nie verloren. Christ ist, wer getauft ist. Das blieb im ganzen Mittelalter so.

Auch durch die Reformation wurde an dieser Grundlage zunächst nichts geändert. Martin Luther hat keine zweite Kirche gründen wollen; er wollte die Eine Kirche Christi reinigen und wiederherstellen. In seinem Kirchenbegriff steht die „ecclesia universalis" als der Leib Christi oder die Gemeinschaft der wahrhaft Gläubigen im Vordergrund. Sein ganzes Interesse gilt der „ecclesia vera", die an der reinen Lehre und der stiftungsgemäßen Verwaltung der Sakramente erkannt wird. Der Streit mit den „Papisten" geht darum, wer die rechte Kirche vertrete. Wenn Luthers Ziel erreicht worden

---

[13] Vgl. hierzu PAUL GÜRTLER, Nationalsozialismus und evangelische Kirchen im Warthegau (AGK 2). Göttingen 1958, bes. S. 75—77, 94, 100, 286.

wäre, hätte es im Ergebnis nicht zwei oder gar drei Kirchen gegeben, sondern die eine nach Gottes Wort reformierte, d. h. wiederhergestellte Kirche der Apostel Jesu Christi. Dies Ziel wurde aber nicht erreicht. Die neue Spaltung kündigt sich schon in der Verwendung der Formel „Ecclesiae magno consensu apud nos docent..." in der Confessio Augustana[14] an. Sie wird durch staatsrechtliche Maßnahmen wie den Augsburger Religionsfrieden 1555 und den Westfälischen Frieden 1648 befestigt. Seitdem muß das Kirchenrecht mit den „ecclesiae particulares" (nicht mehr im Sinne von Einzelgemeinden, sondern von bekenntnismäßig abgegrenzten Teilkirchen) rechnen.

Die Sache wird dadurch weiterhin erschwert, daß diese bekenntnisgebundenen Partikularkirchen („Denominationen") organisatorisch und kirchenrechtlich nicht als große Einheiten auftreten, sondern in territo|rial bestimmte Kirchentümer auseinanderfallen. Hier wirkt ein von der Reformation unabhängiges Prinzip herein. Es braucht hier nur daran erinnert zu werden, daß auch in der mittelalterlichen Kirche die innerkirchliche Diözesaneinteilung zeitweise mehr oder weniger durchkreuzt oder überlagert wurde durch das Bestreben, Volks- oder Landesgrenzen im kirchlichen Raum zur Geltung zu bringen. Solche Bestrebungen sind alt. Zu verweisen wäre auf das arianisch geprägte „Landeskirchentum" der wandernden Germanenstämme, auf die fränkischen und ottonischen Bemühungen, auf die wiederkehrenden Anwandlungen gallikanischer oder anglikanischer Kirchenpolitik. In Deutschland entwickelt sich das „Landeskirchentum" schon im 15. Jahrhundert unter den langsam erstarkenden mittleren Territorialfürsten, zu deren erstrebter „Liberalität" auch eine gewisse Kirchenhoheit gehörte (als Beispiel: der „Dux Cliviae" als „Papst in seinen Landen").

Diese Entwicklungstendenzen fand Luther vor, als er durch das fast vollständige Sichversagen der katholischen Bischöfe genötigt wurde, nach neuen Formen kirchlicher Organisation zu suchen. Der territoriale Ansatz der neuen Kirchenordnung war fast zwangsläufig gegeben, als die Fürsten und Magistrate der freien Städte von Luther auf ihre christliche Verantwortung für die führerlos gewordene Gemeinde Christi angesprochen wurden. Im Grunde geschah das schon durch die großen Reformationsschriften von 1520 und 1521, später durch die Zulassung visitatorischer Aufgaben der Obrigkeit 1527 bis 1529, endlich durch die Hervorhebung der Fürsten als der „praecipua membra ecclesiae" in Melanchthons Traktat „De potestate et primatu Papae" 54. Daß die Entwicklung später in ganz anderer Richtung weiterging, lag nicht in Luthers Theologie und nicht in seinem Kirchenbegriff begründet. Nach Luther hatten die Fürsten als „Notbischöfe" ein *kirchliches* Amt. Alles andere wäre ein Verstoß gegen Luthers eigene Zwei-Reiche-Lehre gewesen. Die Kirchenhoheit zu einem Ausfluß der *Staats*gewalt zu machen, blieb der

---

[14] CA I (De Deo), in: Die Bekenntnisschriften der evangelisch-lutherischen Kirche, 4. Aufl. Göttingen 1959, S. 50.

Staatsphilosophie der beginnenden Aufklärungszeit vorbehalten. Der Ansatz dazu war freilich mit dem wiederum nicht aus Luthers Theologie, sondern aus dem landesfürstlichen Denken jener Zeit entsprungenen Grundsatz „cuius regio eius religio" gegeben. Das „jus reformandi" der deutschen Reichsstände ist der Einstieg in das territoriale Denken, aus dem das evangelische Kirchenrecht bis heute nicht wieder herausgefunden hat und das seinen deutlichen Höhepunkt im Preußischen Allgemeinen Landrecht von 1794 hatte.

Das personale Entscheidungsrecht des einzelnen Christenmenschen konnte aber auch in jener Zeit nicht ganz verloren gehen. Es bestand zunächst nur in dem Recht des andersgläubigen Untertanen auf Auswan|derung. Im übrigen ist es bezeichnend, wie bald der Grundsatz des „cuius regio" praktisch überholt war durch die mit der frühen Aufklärung zunehmenden Ideen von den „Menschenrechten", die letzten Endes auf Acontius und Castellio zurückgehen. Schon vor dem Dreißigjährigen Kriege konnten zu einer anderen Konfession übertretende Fürsten praktisch nicht mehr wagen, ihren Untertanen den gleichen Konfessionswechsel zuzumuten (so z. B. Johann Sigismund von Brandenburg 1613, später August der Starke von Sachsen 1697). Und 1731 empfand ganz Europa es als unzeitgemäß, als der Salzburger Erzbischof ein letztes Mal auf sein Recht pochte, die Religion aller seiner Untertanen zu bestimmen. Die territorialen Umwälzungen, zuletzt in der Napoleonischen Zeit, taten ein übriges. Nach 1815 waren konfessionell einheitliche Territorien, in denen Herrscher und Volk einheitlich des gleichen Glaubens waren, in Deutschland nicht mehr denkbar.

Merkwürdigerweise beginnt aber erst im 19. Jahrhundert, nach dem Wiener Kongreß, die endgültige Festigung des evangelischen Landeskirchentums und die eigentliche Vollendung des territorialen Prinzips[15]. In allen deutschen Staaten wurde jetzt nicht nur die staatliche Verwaltung vereinheitlicht; es wurden auch die unzähligen kleinen Kirchenwesen der annektierten Fürstentümer, Herrschaften und Städte zu einer „Landeskirche" zusammengeschlossen (Vereinheitlichung von Gesangbüchern und Agenden, Neuordnung der kirchlichen Verwaltung). Das ging z. T. sehr langsam, aber gegen Ende des 19. Jahrhunderts steht das System der an ein Territorium gebundenen Kirchentümer fertig da. Die „Landeskirchen" deckten sich zwar seit 1866 nicht mehr völlig mit den „Ländern". Aber sie blieben bevorrechtigte Körperschaften und sind dies noch, obwohl der territoriale Hintergrund durch die Ereignisse von 1918, 1933 und 1945 mehrfach zerbrochen wurde. Heute gibt es in ganz Deutschland 27 Landeskirchen, von denen sich territorial nur noch 2 (Bayern und Bremen) voll mit einem politischen „Land" decken. Trotzdem behauptet sich bei uns das Territorialprinzip, und zwar durchweg auf der Basis der Landkarte des Wiener Kongresses. Es muß gefragt werden,

---

[15] Vgl. hierzu auch KONRAD MÜLLER, Art. Grenzen, kirchliche und staatliche. In: RGG 3. Aufl., Bd. II, Sp. 1854.

welche theologischen, kirchlichen, geschichtlichen oder praktischen Gesichtspunkte ein solches System heute noch rechtfertigen können. |

## 10. Kritik am reinen Territorialprinzip

Die Antwort kann nur lauten: theologische, kirchliche und praktische *Gründe für die Beibehaltung dieses Systems* gibt es nicht. Allenfalls kann man geschichtliche Gründe anführen. Man weist auf den Wert eines gemeinsamen geschichtlichen Erbes im gottesdienstlichen Leben, in der kirchlichen Sitte oder in den kirchenrechtlichen Ordnungen hin. Es soll nicht bestritten werden, daß diese Dinge einen relativen Wert besitzen. Aber das absolute Festhalten am Territorialismus wird hierdurch nicht gerechtfertigt. Wenn es im 19. Jahrhundert möglich gewesen ist, aus sehr verschiedenen kleinsten Kirchengebilden eine einheitliche Landeskirche zu formen, ohne daß man dadurch die berechtigten Eigentümlichkeiten der Landschaften zerstörte, so muß es im 20. Jahrhundert auch möglich sein, die Landeskirchen unter Schonung ihrer geschichtlichen Besonderheiten zu noch größeren kirchlichen Einheiten zusammenzufassen, so daß ein ständiger Mitgliedschaftswechsel von Kirche zu Kirche bei einem Umzug vermieden würde. Es bliebe dann bei einem Wechsel von Gemeinde zu Gemeinde innerhalb derselben Kirche.

Hier taucht natürlich sofort die Frage auf, an welche größere kirchliche Einheit gedacht werden könnte. Es ist wenigstens zur Zeit so, daß die Evangelische Kirche in Deutschland diese Einheit nicht sein kann. Es gibt keine individuelle Mitgliedschaft eines einzelnen Christen bei der Evangelischen Kirche in Deutschland. Mitglieder der EKD sind Kirchen, nicht aber einzelne Kirchenglieder. Es besteht auch unter der jetzigen Grundordnung keine Aussicht auf Änderung. Das hat seinen Grund darin, daß wir innerhalb der EKD Kirchen (Landeskirchen) verschiedenen reformatorischen Bekenntnisses haben. Der Bekenntnisstand der Landeskirchen und damit der in ihrem Bereich wohnenden Gemeindeglieder ist nicht „evangelisch", sondern je nach dem, „evang.-luth.", „evang.-ref." oder „uniert". Alle Versuche im 19. Jahrhundert, zu einer deutschen evangelischen Einheitskirche vorzustoßen, sind gescheitert. Auch die gemeinsamen Erlebnisse und Erfahrungen der Bekennenden Kirche im Kirchenkampf von 1933 bis 1945 haben daran nichts geändert. Die kirchliche Neuordnung nach 1945 hat nicht nur die territorialen Grenzen von 1815 fast ohne Änderungen erhalten, sondern ebenso die Gliederung nach den zwei (oder drei) reformatorischen Bekenntnissen.

Man sollte hier nicht so schnell von „Restauration" reden. Was ist restaurativer: die Beibehaltung der großen Konfessionskirchen, deren Konfessionsverwandte es überall in der Welt auch anderswo gibt? oder die Beibehaltung des territorialen Landeskirchentums? Man kann die Ursache auch durchaus nicht bei den konservativen Lutheranern suchen. | Eine genauere geschichtliche Untersuchung würde nämlich ergeben, daß seit über 300 Jahren die konfessionelle Durchbrechung des territorial bedingten Landeskirchentums zu Lasten der Reformierten geht. Die Zahl der deutschen Territorialfürsten, die von der lutherischen zur reformierten Konfession übertraten, ist größer gewesen als umgekehrt. Naturgemäß errichteten sie mitten in ihrer lutherisch gebliebenen „Landeskirche" eine reformierte Hofgemeinde. Eine lutherische Hofgemeinde in einem reformierten Territorium wird kaum nachzuweisen sein. Später, vor allem infolge der Hugenottenwanderung, kam es vielfach in den größeren Städten lutherischer Länder zu den reformierten Fremdengemeinden, die heute noch weitgehend fortbestehen und deren geistliche Bedeutung außer Frage steht. Im Ergebnis ist jedenfalls festzustellen, daß sich die lutherische Konfession enger an das landeskirchliche Territorialprinzip hält, während die reformierte Konfession nur in einem stark aufgelockerten Sinne landeskirchlich organisiert ist, am ehesten in der Lippischen Landeskirche. Die Evang.-ref. Kirche von Nordwestdeutschland kann man kaum noch als „Landeskirche" bezeichnen. Sie ist eine überterritoriale Konfessionskirche in 5 bundesdeutschen Ländern, mit Gemeinden in Niedersachsen, Bremen, Hamburg, Lübeck und Württemberg. Das Vorwärtsdrängen eines konfessionellen Prinzips über das territoriale hinweg ist auf reformierter Seite kirchenrechtlich am weitesten fortgeschritten, besonders wenn man den kleinen „Bund evang.-ref. Kirchen Deutschlands" in Göttingen mit einbezieht. Der Zusammenschluß von 10 lutherischen Landeskirchen in der Bundeskirche der VELKD hat die gleiche kirchenrechtliche Intensität noch keineswegs erreicht.

Die Anführung dieser Beispiele soll lediglich zeigen, wie heute Ansätze vorhanden sind, das reine Territorialprinzip aufzulockern. Eine Überwindung im Sinne einer evangelischen Einheitskirche liegt aber zur Zeit nicht im Bereich des Möglichen. Statt dessen ist die konfessionelle Frage stärker denn je in den Vordergrund getreten. *Das Prinzip der konfessionell bestimmten kirchlichen Einheit ist gegenüber dem rein landeskirchlichen Territorialprinzip im Vordringen.* Daran kann man nicht vorbeisehen. Es bestände durchaus die Möglichkeit einer alle Landeskirchen in Deutschland übergreifenden einheitlichen reformierten Konfessionskirche. Theoretisch wäre es ebenso möglich, eine einheitliche lutherische Konfessionskirche zu gründen und die Landeskirchengrenzen auch an dieser Stelle zu überwinden. Das Problem liegt bei der Existenz der Unionskirchen. Als zwischen 1945 und 1948 die Möglichkeiten der kirchlichen Neugliederung durchdacht wurden, vertrat Landesbischof D. Wurm zeitweilig eine sog. „großlutherische Lösung" der EKD, um die | Bildung einer Sonderkirche der Lutheraner (VELKD) zu vermeiden. Das hätte bedeutet: die EKD hätte sich als Einheitskirche lutherischen Bekenntnisses verstehen müssen, deren lutherischer Hauptteil in eine enge bundeskirchliche Gemeinschaft mit der für ganz Deutschland zusammengefaßten evang.-ref. Kirche hätte treten sollen. Die EKD hätte danach nicht aus 27 bekenntnisbestimmten Territorialkirchen bestanden, sondern aus 2 Bekenntniskirchen, einer größeren lutherischen und einer kleineren reformierten. Die Mitgliedschaftsfrage wäre dann für jeden Lutheraner und Reformierten gelöst gewesen. Diese Lösung des EKD-Problems ist an der Unmöglichkeit, die Unionskirchen aufzugliedern, gescheitert. Im Jahre 1948 hat nicht das konfessionelle, sondern abermals das territoriale Prinzip gesiegt: den Zusammenhalt der unierten Landeskirchen zu wahren, erschien wichtiger, als eine mit einem Risiko verbundene völlige Neugliederung. Damit ist auch für heute gegeben, was 1817 ff. schon einmal in die Erscheinung trat: die Union ist an das Territorialprinzip gebunden; sie verdankt ihm fast ausschließlich ihre Entstehung und ebenso heute ihren Fortbestand. Sie ist kaum in der Lage, sich als „dritte Konfession" zu konstituieren und neben eine lutherische und reformierte Einheitskirche zu treten. Daran ist sie durch ihre reformierten Gemeinden mehr gehindert als durch ihre lutherischen. Denn der Großteil z. B. der EKU trägt immer noch das Gepräge der lutherischen Reformation. Eine fortschreitende Unionisierung der EKU würde die reformierten Gemeinden mehr gefährden als die lutherischen. Der einzige Versuch, eine einheitliche Unionskirche innerhalb der EKD zu empfehlen, das Angebot der „Ordnung der Evangelischen Kirche der Union" vom 12. 12. 1953 (Art. 2 I), andere Unionskirchen in die EKU aufzunehmen, hat bisher kaum Erfolg gehabt. Nur Anhalt trat am 7. 11. 1960 der EKU bei. Die Aussicht auf einen Zusammenschluß aller unierten Landeskirchen ist noch geringer als die auf einen lutherischen oder reformierten Zusammenschluß.

## 11. Wandlungen in der Rechtsprechung

Die heute innerhalb der EKD auftretenden praktischen Schwierigkeiten im Mitgliedschaftsrecht hängen also fast durchweg mit der Tatsache der unierten Landeskirchen zusammen. Diese sind ihrem Wesen nach stärker als andere Landeskirchen an das Territorialprinzip gebunden und neigen daher dazu, Unterschiede des persönlichen Bekenntnisstandes zu nivellieren oder gering zu schätzen. Sie nehmen daher auch unbekümmerter alle „Evangelischen" als Kirchenglieder in Anspruch und erfahren dabei *zunehmend mehr Widerspruch*. Immer | häufiger treten im Zeichen der heutigen Freizügigkeit die Fälle auf, in denen Gemeindeglieder bestreiten, durch einfachen Umzug Glieder einer Landeskirche geworden zu sein, deren Bekenntnisstand nicht ihrem persönlichen Bekenntnisstand entspricht. Der aufsehenerregendste Fall hat sich kürzlich in Baden ereignet.

Im Jahre 1953 erhob der Gesandte a. D. von Kardorff Einspruch gegen seine Heranziehung zur Kirchensteuer in der Badischen Landeskirche mit der Begründung, er gehöre als in Mecklenburg getaufter Lutheraner nicht der unierten Landeskirche an. Das Verwaltungsgericht[16] wies in Übereinstim-

---
[16] Urteil vom 14. 5. 1956 — V 61/55.

mung mit einer jahrzehntealten Rechtsprechung die Klage ab. Der Verwaltungsgerichtshof Baden-Württemberg (Karlsruher Senat) gab aber der Berufung des Klägers statt[17]. Das Berufungsgericht war der Ansicht, der Begriff der „Bekenntnisangehörigkeit" sei nicht ein staatsrechtlicher Begriff, sondern ein solcher des Kirchenrechts. Hier sei entscheidend, daß sich das Bekenntnis der Badischen Landeskirche von dem des Klägers wesentlich unterscheide. Der Kläger könne daher ohne förmlichen Beitritt, der nicht erfolgt sei, nicht zur Badischen Landeskirche gehören. Revision wurde nicht zugelassen. Die Revisionsbeschwerde des Evangelischen Oberkirchenrats beim Bundesverwaltungsgericht wurde am 5. 2. 1960[18] von diesem verworfen. Die Entscheidung des Verwaltungsgerichtshofs ist also für Baden-Württemberg verbindlich. Sie ist von ungewöhnlicher Tragweite. Würde sich diese Auffassung in der Rechtsprechung weiter durchsetzen, so würde das bisher unangreifbare Territorialprinzip des Landeskirchentums einen entscheidenden Stoß erhalten.

Das Institut für evangelisches Kirchenrecht hat (vor der Verwerfung der Revisionsbeschwerde) am 12. 12. 1959 in dieser Sache ein Gutachten erstellt (Rd.Schr. der Kirchenkanzlei in Hannover vom 23. 12. 1959 — Nr. 14 062. V.). Das Gutachten bemüht sich nachzuweisen, daß das Urteil zweiter Instanz gegen Bundesrecht (Art. 137 III und V WRV mit Art. 140 GG) verstoße. Das Gericht habe geltendes kirchliches Mitgliedschaftsrecht (§ 3 der Badischen Kirchenverfassung von 1919) anwenden müssen: „Mitglied der Landeskirche ist jeder evangelische Christ, der im Lande seinen Wohnsitz hat, solange er nicht erklärt, daß er der Landeskirche nicht angehören will." Das Göttinger Gutachten sieht einen ausreichenden Schutz der persönlichen Glaubens- und Gewissensfreiheit durch das vom Staat garantierte Kirchenaustrittsrecht als gegeben an. Rechtliche Bedenken gegen § 3 der Badischen Kirchenverfassung werden | abgewiesen. In allen Landeskirchen werde die Mitgliedschaft an einen objektiven Tatbestand und nicht an einen persönlichen Entschluß des Kirchengliedes geknüpft. Dieses Mitgliedschaftsrecht sei „Ausdruck der überkommenen Rechtsgestalt der evangelischen Landeskirchen". Das Gutachten untersucht weiter den Begriff „evangelisch" und kommt zu der Meinung, daß Zuziehende aus lutherischen, reformierten und unierten Landeskirchen zur Badischen Landeskirche deshalb gehören, weil die Vereinigungsurkunde vom 23. 7. 1821 die Vereinigung der reformierten und lutherischen Konfession *„unter Aufhebung ihres bekenntnismäßigen Gegensatzes"* begründet habe. — Gerade dieser Begründung des Gutachtens werden aber heute viele Lutheraner und Reformierte nicht zu folgen vermögen. Was zur Zeit eines rein territorialen Landeskirchendenkens gemeinsame Überzeugung im evangelischen Kirchenrecht sein konnte, ist heute ins Wan-

---

[17] Urteil vom 31. 3. 1959 — 3 K 9/58 [104/56].
[18] BVerwG VII B 54.59.

ken gekommen. Der zweifellos *staatskirchenrechtlich* bequeme Begriff „evangelisch" bedarf einer genaueren Durchleuchtung unter dem Aspekt eines wirklich kirchlichen Rechtsdenkens. Das Göttinger Gutachten geht über den heiklen Punkt der „Bekenntnisgleichheit" zu schnell hinweg, wenn es behauptet, „der objektive Bekenntnisstand der Badischen Landeskirche umfaßt also Lutheraner wie Reformierte". Von daher muß auch ein Fragezeichen zu der These gesetzt werden, es ergebe sich aus dem „gebietsbestimmten Charakter der Landeskirchen, daß ihr gegenseitiges Verhältnis unter der Rechtspflicht (!) steht, in das Gebiet der anderen Landeskirchen nicht überzugreifen"[19]. *Faktisch* achtet auch die VELKD bis heute, in Befolgung von Artikel 5 der Grundordnung der EKD, streng den Gebietsstand der Landeskirchen und überläßt daher z. B. die Lutheraner in der Pfalz einer lutherischen Freikirche. Aber die sachlichen Probleme stellen den Grundsatz der Territorialhoheit der einzelnen Landeskirchen zunehmend mehr in Frage.

Das kirchliche Mitgliedschaftsrecht beruhte auch in früherer Zeit auf dem Wohnsitz einerseits *und* der Bekenntniszugehörigkeit andererseits. Heute hat die territoriale Abgrenzung geringere Bedeutung (vgl. das Beispiel der heutigen Evang.-ref. Kirche von Nordwestdeutschland); dagegen hat die Frage der Bekenntniszugehörigkeit aus theologischen Gründen größeres Gewicht erhalten. Das wird künftig zu einer stärkeren Berücksichtigung der persönlichen Willensentschließung des einzelnen führen müssen. |

## *12. Praktische Folgerungen*

Fragt man nach den praktischen Folgerungen der vorstehenden Überlegungen, so läßt sich mit aller Vorsicht folgendes sagen:

Auch wenn man das Urteil des Verwaltungsgerichtshofs in Karlsruhe nicht überbewerten will, kommt man um die Feststellung nicht herum, daß das reine Territorialprinzip des Landeskirchentums ein Restbestand aus der Vergangenheit ist, verständlich aus der Geschichte der evangelischen Kirche auf deutschem Boden, entstanden aus dem Grundsatz „cuius regio eius religio", gesteigert zum reinen Staatskirchentum der Aufklärungszeit, im 19. Jahrhundert abgemildert aber neu gefestigt, und im 20. Jahrhundert trotz aller Wandlungen im Verhältnis von Staat und Kirche als geschichtlich bedeutsames Faktum fortbestehend — nur eben kirchenrechtlich und theologisch äußerst schwer zu begründen. Die kirchliche Entwicklung weist eindeutig über die zur Zeit noch zähe festgehaltenen Landeskirchentümer hinaus. Gerade die der Kirche in der modernen Zeit gestellten ungeheuer großen und vielseitigen Aufgaben verlangen größere kirchliche Gebilde in neuer, zweck-

---

[19] RUDOLF SMEND, Grundsätzliche Rechtsbeziehungen der Landeskirchen untereinander. In: Für Kirche und Recht. Festschrift für Joh. Heckel. Köln-Graz 1959, S. 184—194.

mäßigerer und gleichmäßigerer Untergliederung. Bei aller Wertschätzung der Bedeutung und der Leistung der bestehenden Landeskirchen und bei aller Zurückhaltung gegenüber revolutionären Vorschlägen, die doch nur auf dem Papier stehen bleiben, wird man doch zu dem Ergebnis kommen müssen: *Die Kirche Jesu Christi nach reformatorischem Verständnis wird in Deutschland nicht für alle Zeiten die Gestalt der jetzigen Landeskirchen haben!* Daher ist vor einer einseitigen Überschätzung des territorialen Denkens zu warnen. Je mehr die christliche Existenz auch bei uns zur Sache persönlicher Entscheidung des Einzelnen wird, um so mehr wird auch beim kirchlichen Mitgliedschaftsrecht die persönliche Willensentscheidung in den Vordergrund treten müssen.

Für die Fortentwicklung des kirchlichen Mitgliedschaftsrechtes lassen sich *folgende Grundlinien* aufstellen:

a) Das Mitgliedschaftsrecht bedarf in der evangelischen Kirche Deutschlands einer gründlichen Prüfung, Klärung, Vereinheitlichung und Vervollständigung. Es wäre Aufgabe der EKD, hierüber mit den Landeskirchen Vereinbarungen anzubahnen oder Richtlinien zu erlassen.

b) Es sollte in allen Landeskirchen Klarheit über das Verhältnis von Kirchengliedschaft und Gemeindegliedschaft geschaffen werden.

c) Die Bedeutung der Taufe für die Mitgliedschaft in der rechtlich verfaßten Kirche wäre zu klären und in allen Bestimmungen über Mitgliedschaft einheitlich zum Ausdruck zu bringen.

d) Es sollte festgestellt werden, nach welchen Grundsätzen sich die | Konfessionszugehörigkeit regelt (Taufe? evangelische Unterweisung? Konfirmation? Willensentschluß des einzelnen Christen, bei Kindern der Erziehungsberechtigten?).

e) Die persönliche Entscheidungsfreiheit des einzelnen Christen sollte stärker beachtet werden. Die Freiheit zum Kirchenaustritt vor staatlichen Instanzen ist auf die Dauer kein angemessener Ausdruck kirchlicher Entscheidungsfreiheit. Zum mindesten müßte allgemein die Möglichkeit gegeben werden, die Mitgliedschaft in einer Landeskirche durch einfache Erklärungen abzulehnen, wie das in Berlin-Brandenburg, Schlesien, Sachsen, Thüringen, Baden und Pfalz schon jetzt rechtlich möglich ist.

f) In verwaltungsunierten Kirchen müßte den Kirchengliedern allgemein die Möglichkeit eröffnet werden, sich durch einfache Erklärung einer anderen als der Wohnsitzgemeinde anzuschließen, wenn der Bekenntnisstand der Wohnsitzgemeinde dem persönlichen Bekenntnisstand nicht entspricht (vgl. die jetzige Regelung in Berlin-Brandenburg, Prov. Sachsen, Westfalen und Rheinland, die in den beiden erstgenannten Landeskirchen auf reformierte Gemeindeglieder beschränkt ist).

g) Der Oldenburgische Versuch, für Zuziehende ein bloßes Gastrecht zu begründen, bedarf einer sorgfältigen Überprüfung. Die allgemeine Einführung des Gastrechts würde bedingen, daß die Zuziehenden Kirchenglieder ihrer früheren Landeskirche bleiben können. Bei irgendeiner Landeskirche muß die Mitgliedschaft fortbestehen.

h) Die Freiheit der persönlichen Entscheidung des einzelnen Christen könnte dadurch verstärkt werden, daß das starre Prinzip der territorialen Landeskirchengrenzen gelockert wird. Es wäre denkbar, daß Landeskirchen Gemeinden ihres Bekenntnisses im Gebiet einer anderen Landeskirche (mit deren Zustimmung? ohne eine solche? unter Mitwirkung der EKD?) einrichten dürften, wenn Gemeinden ihres Bekenntnisstandes in der anderen Landeskirche nicht bestehen und wenn nachweisbar ein Bedürfnis für die Errichtung solcher Gemeinden vorhanden ist. Dieser Gedanke ist nicht völlig neu: die Evang.-ref. Kirche von Nordwestdeutschland unterhält heute im Gebiet mehrerer anderer Landeskirchen reformierte Gemeinden.

i) Wenn dieser Schritt vermieden werden soll, bliebe die Möglichkeit offen, daß die Landeskirchen sich bereit erklären, in ihrem Bereich und in ihrem Verbande Gemeinden anderen Bekenntnisses zuzulassen, die über die territoriale Gliederung hinweg nach einem Minderheitenrecht leben könnten (vgl. die lutherische „Klasse" in der Evang.-ref. Lippischen Landeskirche oder den überregionalen reformierten Kirchenkreis in Berlin-Brandenburg). |

k) Einer völligen Abschaffung des territorialen Prinzips zum gegenwärtigen Zeitpunkt wollen unsere Ausführungen nicht das Wort reden. Sie könnte nur angebahnt werden, wenn die Landeskirchen gleichen Bekenntnisstandes bereit wären, sich unter Aufgabe der eigenen Selbständigkeit zu neuen, größeren Kirchengebilden zu vereinigen. Hierdurch würde ein Wechsel der Kirchenmitgliedschaft beim Umzug völlig vermieden werden. Diese größeren Kirchenkörper dürften nicht wieder auf bestimmte Territorien beschränkt werden; sie müßten je für sich ganz Deutschland umfassen. Wenn es innerhalb der EKD je eine lutherische, eine reformierte, gegebenenfalls auch eine (konsensus-)unierte Kirche gäbe, würde die Entscheidung für eine bestimmte Konfession eine echte persönliche und kirchliche Entscheidung sein. Sie würde, abgesehen von der Möglichkeit eines Konfessionswechsels, ein für allemal gelten. Beim Umzug bestände die Kirchenmitgliedschaft fort; es käme nur ein Wechsel der Gemeindemitgliedschaft in Betracht.

l) Ob darüber hinaus in späterer Zeit eine Überwindung auch der konfessionellen Gliederung in einer einheitlichen Evangelischen Kirche in Deutschland denkbar und wünschenswert wäre, ist die Frage nach der theologischen Bedeutung der Konfession; ihre Lösung wird der Zukunft überlassen werden müssen.

# Das Amt der Verkündigung und das Priestertum aller Gläubigen*

## I.

Bei diesem Thema geht es nicht in erster Linie um eine historische und auch nicht nur um eine systematisch-theologische Frage. Wir fragen also nicht nur danach, wie Luther oder die lutherischen Bekenntnisschriften zu ihrer Zeit das gegenseitige Verhältnis von *sacerdotium omnium* und *ministerium verbi divini* verstanden haben, auch nicht nur danach, wie eine heutige lutherische Ekklesiologie auf dem Grunde der Heiligen Schrift beide Größen einander systematisch zuzuordnen habe. Wir haben vielmehr an diesem Problem ein höchst aktuelles praktisches Interesse, und zwar unter dem Aspekt der kirchlichen Ordnung, des Kirchenrechts. Noch von der berühmten Kontroverse unter den lutherischen Theologen und Kirchenjuristen im 19. Jahrhundert[1], die mit großer Gründlichkeit, aber ohne klares Ergebnis geführt wurde, deren Gegenpole meist durch die Namen Vilmar und Höfling bezeichnet werden, kann man sagen, daß sie eine theoretisch-wissenschaftliche Auseinandersetzung war, in der es vorwiegend um Fragen der Exegese des NT und der Interpretation der Bekenntnisschriften ging. Die Diskussion verlief nach 1860 im Sande, weil man damals nicht genötigt war, praktische Entscheidungen für die Ordnung der Kirche zu treffen, Verfassungsbestimmungen zu schaffen und die Frage des „Kirchenregimentes" neu zu regeln. Die äußeren Umstände verhinderten die Durchführung der Ansätze von 1848 auf kirchlichem Gebiet, von denen die ganze innerlutherische Kontroverse um Amt und Gemeinde schließlich doch ausgegangen war und bei denen es letzten Endes schon damals um die Lösung der Kirche von der Staatsaufsicht und um die Gewinnung eines eigenen Ansatzes für die kirchliche Ordnung ging.

---

* Aus: Luthertum, Heft 26, Berlin 1962, S. 7—39. — Diese Arbeit ist die erweiterte Fassung eines beim „Lutherischen Tag" am 21. September 1961 in Würzburg gehaltenen Vortrages, der unter dem Titel „Sacerdotium und ministerium als Grundbegriffe im lutherischen Kirchenrecht" abgedruckt wurde in: Staatsverfassung und Kirchenordnung. Festgabe f. R. Smend zum 80. Geburtstag. Tübingen 1962, S. 263—287.

[1] Holsten Fagerberg, Bekenntnis, Kirche und Amt in der deutschen konfessionellen Theologie des 19. Jahrhunderts. Uppsala 1952; Wilhelm Otto Münter, Begriff und Wirklichkeit des geistlichen Amtes. München 1955, S. 83 ff.; Joachim Heubach, Die Ordination zum Amt der Kirche. Berlin 1956, S. 12—37; Wilhelm Brunotte, Das geistliche Amt bei Luther. Berlin 1959, S. 9—21.

Es ist also keineswegs zufällig, daß die Diskussion nach 1945 erneut auf-
geflammt ist und seitdem im theologischen und kirchenrechtlichen Schrifttum
eine ungewöhnliche Breite erreicht hat, die einen vollständigen Überblick
kaum noch möglich macht. Die evangelischen Landeskirchen | in Deutschland
sahen sich nach dem Ausgang des Kirchenkampfes weithin vor die Aufgabe
gestellt, ihr Kirchenwesen neu zu ordnen. Die Lösungen der Kirchenverfassungen von 1919 bis 1922 hatten sich an vielen Stellen als unzureichend erwiesen. Die Erfahrungen des Kirchenkampfes hatten auch kirchenrechtlich zu
teilweise neuen, jedenfalls klareren Erkenntnissen über den Zusammenhang von Bekenntnis und Ordnung der Kirche geführt[2]. Besonders die lutherischen Kirchen waren genötigt, über die Grundlagen ihres Verfassungsauf-
baus erneut nachzudenken. Dabei war der Rückgang auf die Quellen unvermeidlich. Den zahlreichen Darstellungen über die kirchlichen Ämter im
NT[3] traten historische Untersuchungen über die Zeit der Reformation und
systematische Arbeiten an die Seite[4]. Gleichzeitig befaßten sich amtliche und
halbamtliche kirchliche Stellen mit der Lehre vom Amt, nicht zuletzt auch
angeregt durch die ökumenische Diskussion, vor allem in der Auseinandersetzung mit der anglikanischen Auffassung von der apostolischen Sukzession. Die Generalsynode der Vereinigten Evangelisch-Lutherischen Kirche
Deutschlands hat am 15. Oktober 1954 in Braunschweig den Abschnitt IX
der „Ordnung des kirchlichen Lebens": „Vom Amt" angenommen[5], dessen
Ziffer 3 grundlegend für alle späteren Verlautbarungen der VELKD zur
Frage des Amts geworden ist:

---

[2] Heinz Brunotte, Grundfragen der Kirchenverfassung nach den Erfahrungen
des Kirchenkampfes. In: Gott ist am Werk. Festschrift für H. Lilje. Hamburg
1959, S. 223—231 (s. oben S. 176 ff.).

[3] Karl Ludwig Schmidt, Amt und Ämter im NT. In: ThZ 1, 1945, S. 309 ff.;
Eduard Schweizer, Das Leben des Herrn in der Gemeinde und ihren Diensten,
1946; Julius Schniewind, Aufbau und Ordnung der Ekklesia im NT. In: Festschrift für R. Bultmann, 1949; Karl Heinrich Rengstorf, Wesen und Bedeutung des geistlichen Amtes nach dem NT und in der Lehre des Luthertums. In:
Weltluthertum von heute. Festgabe A. Nygren. Göttingen 1950, S. 243—268;
Gerhard Friedrich, Geist und Amt, 1952; Hans von Campenhausen, Kirchliches Amt und geistliche Vollmacht. Tübingen 1953.

[4] Alfred Oepke und Ernst Sommerlath, Amt und Ämter, Gutachten im Auf-
trag der Theol. Fakultät Leipzig. In: ELKZ 23, 1949, S. 357 ff.; R. Josefson, Das
Amt der Kirche. In: Ein Buch von der Kirche. Berlin 1950, S. 386 ff.; Ernst
Sommerlath, Das Amt und die Ämter. In: Viva vox evangelii. Festschrift für
H. Meiser. München 1951; Ernst Wolf, Das kirchliche Amt im Gericht der theol.
Existenz. In: EvTh 6, 1951/2, S. 517—532; Joachim Heubach, Die Ordination
zum Amt der Kirche. Berlin 1956; Ernst Kinder, Der evang. Glaube und die
Kirche. Berlin 1958, S. 146—165; Wilhelm Brunotte, Das geistliche Amt bei
Luther. Berlin 1959; Hellmut Lieberg, Amt und Ordination bei Luther und
Melanchthon. Göttingen 1962.

[5] Endgültige Fassung im Luth. Verlagshaus Berlin, 1955.

„Das Amt des Wortes und der Gnadenmittel ist das eine und eigentliche Amt der Kirche. In Entfaltung dieses Amtes oder in Zuordnung zu ihm gibt es in der Kirche neben dem Amt des Pastors eine Fülle weiterer Ämter und Dienstleistungen, in denen die Gaben des Geistes zum Aufbau der Ge|meinde wirksam werden" (folgt Aufzählung der verschiedenen Dienste). „Alle Dienste in der Gemeinde haben, so verschieden ihre Aufgaben auch sind, dasselbe Ziel, daß das Wort Gottes Glauben wirkt, Liebe weckt und die Gemeinde baut."

Hier wird erstmalig unterschieden zwischen den Ämtern, die selbst im ganzen Umfang oder auf einem Teilgebiet Verkündigung des Evangeliums ausüben und damit am *ministerium* teilhaben, und solchen Ämtern, die dazu dienen, die Verkündigung zu ermöglichen und zu fördern, und die daher dem *ministerium* helfend zugeordnet sind, wie z. B. die Ämter der Kirchenvorsteher, Synodalen, Kirchenjuristen, Gemeinderendanten u. a.

Kirchenrechtlich aktuell wurde die Frage nach dem Wesen und den Gestaltungen des Amtes, als die Vereinigte Evangelisch-Lutherische Kirche Deutschlands (wie die Evangelische Kirche der Union) daran ging, ein Pfarrergesetz auszuarbeiten. Dem hierfür eingesetzten Rechtsausschuß erstattete der „Theologische Ausschuß" der VELKD am 2. 6. 1955 ein „Gutachten zur Frage des *ministerium ecclesiasticum* und der Ordination"[6]. Das Gutachten geht in Ziffer 1 davon aus, daß Christus seiner Kirche geboten hat, das Evangelium zu verkündigen, Taufe und Abendmahl zu halten und die Schlüsselgewalt auszuüben. Zur Verkündigung gehört auch die Entscheidung über rechte und falsche Lehre. „Alle diese Funktionen zusammen bilden den Inhalt des *ministerium ecclesiasticum* (C. A. V.)". — In Ziffer 2 wird gesagt, daß das Evangelium und die Sakramente die Mittel sind, durch die das von Christus erworbene Heil den Menschen zugeeignet wird. „Darum ist der Gehorsam gegen Christi stiftendes Gebot heilsnotwendig. Die Ausübung des *ministerium ecclesiasticum* darf von der Kirche unter keinen Umständen jemals unterlassen werden." — In Ziffer 3 werden das *sacerdotium omnium* und das *ministerium* in eine enge Beziehung zueinander gebracht, wenn es heißt:

„Dieser Auftrag Christi fordert sowohl die Befolgung durch *alle* seine Jünger als auch die Beauftragung einzelner dafür geeigneter Christen mit der *öffentlichen* Ausübung des *ministerium ecclesiasticum*."

Diese Zuordnung von *sacerdotium* und *ministerium* wird unter Ziffer 3a und b näher ausgeführt. Leider bleibt die Eigenart des allgemeinen Priestertums dabei im unklaren. Ziffer 3a vermischt bedauerlicherweise Funktionen des *sacerdotium* und des *ministerium*. Wir werden noch darauf zurückkommen, daß es nicht wohlgetan ist, den Begriff des *ministerium* auch auf die Tätigkeit der Eltern oder auf das | brüderliche Tun des Christen an seinem Nächsten auszudehnen. An dieser Stelle wird unsere Untersuchung zu anderen Ergebnissen kommen. Dagegen ist in Ziffer 3b eine zutreffende, umfas-

---

[6] ABl. VELKD Bd. I Stück 5 vom 15. 5. 1956.

sende Darstellung des *ministerium* gegeben, die wegen ihrer Anschaulichkeit hier abgedruckt sei:

> „In demselben Befehl Christi, durch den das *ministerium ecclesiasticum* der Kirche als Ganzer eingestiftet wird, ist geboten, bestimmte dafür geeignete Christen mit der öffentlichen Evangeliumspredigt und Sakramentsverwaltung zu beauftragen. Indem Christus seine Apostel als Träger des *ministerium ecclesiasticum* in die Völkerwelt sendet, hat er gewollt, daß die Begegnung der Menschen mit dem rettenden Wort und Sakrament nicht dem beschränkten und zufälligen Wirkungskreis der einzelnen Christen, auch nicht unmittelbar erweckten Charismatikern überlassen bleibt, sondern an allen auf Grund einer von der Kirche geordneten Beauftragung geschieht. In diesem missionarischen Auftrag wurzelt der Dienst der Hirten (Pastoren), die entstandenen Gemeinden durch Evangeliumsverkündigung und Sakramentsverwaltung zu meiden. Der Missionar und der Hirte sind die beiden konkreten Gestalten, in denen das *ministerium ecclesiasticum*, durch die Beauftragung der Kirche sichtbar wird. In dem missionarischen Auftrag ist der des Hirten und im Auftrag des Hirten der des Missionars mitgesetzt. Die Notwendigkeit solcher Beauftragung und Sendung gründet nicht in praktischen Bedürfnissen oder in Prinzipien äußerer Ordnung, sondern in dem das *ministerium ecclesiasticum* stiftenden Befehl Christi."

In Ziffer 4 des Gutachtens kehrt auch die Unterscheidung von Ämtern, die unmittelbar im Dienste der Verkündigung stehen, und solchen, die nicht direkt aus dem *ministerium* abgeleitet werden können, wieder. Es gibt neben dem Pfarramt andere Dienste, die teilhaben an Seelsorge, Unterweisung, ja Wortverkündigung; und es gibt auch Dienste „im Bereich materieller Mittel (Baupflege, Geldwesen)".

Sehr gründlich und über einen längeren Zeitraum hin hat sich der „Theologische Konvent Augsburgischen Bekenntnisses", zu dem sowohl Theologen aus der VELKD wie auch lutherische Theologen aus Unionskirchen gehören, mit der Frage des Amtes befaßt. Die grundlegenden Referate mehrerer Arbeitstagungen sind in den „Fuldaer Heften" erschienen[7]. Das abschließende Gutachten des Konventes über die Ordnung des Amtes in der Kirche wurde im Oktober 1956 beschlossen[8]. | Es ist stärker als andere Verlautbarungen ausgerichtet auf das Verhältnis des Amtes zur Gemeinde als einer Einheit, in Teil C auch auf das Amt der Kirchenleitung. Das Priestertum des einzelnen Christen steht kaum im Blickfeld. Das Verhältnis des Amtes zum allgemeinen Priestertum wird nur im letzten Satz von Teil A Ziffer 6 gestreift, wenn es heißt:

> „Dadurch (durch die Berufung von Missionaren und Hirten) werden weder das Zeugnis einzelner Christen noch außerordentliche charismatische Gaben ausgeschlossen oder entwertet sondern erweckt, fruchtbar gemacht und geordnet."

---

[7] Heft 5, 1953: ERNST KINDER, Allgemeines Priestertum im NT; OTTO PERELS, Apostolat und Amt im NT; ERNST SOMMERLATH, Amt und allgemeines Priestertum. Heft 9 und Heft 10: Referate über Bischofsamt und Synode.

[8] Heft 11, 1960: Erläuterungen von PETER BRUNNER, HANS THIMME und FRIEDRICH KARL SCHUMANN über die „Grundlinien für die Ordnung des Amtes in der Kirche" vom Oktober 1956.

Hierin liegt ein Mangel dieser auch sonst nicht immer unangreifbaren Richtlinien.

Unter den Verlautbarungen kirchlicher Stellen ist noch zu nennen die Erklärung des „Ökumenischen Ausschusses" der VELKD zur Frage der apostolischen Sukzession vom 26. November 1957[9]. Diese Erklärung entwickelt unter I die Grundzüge der neutestamentlichen Aussagen über die Ämter und Dienste in der Gemeinde sowie über das Apostelamt in ihrer Mitte und unter II eine Lehre vom kirchlichen Amt, ehe sie sich unter III der besonderen Frage der apostolischen Sukzession zuwendet. In Ziffer I, 1 heißt es:

> „Der Dienst Jesu Christi an der verlorenen Welt begründet, bestimmt und füllt das Sein und den Dienst seiner Kirche. Nach dem Neuen Testament sind darum alle Christgläubigen durch die Ausgießung des Heiligen Geistes und die Taufe in das königliche Priestertum berufen. Damit sind sie beauftragt und bevollmächtigt, den Dienst Christi an der Welt ... weiterzutragen."

Dieser grundlegenden Darstellung des allgemeinen Priestertums tritt in Ziffer I, 2 und 3 das schon im NT gegebene besondere Amt gegenüber:

> „Nach dem Zeugnis des Neuen Testamentes gibt es aber, inmitten dieser Bevollmächtigung aller, auch besondere und hervorgehobene Dienste, die dann ihren Trägern auch formell aufgetragen werden ... Diese besonderen Dienste sind nicht Funktion der Gemeinde, sondern Gabe und Setzung Gottes inmitten der Gemeinde und ihres allgemeinen Priestertums."

In Ziffer II, 7 wird das kirchliche Amt als ein dogmatischer Begriff verstanden, der von der Kirche entwickelt wurde und in der neuen Lage (nach dem Tode der Apostel) notwendigerweise entwickelt werden mußte. Dieser Begriff bleibt nur dann legitim, wenn er einerseits die Vielfalt der Ämter und Dienste nicht einengt und andererseits das Priestertum aller Glaubenden nicht ausschließt. In Ziffer II, 10 wird ausdrücklich festgestellt, daß weder die Wortverkündigung noch die Sakramentsverwaltung exklusiv beim Hirtenamt liege; beides sei *grundsätzlich* allen Getauften zu eigen. Das Besondere des Amtes liege in der Ausdehnung seines Verantwortungsbereiches, nämlich in der *öffentlichen* Erfüllung der allen gestellten Aufgabe.

Endlich finden sich beachtenswerte Formulierungen in der „Theologischen Einführung", die den Entwurf eines „Pfarrergesetzes" der VELKD, der im April 1961 der Generalsynode vorgelegt wurde, als Teil A der Begründung dieses Gesetzes beigegeben ist[10]. Diese Gesetzesbegründung fußt auf Abschnitt IX der Kirchlichen Lebensordnung; in Ziffer I, 3 nimmt sie auf das allgemeine Priestertum Bezug. Bemerkenswert ist der Versuch, innerhalb des einen *ministerium* die Besonderheit des Pfarramtes von den übrigen Ämtern und Diensten, die auch der Verkündigung dienen, zu unterscheiden (II, 1) sowie die geistlichen Funktionen von den äußeren Verwaltungsaufgaben zu

---

[9] ABl. VELKD Bd. I Stück 10 vom 20. 6. 1958.

[10] Manuskriptdruck 1960 durch das Luth. Kirchenamt in Hannover-Herrenhausen.

trennen (II, 3). Wegen der Bedeutung dieser Gesetzesbegründung für die in der VELKD weithin anerkannten Lehre vom allgemeinen Priestertum und vom kirchlichen Amt drucken wir den Text im Anhang vollständig ab. Alle diese Arbeiten der letzten Jahre sind auf dem Gebiet des Verfassungsrechtes in einer lutherischen Landeskirche zur Auswirkung gekommen, nämlich in dem „Entwurf der Verfassung der Evang.-Luth. Landeskirche Hannovers", den der damit beauftragte Verfassungskonvent im Jahre 1959 nach fünfjähriger Arbeit dem Kirchensenat und der Landessynode der hannoverschen Landeskirche vorgelegt hat und der zur Zeit von einem Verfassungsausschuß der Landessynode bearbeitet wird[11]. In diesem Verfassungsentwurf wird nach einem I. Teil (Grundbestimmungen über die Landeskirche, Artikel 1 bis 7) im II. Teil die Gliedschaft des einzelnen Christen in der Kirche behandelt (Artikel 8—12). In Artikel 12 werden folgende Aussagen über den Stand des getauften Christen, also über das allgemeine Priestertum gemacht:

„(1) Alle Glieder der Kirche haben nach Maßgabe der geltenden Ordnungen Anspruch auf den Dienst ihrer Kirche in Wort und Sakrament, Unterweisung und Seelsorge. Sie sollen sich treu zum Gottesdienst der Gemeinde halten und an den kirchlichen Einrichtungen und Veranstaltungen regen Anteil nehmen.

(2) Sie haben an dem Ort, an den sie gestellt sind, ihren Herrn zu bezeugen, seine Gaben als Haushalter zu verwalten und ihrem Nächsten in | Haus und Beruf zu dienen. Sie sollen unter Gottes Wort und im Gebet leben, ihren Hausstand christlich führen und ihre Kinder christlich erziehen. Für die Einsegnung ihrer Ehen, die Taufe und Konfirmation ihrer Kinder und die kirchliche Bestattung ihrer Entschlafenen sollen sie den Dienst der Kirche in Anspruch nehmen.

(3) Die Glieder der Kirche sind berufen, an der Förderung christlichen Glaubens und Lebens, kirchlicher Gemeinschaft und Sitte tätig mitzuwirken und nach dem Maße ihrer Gaben und Kräfte Ämter und Dienste zu übernehmen. Durch Abgaben und Opfer tragen sie zu den Lasten der Kirche bei.

(4) Die Teilnahme der Glieder der Kirche an der Bildung von kirchlichen Körperschaften und der Besetzung von Pfarrstellen durch Wahlen wird durch Kirchengesetz geordnet."

Hierauf folgt im III. Teil des Verfassungsentwurfs (Das Amt der Kirche und die kirchlichen Amtsträger, Artikel 13—43) eine zusammenfassende Darstellung aller in der Kirche heute vorhandenen Ämter und Dienste. Nach einem grundlegenden Artikel 13 über die *öffentliche* Verkündigung des Evangeliums folgen zunächst Bestimmungen über die Ämter, die selbst Verkündigung ausüben und insofern dem *ministerium* angehören. Das *ministerium* wird nicht auf das Pfarramt oder das „geistliche Amt" im weiteren Sinne (Pfarrer, Superintendent, Landessuperintendent, Landesbischof, Artikel 15—31) beschränkt. Auch andere (hauptberufliche oder ehrenamtliche!) Ämter (Artikel 32—35) werden dem *ministerium* zugerechnet. Darauf folgen dann (Artikel 36—37) die Ämter, die nicht selbst an der öffentlichen

---

[11] Manuskriptdruck des Entwurfes mit Begründung sowie der bei einer Informationstagung der Landessynode in Loccum 1959 gehaltenen Referate und Aussprache durch das Evang.-Luth. Landeskirchenamt in Hannover, Rote Reihe 6.

Verkündigung beteiligt sind, sondern es mit der Ordnung der Kirche, ihrer Leitung und Verwaltung zu tun haben; sie gelten als „dem Amt der öffentlichen Wortverkündigung helfend zugeordnet".

Dieser Verfassungsentwurf unterliegt zur Zeit einer lebhaften Diskussion[12]; über seine endgültige Gestalt kann noch nichts gesagt werden[12a].

## II.

Es ist kein Wunder, daß die schwierigen, im 19. Jahrhundert ungelöst gebliebenen Fragen um Amt und Gemeinde, *ministerium* und *sacerdotium*, heute auch literarisch stark diskutiert werden. Eine lutherische Kirche wird, wenn sie auf diese Fragen Antwort geben und sie gar in Kirchengesetzen oder in einer Kirchenverfassung gestalten und regeln soll, immer gut tun, sich darauf zu besinnen, wie die Väter der Refor|mation, insbesondere Martin Luther selbst, darüber gedacht haben. Es kommt sonst zu leicht dahin, daß zeitgebundene Theorien, liberale oder hochkirchliche, rationale oder romantische, die Lehre der Kirche überdecken. Deshalb ist es zu begrüßen, daß in den letzten Jahren einige sorgfältige Arbeiten rein historischer Prägung vorgelegt worden sind, die uns in den Stand setzen zu beurteilen, was Luther selbst wirklich gemeint und gewollt hat. Auf diese Arbeiten werden wir in der nachfolgenden Darstellung zurückgreifen. Das soll nicht bedeuten, daß wir bei der Gestaltung eines evang.-luth. Kirchenrechtes rein historisch vorgehen könnten. Unsere eigene Zeit stellt uns auch die kirchenrechtlichen Probleme neu. Manche Fragestellungen von heute waren zur Zeit Luthers gar nicht aktuell, so z. B. die Frage nach den Ämtern, die neben dem Pfarramt auf besonderen Teilgebieten an der Verkündigung beteiligt sind, oder die Frage nach der Frau im Amt der Verkündigung. Es wird sich aber erweisen, daß die von Martin Luther angewandte und höchst charakteristisch geprägte Unterscheidung von *sacerdotium* und *ministerium* auch heute grundsätzlich in Geltung bleiben muß, wenn wir Wert darauf legen, diese Fragen als lutherische Kirche zu lösen. Um aber Luthers Unterscheidung und Zuordnung dieser beiden Grundbegriffe richtig *anwenden* zu können, müssen wir darum bemüht sein, sie zunächst einmal richtig zu *interpretieren*. Die Differenzen zwischen Höfling und Vilmar im 19. Jahrhundert hatten weitgehend ihren Grund darin, daß man sich nicht ernsthaft genug um Luthers Aussagen bemühte, sondern sich mit einigen Sätzen der Bekenntnisschriften be-

---

[12] Vgl. hierzu ZevKR 8, 1961, S. 137—156, sowie die Schriftenreihe Colloquium theologicum des Theol. Konventes der Bekenntnisgemeinschaft Hannover, Luth. Verlagshaus Berlin, Heft 1/58, 2/59 und 3/61.

[12a] Die Anregungen des Entwurfs von 1959 über das kirchliche Ämterrecht sind in die hannoversche Kirchenverfassung vom 11. 2. 1965 *nicht* aufgenommen worden.

gnügte, und daß man andererseits Luthers Thesen vom eigenen Standpunkt aus einseitig auslegte. Aus einer unrichtigen Exegese Luthers kann naturgemäß keine Hilfe bei der praktischen, kirchenrechtlichen Lösung unseres Problems erwartet werden. Darum bleibt es vordringlich wichtig zu verstehen, wie Luther selbst das allgemeine Priestertum aller Gläubigen und das Amt der Verkündigung aufeinander bezogen wissen wollte.

Nun hat erst kürzlich Regin Prenter[13] festgestellt, daß die Frage, ob und wie sich die göttliche Einsetzung des Amtes bei Luther mit seiner Lehre vom allgemeinen Priestertum vereinigen lasse, noch nicht endgültig beantwortet sei. Trotz der umfassenden Darstellung der Tatbestände z. B. bei Wilhelm Brunotte könne man von einem vollständigen Konsensus hier nicht reden. Prenter unternimmt es daher, seine eigene | Antwort zu diesen Fragen zu formulieren und zu begründen. Sie trifft sich in den wesentlichen Punkten mit den Ergebnissen von Wilhelm Brunotte.

In eine andere Richtung weisen zwei Arbeiten, die sich ebenfalls in neuerer Zeit mit der Frage des Verhältnisses von *ministerium* und *sacerdotium* befassen. Die eine ist der Beitrag von Siegfried Grundmann „Sacerdotium — Ministerium — Ecclesia particularis"[14]. Die andere ist eine ausführliche Buchbesprechung von Hans Christoph von Hase über das Buch von W. Brunotte[15].

Grundmann stellt (S. 148 ff.) noch einmal die beiden im 19. Jahrhundert miteinander ringenden Theorien einander gegenüber: die Institutions- und die Übertragungstheorie. Die Institutionslehre (Stahl, Kliefoth, Löhe, Vilmar, Th. Harnack) sieht das geistliche Amt, von Christus gestiftet und unmittelbar vom Apostolat abgeleitet, als der Gemeinde und dem allgemeinen Priestertum vorgeordnet, zeitlich und auch rangmäßig. Ohne das Amt, das die Versöhnung predigt, kann Gemeinde nicht werden und auch nicht sein. Das Amt des Wortes kann aus dem allgemeinen Priestertum auf keine Weise hergeleitet werden. Wegen seiner göttlichen Einsetzung ist es zur Leitung der Gemeinde und der Kirche berufen. — Dem steht die sogenannte Übertragungstheorie (Höfling, Dieckhoff u. a.) gegenüber. Sie legt den Nachdruck auf das allgemeine Priestertum und betont, daß alle gläubigen Christen das gleiche Recht und die Pflicht haben, Christus zu bezeugen. Nur um der Ordnung willen läßt es sich nicht einrichten, daß *alle* predigen und die Sakramente verwalten. So übertragen die Inhaber des *sacerdotium omnium*, ähnlich wie beim *contrat social* des J. J. Rousseau, die Ausübung der ihnen eigentlich zustehenden Funktionen auf einige wenige Beauftragte, die von

---

[13] Die göttliche Einsetzung des Predigtamtes und das allgemeine Priestertum bei Luther. In: ThLZ 86, 1961, Sp. 321—332.

[14] In: Für Kirche und Recht. Festschrift für Johannes Heckel. Köln-Graz 1959, S. 144—163.

[15] Zu Luthers Lehre vom Priestertum aller Gläubigen. In: Die Innere Mission, Heft 7 vom Juli 1960, S. 208—214.

ihnen bestellten Inhaber des *ministerium*. Das Amt ist dann, konsequent durchgeführt, nicht eine besondere Stiftung Christi, sondern eine aus Zweckmäßigkeitsgründen erfolgte Einrichtung der Gemeinde. Die Gemeinde wird dem Amt vorgeordnet, zeitlich und auch rangmäßig. Das Amt geht aus der Gemeinde hervor. — Liegen die Gefahren der Institutionstheorie bei der drohenden geistlichen Entmündigung der Gemeinde, die zum Objekt der Tätigkeit des Amtes wird, so liegen sie bei der Übertragungstheorie darin, daß das Amt seine geistliche Unabhängigkeit verliert und für die menschliche Ordnung verfügbar wird; mit anderen Worten: hier droht der Inhaber des Amtes zum Funktionär der Gemeinde zu werden. |

Siegfried Grundmann glaubt nun, diesen Gegensatz zwischen Amt und allgemeinem Priestertum dadurch überwinden zu können, daß er den Begriff des *ministerium* für *beide* in Anspruch nimmt (S. 150). C. A. V meine nicht nur „und nicht einmal in erster Linie" das öffentliche Predigtamt, sondern „vor allem auch" das allgemeine Priestertum, während in C. A. XIV allerdings nur das öffentliche Predigtamt gemeint sei. „Wortverkündigung und Sakramentsverwaltung sowie die Schlüsselgewalt sind ein Wesensbestandteil des *sacerdotium* und von diesem nicht ablösbar. Der Auftrag Christi richtet sich an alle Christen . . ."

Diese Auffassung wird auch von Hans Christoph von Hase vertreten. Von Hase ist bemüht, für ein besseres Verständnis *aller* Dienste in der Gemeinde, insbesondere des „Amtes" der Diakonie (S. 209) einzutreten. Er ist der Meinung, daß, wenn man das Amt der Verkündigung als göttliche Stiftung ansehe, alle übrigen kirchlichen Dienste zu „weltlichen Ämtern" gemacht würden. Darum kommt er zu einer Bestreitung der göttlichen Stiftung eines besonderen geistlichen Amtes und zu der auch von Grundmann vertretenen These, der einzelne Christ nehme „am *öffentlichen* Predigtamt erheblichen Anteil" (S. 211 unten). Von Hase neigt dann naturgemäß stark der Übertragungstheorie zu, wenn er den Nachdruck auf Luthers Wort[16] legt, der Pfarrer sei „unser aller Mund", und wir alle sprächen mit ihm. Da nun aber bestimmte Aussagen Luthers über das Amt nicht weggedeutet werden können, behilft sich von Hase (S. 213) mit der häufig vorkommenden Auskunft, Luther habe ursprünglich das allgemeine Priestertum aller Gläubigen vertreten, aber später „aus einer Enttäuschung über die Laien" den Akzent auf das Predigtamt verlagert.

Diesem Rückfall in die Übertragungstheorie sucht Grundmann zu entgehen. Es gelingt ihm aber nicht ganz, nachdem er einmal den Begriff *ministerium* zum Oberbegriff für Amt *und* allgemeines Priestertum gemacht hat. Naturgemäß muß er nun die Frage stellen: „Warum wird dann aber aus dem allgemeinen Priestertum überhaupt ein besonderes Amt ausgeschieden?" (S. 150). Er macht sich die Beantwortung der Frage aber fast ganz unmöglich, indem er nochmals schärfer zuspitzt: Das *sacerdotium* „umfaßt" im

---

[16] WA 38, 347.

vollen Umfang und unverkürzt das *ministerium*. „Das *sacerdotium* und nur dieses (!) ist göttliche Stiftung." Ein solcher Satz ist angesichts der Fülle der Belege, die aus Luther für die göttliche Einsetzung des *ministerium* beigebracht worden sind[17], unhaltbar. |

Grundmann leitet dann (S. 152 ff.) auf die Begriffe des *publice docere* und der *vocatio* zurück, kommt aber in Schwierigkeiten mit dem Begriff des Öffentlichen. Auch seine Unterscheidung von Ordination ( = Erteilung einer allgemeinen Vollmacht zur Ausübung des Amtes und Aufnahme in den Berufsstand des Geistlichen) und Vokation ( = Vollmachterteilung für eine bestimmte Gemeinde) ist so nicht haltbar. Im Grunde bleibt es bei der falschen Zuspitzung (S. 154): „Es gibt nur einen Berufungsakt göttlichen Rechts . . ., das ist die Taufe, durch die die Zugehörigkeit zur Kirche Christi, das *sacerdotium* und damit auch (!) das *ministerium* begründet werden." Es ist jedenfalls nicht Luthers Meinung, daß „jeder einzelne mit der Taufe den Auftrag (!) zum *ministerium* empfangen hat". Die Zuordnung von *sacerdotium* und *ministerium* wird bei Luther anders verstanden.

Darum fördert Grundmanns Deutung leider nicht die kirchenrechtliche Klärung der Frage, wie sich Amt und Gemeinde zueinander verhalten; sie ermöglicht auch keine klare Strukturierung der übrigen Ämter und Dienste in der Kirche neben dem Pfarramt. Wenn die Ämter der Kirche sämtlich (einschließlich des Pfarramtes!) „durch die Entfaltung der verschiedenen Funktionen des *sacerdotium*" entstehen (S. 157), ist man der Übertragungstheorie praktisch wieder anheimgefallen. Das geschieht im Grunde immer da, wo die lutherische Lehre von der Kirche überdeckt wird von einer Theorie von der „mündigen, aktiv handelnden Gemeinde" (S. 147). Hier wird die geistliche Autonomie des einzelnen Christen überschätzt. Es wird übersehen, daß die Christen nicht alle und nicht immer *vere credentes* sind, daß das lutherische *simul justus et peccator* bestehen bleibt und daß die Gemeinde darum die gnädige Stiftung des Amtes der Verkündigung braucht, das ihr im Auftrage Gottes gegenüber tritt und ihr von Gottes wegen das sagt, was sie sich selbst nicht oder nur unvollkommen sagen kann. Voraussetzung für eine im geistlichen Sinne „mündige" Gemeinde ist zunächst immer, daß sie *hörende* Gemeinde ist; erst dadurch kann sie glaubende und zeugnisgebende Gemeinde werden. Darum ist das Amt nicht Funktion der Gemeinde und sind *ministerium* und *sacerdotium* nicht einfach identisch oder gegenseitig ineinander einbeschlossen. Die Zuordnung von *ministerium* und *sacerdotium* ist von Luther anders gesehen worden, und nur eine richtige Interpretation seiner Anschauungen kann uns theologisch und kirchenrechtlich zur Klärung verhelfen.

---

[17] Von Wilhelm Brunotte und Regin Prenter.

## III.

Es bleibt uns also nichts weiter übrig, als nochmals den Versuch einer richtigen Interpretation der Anschauungen Martin Luthers über *mini|sterium* und *sacerdotium* zu machen und von daher die kirchenrechtlichen Folgerungen für unsere Zeit zu ziehen.

Man wird unserem Problem am besten beikommen, wenn man mit Luthers Anschauung vom *sacerdotium omnium* beginnt. Wie W. Brunotte nachweist[18], ist Luther um die Wende der Jahre 1519/20 zu der Erkenntnis gekommen, daß es einen qualitativen geistlichen Unterschied zwischen Klerus und Laien nicht gibt und daß im Sinne des NT alle gläubigen Christen Priester sind. Luther begründet diese seine Auffassung durch zahlreiche Schriftstellen (Mt. 16, 18 ff.; Joh. 20, 21 ff.; Joh. 21, 17; vor allem 1. Petr. 2, 5 und 9; auch Offb. Joh. 1, 6; 5, 10 und 20, 6). Man kann sich die Tragweite dieser Erkenntnis gar nicht radikal genug vorstellen. Jahrhundertelang hatte die römische Kirche den geistlichen Vorrang des Priesterstandes behauptet. Der geweihte Priester allein, dem im Unterschied von den Laien, für die nur die *Gebote* Gottes maßgebend sind, auch die *consilia evangelica* gelten und der darum religiös höher, Gott näher steht, garantiert durch sein gottesdienstliches, seelsorgerliches und jurisdiktionelles Handeln das ewige Heil der ihm anvertrauten Laien. Die Weihe gibt ihm nicht nur eine andere *dignitas,* sondern eine andere religiöse *qualitas.* — Luther weist diese Konstruktion, die Aufspaltung der Christenheit in die Inhaber des geistlichen Amtes und die bloßen Laien, ab. Es gibt nur eine Weihe für alle Christen; das ist die Taufe. Der Begriff, den die römische Kirche einem besonderen Stand vorbehalten hatte, wird jetzt auf alle glaubenden Christen ausgedehnt: sie sind alle gleichermaßen *Priester!* Das Hauptargument ist 1. Petr. 2, 5 und 9. Diese Stelle bezieht sich auf das ganze Volk Gottes, nicht auf einen auserwählten Kreis.

Was meint Luther mit dieser alles bisherige umstürzenden Terminologie sachlich und inhaltlich? Zur Abwehr von möglicherweise später auftretenden kirchenrechtlichen Fehlschlüssen muß hier alsbald betont werden, daß Luther mit dem allgemeinen Priestertum nicht so etwas meint wie die Gleichheit alles dessen, was Menschenantlitz trägt, oder wie eine demokratische Gleichheit aller vor dem Gesetz. Luther stellt keine volkskirchliche Theorie auf, nach der alle getauften Kirchensteuerzahler in der Kirche gleiche Rechte hätten. Es geht ihm vielmehr um das Priestertum aller *Gläubigen,* also der *vere credentes.* Die Gleichheit, von der hier die Rede ist, besteht darin, daß die Gläubigen alle miteinander Glieder am Leibe Christi sind, von ihm aus Gnaden erlöst und ihm im Glauben verbunden. Nur in diesem Sinne kann von einem allgemeinen Priestertum geredet werden[19]. |

---

[18] (S. Anm. 1) S. 134.
[19] Z. B. WA 6, 564, 11; 12, 317, 9 f.; 12, 178, 27.

Diese Grundanschauung läßt sich bei Luther in eine Reihe von einzelnen Momenten auseinanderlegen. Das *erste* ist, daß alle wahrhaft Gläubigen *vor Gott gleich* sind, so ungleich sie sonst physisch, psychisch, geistig, nach ihren Gaben und Eigenschaften, nach ihrer sozialen Stellung oder nach ihren Lebensschicksalen sein mögen. Völlige Gleichheit (von Mann und Frau, Herr und Sklave, Jude und Nichtjude; vgl. Gal. 3, 28) gibt es überhaupt nur in Christo, also nur vor Gott, also nur im Glauben. Aber vor Gott gibt es in der Tat keine Unterschiede von Geschlecht, Alter, Stand, Volk usw. Niemand kann etwas größeres werden als ein Kind Gottes. So sind alle wahrhaft Gläubigen als gerechtfertigte Sünder „geistlichen Standes" (πνευματικοί). Das Priestertum des neuen Bundes gehört ihnen[20].

Das *zweite* Moment des allgemeinen Priestertums liegt darin, daß jeder Christ im Glauben *unmittelbar* vor Gott als seinem Richter und Vater steht und im Gebet unmittelbaren Zugang zu ihm hat. Die Gnadenmittel der Kirche stehen ihm offen. Er selbst kann die Heilige Schrift lesen und auslegen. Er selbst kann Gottes Wort aus der Schrift entnehmen und als Anspruch und Zuspruch Gottes auf seine Person anwenden. Gottes Wort steht zwar nicht zu seiner Verfügung, aber zum Dienst an seinem Leben bereit. Diese unmittelbare Beziehung zu Gott ist das besondere Charakteristikum des priesterlichen Standes: nur der Priester durfte im AT vor Gottes Angesicht treten. Wer also unmittelbar vor Gott treten darf, wie die gläubigen Christen, ist in Wahrheit Priester[21].

Das *dritte* Moment als die Kehrseite und Ergänzung des zweiten besteht darin, daß der wahrhaft Glaubende keines *irdischen* Mittlers, wie z. B. des geweihten Priesters bedarf, sondern nur des einen Mittlers, den Gott selbst uns gesetzt hat: Christus, der das eine und ewige Wort Gottes ist. Hier muß freilich wieder ein Mißverständnis abgewehrt werden, das später vielleicht unserer kirchenrechtlichen Auswertung Schwierigkeiten machen könnte. Luther verwirft keineswegs jede Möglichkeit eines kirchlichen Amtes. Er übersteigert keineswegs in jugendlichem Überschwang seine Lehre vom allgemeinen Priestertum zu der These, in der Kirche des Evangeliums brauche es keine besonderen Prediger zu geben — eine These, von der er bei zunehmendem Alter und nach seinen Erfahrungen mit den Schwärmern angeblich wieder abgekommen wäre. Luther sagt nichts gegen kirchliche Ämter, deren Inhaber den | gläubigen Christen durch die Darbietung des Wortes und die Darreichung der Sakramente helfen, im Glauben zu bleiben, die also (mit Paulus 2. Kor. 1, 24) „Gehilfen ihrer Freude" sind. Er verwirft nur den falschen Priesterstand, der sich vermißt, das Heil des einzelnen Gläubigen an sein sakramentales Handeln zu binden und dadurch garantieren zu können. Der katholische Priester ist Heilsfaktor, sein Handeln Vorbedingung des

---

[20] Luther-Zitate bei W. Brunotte, S. 138 Anm. 22; vor allem WA Br. 1, 595, 26; WA 6, 407, 13; WA 38, 230, 26; auch WA 6, 564, 11; 12, 317, 9 f.; 12, 178, 27.
[21] Z. B. WA 7, 28, 6—9.

Zugangs zu Gott. Der evangelische Prediger verweist von sich fort auf das Wort Gottes, das allein Heilsfaktor ist, auf Jesus Christus, der allein die Tür zum Vater ist. Damit wird das besondere geweihte Priestertum abgeschafft und das allgemeine Priestersein im Glauben bestätigt[22].

Das *vierte* Moment ist in der Tatsache gegeben, daß Luther jedem Christen das priesterliche Amt des *Opferns* auferlegt. Selbstverständlich ist hiermit nicht der alte heidnische oder jüdische Opferkult gemeint. Luther wendet den Gedanken des Opferns ins Geistliche: der wahrhaft Gläubige opfert sich selbst im Lobe Gottes, im Gehorsam des Lebens und im Erleiden des Kreuzes[23].

Das *fünfte* Moment ist für unser Thema das wichtigste und will vor allen anderen beachtet sein. Jeder gläubige Christ hat das Recht und die Pflicht, *Gottes Wort* in dem ihm persönlich zugänglichen Bereich weiterzugeben und *zu bezeugen*; Luther kann dafür sagen: zu „predigen". Der Inhaber des allgemeinen Priestertums hat damit einen bestimmten (aber begrenzten!) Verkündigungsauftrag. Viele neutestamentliche Worte, die in den Agenden von heute auf die Inhaber kirchlicher Ämter angewandt werden, gelten ursprünglich allen Gliedern der Kirche Christi — was nicht ausschließt, daß sie für die Träger des Amtes als solche auch gelten. Inwiefern diese Pflicht des Zeugnisses bei Luther bestimmten Einschränkungen unterliegt, haben wir später bei der Darstellung seiner Lehre vom *ministerium* zu untersuchen. Hier gilt zunächst ganz allgemein die positive These: niemand kann Christ sein, ohne Christum zu bekennen, zu bezeugen, zu verkündigen. „Denn wenn man von Herzen glaubt, so wird man gerecht; und wenn man mit dem Munde bekennt, so wird man gerettet" (Röm. 10, 10). Mit dieser These kommt Luthers Anschauung vom allgemeinen Priestertum zu ihrer eigentlichen Vollendung[24].

Das Recht und die Pflicht des einzelnen Christen zur Verkündigung des Evangeliums läßt sich in drei Kreisen entfalten. Einmal gehört dazu, | daß der Gläubige das Wort in einem noch näher zu beschreibenden persönlichen Bereich selber weitergibt; dies ist in der Hauptsache der Bereich der Familie, der Nachbarschaft und der Arbeitsstätte. Diesen Bereich kann Luther als den „privaten" bezeichnen. Hierbei ist zu beachten, daß das Wort „privat" im Lateinischen und zur Zeit Luthers eine andere Bedeutung hatte als heute. Heute wird es fast allgemein im Sinne von „subjektiv" verstanden, z. B. in dem Schlagwort „Religion ist Privatsache". Ursprünglich und noch bei Luther bezeichnet „privat" den persönlichen, vor allem den häuslichen Bereich, also eine Sphäre, die keineswegs auf das losgelöste Individuum beschränkt ist. *„In privato"* kann geradezu heißen „zu Hause". Privatpersonen sind also zwar Leute ohne amtliche Befugnis, ohne öffentlichen Auftrag,

---

22 Z. B. WA 8, 487, 3 ff.
23 Z. B. WA 6, 368, 3—9; auch 6, 370; ebenso 6, 492 und 493.
24 Z. B. WA 11, 412, 5 ff.; auch 12, 318, 25 ff.

aber doch nicht für sich allein stehende Einzelne. Der „private" Bereich ist eine Sphäre von erheblicher Ausdehnung.

Zum zweiten gehört es zur Zeugnispflicht des Christen, daß er in Notfällen, wenn ein ordnungsmäßig bestellter Prediger nicht vorhanden ist, selber bereit ist, nach seinen Kräften Funktionen des kirchlichen Amtes zu übernehmen. Endlich gehört auch dazu, daß das gläubige Gemeindeglied sich mit dafür verantwortlich weiß, daß geeignete Prediger berufen und solche, die Irrlehre verbreiten, abgesetzt werden. Sicher ist, daß es zum Kern des allgemeinen Priestertums gehört, daß alle Gläubigen für das Vorhandensein geordneter und reiner Lehre und Predigt mitverantwortlich sind und in ihrem begrenzten Bereich auch aktiv an der Verkündigung teilzunehmen haben. Dies ist ein Moment, dem in den neueren Kirchenverfassungen und Gemeindeordnungen noch viel mehr Rechnung getragen werden müßte.

## IV.

Dieser Anschauung Luthers vom *sacerdotium omnium* tritt nun die vom *ministerium* zur Seite. Es wird oft behauptet, es gäbe für das Amt der Verkündigung bei Luther keine Schriftgrundlage. Diese Behauptung ist nicht richtig. Ebenso wie bei der Begründung des *sacerdotium* ist Luther bei seiner Lehre vom *ministerium* davon überzeugt, die Heilige Schrift für sich zu haben. Er zitiert alle Stellen, in denen Christus seinen Aposteln einen Auftrag gibt, aber auch die Stellen, in denen in den Paulusbriefen und in den Pastoralen Bischöfe, Älteste und Vorsteher eingesetzt werden: Matth. 28, 19—20; 1. Kor. 14, 40; 1. Kor. 3, 9; 2. Kor. 6, 1; Eph. 4, 7 und 11; Tit. 1, 5 ff.

Zu dem Begriff *ministerium* sei angemerkt, daß er schon in der Vulgata die ständige Übersetzung des neutestamentlichen διαϰονία ist, was in | Luthers deutscher Bibel durchweg mit „Amt" übersetzt wird. Das ist völlig sinnvoll, wenn man nicht aus dem Auge läßt, daß bei Luther der Begriff des Amtes nicht als Funktion des Herrschens, sondern immer nur als Dienst verstanden wird. Von hier aus ergibt sich für das evangelische Kirchenrecht, daß es nicht erlaubt ist, zwischen „Ämtern" und „Diensten" in der Kirche einen grundsätzlichen Unterschied zu machen, etwa in dem Sinne, daß nur die *geistlichen* Ämter als „Amt" zu bezeichnen seien, alle übrigen aber „Dienste" wären.

Ferner muß von Anfang an beachtet werden, in welcher Zusammensetzung der Begriff „*ministerium*" bei Luther und in den lutherischen Bekenntnisschriften vorkommt. W. Brunotte[25] hat vier Stellen nachgewiesen, in denen bei Luther der Begriff „geistliches Amt" verwandt wird[26]. Im übrigen findet sich fast nur „*ministerium ecclesiasticum*" oder „*ministerium verbi*

---

[25] A.a.O., S. 164, Anm. 54.
[26] WA 30 II, 531, 36 f.; 30 II, 490, 8; 30 III, 519, 8 f.; 41, 168, 29.

*(divini)"*, im Deutschen mit Vorliebe als „Predigtamt" übersetzt[27]. Für die kirchenrechtliche Terminologie unserer Zeit sollten daraus Folgerungen gezogen werden. Wie wir weiter unten sehen werden, ist das *ministerium* nicht einfach identisch mit dem empirischen Pfarramt. Wir brauchen für das Wort *ministerium* einen umfassenderen deutschen Begriff. Die Übersetzung des *ministerium ecclesiasticum* als „kirchliches Amt" oder als „Amt der Kirche" würde zu allgemein sein. Denn alle die vielfältigen Dienste, deren eine geordnete Kirche in unserer Zeit bedarf, sind als „kirchliche Ämter" anzusehen. Andererseits wäre die Übersetzung als „Predigtamt" für unser heutiges Verständnis zweifellos zu eng. Bei „Predigt" denkt man gewöhnlich nur noch an die gottesdienstliche Rede des Pfarrers im Sonntagsgottesdienst. Wir tun also wahrscheinlich am besten, *ministerium* im Deutschen als „Amt der Verkündigung" zu bezeichnen. Damit wird der Begriff *ministerium* kirchenrechtlich beschränkt auf die Ämter und Dienste in der Kirche, die selbst unmittelbar mit der Verkündigung zu tun haben; andererseits wird er nicht eingeengt auf das historisch gewordene Pfarramt.

Sind wir einmal bemüht, zur Klärung der Begriffe beizutragen, so müssen wir an dieser Stelle noch einmal ausdrücklich die Anregung S. Grundmanns[28] ablehnen, den Begriff *ministerium* von C. A. V auch auf das allgemeine Priestertum auszudehnen. Eine klare Zuordnung von *sacerdotium* und *ministerium,* vor allem ihre klare Unterscheidung würde hierdurch unmöglich gemacht werden. Verwendet man den Begriff *ministerium* schon für die allgemeine Verpflichtung, die jeder gläubige | Christ hat, Zeugnis abzulegen, dann fehlt nachher ein Terminus für den besonderen Auftrag, den diejenigen haben, die dazu bestellt sind, die Verkündigung *publice* wahrzunehmen. Luther verwendet wohl gelegentlich den Begriff *sacerdos* für das allgemeine Priestertum *und* für die beruflichen Amtsträger[29]. Aber den Begriff *ministerium* verwenden Luther und die Bekenntnisschriften niemals zur Kennzeichnung des allgemeinen Priestertums, sondern nur, um den speziellen Auftrag der zur „öffentlichen" Verkündigung bestimmten *rite vocati* zu umschreiben. An dieser sicherlich überlegten Beschränkung des Begriffs *ministerium* sollten wir festhalten. Es ist nicht richtig, daß in C. A. V das allgemeine Priestertum und erst in C. A. XIV das öffentliche Predigtamt gemeint séien[30]. Beide Artikel der Augsburgischen Konfession hängen aufs engste zusammen: C. A. V behauptet die göttliche Stiftung des *ministerium;* C. A. XIV redet dagegen von der nach menschlichem Recht geschehenden vocatio, der Berufung bestimmter Menschen durch die irdisch verfaßte Gemeinde, die aber immer eine Berufung in das von Christus gestiftete Amt der Kirche ist. Es muß beachtet werden, daß C. A. V unmittelbar an den Artikel IV (von der Rechtfertigung) anschließt, in welchem alles auf den Glauben allein ab-

---

[27] So auch Conf. Aug. V.    [28] (Vgl. Anm. 14) S. 150, 151, 156.
[29] Vgl. W. Brunotte, S. 51 unten.
[30] So S. Grundmann (s. Anm. 14), S. 150.

gestellt ist. Es ist der *„articulus stantis et cadentis ecclesiae"*, der Artikel, mit dem die Kirche steht und fällt, der Artikel, der nicht *einen* Glaubenssatz unter vielen aufzählt, sondern die Grundlage legt, auf der alle nachfolgenden Artikel der Confessio Augustana aufbauen. Grundlage des evangelischen Glaubens ist, daß Menschen nicht mit eigenen Kräften, Verdiensten und Werken vor Gott gerecht werden können, *„sed gratis justificentur propter Christum per fidem"*. Auf Gottes Werk (*„gratis"*), auf Christi Erlösungstat und auf dem Glauben (*„fides"*) des Menschen beruht unser Heil. Nur Menschen, die Glauben haben (*„vere credentes"*), gehören zur wahren Kirche. So schildert C. A. IV den Status des gerechtfertigten Sünders als den des eigentlichen Priesters. Mit anderen Worten: vom *sacerdotium omnium* ist in C. A. IV die Rede! — Wenn nun Artikel V beginnt: *„Ut hanc fidem consequamur, institutum est ministerium . . ."*, dann kann *ministerium* hier nicht „allgemeines Priestertum" bedeuten. Der Satz wäre sonst eine Tautologie: Um solchen Glauben zu erlangen (und damit Inhaber des allgemeinen Priestertums zu sein!), hätte Gott — das allgemeine Priestertum eingesetzt? Nein, der Gedankengang ist ein anderer. Er besagt, im Zusammenhang gelesen, folgendes: Glauben kann man weder erlangen noch festhalten, weder bewahren noch bewähren ohne eine von Gott hierfür vorgesehene Hilfe. Diese Hilfe ist | die geordnete Verkündigung des Evangeliums und die Darbietung der Sakramente. Und damit Wortverkündigung und Sakramentsverwaltung nicht der Zufälligkeit überlassen bleiben, ist das *ministerium* eingerichtet (*„institutum est ministerium"*, im deutschen Text: „hat Gott das Predigtamt eingesetzt"). Artikel V der C. A. behauptet nicht mehr und nicht weniger, als daß der Mensch wahren Glauben im Sinne von C. A. IV nicht aus sich selbst haben kann, ihn auch nicht unmittelbar durch göttliche Gnadeneinwirkung bekommen wird, sondern daß es dazu der göttlichen Einrichtung des Wortamtes bedarf. Dieses Wortamt wird also dem allgemeinen Priestertum gegenüber, wenn man will: zur Seite gestellt. Es ist eine müßige Streitfrage, ob das Amt in C. A. V als „Institution" gemeint sei oder nicht. Das lateinische Wort *„institutio"* steht zwar nicht da; es steht aber da: *„institutum est"*. Damit ist zweifellos gesagt, daß die Bekenntnisschriften nicht der Meinung waren, Wort und Sakrament würden ohne geregelte Einrichtungen aus sich selbst wirksam werden. Die Bekenntnisschriften reden von Wort und Sakrament nicht rein funktional oder dynamisch. Das Wort muß *gepredigt*, die Sakramente müssen *ausgeteilt* werden. Dafür ist das *ministerium „institutum"*.

Es wird in der gegenwärtigen Diskussion gelegentlich darauf hingewiesen, daß die Vorarbeiten zur Confessio Augustana weniger deutlich vom *ministerium* reden und die Entstehung des Glaubens unmittelbarer der Wirkung von Wort und Sakrament zuschreiben. So lautet der entsprechende Artikel in den Schwabacher Artikeln von 1529[31]: „Solchen Glauben zu erlangen . . .

---

[31] Göttinger Ausgabe der luth. Bekenntnisschriften, S. 59.

hat Gott eingesetzt das Predigtamt oder mündlich Wort, nämlich das Evangelium ... und gibt auch durch dasselbige als durch ein Mittel den Glauben mit seinem heiligen Geist, wie und wo er will." In dieser Fassung scheint eine Gleichung zu bestehen: Predigtamt = mündlich Wort = Evangelium; danach wäre das Amt nichts anderes als das (mündlich gepredigte) Evangelium selbst. Es liegt auf der Hand, daß die Reformatoren bei der Vorbereitung auf Augsburg diese Ungenauigkeit der Ausdrucksweise erkannt haben und darum zu der präziseren Form von C. A. V gekommen sind. Es ist ja bekannt, daß sie bis zum letzten Augenblick an der Formulierung auch anderer Artikel sorgfältig gearbeitet haben. Maßgebend muß jedenfalls die letzte Fassung bleiben, nicht die eines vorbereitenden Entwurfes.

Daß C. A. V die eigentliche Meinung der Verfasser des Augsburgischen Bekenntnisses wiedergibt, geht auch daraus hervor, daß die Apologie | der Confessio Augustana diesen Artikel an anderer Stelle[32] aufnimmt: *„Nam ministerium verbi habet mandatum Dei et habet magnificas promissiones";* im deutschen Text: „Denn das Predigtamt hat Gott eingesetzt und geboten, und hat herrliche Zusage Gottes."

Aus dem allen ergibt sich, daß das Amt der Verkündigung deutlich vom allgemeinen Priestertum zu unterscheiden ist[33]. Daß dies auch Luthers eigene Meinung ist, besagen Stellen wie WA 10 I/2, 122,8: Paulus „meint den Dienst, der ein Amt ist. Alle Christen dienen Gott, aber sie sind nicht alle im Amt". Oder auch WA 12, 178,9 f.: *„sacerdotem non esse quod presbyterum vel ministrum; illum nasci, hunc fieri".* Der Priester (= der gläubige Christ) ist nicht dasselbe wie der Älteste oder Diener (= Amtsträger); jener wird (in der Taufe, durch Wasser und Geist) geboren, dieser wird (durch die *vocatio*) gemacht. Am deutlichsten äußert sich Luther in der Auslegung des 82. Psalms von 1530[34]: „Es ist wahr, alle Christen sind Priester *(sacerdotes!),* aber nicht alle Pfarrer *(ministri!);* denn über das hinaus, daß er Christ und Priester ist, muß er auch ein Amt *(ministerium!)* haben." Luther beschränkt den Terminus *ministerium* also auf das besondere Amt der *öffentlichen* Verkündigung und gebraucht ihn nicht auch für das Priestertum aller Gläubigen. Bei dieser Differenzierung sollten wir bleiben.

Der Sache nach kann über Luthers Lehre vom *ministerium* folgendes gesagt werden:

Ausgangspunkt für jede Ordnung des Amtes der Kirche ist der Kirchenbegriff der lutherischen Reformation, wie er uns in der klassischen Formulierung von C. A. VII begegnet. Der lutherische Kirchenbegriff umfaßt zwei Gedankenkreise. Der eine ist, wenn man so will, „soziologischer" Art: die Kirche ist eine Gemeinschaft von Menschen. Sie ist aber eine besondere Ge-

---

[32] Artikel XIII, 10.
[33] Vgl. hierzu auch EDMUND SCHLINK, Theologie der luth. Bekenntnisschriften, 3. A., München 1948, S. 325—334.
[34] WA 31 I, 211, 16—22.

meinschaft, die nicht auf natürlichen Bindungen (wie die Ehe) beruht und sich auch nicht als freier Zusammenschluß von Individuen (wie der Verein) darstellt, sondern als *congregatio* (die Herde des einen Hirten) durch den Ruf ihres Herrn entstanden ist. *„Est autem ecclesia congregatio sanctorum."* Als Gemeinschaft von *vere credentes* ist sie „verborgen"; nur Gott kennt die wahrhaft Glaubenden. — Der andere Gedankenkreis wird durch den Nebensatz in C. A. VII beschrieben: *„in qua evangelium pure docetur et recte administrantur sacramenta".* Er stellt gleichsam das „institutionelle" Moment im Kirchenbegriff dar. In der Gemeinde der Gläubigen müssen Wort und | Sakrament wirksam sein. Wo diese recht (rein) verkündigt und verwaltet werden, ist Kirche Jesu Christi gegenwärtig. Wortverkündigung und Sakramentsverwaltung sind die sichtbaren Zeichen der verborgenen („unsichtbaren") Kirche *(notae ecclesiae).*

Diese beiden Seiten des lutherischen Kirchenbegriffs sind aufeinander bezogen; keine von beiden darf übersehen oder verkürzt werden. Wortverkündigung (d. h. Predigt, theologische Lehre, christliche Unterweisung, Seelsorge) und Sakramentsverwaltung sind von Gott geboten, von Christus gestiftet, und zwar in der doppelten Form des Gottesdienstes der Gläubigen und der Mission an den Ungläubigen. Ohne sie gibt es keine *congregatio sanctorum*. Es kommt alles darauf an, daß diese Funktion der Kirche, Wort und Sakrament, wirksam bleibt.

Die „funktionale" Seite der Verkündigung ist jedoch nicht ohne die „personale" Ergänzung, so wahr der Kirchenbegriff nicht nur „dynamisch", sondern immer *zugleich* „institutionell" bestimmt ist. Mit anderen Worten: Wortverkündigung und Sakramentsverwaltung sind an das von konkreten Menschen versehene *ministerium* gebunden. Das „Amt" gehört wesensmäßig zum lutherischen Kirchenbegriff, ebenso wie die „Gemeinde". Darum legt Luther den größten Wert darauf, daß Christus das Amt gestiftet hat; es beruht auf göttlicher Einsetzung. Es ist keine bloße Einrichtung der sichtbaren Kirche, die diese etwa um der äußeren Ordnung willen getroffen hätte. Es hat seinen Ursprung nicht darin, daß die Schar der gläubigen Christen ihre eigenen Befugnisse als *sacerdotes* auf einzelne dazu geeignete Gemeindeglieder übertragen hätte. Das *ministerium* ist auf keine Weise aus dem *sacerdotium* ableitbar[35]. Man kann sagen: für die Inhaber des *ministeriums* ist das Priestertum aller Gläubigen Voraussetzung. Das Amt selbst aber beruht nicht auf ihm, sondern auf dem *mandatum Christi*. Christus wollte nicht nur, daß es in seiner Kirche aktuell das Wort gebe, das von Fall zu Fall durch den Heiligen Geist wirksam wird; sondern wie er den Heiligen Geist an das Wort gebunden hat, so auch die Verkündigung des Wortes an die „Institution" des Amtes, des *ministerium verbi divini*.

---

[35] Vgl. die Fülle der Lutherzitate bei W. Brunotte (s. Anm. 1), z. B. S. 40 ff., 53 ff., 102, 107 ff., besonders S. 118 ff., 127 ff. (Schriftbelege), 199 (Zusammenfassung).

## V.

Wie ist nun von hier aus das Verhältnis von *sacerdotium* und *ministerium* zu denken?

Mit W. Brunotte und Regin Prenter halten wir daran fest, daß ein unausgeglichener Widerspruch in Luthers Denken nicht vorhanden ist. | Luthers Anschauungen vom Priestertum und vom Amt stehen sich nicht feindlich gegenüber. Luther ist in dieser Sache keineswegs „unklar". Es ist auch nicht zulässig, beide Anschauungen auf den jungen und den älteren Luther so zu verteilen, daß man annimmt, Luther habe in seiner Jugend aus Polemik gegen die römische Amtstheologie dazu geneigt, alle kirchlichen Ämter für überflüssig zu erklären und zur urgemeindlichen Situation der gleichberechtigten Charismata aller Gemeindeglieder zurückzukehren; erst bei zunehmendem Alter sei er, in Erkenntnis der von den Schwärmern drohenden Gefahren und aus Enttäuschung über den tatsächlichen Glaubensstand seiner Gemeinden, dazu übergegangen, das kirchliche Amt wiederherzustellen und es, entgegen seiner eigentlich reformatorischen Intention, der „mündigen Gemeinde" überzuordnen. Es hat sich bei keinem Stück Lutherscher Theologie bewährt, Luther in einen jugendlichen Enthusiasten und einen rekatholisierenden Alten aufzuteilen! Luthers Theologie bewegt sich immer auf dem schmalen Grat zwischen der römisch-katholischen Lehre und den Ideen der Schwärmer. Es ist niemals so, daß er in dem einen Punkte mit Rom gegen die Schwärmer und in dem anderen Punkte mit den Schwärmern gegen Rom gegangen wäre. Er geht *theologisch* seinen Weg immer gegen beide zugleich. Wer das nicht sieht, mißdeutet Luthers Anschauungen und erschwert eine sachliche Lösung der anstehenden Fragen für die Gegenwart. Luther hat wohl, je nach der konkreten Lage, einmal die eine und einmal die andere Seite stärker hervorgehoben. Aber man kann hier kein Entweder-Oder statuieren: entweder (mit den Schwärmern und den Liberalen der Neuzeit — Höfling!) für das allgemeine Priestertum oder (mit Rom und den romantischen Hochlutheranern — Vilmar!) für das geistliche Amt. Beides gehört, recht verstanden, bei Luther zusammen. Denn seine Lehre vom allgemeinen Priestertum ist kein enthusiastisches Eintreten für eine ämterlose Laienkirche; Luther hat 1523 den Gemeinden in Böhmen eben nicht geraten, nach dem Ausfall der geweihten Priester künftig ohne das Amt der Verkündigung auszukommen, sondern er hat ihnen Mut machen wollen, sich selber neue Amtsträger zu berufen, auch wenn diese ohne bischöfliche Weihe sein müßten. Ebenso hat Luthers Lehre vom Amt nichts zu tun mit der katholischen Unterscheidung des geweihten Priesters als eines Heilsfaktors von den Laien.

Es kommt also alles auf die rechte Zuordnung von Amt und Gemeinde, von *ministerium* und *sacerdotium* an. Man versteht diese Zuordnung aber nur dann richtig, wenn man von allen Versuchen absieht, den Unterschied zwischen beiden Größen als einen Unterschied in der Sache darzustellen. Es ist eben nicht so, daß *ministerium* und *sacerdotium* sich | derart unterschei-

den würden, daß die einen zu verkündigen und die anderen zu hören hätten.
Wie wir bei der Darstellung des *sacerdotium* gesehen haben, ist das wichtigste Moment beim allgemeinen Priestertum, daß auch der einzelne gläubige
Christ eine bestimmte Verpflichtung hat, die Botschaft weiterzugeben, also:
zu verkündigen. Die Aufgabe ist materiell die gleiche wie beim *ministerium*.
Der ganze Unterschied liegt bei Luther da, daß er den Umfang, den Bereich
der einen und gleichen geistlichen Aufgabe für das *ministerium* anders bestimmt als für das *sacerdotium*. Der Inhaber des Amtes bekommt die Verpflichtung, Wortverkündigung und Sakramentsverwaltung *publice* wahrzunehmen; er wird zu diesem Dienst von der Gemeinde (nach menschlichem
Recht) ausgewählt und beauftragt (*rite vocatus*, C. A. XIV). Die Inhaber
des allgemeinen Priestertums sind dagegen bei Luther hinsichtlich ihrer Ver-
kündigungsbefugnis auf den nichtöffentlichen Bereich beschränkt. Sie können
und sollen Christus jederzeit mit Wort und Tat bekennen: als Hausvater
oder -mutter in ihrer Familie, in der Nachbarschaft und bei der Arbeit, unmittelbar von Mensch zu Mensch; aber sie sind, wenn sie keinen Auftrag dazu haben, nicht befugt, im öffentlichen Gottesdienst das Wort zu nehmen.
Man sollte hier nicht in falscher Weise über den Begriff der „Öffentlichkeit"
streiten. Das Wort *„publice"* hat einen ähnlichen Bedeutungswandel durch-
gemacht wie das Wort *„privatim"*. Das Zeugnis des einzelnen Christen kann
sich durchaus „in der Öffentlichkeit" abspielen: in der Straßenbahn, in einer
Versammlung, durch eine Leserzuschrift an eine Zeitschrift usw. Es bleibt
aber ein „privates" Zeugnis, im Rahmen des allgemeinen Priestertums. Wir
dürfen das, was Luther und die Bekenntnisschriften mit *„publice"* meinen,
nicht mit der Publizität unserer modernen Welt verwechseln. Unter *„publice"*
versteht Luther *die* Verkündigung, die sich im öffentlichen Gottesdienst und
in den regelmäßigen Veranstaltungen der Gemeinde ständig im Rahmen
kirchlich geordneter Einrichtungen vollzieht, die kraft eines besonderen Auftrages von der gleichen Person auf längere Zeit ausgeübt wird. Die Predigt
am Sonntag, die regelmäßigen Bibelstunden, der kirchliche Unterricht, die
Seelsorge des Pastors in seiner Gemeinde geschehen *„publice"*. Ja selbst das
Beichtgespräch des Gemeindegliedes mit dem „verordneten Diener der Kirche" und die von diesem unter vier Augen ausgesprochene Absolution gehören zum *„publice docere"*. Sie sind keine private Angelegenheit, sondern eine
öffentliche, d. h. „amtliche". Damit ist nicht gesagt, daß dieser Auftrag immer zu einer hauptberuflichen Beschäftigung führen müßte. Aus praktischen
Gründen wird eine berufsmäßige Ausübung des Amtes anzustreben sein. Es
kann aber auch Inhaber des *ministerium* | geben, die ihren Dienst nebenberuf-
lich oder ehrenamtlich tun. Maßgeblich ist allein die *vocatio* zum öffentlichen
Dienst durch die Gemeinde oder die dazu berufenen Organe der Kirche. Nur
durch diese *vocatio* unterscheidet sich der Inhaber des *ministerium* von den
Inhabern des *sacerdotium*[36].

---

[36] Lutherzitate bei W. BRUNOTTE, S. 157 ff.

Mit dieser großartig einfachen Definition gewinnt Luther zweierlei. Er beeinträchtigt zum ersten in keiner Weise seine These von der geistlichen Einheit aller Gläubigen, die keinen besonderen „geistlichen Stand" mit einem „unverlierbaren Charakter" kennt. Der Unterschied zwischen den *sacerdotes* und den *ministri* liegt eben nicht auf dem geistlichen Gebiet! Darum ist Luthers Lehre vom Amt kein versteckter Rückfall in den Katholizismus. Und das andere: Luther gewinnt durch diese Zuordnung von *sacerdotium* und *ministerium* die Möglichkeit, kirchliche Ämter nach menschlichem Recht einzurichten und zu besetzen und dabei doch der göttlichen Einsetzung des Amtes als solchen gerecht zu werden. Das Amt wird nicht zu einer menschlichen Ordnungseinrichtung nivelliert. Es bleibt die allem kirchlichen Recht vorgegebene Stiftung Christi. Das *de jure divino* bestehende *mandatum Christi* (C. A. V) und die *de jure humano* geregelte *vocatio* (C. A. XIV) werden zusammengeordnet. Die christliche Gemeinde beruft (nach menschlichem Recht) von ihr ausgewählte, geeignete und genügend vorgebildete Träger des *sacerdotium* in das von Christus gestiftete *ministerium*. Es bleibt aber nicht bei diesem Akt menschlichen Rechts. Denn die Gemeinde (oder die Gesamtkirche) handelt ja im Glauben; sie verläßt sich auf die Verheißungen Christi, daß er sich zu ihrem Handeln bekennen will. Darum darf sie gewiß sein, daß der Amtsträger, der von ihr die *vocatio* erhält, damit zugleich das *mandatum Christi* hat. In, mit und unter dem menschlichen Rechtsakt geschieht ein geistlicher Akt. In der Berufung durch Menschen darf der zum Prediger Bestellte gewiß sein, daß ein Höherer ihn beauftragt hat. Das hat zwei Folgen. Einmal ist es dies *mandatum Christi,* das dem Prediger erlaubt, aus der Reihe der Hörer, der Gläubigen, der „Priester" heraus und der Gemeinde gegenüber zu treten. Er ist jetzt nicht nur einer von ihnen, der das sagt, was sie alle auch sagen könnten, sondern er sagt ihnen Gottes Wort, er spricht zu ihnen mit dem Anspruch: So spricht der Herr! — Die andere Folge ist, daß der berufene Inhaber des Amtes sich dieser Berufung in allen Anfechtungen trösten kann. Luther hat nichts von der sogenannten *vocatio interna* gehalten. Es kommt für die Ausübung des Amtes in Anfechtungszeiten nicht darauf an, ob man subjektiv sicher zu sein meint, | im tieferen Sinne ein „Berufener" zu sein. Luther hat die Heilsgewißheit des einzelnen Christen niemals auf die subjektive Beurteilung seines inneren Zustandes gestellt. Dann wäre unsere Heilsgewißheit sehr gefährdet. Luther hat sie immer allein auf Gottes Zusagen und Christi Heilstaten gestellt. So ist es auch mit der Berufungsgewißheit des Amtsinhabers. Sie ruht nicht auf seiner inneren Beschaffenheit, sondern allein auf Gottes Zusage und rein äußerlich auf der von der Gemeinde ausgesprochenen *vocatio,* mit der das *mandatum Christi* gegeben ist.

Diese *vocatio* durch die Gemeinde oder die Gesamtkirche (Luther vertritt kein absolutes Prinzip der Gemeindewahl!) schließt in sich, daß der Berufene seiner Gemeinde in einem Gottesdienst vorgestellt, verpflichtet und unter Fürbitte und Handlungsauflegung eingesegnet, d. h. ordiniert wird. Die Or-

dination hat — gegen Heubach! — eine geistliche und eine kirchenrechtliche
Seite. Der berufene und ordinierte Inhaber des *ministerium* kann unter besonderen Umständen (Irrlehre, Disziplinarvergehen, u. U. durch eigenen
Entschluß) seinen Auftrag verlieren. Die *vocatio* kann zurückgenommen
werden. Er ist dann wieder im Stande des Gemeindeglieds ohne Amtsauf-
trag[37].

## VI.

Wir kommen nun zu den kirchenrechtlichen Folgerungen, die sich aus dem
so aufgefaßten Verhältnis von *sacerdotium* und *ministerium* für unsere Zeit
ergeben. Sie werden ihre Bedeutung vor allem im kirchlichen Verfassungsrecht haben, aber auch in der kirchlichen Gesetzgebung, z. B. bei Pfarrerge-
setzen, Gesetzen über andere kirchliche Amtsträger, im kirchlichen Disziplinarrecht usw.

Der theologische Ort für alle Ämter der Kirche, die es unmittelbar mit
der Wortverkündigung zu tun haben, d. h. die selber im ganzen oder für ein
bestimmtes Teilgebiet Verkündigung ausüben, ist Luthers Lehre vom *ministerium ecclesiasticum* oder *ministerium verbi divini*. Alle Versuche, die Ämter der Kirche unterschiedslos aus dem *sacerdotium*, dem Priestertum aller
Gläubigen abzuleiten, müssen fehlschlagen, da sie an dem für Luther einzigen Kriterium des Amtes, der *vocatio* zum *publice docere*, vorbeigehen. Das
*sacerdotium* ist Voraussetzung für die Inhaber des *ministerium*, aber nicht
Grundlage seiner Herkunft. Das Amt selbst bleibt göttliche Stiftung. Alle
gläubigen Christen sind *sacerdotes* in dem oben entwickelten fünffachen
Sinne; Amtsträger aber sind nur die *rite vocati*. Sie werden nur durch die
*vocatio* Inhaber des Amtes, nicht durch eine eigene oder besondere geistliche
Beschaffenheit, schon | gar nicht durch eine vermeintliche unmittelbare vocatio
interna. Diese bleibt den Propheten vorbehalten.

Die Luthersche Bestimmung des *ministerium* fordert für unser heutiges
Kirchenrecht die Unterscheidung zwischen den empirischen Ämtern der verfaßten Kirche, die *unmittelbar* der Wortverkündigung dienen, und den übrigen Ämtern und Diensten, die das nicht tun. Vom richtig erfaßten Begriff
des *ministerium* aus ist es kirchenrechtlich unmöglich, alle Dienste in der Kirche unterschiedslos nebeneinander zu stellen. Es ist nicht richtig, daß alle
Ämter grundsätzlich gleich wären, weil sie ja alle auf irgendeine Weise Gott
dienten. Vielmehr sind zwei große Gruppen zu unterscheiden. Die erste
Gruppe umfaßt alle Ämter und Dienste, hauptberufliche und ehrenamtliche,
die selber an irgendeiner Stelle öffentliche Verkündigung treiben. Hierin gehören der ordinierte Hilfsgeistliche, der Gemeindepfarrer, der Pfarrer mit
besonderem Auftrag, der Superintendent (Dekan), der Landessuperintendent (Prälat, Propst) und der Bischof, aber auch die Pfarrvikarin, der Pfarr-

---

[37] Lutherzitate bei W. Brunotte, S. 186.

diakon, der Pfarrvikar (Pfarrverwalter, Pfarrverweser, Pfarrassistent, Prediger), ja der Lektor, der Katechet, die Helferin im Kindergottesdienst, der Kirchenmusiker usw. Alle diese Ämter und Dienste entspringen nicht einfach dem allgemeinen Priestertum aller Gläubigen, denn sie bedürfen einer *vocatio*, einer Berufung und Beauftragung durch die Gemeinde oder die Kirche, meistens auch einer Vorbildung und Zurüstung, sowie einer gottesdienstlichen Einsegnung oder Ordination. Darum kann man sagen: alle diese Ämter sind aus dem *ministerium* „abgeleitet" oder „entfaltet". Ihr Spezifikum ist ein doppeltes: sie haben alle irgendwie mit öffentlicher Verkündigung zu tun, und ihre Inhaber bedürfen einer ordnungsmäßigen Bestellung oder Berufung.

Die zweite große Gruppe der empirischen Ämter, die es in der verfaßten Kirche gibt und mit denen das Kirchenrecht zu tun hat, sind *die* Dienste, die *nicht* unmittelbar an der Verkündigung beteiligt sind. Auch diese Ämter sind für die Kirche wichtig und wertvoll. Sie sollen keineswegs unterbewertet werden. Eine moderne Kirche mit ihrer weitverzweigten Arbeit braucht sie alle dringend und ruft ihre Gemeindeglieder auch zu solchen Diensten auf. Aber es muß nüchtern gesehen werden, daß der Dienst dieser zweiten Gruppe von Ämtern und Diensten einen anderen Inhalt hat. Sie haben es nicht mit der Verkündigung, sondern mit der Ordnung der Kirche zu tun. Sie predigen, lehren und unterweisen nicht selber, aber sie helfen auf jede Weise mit, den Dienst der Verkündigung, den andere tun, zu ermöglichen, zu fördern und zu unterstützen. Hierhin gehört der Kirchenvorsteher (Älteste, Presbyter). der zwar eine geistliche Mitverantwortung für die Gemeinde hat, aber | nicht selber verkündigt (wenn er nicht zufällig kraft besonderen Auftrages Lektor ist). Hierin gehören der Synodale und das Laienmitglied in kirchenleitenden Organen, ferner die Fachleute der kirchlichen Verwaltung, die Kirchenjuristen, Finanzbeauftragten, Baufachleute usw., ebenso die haupt- oder nebenamtlichen Gemeinderendanten und viele andere kirchliche Angestellte, Schreibkräfte, Heizer, Fahrer usw. Sie sollen ihren Dienst selbstverständlich als Christen tun. Auch bei ihnen wird erwartet, daß die Voraussetzungen des *sacerdotium* vorhanden ist. Aber sie gehören nicht zum *ministerium*; denn ihnen fehlt die vocatio zur *öffentlichen* Wortverkündigung und Sakramentsverwaltung, die die Ämter und Dienste der ersten Gruppe haben. Darum kann man die Ämter dieser zweiten Gruppe nicht aus dem *ministerium* ableiten. Man kann von ihnen nur sagen: sie sind dem *ministerium* (nicht dem Pfarramt!) in seiner ganzen oben dargestellten Breite „helfend zugeordnet".

Es ist also richtig, wenn die „Ordnung des kirchlichen Lebens" der VELKD in ihrem Abschnitt IX (Vom Amt) diese Zweiteilung kirchlicher Ämter vorgenommen hat: solche, die aus dem *ministerium* unmittelbar abgeleitet oder entfaltet werden können, und solche, die dem *ministerium* um der Ordnung willen zugeordnet sind. Diese Grundeinteilung ist, wie am Anfang ausgeführt wurde, von der theologischen Begründung des Pfarrergesetzes der VELKD 1960 und von dem Entwurf des Verfassungskonventes der Hannoverschen Landeskirche 1959 übernommen und fortgeführt worden. Nur so kommen wir im lutherischen Kirchenrecht zu einer klaren theologischen Begründung der verschiedenen Ämter und Dienste in der Kirche. Die aus dem *ministerium* ableitbaren Ämter gehören zum „*esse*" der Kirche, deren Wesen darin besteht, daß das Evangelium verkündigt wird. Die dem *ministerium* helfend zugeordneten Ämter gehören zum „*bene esse*" der Kirche. Für die Inhaber beider Ämtergruppen bleibt das *sacerdotium* die allgemeine Voraussetzung.

Aus dem bisher Dargelegten ergibt sich noch eine kirchenrechtlich wichtige Erwägung für die erste Gruppe der Ämter, die wir unmittelbar aus dem *ministerium* entwickelt haben. In der evangelischen Kirche kommt dem Amt des Pfarrers nicht nur geschichtlich eine besondere Bedeutung zu. Im Anfang des 20. Jahrhunderts war das Amt des „Geistlichen" weithin das einzige Amt der Kirche. Die übrigen von uns zum *ministerium* gerechneten Ämter sind z. T. erst nach dem ersten Weltkriege entstanden; in den meisten Kirchenverfassungen von 1919 bis 1922 sind sie noch nicht verfassungswürdig. Dagegen gibt es im Amt des „Geistlichen", des Volltheologen, von altersher Stufen: vom Pfar|rer über den Superintenden bis zum Generalsuperintenden oder Bischof. Einigkeit besteht darin, daß diese Stufen keine „Hierarchie" bedeuten: das Amt des Bischofs ist theologisch gesehen kein anderes Amt als das des Pfarrers; es hat nur einen anderen Bereich und bestimmte erweiterte Funktionen, z. B. der Visitation und Ordination. Wie die gläubigen Christen die wahren „Priester" sind, so sind die Pfarrer die eigentlichen „Bischöfe". Das „*episcopi seu pastores*" der Bekenntnisschriften[38] gilt fort.

Zweifellos besteht aber nach menschlichem Kirchenrecht ein zu beachtender Unterschied zwischen dem Amt des „Geistlichen", d. h. des studierten Theologen, und den übrigen Ämtern, die wir vom *ministerium* glaubten ableiten zu können. Der Unterschied besteht nach allgemein geltendem Kirchenrecht in folgendem: Der examinierte und ordinierte Theologe im Kirchenamt hat die Befugnis der Wortverkündigung und Sakramentsverwaltung mit allem, was dazu gehört (Predigt, Lehre, Unterweisung, Seelsorge usw.). Er ist durch seine Vokation und Ordination befugt, *alle* Funktionen auszuüben, die sich aus dem *ministerium* überhaupt ergeben können. Die übrigen aus dem *ministerium* abzuleitenden Ämter sind dagegen auf ein Teilgebiet der Funktionen beschränkt. Die Pfarrvikarin (Volltheologin) ist in der Mehrzahl der Landeskirchen auf die Arbeit vorwiegend an Frauen und Kindern sowie auf bestimmte andere ihr zugewiesene Aufgaben beschränkt; die Predigt im Hauptgottesdienst und die Verwaltung der Sakramente sind ihr durchweg nicht allgemein übertragen. Würden sie ihr übertragen, so gehörte sie damit

---

[38] C. A. XXVIII, 30; auch Tract. de pot. papae 61 und 63.

in den Status des „Geistlichen"[39]. Auch die anderen Ämter haben ihrem gesetzlichen Auftrag nach irgendein *Teil*gebiet der Verkündigung wahrzunehmen: Der Pfarrdiakon oder Pfarrverweser predigt, hat aber nicht überall Sakramentsverwaltung und Gemeindeleitung. Der Lektor liest Predigten im Gottesdienst, hat aber selten die Erlaubnis, frei zu predigen, und sicherlich keine Sakramente zu spenden. Der Katechet verkündigt nur in der Form der christlichen Unterweisung, der Kirchenmusiker ist auf Chor, Gesang und Instrument beschränkt, die Kindergottesdiensthelferin auf das Erzählen und Erklären biblischer Geschichten. Sie alle „verkündigen" an ihrem Teil und gehören darum zum *ministerium*. Aber sie verwalten nur Teilfunktionen der Verkündigung; dadurch unterscheiden sie sich vom Pfarramt, das grundsätzlich die Gesamtheit aller geistlichen Funktionen wahrzunehmen vermag. |

Dies alles geschieht lediglich nach menschlicher Ordnung. Auch der Unterschied zwischen dem Pfarramt und den übrigen verkündigenden Ämtern besteht nur *de jure humano*. Die verfaßte Kirche hat die Freiheit, ihre Ämter, auch die Ämter der Verkündigung, nach den Bedürfnissen der jeweiligen Zeit zu gliedern und zu ordnen. Daß es in der Kirche Verkündigung gibt, geht auf Gottes Willen zurück; darum ist das *ministerium verbi* göttlichen Rechtes. Das Pfarramt in seiner empirischen Gestalt ist dagegen menschlichen Rechtes. Das bedeutet nicht, daß die Kirche beliebig die Institution Pfarramt beseitigen könnte. Es hat schon seinen Sinn, daß es diese Ausgestaltung des *ministerium* gibt, die einzige, die mit der Gesamtheit aller geistlichen Funktionen beauftragt ist. Die lutherische Kirche wird daher nicht nur aus historischen, sondern auch aus sachlichen Gründen am Pfarramt als der klassischen Ausprägung des *ministerium* festhalten. Dadurch werden die anderen Ämter, die am *ministerium* teilhaben, und auch die, die ihm helfend zugeordnet sind, nicht entwertet.

Aufgabe einer neueren lutherischen Kirchenverfassung wird es sein müssen, auf Grund der Lutherschen Unterscheidung und Zuordnung von *sacerdotium* und *ministerium* die Ämter und Dienste, die zum Wohle der Gemeinden und der Kirche erforderlich sind, einzurichten, auszugestalten und von einander abzugrenzen. Wenn dabei der Gesichtspunkt der *vocatio* zur öffentlichen Verkündigung vorherrschend bleibt, ist eine reiche Gliederung der Ämter möglich, ohne daß dadurch so etwas wie eine „Hierarchie" entstehen würde. Denn die gegliederten Ämter der lutherischen Kirche sind nicht geistlich übereinander gestuft, sondern nach dem Grundsatz nebeneinander gestellt, daß durch die Mannigfaltigkeit ihres Dienstes das Lob Gottes geschehe und die Gemeinde erbaut werde. |

---

[39] Seit 1962 haben die ordinierten Theologinnen (bisher „Pfarrvikarinnen") in allen Landeskirchen der EKD so gut wie alle Befugnisse des *ministerium* erhalten und sind als Pastorinnen bzw. Pfarrerinnen den Pfarrern gleichgestellt.

Anhang
Aus der Begründung zum Pfarrergesetz der
Vereinigten Evangelisch-Lutherischen Kirche Deutschlands
(Vorlage für die Generalsynode, April 1961)

A.
Zur theologischen Einführung

Das Pfarrergesetz der Vereinigten Kirche ordnet den Dienst des Pfarrers in rechtlicher Hinsicht.

Alle Bestimmungen dieses Gesetzes dienen der rechten Ausübung des einen Amtes der Kirche, des ministerium ecclesiasticum, das in Artikel V des Augsburgischen Bekenntnisses als Evangeliumsverkündigung und Sakramentsverwaltung beschrieben wird.

### I. Das Wesen des Amtes

1. Gott hat die Welt in Christus versöhnt und unter uns das Wort von der Versöhnung aufgerichtet und das Amt gegeben, das die Versöhnung predigt (2. Kor. 5, 18—19). Mit diesem Amt hat Christus die Apostel beauftragt: „Gleichwie mich der Vater gesandt hat, so sende ich euch. Nehmet hin den Heiligen Geist! Welchen ihr die Sünden erlasset, denen sind sie erlassen; und welchen ihr sie behaltet, denen sind sie behalten" (Joh. 20, 21 ff.); „Gehet hin und lehret alle Völker und taufet sie im Namen des Vaters und des Sohnes und des Heiligen Geistes" (Matth. 28, 19); „Solches tut, so oft ihrs trinket, zu meinem Gedächtnis" (1. Kor. 11, 25); „Weide meine Schafe" (Joh. 21, 15—17). In diesen Worten ist der Sendungsauftrag und sein Vollzug in der Wortverkündigung, in der Spendung der heiligen Taufe und des heiligen Abendmahls und damit im Hirtendienst an der Gemeinde gegeben. Der Vorrang der Apostel besteht darin, daß sie Augenzeugen des auferstandenen Herrn waren und daß nach dem Willen Gottes ihre Verkündigung grundlegend für allen Verkündigungsdienst der Kirche geworden ist (Matth. 16, 17—19; Eph. 2,20). Darin liegt die Einmaligkeit und Unwiederholbarkeit des Apostelamtes. Der Auftrag Christi aber, die Versöhnung zu predigen, zu taufen, das heilige Abendmahl auszuteilen, und damit den Hirtendienst an der Gemeinde zu tun, ist von den Aposteln her inner|halb der Kirche weitergegeben worden. Dieser Auftrag gilt bis zur Wiederkunft des erhöhten Herrn. Darum „hat Gott das Predigtamt eingesetzt" (C. A. V). Es steht unter der Verheißung Christi: „Wer euch hört, der hört mich" (Luk. 10, 16).

Die Kirche hat in ihrer Gesamtheit die Verantwortung dafür, daß der Auftrag des *ministerium ecclesiasticum* ausgerichtet wird. Die Kirche lebt nur vom Verkündigen und Hören des Wortes Gottes sowie von der Spendung und dem Empfang der Sakramente. An beides bindet Jesus Christus die Gabe des Heiligen Geistes und seine Gegenwart. Wort und Sakrament sind darum für die Kirche konstitutiv. Sie sind der alleinige Inhalt des dem Amt gegebenen Sendungs- und Weideauftrages. Darum bleibt dieser Auftrag an die Heilige Schrift gebunden, wie sie in den Bekenntnisschriften der lutherischen Kirche ausgelegt wird.

2. Indem das Amt den apostolischen Auftrag übernimmt, rein erhält und vollzieht und so im rechten Zusammenhang mit den Aposteln steht, erweist sich sein *funktionaler* Charakter. Alles kommt auf seinen rechten Vollzug an. Zugleich ist das Amt an Personen gebunden. Denn seine Funktion gibt es nicht an sich; sie wird getragen von Menschen, die im apostolischen Glauben und damit in der rechten apostolischen Sukzession leben. So hat das Amt immer auch personalen Charakter. Das bedeutet jedoch nicht, daß das Amt einen besonderen, von dem eines getauften Gemeindegliedes qualitativ verschiedenen Stand mit „unverlierbarem Charakter" begründe.

3. Das Amt der Kirche hat immer *Öffentlichkeitscharakter*. Dadurch unterscheidet es sich von dem Priestertum aller Gläubigen. Das Priestertum aller Gläubigen wird durch die Taufe begründet. Durch die Taufe wird der Mensch Kind Gottes. Darum steht der Getaufte im Glauben unmittelbar vor Gott als seinem Vater und hat das Kindesrecht der Bitte und Fürbitte. Er hat als Getaufter die Pflicht, in seinem Lebenskreis Christus mit Wort und Tat zu bezeugen. Niemand kann das Amt der Kirche ausüben, der nicht durch die Taufe am Priestertum aller Gläubigen Anteil hat. Das Priestertum aller Gläubigen ist die Voraussetzung für die Übernahme des Amtes der Kirche, aber nicht dessen Begründung. Das Amt der Kirche ist nicht lediglich eine Einrichtung der Gemeinde um der Ordnung willen. Es beruht auf der Stiftung Christi. In ihm wird der Auftrag, den Christus den Aposteln erteilt hat, öffentlich, ständig und umfassend ausgerichtet. Darin besteht seine Einzigartigkeit. Es gibt nur ein Amt der Kirche, so verschiedenartig auch die Formen sind, in denen die einzelnen Aufgaben dieses Amtes wahrgenommen werden.|

## II. Die Gestaltungen des Amtes

Der auf die Öffentlichkeit gerichtete, personengebundene und funktionale Charakter des Amtes der Kirche macht deutlich, daß es sich bei dem *ministerium ecclesiasticum* nicht um eine allgemeine Idee handelt, die hinter oder über dem Ganzen der Kirche zu denken sei, sondern um eine Wirklichkeit, die immer nur in ihren konkreten irdischen Gestaltungen da ist.

1. Das Amt des Pfarrers in der Gemeinde ist die Gestalt des *ministerium ecclesiasticum*, in der sich das der Kirche eingestiftete eine Amt in der Gesamtheit seiner Funktionen *öffentlich* darstellt: in Wortverkündigung, Sakra-

mentsverwaltung, Lehre (Unterricht), Seelsorge, Schlüsselgewalt und mit alledem in der Gemeindeleitung (Hirten-, Weideamt). Darin liegt das Besondere des Dienstes des Gemeindepfarrers, der eine Gesamtverantwortung auch für die anderen Gestaltungen des *ministerium ecclesiasticum* in der Gemeinde hat.

Außer dem Dienst des Pfarrers gibt es auch andere Gestaltungen, in denen sich das *ministerium ecclesiasticum* entfaltet: z. B. den Dienst des Lektors, des Kantors, des Diakonen, des Katecheten, der Gemeindehelferin, des Jugendwartes usw. In allen diesen Diensten wird das eine *ministerium ecclesiasticum* wahrgenommen, und zwar öffentlich, allerdings mit dem Unterschied, daß diese Dienste nur *Teilfunktionen* des *ministerium ecclesiasticum* zur Aufgabe haben und nicht die Gesamtheit seiner Funktionen umfassen, wie das beim Dienst des Pfarrers der Fall ist. Christen, die Teilfunktionen des einen Amtes wahrnehmen, haben insofern direkten Anteil am *ministerium ecclesiasticum (de jure divino)*. Da aber ihre Aufgaben grundsätzlich auch zum Aufgabengebiet des Pfarrers gehören und dieser die Leitung innehat, sind sie dem Pfarrer verantwortlich in der Durchführung des Gesamtauftrages, den Christus seiner Kirche gegeben hat (um der Ordnung willen, *de jure humano*). Alle diese Teilfunktionen, die als Entfaltungen des einen *ministerium ecclesiasticum* gekennzeichnet worden sind, dienen unmittelbar der Verkündigung des Evangeliums.

2. Das Amt des Pfarrers kann in gleicher Weise auch in einer allgemeinkirchlichen Aufgabe oder in einem leitenden geistlichen Amt ohne Bindung an eine bestimmte Ortsgemeinde wahrgenommen werden. Auch diesen Pfarrern obliegt die Gesamtheit der Funktionen des *ministerium ecclesiasticum*.

3. Indem das *ministerium ecclesiasticum* in der Gemeinde, in einer allgemeinkirchlichen Aufgabe oder in einem leitenden geistlichen Amt ausgeübt wird, treten zu ihm immer gleichzeitig Pflichten und Aufgaben | der Ordnung und der Verwaltung hinzu. Diese Pflichten und Aufgaben und ihre Verbindung mit dem *ministerium ecclesiasticum* sind *de jure humano*, während das *ministerium ecclesiasticum* selbst um seines göttlichen Auftrages willen *de jure divino* ist. Die mannigfaltigen Aufgaben der Ordnung und Verwaltung dienen aber immer der rechten Ausübung des *ministerium ecclesiasticum*, das bestimmend für sie sein muß. So ist jedes konkrete Amt in der verfaßten Kirche ein komplexes Gebilde, das sich der rechtlich-gesetzlichen Fassung teils entzieht, teils sie fordert. Darum kann kein Pfarrergesetz die rechte Ausübung dieses Amtes gewährleisten, wohl aber kann es dazu eine Anleitung und Hilfe sein.

### III. Die Ordination zum Amt

1. Durch die Ordination wird ein Glied der evangelisch-lutherischen Kirche, das die Voraussetzung zur Anstellung als Pfarrer erfüllt, unter den Auf-

trag des von Christus gestifteten einen *ministerium ecclesiasticum* gestellt und zu dessen *öffentlicher* Ausübung in der Gesamtheit seiner Funktionen berufen.

Die Ordination wird in einer gottesdienstlichen Handlung vollzogen, in der dem Ordinanden das Amt der Kirche durch Gebet und Auflegung der Hände überantwortet wird und er zum Dienst am Wort und Sakrament gesegnet, geordnet und gesendet wird (Agende IV). Damit wird der Ordinand, der sich auf den verheißenen Beistand des Heiligen Geistes verlassen kann, zur öffentlichen Wortverkündigung und zur Sakramentsverwaltung auf Lebenszeit in *Pflicht* genommen.

Mit dem in der Ordination übernommenen Auftrag erhält der Ordinand innerhalb der Ordnung der verfaßten Kirche das *Recht* zur öffentlichen Wortverkündigung und zur Sakramentsverwaltung und damit zur Leitung einer Gemeinde.

2. Dieses Recht allein wird im Pfarrergesetz geregelt. Es ist nicht eine dem Ordinierten unverlierbar zugesprochene Ermächtigung, sondern bleibt an die Ausübung des Auftrages im kirchlichen Dienst gebunden. Deshalb kann der Ordinierte das Recht zur öffentlichen Wortverkündigung und zur Sakramentsverwaltung verlieren; das gilt vor allem, wenn er seinem Auftrag durch Lehre oder Wandel untreu und damit vor Gott und der Gemeinde schuldig wird. Um den der Kirche gegebenen Verkündigungsauftrag rein zu erhalten und um Ärgernis in der Gemeinde auszuschließen, muß der Auswirkung dieser Untreue in der Kirche gewehrt werden.

Das verlorene Recht zur öffentlichen Wortverkündigung und zur Sakramentsverwaltung kann wieder beigelegt werden, wenn die Vor|aussetzungen dafür gegeben und anerkannt sind (aufrichtige Buße und Bewährung, Widerruf der Irrlehre usw.). Eine Wiederholung der Ordination sieht das Pfarrergesetz entsprechend der Übung in unseren Gliedkirchen nicht vor.

## IV. Der Pfarrer als Diener im Amt

Das *ministerium ecclesiasticum* ist *diakonia,* ist Dienst mit all der Mühe und Entsagung, die mit diesem Worte gemeint ist. Damit wird jeder Herrschaftsanspruch unmöglich gemacht. Zugleich kommt dieser *diakonia* eine innere Autorität zu, sofern der Dienst in Gemeinschaft mit dem geschieht, der gekommen ist, nicht daß er sich dienen lasse, sondern daß er diene (Mark. 10, 45). Das Leben des Pfarrers steht ganz in diesem Dienst. Allenthalben, auch da, wo er zum Kampf gefordert ist, enthält er sich aller ungeistlichen Mittel. Zu seinem Dienst gehört genauso die Einsamkeit, die von ihm für den Umgang mit dem Worte Gottes gesucht werden muß, wie die Gemeinsamkeit, in der er in Haus und Familie sein Leben führt und in der er mit seinen Amtsbrüdern und Mitarbeitern verbunden ist. Die Fragen seines Dienstes soll er mit den Brüdern im Amt in regelmäßiger Begegnung besprechen. Über alles, was ihm in der Seelsorge anvertraut oder bekanntgeworden ist, hat er zu schweigen. In rechtlicher und finanzieller Hinsicht weisen die Dienstverhältnisse des Pfarrers Angleichungen an andere Berufe auf. Gerade deshalb darf der Pfarrer als der mit dem *ministerium ecclesiasticum* Beauftragte nicht vergessen, daß er einen Dienst eigener Art ausübt. Er kann den Dienst, in dem er steht, nur mit dem Gebet ausrichten, daß er sich in allen Dingen beweise als Diener Gottes (2. Kor. 4, 6), als Haushalter über Gottes Geheimnisse (1. Kor. 4, 1). Hinter all seinem Dienst muß die tägliche Bitte stehen: Komm, Gott Schöpfer, Heiliger Geist.

# Bibliographie:
## Theologische und kirchliche Veröffentlichungen
### von
### Heinz Brunotte

*Selbständig erschienene Schriften*

1. Einheit und Gliederung der Evangelischen Kirche in Deutschland (Schriftendienst der Kanzlei der Evangelischen Kirche in Deutschland 8). Schwäbisch Gmünd (1946).
2. Das gegenwärtige kirchliche Deutschland (Druckheft, o. O. u. J., ca. 1949, 11 Seiten).
3. Das Zusammenleben der Konfessionen in der Evangelischen Kirche in Deutschland (Luthertum Heft 9). Berlin 1953.
4. Die Grundordnung der Evangelischen Kirche in Deutschland. Ihre Entstehung und ihre Probleme. Berlin 1954.
5. Die theologische Erklärung von Barmen 1934 und ihr Verhältnis zum lutherischen Bekenntnis (Luthertum Heft 18). Berlin 1955.
6. Die Evangelische Kirche in Deutschland. Hannover 1961.
7. Das Amt der Verkündigung und das Priestertum aller Gläubigen (Luthertum Heft 26). Berlin 1962.
8. Die Evangelische Kirche in Deutschland. Geschichte, Organisation und Gestalt der EKD (Evangelische Enzyklopädie Band 1). Gütersloh 1964.
9. Grundfragen des lutherischen Kirchenverfassungsrechts (Anlage zum Protokoll der Hamburgischen Landessynode 1956).

*Herausgeberschaften*

10. Evangelisches Kirchenlexikon. Kirchlich-theologisches Handwörterbuch. 4 Bände. Göttingen 1956—1961 (mit Otto Weber).
11. Arbeiten zur Geschichte des Kirchenkampfes. Göttingen 1958—1975 [29 Bände] (mit Kurt Dietrich Schmidt und Ernst Wolf).
12. Arbeiten zur Geschichte des Kirchenkampfes. Ergänzungsreihe. Göttingen (zus. mit Ernst Wolf).
13. „Gott ist am Werk." Festschrift für Landesbischof D. Hanns Lilje zum 60. Geburtstag am 20. August 1959. Hamburg 1959 (mit Erich Ruppel).
14. Lutherische Monatshefte 1. Jg. 1962 (mit Heinz Beckmann, Hermann Dietzfelbinger, Wilhelm Halfmann, Ernst Kinder, Karl Lücking, Otto Perels, Rudolf Weeber).
15. Festschrift für Erich Ruppel zum 65. Geburtstag am 25. Januar 1968. Hannover, Berlin und Hamburg 1968 (mit Konrad Müller und Rudolf Smend).

*Zeitschriftenaufsätze, Aufsätze und Abhandlungen in Sammelwerken, Lexikonartikel, Vor- und Nachworte etc.*

16. Der Neubau der Kirche. Neuwerk 15. Jg. 1933/34, S. 8—24.
17. Die kirchliche Lage. Neuwerk 15. Jg. 1933/34, S. 81—91.
18. Die kirchliche Lage. Neuwerk 15. Jg. 1933/34, S. 161—168.

19. Die Kirche als Standort evangelischer Männerarbeit. Die Männerarbeit der Kirche. Hrsg. von Landesbischof Dr. Helmuth Johnsen. Dresden 1941, S. 7 bis 21.

20. Die Haltung der Hannoverschen Landeskirche im Kirchenkampf und heute. Beilage zum KABl. der ev.-luth. Landeskirche Hannover, Stück 17 vom 25. 10. 1946. (Wiederabdruck: Eberhard Kügel: Die lutherische Landeskirche Hannovers und ihr Bischof 1933—1945. Dokumente. Berlin und Hamburg 1965, S. 215—226.)

21. [Referat zur Einführung der Grundordnung der EKD.] Eisenach 1948. Verhandlungen der verfassunggebenden Kirchenversammlung der Evangelischen Kirche in Deutschland vom 9. bis 12. Juli 1948. Hrsg. im Auftrage des Rates von der Kirchenkanzlei der Evangelischen Kirche in Deutschland. Berlin 1951, S. 12—23.

22. Vorwort „Viva vox evangelii". Eine Festschrift für Landesbischof Hans Meiser zum 70. Geburtstag am 16. Februar 1951. München 1951.

23. Verfassungsgeschichte der evangelisch-lutherischen Landeskirche Hannovers. Das lutherische Hannover. Detmold 1952, S. 123—133.

24. [August Marahrens] Im Kirchenkampf. Walter Ködderitz (Hrsg.): D. August Marahrens. Pastor pastorum zwischen zwei Weltkriegen. Hannover 1952, S. 86—94.

25. Das Zusammenleben der Konfessionen innerhalb der evangelischen Kirche. Referat bei der Tagung der Kirchlich-theologischen Arbeitsgemeinschaft in Hannover am 2. und 3. Oktober 1952. Informationsdienst der VELKD 1952, S. 163—171.

26. Die innere Lage der Evangelischen Kirche in Deutschland. ELKZ 6. Jg., S. 256 bis 257. (Festausgabe aus Anlaß der Vollversammlung des Lutherischen Weltbundes Hannover 1952.)

27. Die Entwicklung der staatlichen Finanzaufsicht über die Deutsche Evangelische Kirche von 1933 bis 1945. ZevKR 3, 1953/54, S. 29—55.

Beiträge in Osterloh-Engelland, Biblisch-theologisches Handwörterbuch zur Lutherbibel und zu neueren Übersetzungen. Göttingen 1954:

28. Abschiedsreden Jesu, S. 15—16;

29. Barmherzigkeit, barmherzig; Erbarmen, Erbarmer, S. 52;

30. Beichte, S. 55—56;

31. Bekenntnis, bekennen, S. 56—58;

32. Dogma, S. 86;

33. Fleisch, fleischern, fleischlich, S. 139—142;

34. Gast, gastfrei, S. 150;

35. Gebet, beten, anbeten, bitten, Bitte, Fürbitte, Flehen, S. 151—156;

36. Gnade, gnädig, S. 205-207;

37. Heuchelei, Heuchler, heucheln, S. 258;

38. Kaiser, S. 294—295;

39. Landpfleger, Landvogt, S. 332;

40. Mission, Missionspredigt, Missionsreisen, S. 379—381;

41 Nächster, S. 403—405;

42. Oberster, S. 409;

43. Obrigkeit, Oberherr, Regent, Regiment, regierend, Staat, S. 409—415;

44. Predigen, Predigt, Prediger, Predigtamt, verkündigen, S. 456—458;

45. Rathaus, S. 470;

46. Ratsherr, Ratgeber, Ratsleute, S. 470;

47. Reue, reuen, gereuen, S. 480—481;

48. Schöpfung, Schöpfer, schaffen, neue Schöpfung, S. 508—510;

49. Sorge, sorgen, sorglos, S. 550;

50. Sünde, Sünder, sündigen, Sündenbekenntnis, Sündenfall, S. 565–568;

51. Todsünde, S. 587;

52. Treu, Treue, getreu, treulich, untreu, S. 592—593;

53. Trost, trösten, Tröstung, trostlos, getrost, Tröster, S. 593—594;

54. Urfall, S. 613;

55. Vergebung, vergeben, verzeihen, S. 623—626;

56. Vierfürst, S. 646—647;

57. Vorsteher, vorstehen, S. 660;

58. Zeuge, zeugen, bezeugen, Zeugnis, S. 704—706.

59. Vorwort; Ordnungen und Kundgebungen der Vereinigten Evangelisch-Lutherischen Kirche Deutschlands. Im Auftrage der Kirchenleitung der Vereinigten Evangelisch-Lutherischen Kirche, hrsg. vom Lutherischen Kirchenamt Hannover. 1. Aufl., Berlin 1954.

60. Die Befugnisse der Vikarinnen. Eine Ergänzung zu dem Aufsatz von Paul Fleisch in Nr. 24/1955. ELKZ 10. Jg. 1956, S. 411—413.

61. Zur Geschichtsschreibung des Kirchenkampfes. Informationsblatt für die Gemeinden in den niederdeutschen lutherischen Landeskirchen, 5. Jg. 1956, S. 49—52.

62. Das evangelische Bischofsamt in Deutschland. Informationsblatt für die Gemeinden in den niederdeutschen lutherischen Landeskirchen, 5. Jg. 1956, S. 145 bis 148.

63. Wirklich: „Neulutherische Romantik?", Deutsches Pfarrerblatt 56. Jg. 1956, S. 533—534.

64. Abschiedsreden Jesu. EKL Band I, 1956, Sp. 36.

65. Eisenach, Kirchenversammlung 1948, EKL Band I, 1956, Sp. 1054—1056.

66. Eisenacher Kirchenkonferenz. EKL Band I, 1956, Sp. 1056—1057.

67. Evangelische Kirche in Deutschland. A. Die Entwicklung vor 1945. B. Die Ev. Kirche in Deutschland seit 1945. EKL Band I, 1956, Sp. 1193—1204.

68. Godesberger Erklärung. EKL Band I, 1956, Sp. 1626—1627.

69. Kirchenkampf. EKL Band II, 1958, Sp. 737–749.

70. Stuttgarter Schuldbekenntnis. EKL Band III, 1959, Sp. 1185—1187.

71. Treysa, Kirchenkonferenz. EKL Band III, 1959, Sp. 1486—1487.

72. Schulzeit und Studium. Hans Dannenbaum von seinen Freunden. Hrsg. von Hans Brandenburg. Gladbeck 1957, S. 33—39.

73. Landeskirche, Staatskirche, Volkskirche in Deutschland. ELKZ 11. Jg. 1957, S. 266—269 (Festausgabe aus Anlaß der Vollversammlung des Lutherischen Weltbundes in Minneapolis).

74. Die Evangelische Kirche in Deutschland. Helmut Lamparter (Hrsg.): Und ihr Netz zerriß. Die Großkirchen in Selbstdarstellungen. Stuttgart 1957, S. 383 bis 422.

75. Die Diaspora als Frage an das Landeskirchentum. Vortrag beim Jahresfest des Martin-Luther-Vereins Hannover am 21. Oktober 1957 in Holzminden. Jahrbuch des Martin-Luther-Bundes 8. Folge 1957/58; S. 86—100.

76. Ein reiches Lebenswerk. Zum Gedenken an Landesbischof D. Volkmar Herntrich. ELKZ 12. Jg. 1958, S. 318—319.

77. Vorwort [zusammen mit Erich Ruppel] „Gott ist am Werk". Festschrift für Landesbischof D. Hanns Lilje zum 60. Geburtstag am 20. August 1959. Hamburg 1959.

78. Grundfragen der Kirchenverfassung nach den Erfahrungen des Kirchenkampfes. „Gott ist am Werk." Festschrift für Landesbischof D. Hanns Lilje zum 60. Geburtstag am 20. August 1959. Hamburg 1959, S. 223—231.

79. Personalitätsprinzip und landeskirchliches Territorialprinzip. ZevKR 7, 1959/ 60, S. 348—374.

80. Geschichte und Tradition als gestaltende Kräfte in der evangelischen Kirche. „Gemeinde Gottes in dieser Welt." Festgabe für Friedrich Wilhelm Krummacher zum 60. Geburtstag. Berlin 1961, S. 38—48.

81. Grundsatzfragen zu einer ev.-luth. Kirchenverfassung. ZevKR 8, 1961/62, S. 137—156.

82. Sacerdotium und ministerium als Grundbegriffe im lutherischen Kirchenrecht. „Staatsverfassung und Kirchenordnung." Festgabe für Rudolf Smend zum 80. Geburtstag am 15. Januar 1962. Hrsg. von Konrad Hesse, Siegfried Reicke, Ulrich Scheuner. Tübingen 1962, S. 263—285.

83. Das Amt der Theologin. Deutsches Pfarrerblatt 62. Jg. 1962, S. 193—197.

84. Das leitende Amt in der evangelischen Kirche. Jürgen Bachmann (Hrsg.): Zum Dienst berufen. Lebensbilder leitender Männer der Evangelischen Kirche in Deutschland (Fromms Taschenbücher „Zeitnahes Christentum" Band 29). Osnabrück 1963, S. 13—20.

85. Kirchliches Verfassungsrecht in lutherischer Sicht. Verfassungsrecht in der Kirche des Evangeliums. Referate der 4. außerordentlichen Tagung der 3. Landessynode der Evangelischen Landeskirche von Kurhessen-Waldeck vom 7. bis 9. Oktober 1963. Hrsg. vom Ev. Presseverband von Kurhessen-Waldeck o. J., S. 32—45.

86. Thesen (gekürzt) zum Theologischen Konvent in Hannover am 8. und 9. Januar 1936. In: Kurt Dietrich Schmidt (Hrsg.): Dokumente des Kirchenkampfes II. Die Zeit des Reichskirchenausschusses 1935—1937 (AGK Band 13). Göttingen 1964, S. 213—215.

87. Kirchenkampf als „Widerstand". „Reformatio und Confessio." Festschrift für D. Wilhelm Maurer zum 65. Geburtstag am 7. Mai 1965. Hrsg. von Friedrich Wilhelm Kantzenbach und Gerhard Müller. Berlin und Hamburg 1965, S. 315—324.

88. Der kirchenpolitische Kurs der Deutschen Evangelischen Kirchenkanzlei von 1937 bis 1945. Zur Geschichte des Kirchenkampfes. Gesammelte Aufsätze (AGK Band 15). Göttingen 1965, S. 92—145.

89. Zehn Jahre wissenschaftliche Erforschung des Kirchenkampfes. LM 5. Jg. 1966, S. 45—52.

90. Nochmals· Abendmahlszulassung und Grundordnung der EKD. LM 5. Jg. 1966, S. 506—511.

91. Amt (in der Kirche). I. Evangelisch. Evangelisches Staatslexikon. Stuttgart 1966, Sp. 35—37, 2. Aufl. 1975, Sp. 33—35.

92. Notrecht, kirchliches. Evangelisches Staatslexikon. Stuttgart 1966, Sp. 959—960 (= Kirchenkampf IV). 2. Aufl. 1975, Sp. 1641—1642.

93. Vereinigte Evangelisch-Lutherische Kirche Deutschlands. Evangelisches Staatslexikon. Stuttgart 1966, Sp. 2326—2331. 2. Aufl. 1975, Sp. 2688—2693.

94. Die Kirchenmitgliedschaft der nichtarischen Christen im Kirchenkampf. ZevKR 13, 1967/68, S. 140—174.

95. Überwindung des Landeskirchentums. Jahrbuch des Martin-Luther-Bundes 15. Folge 1968, S. 34—48 (unter dem Titel „Hat das deutsche Landeskirchentum eine Zukunft?" wörtlich übernommen LM 7. Jg. 1968, S. 6—12).

96. Theologische Vorfragen zur Kirchenreform. Festschrift für Erich Ruppel zum 65. Geburtstag am 25. Januar 1968. Hannover, Berlin und Hamburg 1968, S. 29—42.

97. Zwanzig Jahre Evangelische Kirche in Deutschland. Ein Rückblick auf Eisenach 1948. LM 7. Jg. 1968, S. 315—321.

98. In eigener Sache. Die „nichtarischen" Christen in der Deutschen Evangelischen Kirche. ZevKR 14, 1968/69, S. 133—136.

99. Demokratisierung der Kirche? LM 8. Jg. 1969, S. 538—539.

100. Die Auswirkungen der nationalsozialistischen Schrifttums- und Pressepolitik auf die Deutsche Evangelische Kirche. Tutzinger Texte. Sonderband I. Kirche und Nationalsozialismus. Zur Geschichte des Kirchenkampfes. München 1969, S. 207—232.

100a. 11 Beiträge in „Zehn Fragen an die Kirche", hrsg. von Wolfgang Erk, Hamburg 1969 (S. 15, 57, 94, 127, 164, 192, 221, 249, 273, 306, 336).

101. Turbulenter Start aus der Talsohle. Erste Kirchenkonferenz von Treysa: Vor fünfundzwanzig Jahren wurde die EKD aus der Taufe gehoben. Christ und Welt, Deutsche Zeitung 23. Jg. Nr. 35. Stuttgart 28. August 1970.

102. Taufe und Kirchenmitgliedschaft. „Kerygma und Melos." Christhard Mahrenholz 70 Jahre. Hrsg. von Walter Blankenburg, Herwarth von Schade u. a. Berlin und Hamburg 1970, S. 457—470.

103. Barmer Theologische Erklärung. TRT Band 1, S. 83—85.

104. Bekennende Kirche. TRT Band 1, S. 90—92.

105. Bekenntnisbewegung. TRT Band 1, S. 98—100.

106. Deutsche Christen. TRT Band 1, S. 188—191.

107. Evangelische Kirche in Deutschland. TRT Band 1, S. 267—272.

108. Kirchenkampf. TRT Band 2, S. 191—196.

109. Lutherische Kirchen. TRT Band 3, S. 37—41.

110. Stuttgarter Schuldbekenntnis. TRT Band 4, S. 110—111.

111. Vereinigte Evangelisch-Lutherische Kirche Deutschlands. TRT Band 4, S. 222 bis 224.

112. Ein Streben nach Einheit. Der Weg der Lutheraner in der evangelischen Kirche. LM 12, 1973, S. 313—314.

113. Nachwort zu der Schriftenreihe „Arbeiten zur Geschichte des Kirchenkampfes". Wilhelm Niemöller (Hrsg.): Die Preußensynode zu Dahlem. Die zweite Bekenntnissynode der Evangelischen Kirche der Altpreußischen Union. Geschichte — Dokumente — Berichte (AGK Band 29). Göttingen 1975.


*Rezensionen*

114. Heinz Horst Schrey: Die Generation der Entscheidung. Staat und Kirche in Europa und im europäischen Rußland 1918—1953. München 1955. ELKZ 1956, S. 11 u. 179.

115. Ernst Wolf: Barmen. Kirche zwischen Versuchung und Gnade. München 1957. Informationsblatt für die Gemeinden in den niederdeutschen lutherischen Landeskirchen. 7. Jg. 1958, S. 292—293.

116. „Zum lutherischen Kirchenbegriff" — Siegfried Grundmann: Der Lutherische Weltbund. Grundlagen — Herkunft — Aufbau. Köln 1957. Informationsblatt für die Gemeinden in den niederdeutschen lutherischen Landeskirchen 7. Jg. 1958, S. 344.

117. Zwischen Sentiment und Anekdote. Kritische Bemerkungen zu einer Biographie Niemöllers [Dietmar Schmidt: Martin Niemöller. Hamburg 1959]. Sonntagsblatt 11. Jg. Nr. 39. Hamburg 27. September 1959.

118. Hans von Arnim: Das Disziplinargesetz der Evangelischen Kirche in Deutschland vom 11. März 1955. Berlin 1960. ThLZ 86. Jg. 1961, Sp. 147—148.

119. Hans von Arnim: Das Disziplinarrecht der Evangelischen Kirche in Deutschland vom 11. März 1955. Berlin 1960
Hans Wiesner: Grundfragen aus dem kirchlichen Diziplinarrecht. Düsseldorf

1960 [Dissertationsdruck]. Informationsblatt für die Gemeinden der niederdeutschen lutherischen Landeskirchen 10. Jg. 1961, S. 108—109.

120. Adalbert Erler: Lehrbuch des Kirchenrechts. Ein Studienbuch. 3. Aufl. München und Berlin 1965. LM 5. Jg. 1966, S. 404—405.

121. Christoph Link: Die Grundlagen der Kirchenverfassung im lutherischen Konfessionalismus des 19. Jahrhunderts, insbesondere bei Theodosius Harnack. München 1966. LM 6. Jg. 1967, S. 387—388.

122. Gerhard Tröger: Das Bischofsamt in der evangelischen Kirche. München 1966. Klaus Wolny. Das Bischofsamt als leitendes geistliches Amt und seine verfassungsmäßige Gestaltung in den Gliedkirchen der Evangelischen Kirche in Deutschland. Diss. Erlangen 1967. LM 6. Jg. 1967, S. 388—389.

123. „Neuere Literatur zur Bischofsfrage." Günter Gaßmann: Das historische Bischofsamt und die Einheit der Kirche in der neueren anglikanischen Theologie. Göttingen 1964.
Ernst Fincke u. a.: Das Amt der Einheit. Grundlegendes zur Theologie des Bischofsamtes. Stuttgart 1964. ZevKR 13, 1967/68, S. 282—298.

124. „Kirche und nationalsozialistische Judenpolitik" (Sammelbesprechung). LM 8. Jg. 1969, S. 199—203.

125. Karl Kupisch: Quellen zur Geschichte des deutschen Protestantismus 1871 bis 1945 (Quellensammlung zur Kulturgeschichte Band 14). Göttingen 1960. LM 8. Jg. 1969, S. 446—447.

126. Helmut Baier: Die Deutschen Christen Bayerns im Rahmen des bayerischen Kirchenkampfes. Nürnberg 1968. LM 8. Jg. 1969. S. 447.

127. „Neues über den Kirchenkampf" [Sammelbesprechung]. LM 9. Jg. 1970, S. 420—422.

128. Hermann Gallhoff: Pfarrer und höchste geistliche Amtsträger in der evangelischen Kirche. Heidelberg 1968. ZevKR 16, 1971, S. 92—95.

129. Hans Gerhard Fischer. Evangelische Kirche und Demokratie nach 1945. Hamburg und Lübeck 1970. ZevKR 16, 1971, S. 435—442.

130. Ivar Asheim und Victor R. Gold: Kirchenpräsident oder Bischof? Göttingen 1968. ZevKR 17, 1972, S. 196—199.

131. „Kampf um die Kirche" [Sammelbesprechung] LM 11. Jg. 1972, S. 506—508.

132. Marcus Urs Kaiser: Deutscher Kirchenkampf und Schweizer Öffentlichkeit in den Jahren 1933 und 1934. Zürich 1972. Lutherische Rundschau 23. Jg. 1973, S. 278.

133. Ralf Dreier: Das kirchliche Amt. München 1972. ZevKR 18, 1973, S. 95—100.

134. „Hilflos in der Ökumene" Armin Boyens: Kirchenkampf und Ökumene 1939 bis 1945. Darstellung und Dokumentation unter besonderer Berücksichtigung der Quellen des Ökumenischen Rates der Kirchen. München 1973. LM 14, 1975, S. 622.

# Index

# Arbeiten zur kirchlichen Zeitgeschichte

Herausgegeben im Auftrag der EKD von Georg Kretschmar und Klaus Scholder namens der Evang. Arbeitsgemeinschaft für kirchliche Zeitgeschichte.

Die vorliegenden Bände:

## 1 Jörg Thierfelder · Das kirchliche Einigungswerk des württembergischen Landesbischofs Theophil Wurm

311 Seiten, gebunden

Diese Arbeit beschäftigt sich mit dem Versuch Theophil Wurms, während der letzten Kriegsjahre angesichts der sich verschärfenden Kriegslage und der sich verstärkenden antikirchlichen Maßnahmen von Partei und Staat die zersplitterte evangelische Kirche Deutschands unter Ausschluß der Deutschen Christen zu einigen. Das Ziel des Einigungswerks war die Herstellung legitimen Kirchenregiments in der Deutschen Evangelischen Kirche (DEK) und in den „zerstörten" Landeskirchen. Das Einigungswerk war das herausragendste kirchenpolitische Ereignis in der evangelischen Kirche während der letzten Kriegsjahre.

## 2 Jonathan R. C. Wright · „Über den Parteien".
## Die politische Haltung der evang. Kirchenführer 1918—1933

XIV + 276 Seiten, kartoniert

In diesem Buch verfolgt der junge Oxforder Historiker den Weg der evangelischen Kirche vom Zusammenbruch des Kaiserreiches bis zum Beginn der nationalsozialistischen Herrschaft. Die Untersuchung, der ein intensives Studium der weit verstreuten und großenteils noch nicht erschlossenen Quellen zugrunde liegt, kommt zu überraschenden Ergebnissen, besonders im Hinblick auf die kirchenpolitischen Entscheidungen in den ersten Monaten der „Dritten Reiches".

*Inhalt:*

Kap. 1: Das Arrangement mit dem republikan. Staat 1918–1924 / Kap. 2: Der preußische Kirchenvertrag / Kap. 3: Das Verhältnis der evang. Kirche zur Weimarer Republik / Kap. 4: Die Stellung der Kirchenführer zu außenpolitischen Fragen / Kap. 5: Die Kirchenführer und die nationale Opposition / Kap. 6: Die Republik in der Krise / Kap. 7: Die „Nationale Revolution" / Kap. 8: Die Einsetzung des Staatskommissars.

Die folgenden Bände:

### Wilhelm Niesel · Kirche unter dem Wort

Der Kampf der Bekennenden Kirche der altpreußischen Union 1933–1945
Etwa 352 Seiten, kartoniert

### Heinonen · Die deutschen Christen Bremens

### Vogel · EKD und Wiederbewaffnung 1949—1956

## Vandenhoeck & Ruprecht · Göttingen und Zürich